汲古叢書150

西村陽子著

唐代沙陀突厥史の研究

汲古書院

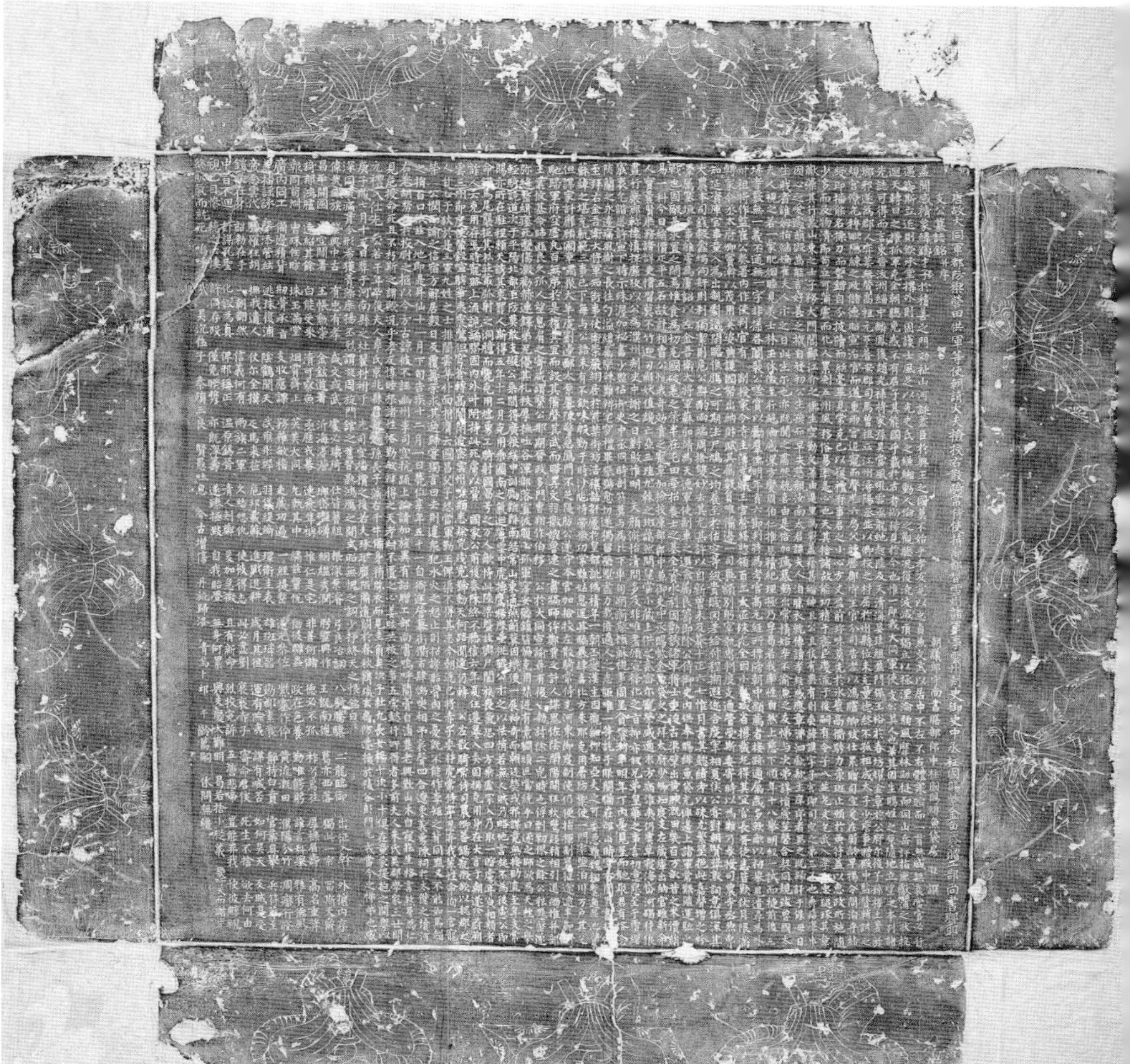

拓本一　支謨墓誌銘拓本

（本書第三章・第七章参照）

唐代沙陀突厥史の研究　目次

〔凡例〕

1. 本文は原則として常用字を用いる。
2. 史料引用は、原則として常用字を用いる。ただし、引用箇所に別に原則を提示する場合は、それを優先する。なお、句読点は適宜改めた。
3. 文中に引用頁数を挿入する場合は〔 〕を用いる。
4. 西暦および著者の注記を挿入する場合は（ ）を用いる。

唐代沙陀突厥史の研究

序　文

本書はテュルク系遊牧民である沙陀突厥と、唐王朝（李氏：六一八―九〇七）との関係を軸にして、唐初以来の羈縻州のあり方や沙陀集団を構成した遊牧系諸部落、ソグド人との関係、残された編纂史料の偏りなどに着目しつつ、五代の諸王朝を成立させるに至る沙陀突厥の興起を、東部ユーラシア史の中に位置づけようとする試みである。

沙陀突厥は、唐王朝末期に龐勛の乱（八六八―八六九）と黄巣の乱（八七五―八八四）という大動乱を鎮圧する大功をあげたことによって、唐末の一大政治勢力となり、ついには五代時期の後唐（李氏：九二三―九三六）・後晋（石氏：九三六―九四六）・後漢（劉氏：九四七―九五〇）・後周（郭氏・柴氏：九五一―九六〇）を成立させたものとして著名である。本書は、この沙陀突厥の歴史を、唐王朝の前半期から極末期まで、約三〇〇年間にわたって跡づける。ただし、唐初にはそれほど重点を置かず、安史の乱後の唐後半期に重点を置きながら論じる。

まず従来の研究成果に支えられながら、七世紀から一〇世紀にわたる唐代の歴史を概観しつつ、問題の所在を明らかにしようと思うが、その前に本書において「唐代沙陀突厥史」とした理由を述べておきたい。沙陀突厥自身の歴史を描き出すのであれば、唐王朝の存在を前提とした「唐代沙陀突厥」とする必然性はない。しかし、本書で扱うのは、唐王朝の時代に残された漢文史料を用い、唐王朝の統治下にあった時代の沙陀突厥興隆前史というべき内容である。それが特に「唐代」を冠した所以である。

一、問題の所在

「唐王朝」という言葉は、我々に絢爛たる国際文化の花開いた時代、開放的で異文化に寛容な世界帝国というイメージを与える。唐王朝は、突厥の後援を受けて政権を樹立したが、その後速やかに半属国の状態を脱却し、中国を統一し、さらに漠北の東突厥を圧迫し瓦解させ、他の遊牧軍事勢力を従わせ、東では高句麗を破り、西は遠く西域の彼方まで周辺の広大な地域を間接的な支配下においた。

唐初の太宗（在位：六二六―六四九）と高宗（在位：六四九―六八三）の時期に唐王朝の版図は最大となり、唐の周辺域では、「内属」した部落を本来の部落酋長に安堵する形で、羈縻州が設置されていった(1)。そして、こうした部落を徴発して外征時の兵力にあてることも頻繁に行われた。外征には基本的に大規模な行軍(2)が組織され、こうした羈縻州の蕃部落がその一部を構成し、部落の酋長クラスの蕃将(3)が統率することもあった。

このような羈縻州は、唐王朝の施策の一環として、主に北方の遊牧世界と南方の農業を主な生業とする世界との間に存在する半農半牧地帯に配置され、唐と突厥やウイグルといった遊牧帝国との間にあって唐の辺境防衛を受け持つ存在となっていく。このように唐の北辺にあって辺境防衛をうけもった遊牧民については、石見清裕氏がラティモアの辺境理論（Reservoir 論(4)）を参照しつつ、漢王朝と唐王朝でも、北辺地帯を異民族で満たして、「異民族それ自体による防波堤を、中国北方地帯にベルト状に作成した」ことを指摘し、このような中国と北方遊牧世界との間に存在する「中間地帯」の動向が次の時代を決定するのであり、安史の乱の本質もここにあるとされた(5)。また、妹尾達彦氏はこうした農業と遊牧が同時に行われる地帯のことを、農業＝遊牧境域地帯と呼び、ここが、農業と遊牧という異なる生業が接触する地帯であるために、それぞれの地帯の異なる産物が交易され、多様な人々が交流して情報と富の集積する場となることを指摘し、その交流を保証・調停し、蓄積する情報と富を管理・防衛する必要が生じることから、多くの都市と政治権力が発生するに至ったと指摘する。(6) さらに森安孝夫氏は内モンゴル草原ベルトよりも南側にあるこうした半農半牧地帯を農牧接壌地帯と呼び、ここが遊牧民と農耕民が交わる接点であり、中国史のダイナミズムを生み出してきた中核部ととらえている。(7) ユーラシア世界においては、こうした「中間地帯」の動きが後の歴史的展開を決定づける重要な要素となる。なお、本書では、このような「中間地帯」を表す言葉として、「農業遊牧境域地帯」という言葉を用いる。

唐王朝は、玄宗の治世末年に勃発した安史の乱（七五五―七六六）によって、その性質を一変させた。(8) 安史の乱が中国史上にもつ意義は大きく、唐王朝だけでなく、中国史全体の分水嶺として、膨大な研究が蓄積されている。(9) 安史の乱の首魁となった安禄山は、もともと突厥（テュルク）の阿史徳氏出身の母とソグド人の父の間に生まれた人物であった。そしてその軍は「蕃漢の兵、十余万」(10) とか「部する所の兵及び同羅・奚・契丹・室韋、凡そ十五万衆」(11) などといい、兼領していた平盧・范陽・河東の三節度使管轄下の兵力のほか、テュルク系鉄勒・奚・契丹・ソグド系突厥などの北アジア・東北アジア系諸族が含まれていたことは有名である。このような「蕃漢の兵」による叛乱も、農業と遊牧が交接する地帯の存在と、そこから多数の兵力が供給されていたことの証左である。

一方、それに対する唐王朝の官軍側も、主力部隊には管轄する羈縻州部落から徴発された非漢族が多数含まれており、それを率いる軍将も非漢族出身の蕃将であった。(12) 例えば、安史の軍に対抗するために潼関に拠点を置いた哥舒翰はテュルギッシュの出身であり、彼の配下には「河隴諸蕃部落、奴剌・頡・跌・朱耶・契苾・渾・蹛林・奚結・沙陀・蓬子・処密・吐谷渾・恩結等一十三部落、蕃漢の兵二十一万八千人」(13) がいたといい、河西を中心とする羈縻州から徴発した羈縻州民が多数存在していた。本書が扱うのは、このような唐王朝に内属した非漢族と唐後半期の政治・経済との関係である。

従来、安史の乱後の唐王朝の政治史については、河朔三鎮について重点的に取り扱われてきた他は、史料上の制約もあってあまり解明されてきていなかった。それが、二〇世紀末から中国において続々発見されるようになってきた墓誌史料によって、まさにこのような農業遊牧境域地帯、中間地帯と呼ばれる地域の政治状況を明らかにすることが可能になってきたのである。この時期には、西に盤踞する吐蕃の圧力に押されて、河西地方に安置されていたテュルク系やタングート系の羈縻州が次々と東遷をはじめ、オルドスから河東道にかけての地域に移り住んでいく。唐後半期に入ると、唐初のように史料上明らかな遊牧部落の存在は見えにくくなるが、この時代にも依然として部落形式を維持し、唐初に設置された羈縻州の名称も保持し続けていたことは、本書の中で論じていくところである。

本書で取り扱う、唐初に設置された羈縻州の後裔である遊牧集団は、まず現在の寧夏回族自治区にあたる霊武附近に至り、ついで九世紀になるころには現在の山西省から内モンゴルにかけての地域にあたる振武節度使の管轄下や河東節度使の管轄下に遷っていった。唐王朝は、オルドスから振武節度使・河東節度使の管轄地域で、このような羈縻州の民を用い、北方にいるウイグルへの対策に充てて緩衝地帯の役割をはたさせていたのである。この結果として、羈縻州の民は、実際の軍事的防衛にあたった節度使の下に多くが吸収されていく。こうした羈縻州の東遷と節度使管轄下への吸収が、唐末・五代の沙陀の勃興にどのような影響をもったのかは明らかにされねばならない。

ついで、八四〇年前後にモンゴル高原のウイグル帝国とチベット高原の吐蕃が相次いで崩壊すると、ウイグル部衆の一部が天徳軍から振武節度使にかけての唐の北辺境域地帯に現れ、武宗の朝廷は、宰相李徳裕を筆頭にその対策にあたることになる。その時、唐とウイグルが対峙する戦線に立ったのが、振武節度使・河東節度使の管轄下に安置されていた羈縻州の民であり、そこで沙陀突厥は初めて唐朝の北辺防衛を担う戦力として、明らかな姿を現すことになる。一方で重要な役割を果たすのが、唐王朝の財政制度である。既に玄宗の頃から逃戸が増大し、流動の傾向が強まっていた。これが安史の乱後になると、国家が把握する戸口が大幅に減少し、もはや均田制と租庸調制の実施は困難であった。これを認めた唐朝は、建中元年（七八〇）には両税法を施行し唐王朝は本格的な財政国家への道を歩み始めた。既に塩の専売税などが銭納され、両税銭とあわせて財政は大きく膨らみ、国家はそれらの金銭を以て兵士や官僚を養った。さらには、江南の上供米を北辺に送り、そこで節度使の下にいる官健を養う構図が出来上がっていく。こうした財政制度については、高橋継男氏の研究(14)の他に、近年では李錦綉氏と丸橋充拓氏の研究(15)があり、江南からの上供米を北辺に送っていた構図を描き出している。こうした財政制度は、藩鎮のもとに整備されていた羈縻州とも大いに関係があったはずで、彼らにも多大な利益をもたらしたことであろう。本書でもしばしば唐後半の財政制度と沙陀突厥の関係を、政治的側面から捉える試みを行っていく。

唐末の八七五―八八四年に黄巣が叛乱を起こすと、李克用は唐王朝の側に立って黄巣の乱の鎮圧に大きな功績を挙げた。沙陀はこれに先んじて龐勛の乱（八六八―八六九）の鎮圧にも大きな功績をあげており、唐末の政治世界に大きな存在感を持つようになっていく。一方で、もと黄巣の武将で唐側に投降した朱全忠は、汴州を会府とする宣武軍節度使に拝され、これによって力を蓄えて、のちに後梁（九〇七―九二三）を建国するに至る。これに対して、沙陀突厥は、昭義節度使の管轄州や河中節度使の支配権をめぐって朱全忠と争い、朱全忠によって河東に封じ込められたような形になりながらも、徐々に唐王朝の後継者としての体裁を整え、ついには後唐・後晋・後漢・後周という沙陀系、および沙陀から派生した王朝を成立させるにいたるのである。なお李克用を中心とする沙陀という語は、特に明示のない場合は沙陀部族を中核として、その他の遊牧系諸族を含めた部族連合体（＝沙陀集団）を指す。

農業遊牧境域地帯において沙陀突厥の政権が打ち立てられたことは、ほぼ同時期に興隆した契丹とともに極めて大きな意義をもっている。沙陀政権樹立のインパクトは極めて大きく、東部ユーラシアにおいては、北魏や唐の成立に比肩する大事件であった。これを中国史の側から見れば、唐から宋にかけての橋渡しをする重要な役割を担ったはずである。本書で主に取り扱う時期は、中国史の範疇から見ると、「唐宋変革」の時期に相当する。「唐宋変革」についてはじめて指摘した内藤湖南は、政治面における門閥貴族の没落に伴う君主独裁制の確立、経済面における貨幣経済の発達、文化面における復古精神の台頭などを指摘した(16)。こうした中国史の立場からみる時代区分論については、近年、森安孝夫氏(17)や杉山正明氏(18)らに代表される中央ユーラシア史の観点から反論が提出されており、また直近では森部豊氏によって「唐朝」統治の後半期、「五代」時期、「宋朝」初期をまとまった時間としてとらえる見方も提出されている(19)。森安・杉山両氏に共通するのは、中央ユーラシアからの視点であるが、森部氏の説もこの流れの中に立ち、ソグド人の東方活動に重点をおきながら、突厥と結びつき、遊牧文化を身につけたソグド人という意味で「ソグド系突厥」という概念を提出し、沙陀とソグド人との関係を軸として沙陀突厥の姿を描き出している。

本書は、こうした先学の恩恵を受けつつ、沙陀突厥と、ソグド系以外の遊牧民、即ち鉄勒・吐谷渾・党項などの諸族に特に焦点を当て、これらの遊牧諸族と沙陀突厥との関係に着目することで、北アジア・東部ユーラシア世界の農業遊牧境域地帯の中を生きた沙陀集団が成立していく姿を描き出そうとするものである。ソグド系以外の遊牧諸族に焦点を当てることによって、当該時期の遊牧系諸族がソグドと突厥にとどまらず、鉄勒諸族や吐谷渾・党項や吐蕃まで含む、広範で複雑な関係を持っていたことが明らかになる。そして、本書で扱う各論によって、唐王朝最初期に設置された羈縻州部落が唐の後半期になるまで存続したばかりでなく、唐王朝の功臣として著名な蕃将の子孫がなお羈縻州部落の形式を維持しつつ節度使や宰相として活躍して唐王朝を支えたこと、その一方でこうした人々が唐王朝の北辺防衛を担いながら最終的に代北の地において沙陀集団として結集していく姿を見いだすことができる。

二、沙陀研究史

沙陀突厥は、唐から五代・宋へと続く時期の東部ユーラシア史を理解する上で極めて重要な存在であるにもかかわらず、一〇年ほど前までは関連する研究はあまり多くはなかった。これまでの主要な研究成果は、すでに石見清裕氏によって簡潔にまとめられている。[20] いま重要なものだけを簡単に振り返ってみると、一九四〇年代から五〇年代には、岡崎精郎氏が「後唐の明宗と旧習（上）（下）」（『東洋史研究』第九（新一）巻第四号、一九四五年。『東洋史研究』巻第一〇巻第二号、一九四八年）で沙陀族が五代期においても固有の習俗を保持していたことを指摘し、「チュルク族の始祖伝説について——沙陀朱耶氏の場合——」（『史林』第三四巻第三号、一九五一年）では朱耶氏の始祖伝説を手がかりに沙陀の民族系統に迫り、沙陀の系譜がキルギスと何らかの関係を有するとみる。一九七〇年代には、室永芳三氏の一連の研究がある。室永芳三「唐代における沙陀部族の成立——沙陀部族考その一——」（『有明工業高等専門学校紀要』八号、一九七一年）は沙陀早期の歴史を論じる。同「吐魯番発見朱耶部落文書について——沙陀部族考その一（補遺）——」（『有明工業高等専門学校紀要』一〇号、一九七四年）は、吐魯番文書を用いて早期の沙陀では沙陀氏と朱耶氏が別の集団を形成していたことを論じる。同「唐代における沙陀部族の台頭——沙陀部族考その二——」（『有明工業高等専門学校紀要』一一号、一九七五年）は、沙陀三部落の内部構造を論じる。同「唐代の代北の李氏について——沙陀部族考その三——」（『有明工業高等専門学校紀要』七号、一九七一年）は、山西北部に移住したあとの沙陀勢力が、沙陀三部落・退渾（吐谷渾）・契苾から成る時期と、蕃漢両兵を構成要素とする時期があり、幅広い組織を形成することによって確立したことを指摘する。室永氏の研究は沙陀突厥研究の嚆矢となるものであり、傾聴すべき点が多い。

樊文礼『唐末五代的代北集団』（中国文聯出版社、二〇〇〇年）は、沙陀を専論した単行本で、唐初から唐末・五代に至る沙陀突厥の歴史を、編纂史料を駆使して跡付ける。本書の最大の特徴は、多種族の連合体であった沙陀勢力を「代北集団」ととらえ、その静的側面を丁寧に追跡していったところにある。樊氏の著作は二〇〇〇年代に入ってソグド研究と共に始まってきた沙陀突厥研究に不可欠な基礎を提供するものである。蔡家芸「沙陀族歴史雑探」（『民族研究』二〇〇一年第一期）は、沙陀と称されるエスニックグループはいったいどのような集団なのかという問題を論じ、樊文礼氏と同様に、テュルク・ソグドを中心に、文化・血統ともにさまざまな人々が集まることによって形成されたグループとする結論に達している。

そこで次に問題となるのは、そのさまざまな人々とはどういった人々なのかという点であろう。その点については、石見清裕「唐代『沙陀公夫人阿史那氏墓誌銘』訳注・考察」（『村山吉広教授古稀記念 中国古典学論集』汲古書院、二〇〇〇年）は、開元八年（七二〇）に刻された、西突厥十世可汗・阿史那懐道の娘である沙陀公夫人阿史那氏の墓誌をとりあげる。阿史那氏の配偶者である沙陀氏が「金満州都督・賀蘭軍大使」の称号を帯びており、その設置場所は河西地方、おそらくは甘州であることを指摘するだけでなく、その当時の甘州には吐谷渾・契苾などの部落も安置されていたことから、唐末に沙陀と吐谷渾・契苾がセットになって現れる伏線となることを指摘する。

なお、近年ではソグド研究の急速な進展により、ソグド人の姿から沙陀について描けるようになってきている。古典的な研究としては、小野川秀美「河曲六州胡の沿革」（『東亜人文学報』第一巻第四号、一九四二年）が、唐代にオルドスに移住したソグド系の人々のあり方や、六州胡と沙陀との関係を論じ、唐末・五代のソグド人には武人的性格が強いことを指摘する。張広達「唐代六胡州等地的昭武九姓」（『北京大学学報』一九八六年第二期）もソグド人と沙陀との関係にふれ、唐に内附しオルドスに聚落を形成したソグド人が山西に移住後に沙陀三部落の一部を形成する経緯を述べる。こうした沙陀三部落を構成するソグド人の具体的なありさまを論じたのが森部豊「後晋安万金・何氏夫妻墓誌銘および何君政墓誌銘」（『内陸アジア言語の研究』一六号、二〇〇一年）であり、五代後晋時期のソグド人のあり方を初めて明らかにした。安万金は父祖五代にわたって「索葛州刺史」であったとされ、「何君政墓誌」には墓主が「鶏田府部落長史」であったことが記されている。同「唐末五代の代北におけるソグド系突厥と沙陀」（『東洋史研究』第六二巻第四号、二〇〇四年）は「ソグド系突厥」という概念をあらたに導入する。かれらは先祖を遡ればソグド人の血統を受け継ぎ、文化的には突厥の生活習俗を身につけた人々を指す。こうしたソグド系突厥と沙陀が黄巣の乱を契機にまとまったとし、さらにソグド系突厥が北宋期に入ると禁軍の中に再編成されていく様を描き出す。ソグド系突厥については、De la Vaissière も "Les millieux turco-sogdiens" という概念を提出しており[21]、他にも時を同じくして複数の研究者が同様の概念を提出している。森部豊・石見清裕「唐末沙陀『李克用墓誌銘』訳注・考察」（『内陸アジア言語の研究』一八号、二〇〇三年）は一九八九年に発見された沙陀の首領である李克用の墓誌銘の訳注と考察を行う。本墓誌は沙陀側から書かれた一級史料であり、著者らの現地調査を踏まえて釈文を作成し直し、沙陀を構成する重要な一族である沙陀氏と朱耶氏を同系とは見なせないこと、現在残っている沙陀関係史料はそのまま鵜呑みにできないことを示す。山西北部にいた広義の沙陀が複数の種族の集合体であるという見解を堅固なものにした。こうした成果を集大成したのが、森部豊『ソグド人の東方活動と東ユーラシア世界の歴史的展開』（関西大学東西学術研究所研究叢刊三六、関西大学出版部、二〇一〇年）である。

これらの研究成果の中でも特に近一〇年は研究の進展が大きい。その特徴は、先に述べたようにソグド人の動向から沙陀のあり方を描き出そうとするものである。ただし、多くの研究者が指摘するように、沙陀突厥は「複数の種族の集合体」であり、「代北集団」とも称される複雑な構造をもっている。これらの研究では、「複数の種族」についての研究はそれほど進んでおらず、農業遊牧境域地帯に集まっていたさまざまな非漢族や、すでに指摘されている沙陀関係史料の書き換えなどに着目すれば、さらなる研究の余地が残されている。しかし、沙陀突厥自体については、唐後半から始まった華北地域における非漢族系武将の重用や、唐初から続く蕃将などの系譜を把握しなければ理解しがたいものである。

三、本書の構成と概要

本書では、唐代において、農業遊牧境域地帯の果たした役割に配慮しつつ、その地域で成長し、唐王朝を受け継ぐ存在となっていった沙陀突厥の歴史を概観し、以下五つの問題を設定する。⑴唐王朝と沙陀突厥とは、どのような関係を取り結んだのか。⑵沙陀突厥あるいは「沙陀集団」は、どのように構成され、沙陀と唐初以来の羈縻州とはどのような関係にあったのか。また、沙陀突厥と唐王朝の財政とは、どのような関係にあったのか。⑶沙陀突厥に関する史料に混乱がみられるのはなぜか。⑷安史の乱の頃に中国に存在した非漢族と唐末の沙陀突厥はどのような関係にあるのか。⑸沙陀突厥に関する考古遺物・史料の状況はどうなっているのか、である。このような疑問に答えることを目的として、本書では二部に分けてそれぞれの問題を論じる。

本書で論じる内容を略記すると、以下の通りである。

第一部　唐後半期の政治展開と沙陀突厥

第一章「沙陀突厥をどうとらえるか」では、唐前半期から唐末・五代期に至るまでの唐王朝と沙陀突厥との関係を概観し、沙陀突厥をどのようにとらえるかを検討し、本書全体にわたる見通しを提示する。

第二章「唐末五代の代北における沙陀集団の内部構造と代北水運使」では、沙陀突厥の一角を構成することになる契苾部落の酋帥の墓誌銘「契苾通墓誌銘」を取り上げ、沙陀突厥の内部構造を検討する。

第三章「唐末「支謨墓誌銘」と沙陀の動向」では、唐末の乾符年間に河東節度副使・大同防禦使として沙陀の李克用と戦った支謨の墓誌銘を取り上げ、唐王朝の支配下にあった遊牧民の中から台頭し、五代に王朝を建設した沙陀突厥の歴史を再構築する。

第四章「唐後半華北諸藩鎮の鉄勒と党項」では、安史の乱後に起こった藩鎮による最大の叛乱である朱泚の乱を切り口として、当時の華北藩鎮に存在した非漢族勢力を分析し、沙陀突厥興隆の背景を探る。

第二部　史料編

第二部では、史料編として考古遺物や遺跡の残存が期待できる地域の現状を明らかにし、ついで重要史料の収録と釈読を中心に論を進める。

第五章「晋王墓群」では、沙陀突厥に関係する考古遺跡の存在する場所を文献史料から論じ、ついで李克用の墓を含む沙陀突厥の墓葬群「晋王墓群」の現状をまとめる。

第六章「「契苾通墓誌銘」及び「契苾公妻何氏墓誌銘」訳注と考察」では、第二章の中核史料として扱った「契苾通墓誌銘」の試訳と考察を扱う。

最後に、第七章「「支謨墓誌銘」訳注と考察」では、第三章の中心史料となった「支謨墓誌銘」の試訳を示す。

注

（1）樊文礼「唐代羈縻府州的類別画分及其藩国的区別」『唐史論叢』第八輯、三秦出版社、二〇〇六年、七八—九五頁。譚其驤「唐代羈縻州述論」『紀念顧頡剛学術論文集』下冊、巴蜀書社、一九九〇年、五五五—五六九頁。堀敏一『律令制と東アジア——私の中国史学（二）』汲古書院、一九九四年。劉統『唐代羈縻府州研究』西北大学出版社、一九九八年。張沢咸「唐朝与辺境諸族的互市貿易」『中国史研究』一九九二年第四期、二二—三五頁。彭建英『中国古代羈縻政策的演変』中国社会科学出版社、二〇〇四年。高明士『天下秩序与文化圏的探索：以東西古代的政治与教育為中心』上海古籍出版社、二〇〇八年。

（2）孫継民『唐代行軍制度研究』文津出版社、一九九五年。

（3）羈縻州の酋長クラスが唐王朝の中で軍将に任じられ、外征などにあたった蕃将については、代表的な研究として章群『唐代蕃将研究』聯経出版事業公司、一九八六年。同『唐代蕃将研究続編』聯経出版事業公司、一九九〇年がある。唐代の蕃将を網羅的にかかげ、人数や類別を論じるほか、主要な蕃将については世系や一族まで論じる。巻末の「唐代蕃将表」は章群氏が博捜した史料とその成果である蕃将一覧を載せており、有用である。馬馳『唐代蕃将』三秦出版社、一九九〇年も参照。章群・馬馳両氏の研究では執筆年次の関係で石刻史料はまだ利用されていない。

（4）Owen Lattimore, *Manchuria: cradle of conflict*, New York: Macmillan, 1932, pp. 31–52. Owen Lattimore, *Inner Asian Frontiers of China*, New York: The American Geographical Society, 1940.

（5）石見清裕「唐代外国貿易・在留外国人をめぐる諸問題」『唐の北方問題と国際秩序』汲古書院、一九九八年、五〇一—五三三頁。「ラティモアの辺境論と漢～唐間の中国北辺」『東アジア史における国家と地域』（唐代史研究会報告第八集）刀水書房、一九九九年、二七八—二九九頁。

（6）妹尾達彦『長安の都市計画』講談社メチエ、講談社、二〇〇一年、一二—五一頁。

（7）森安孝夫『シルクロードと唐帝国』（興亡の世界史五）講談社、二〇〇七年、五九―六二頁。
（8）森安前掲注（7）書、三〇六頁。
（9）代表的なものだけを掲げる。プーリーブランク「安禄山の叛乱の政治的背景（上）（下）」『東洋学報』第三五巻二号、一九五二年、九二―一一一頁。『東洋学報』第三五巻三号、一九五三年、一二二―一四七頁。また、陳寅恪「唐代政治史述論考」『陳寅恪先生論集』商務印書館、一九七一年、一二六―一四〇頁（初出は一九四三年）も安史の乱に「中亜胡人」が関わっていたと指摘する。堀敏一「唐末諸叛乱の性格――中国における貴族政治の没落について」『唐末五代変革期の政治と経済』汲古書院、二〇〇二年、二六六―三一〇頁は、唐代政治史の中にこの乱を位置付ける。藤善真澄『安禄山』中央公論社、二〇〇〇年（初出は一九六六年）は、唐代前半期の政治史も視野に入れた概説書である。森安孝夫「ウイグルから見た安史の乱」『内陸アジア言語の研究』一七号、二〇〇二年、一一七―一七〇頁（『東西ウイグルと中央ユーラシア』名古屋大学出版会、二〇一五年、二―四八頁に再録）は、ウイグル語文書の解読から安史の乱の性格を定義し直す。このような成果をふまえた最新の概説書として杉山正明『疾駆する草原の征服者』講談社、二〇〇五年や、森安前掲注（7）書がある。いずれも中央ユーラシア世界からの視点で安史の乱の性格を捉え直すもので、安史の乱をユーラシア史全体の分水嶺と捉える。こうした視点を受け継ぐものとして、森部豊『ソグド人の東方活動と東ユーラシア世界の歴史的展開』関西大学東西学術研究所研究叢刊三六、関西大学出版部、二〇一〇年は、ソグド人の東方活動と北アジア・東北アジア系諸族の分布から安史軍の構成や河朔三鎮の動静をとらえなおす。
（10）『旧唐書』巻九、玄宗本紀、天宝一四載一一月丙寅条、二三〇頁。
（11）『資治通鑑』（以下、『通鑑』）巻二一七、天宝一四載一一月甲子条、六九三四頁。
（12）こうした観点からみた先駆的な研究には、桑原隲蔵「隋唐時代に支那に来往した西域人」『桑原隲蔵全集』第二巻、二七〇―三六〇頁や陳寅恪前掲注（9）論文、一二六―一四〇頁などがある。
（13）姚汝能『安禄山事跡』巻中、中華書局、二〇〇六年、九七頁。
（14）高橋継男「唐後半期における度支使・塩鉄転運使系巡院の設置について」『集刊東洋学』第三〇号、一九七三年、二三―

四一頁。

(15) 李錦綉『唐代財政史稿（下巻）』、北京大学出版社、二〇〇一年。丸橋充拓『唐代北辺財政の研究』岩波書店、二〇〇六年。

(16) 内藤湖南「概括的唐宋時代観」『内藤湖南全集』八巻、筑摩書房、一九六九年、一一一―一一九頁。

(17) 森安前掲注（7）書、八〇―八六頁。

(18) 杉山前掲注（9）書。森安前掲注（7）書、九頁。

(19) 森部前掲注（7）書、九頁。

(20) 石見清裕「沙陀研究史――日本・中国の学会における成果と課題――」『早稲田大学モンゴル研究所紀要』第二号、二〇〇五年、一二一―一三八頁。

(21) De la Vaissière, É. *Histoire des marchands sogdiens*. Paris: Collège de France, 2002. De la Vaissière, É. *Sogdian Traders: A History*, Translated by James Ward, Leiden/Boston: Brill, 2005.

第一部　唐後半期の政治展開と沙陀突厥

第一章　沙陀突厥をどうとらえるか
——九—一〇世紀の沙陀突厥の活動と唐王朝——

はじめに

本章では、唐末の政治を左右する大勢力となり、のちには五代の諸王朝（後唐（九二三—九三六）・後晋（九三六—九四六）・後漢（九四七—九五〇）・後周（九五一—九六〇））を築いた沙陀突厥をとりあげ、衰退期の唐王朝と沙陀突厥との関係を展望することを目的として論を展開する。

沙陀突厥は、もとは現在の新疆ウイグル自治区にあたる地域に居住していた種族で、西突厥の別部の処月種であると言われる。この種族は、のちに中国に移住し、河西回廊を経て、九世紀の初めには現在の山西省北部の大同盆地一帯へと移住し、その地で唐王朝の北辺防衛を担うようになる。沙陀突厥が中国に移住し、さらに大同盆地まで移住していった沿道の地帯は、農業と遊牧が交雑して行われる地帯であり、唐王朝の辺境地帯でもあった。唐王朝はこの地帯を唐王朝に降附した遊牧民で満たし、その軍事力でもって辺境防衛を担わせており(1)、沙陀突厥もとはそのような辺境防衛を受け持つ遊牧民族であった。

唐の末期に王朝の実力が衰退し、各地で大規模な叛乱が起こるようになると、これらの遊牧民は軍事力を買われて内地の叛乱鎮圧にも協力するようになる。沙陀突厥の立場からみて、そのなかでもとりわけ重要な意味をもつものとなったのは、龐勛の乱（八六六—八六九）と王仙芝・黄巣の乱（八七五—八八四）の鎮圧であった。前者の功績によって、沙陀突厥は唐帝室の姓李氏を賜り、宗室の属籍に附された(2)。ついで後者の鎮圧においては長安城奪回の功績第一等とされ、いちどきに唐朝廷の重鎮に登りつめた。

沙陀突厥は唐末の政治世界において、その首領である李克用のもとに大きな影響力を持ったが、かつてはこの種族に関する研究は、ごく狭い方面からのアプローチに限られてきた。それは、たとえば石見清裕氏が研究史として簡潔にまとめられているように(3)、主に「沙陀の漢化」や漢文化の受容に注目したアプローチや、「唐王朝への忠誠」といった観点からの、いわば静的なアプローチであった(4)。しかし、たとえば唐王朝が沙陀突厥の武力をかりて黄巣の乱の鎮圧にのりだしたころであっても、沙陀突厥は唐王朝の命を無視して、本拠地であった大同盆地や、振武節度使の治所が置かれた白道川などの地域の占拠をこころみており、唐王朝に帰服していたとはいいがたい情勢であった。さらにかれらは、唐王朝が滅亡（九〇七）したあと朱全忠のたてた後梁を滅ぼし、五代の諸王朝を建設し、次の宋代への橋渡しの役割を演じる。では、その沙陀突厥と唐王朝は、一体どのような関係を取り結んでいたのであろうか。

一九九〇年代以降、中国から新出土の墓誌史料が多数出版されたことを受けて、近十数年の間に墓誌銘を利用した研究が急速に進展してきた。この中には、上記の李克用の墓誌に関する研究も含まれている。さらに近年では、ソグド人に関する研究が国内外で多数行われるようになり、徐々にソグド人と沙陀突厥との密接な関係が明らかになってきている(5)。また筆者は、本書中において、ソグド人以外の遊牧部族と沙陀突厥との関係に注目し、沙陀突厥という農業遊牧境域地帯に出現した集団の内部構造や唐末財政との関係を明らかにし(6)、ついで墓誌銘からみえる沙陀突厥の動向が編纂史料とは大きく異なることを示していく(7)。本章は、これらの主要な個別研究によって、沙陀突厥について明らかになっていくことを、若干の新知見を加えながら唐王朝との関係性の中に位置づける意味をもつ。

本章の構成を以下にまとめる。まず第一節では唐初から盛唐期までの沙陀と唐王朝との関係を概観する。次に第二節では、唐末に大政治勢力となった沙陀突厥（沙陀集団）の内部構造を、ソグド人と代北五部という二つの関係から明らかにし、第三節では唐末の沙陀突厥が唐末の大勢力となっていくにあたり北辺財務体制の掌握がもった重要性を概論する。第四節では、黄巣の乱後における唐王朝と沙陀突厥との関係を概観し、沙陀突厥に関する史料の書き換えの問題と今後の展望を述べる（本文中に現れる地名については、二三頁の**地図一**を参照）。

第一節　沙陀突厥の足跡――唐初から大同盆地への移動まで――

唐末の政治世界で大勢力となり、大同盆地や白道川を中心として自らの政権をつくりあげた沙陀突厥は、どこから来た集団だったのであろうか。

『新唐書』巻二一八、沙陀伝によると、沙陀は西突厥の別部の処月種とされている。ただし、これは沙陀のごく中核に近い部分のことであって、第二章にも論じるように、唐後半期に大きな政治勢力となった沙陀は、様々な民族の集合体と考えられている。

貞観年間（六二七―六四九）、阿史那賀魯が唐に来降すると、処月の朱邪闕俟斤阿厥も内属を願った。龍朔年間（六六一―六六三）初め、処月酋長の沙陀金山は薛仁貴に従って鉄勒を討伐し、墨離軍討撃使を授けられた。ついで長安二年（七〇二）に金満州都督に進められ、張掖郡公に封じられた。沙陀金山が死亡すると子の輔国が嗣いだ。

龍朔年間の金満州沙陀の足跡については、『新獲吐魯番出土文献（下）』におさめられた「龍朔二・三年（六六二―六六三）西州都督府案巻為安稽哥邏禄部落事」（2006TZJI）からも窺うことができる。[8] この文書は、龍朔年間にカルルク部落一千帳が金満州に遷移してきたため、金満州刺史沙陀氏が彼らの安置問題に関与したことを伝えている。また、金満州沙陀はこのときソグド語で文書を発出しており、[9]すでにソグド人が部落中に存在していたことを窺わせる。

沙陀は、八世紀のはじめには唐に帰属して甘州方面に移動してきた。その詳細な時期は不明であるが、たとえば二〇〇四年に洛陽の邙山で出土した「李釈子墓誌」[10]には、「久視初め（七〇〇）、出でて塩・甘・粛州刺史を牧《つかさど》り、又た玉門軍大使に充てられ、又た営田・**処月**等大使に充てらる」という一文も見える。沙陀が西突厥の別部の処月種と言われることを考えると、ここにみえる処月が、甘州方面に移動してきた沙陀と関係があると考えられる。さらに開元八年（七二〇）刻の「沙陀公夫人阿史那氏墓誌銘」の分析からは、墓主の夫の沙陀公が沙陀輔国と考えられること、そして墓誌が刻された当時はすでに沙陀が甘州方面に移動してきていたことが明らかにされている。[11]また、このとき甘州・涼州の間には契苾や吐谷渾といったテュルク系・タングート系部落も安置されており、[12]これもまたのちに沙陀突厥が多様な民族の集合体として再形成される伏線となっていると考えられる。

『新唐書』沙陀伝によると、貞元中（七八五—八〇五）に沙陀部七千帳が吐蕃に帰属し、吐蕃と共に北庭（新疆ウイグル自治区ウルムチ市の東北）を陥落させ、吐蕃は沙陀を甘州に徙したという。その後、吐蕃によって甘州から河外に徙されるのを嫌った沙陀は、沙陀尽忠と朱邪執宜が謀って烏徳鞬（オテュケン）山に逃げ、そこから吐蕃と戦いつつ霊州にいたって唐王朝に帰属したという。そこで塩州に陰山府をおいて執宜を陰山府兵馬使とし、さらに翌年、霊塩節度使范希朝が河東節度使に移鎮するのに伴って河東に移動した（八〇九）。范希朝はそのうちの千二百騎を精選して沙陀軍と号し、その余衆は定襄川に置き、朱邪執宜は神武川の黄花堆を保ったという。

第二節　沙陀と代北五部

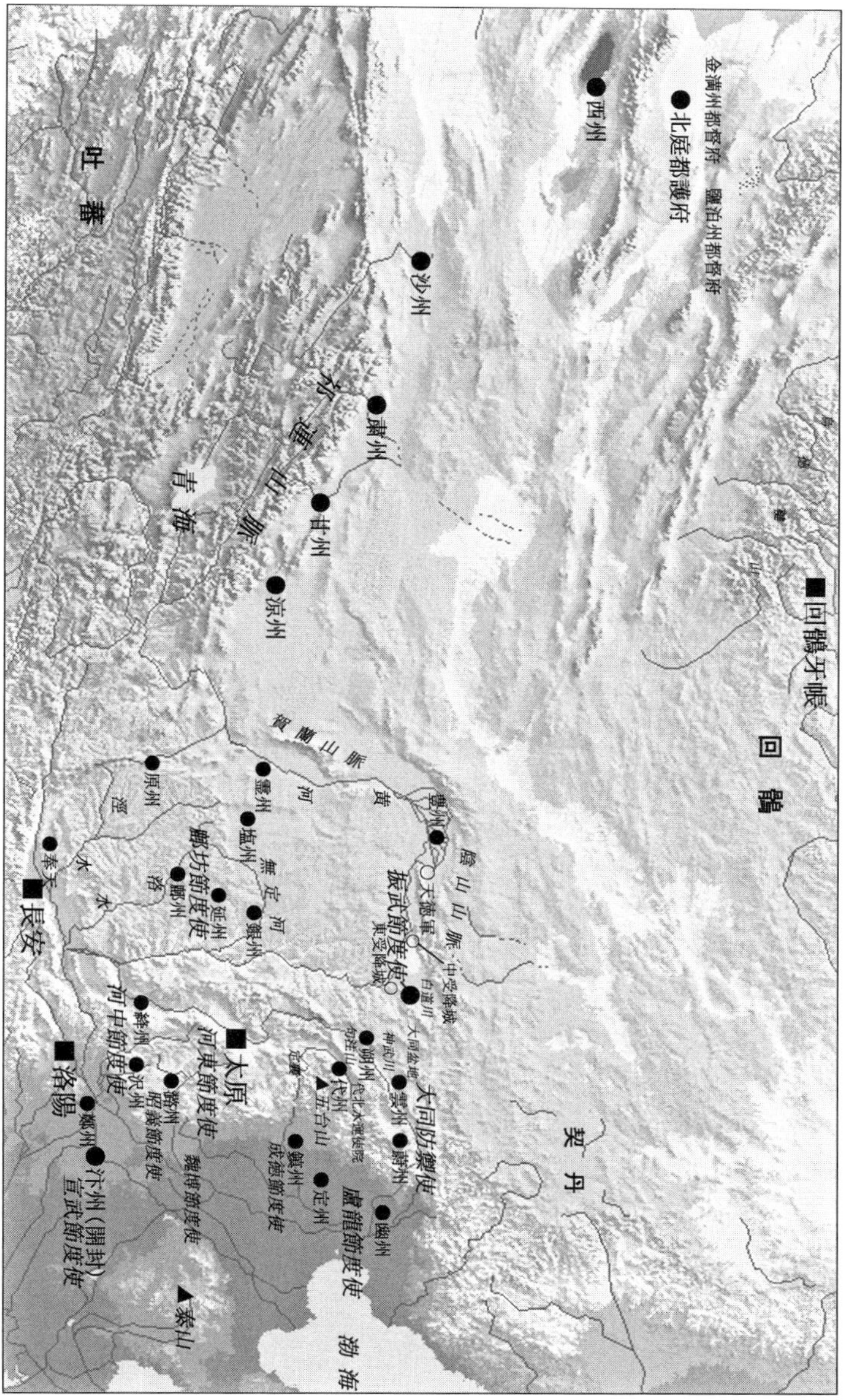

地図一　本章関連地図

Microsoft Encarta World Atlas を元に『中国歴史地図集』第5冊を参照して作成。関連する地名を同時に収めるため時期は必ずしも一致しない上述のように、霊州から河東に移った沙陀のもとには、鳳翔（現在の陝西省宝鶏市）・興元（現在の四川省漢中市、漢中盆地）・太原から帰属したものも合流して、唐王朝末期の沙陀突厥の中核部分となっていく。沙陀突厥の実力を不動のものにした李克用も、この系統からうまれてくる。また、これと相前後して、沙陀尽忠の弟の葛勒阿波も残余の部落七百をひきいて振武節度使のもとに至り、陰山府都督を授けられた。すなわち、河東節度使から振武節度使にかけての広い地域に、沙陀部落が分布することになった。このうち、大同盆地と振武節度使のおかれた白道川の一帯は、当時は代（代州）の北方という意味で代北とよばれていた。この地域は、現在でも農業と遊牧が平行して行われる境界地帯にあたり、とりわけ九世紀から一〇世紀にかけては、遊牧勢力と農耕勢力の係争の最前線であり、遊牧民が繰り返し進出し、その中から後の五代十国時代の軍閥を数多く輩出した、ユーラシア世界の歴史を動かす要の役割を果たす地域であった。この地で勢力をたくわえた沙陀は、雑多な民族の集合であることから沙陀集団とも呼ばれる。そこで次に、この代北地域には、同時にどのような遊牧勢力が存在しており、この地に移住してきた沙陀突厥が、どのように自己の勢力を築き上げていったのかを概観しておきたい。[13]

第一項　沙陀とソグド人

沙陀突厥の中には多数のソグド姓を持つ武将が存在することは、古くから指摘されていたが、これらの沙陀突厥の中のソグド人に関する研究が進んだのは近年になってからである。これらのソグド人の多くは句注山以北の大同盆地に住んでおり、徳宗の貞元二年（七八六）に、河東節度使の馬燧によって大同盆地に移住させられた河曲六州胡が直接的な淵源であるとされている。河曲六胡州のソグド人については、すでに小野川秀美・張広達・栄新江・森部豊ら各氏[14]によって詳細な論攷が発表されているので、ここではそれらをふまえて概述する。河曲六胡州は、『元和郡県図志』巻四、関内道、新宥州条や『旧唐書』巻三四、地理志、宥州条、および『新唐書』巻三七、地理志、宥州条などに記載があり、霊州・夏州の南境におかれた魯・麗・含・塞・依・契等六州であり、突厥降戸（東突厥第一カガン国が瓦解した後、唐王朝に内徙した突厥の民）を置いたものとされている。ところが近年の墓誌史料を用いた研究によって、これらの六胡州の住民がソグド姓をもつ人々であり、東突厥カガン国国内にコロニーを形成していたソグド人の後裔とみなせることがわかってきた。かれらは、遊牧に従事し、遊牧文化を身につけており、その意味で「ソグド系突厥」とよばれる。中国北方に移住したソグド人は、馬の生産にたずさわる、牧馬に長じた集団であったことが指摘されているが[15]、河曲六胡州のソグド人も放牧に従事する武力集団であった。大同盆地に居住したソグド人は五代にいたるまで遊牧生活を維持し続けており、こうしたソグド人が沙陀に合流し、その騎射技術と軍事力でもって沙陀に仕えたと考えられることが指摘されている[16]。

なお、これまでに指摘されてきた主要な淵源の他にも、前節で述べた金満州沙陀とソグド人の関わりからすると、唐初に羈縻州がおかれた頃から既にソグド人と関わりがあった可能性が高い。これを裏付けるのが、乾符五年（八七八）の沙陀の叛乱の際に李克用が率いたという「塩泊川の万戸」の存在である[17]。これは沙陀とソグドを主体とする集団であったと考えられるが、この塩泊は、金満州と共に北庭都護府の管轄下に置かれた羈縻州の名称である。塩泊州と塩泊川が直接結びつくのかは不明だが、いずれも古くからソグド人と関係があった可能性を示唆する。

第二項　代北五部

この時期に代北地域に移住したのは、沙陀だけではなかった。沙陀が甘州から霊州への移動を決断した背景には吐蕃の圧迫があったことは先に述べたが、この時期には他にも多数の遊牧系部族が吐蕃を避けて東へ移動していったと考えられる。このうち、代北地域でのちに沙陀と競合しつつ合流していく遊牧系部族として、契苾部落と吐谷渾部落があげられる[18]。

唐王朝の防衛に力を貸すことで存在感を増していったのは、契苾部落や吐谷渾部落も同様であった[19]。たとえば契苾部落では、沙陀突厥が河東節度使のもとに移動した八〇九年より前に、八〇〇年前後にはすでに代北地域に移動していた。本書第二章でおこなう「契苾通墓誌銘」の分析では、テュルク系契苾部落もまた吐蕃の圧迫を避けて東方に移動し、八世紀の終わりにはオルドスをこえており、その酋長が勝州の刺史になっていたことが判明していく。さらに八〇〇年頃には振武節度使のもとで都頭（都知兵馬使）という節度使につぐ軍事上のナンバー2の地位を占めており、一万を超える兵力を掌握していた[20]。また大中六年（八五二）から八年（八五四）には振武節度使になっており、唐王朝の北辺防衛に協力して功績をあげつつ、州刺史や藩鎮の職にすすみ、着実に実力をつけていっていたことが判明する。さらに、契苾公の夫人の姓がソグド姓の何氏であることからも判るように、契苾部はソグド人とも婚姻関係をむすび、長期にわたる関係を築いていたことが判明する。

吐谷渾部落の情況は明確ではないが、同様に九世紀のはじめには代北地区に移動してきており、乾符五年（八七八）に大同防禦使に進んだあとは一五年間にわたって地位を保ちつづけた。吐谷渾部落もまたソグド人を内部にとりこんでいた。

八世紀初めの代北地区は、これらの遊牧民が散居するたまり場のような様相を示していた。この中で、沙陀の首領であった朱邪執宜は、鎮州の王承宗の乱の鎮圧で功績をあげて蔚州刺史に進み、ついで元和八年（八一三）には回鶻が磧南を過ぎり西城・柳谷を奪ったのに対抗するために天徳軍（黄河大屈曲部の北側、現在の内蒙古自治区烏拉特前旗）に駐屯し、さらに翌年には呉元済を討伐して検校工部尚書に進み、積極的に唐王朝の北辺防衛や内地の叛乱鎮圧にも関わっていく。これらの討伐ではいずれもテュルク系部族の阿跌部落（Adiz）出身であり、忠武軍節度使であった李光顔の軍に属していることにも注意したい[21]。ついで長慶初（八二一）には金吾衛将軍（従三品）に進む。大和年間（八二七—八三五）には「陘北の沙陀は素とより九姓・六州の畏れる所と為る。請うらくは執宜に委ねて雲・朔塞下の廃府十一を治せしめ、部人三千を料して北辺を禦がしめんことを」[22]といわれており、代北地域でも着々と勢力をたくわえ、テュルク系諸部族や六州胡のソグド人にも畏れられる存在に育っていっただけでなく、唐王朝が沙陀を積極的に北辺防衛のために活用していったことがわかる。沙陀は、唐王朝の防衛に協力することによって政治・軍事上の存在感を増していったのである。

では、代北の遊牧部族は、相互にどのような関係を保っていたのであろうか。代北の遊牧部落の関係を示す史料が、九世紀半ばを中心として複数残されている。たとえば、『新唐書』巻一七一、劉沔伝には、開成三年（八三八）に「突厥営田を劫し、（劉）沔、吐渾・契苾・沙陀万人を発して之を撃たしむ」（五一九四頁）という記録が残されており、『旧唐書』巻一五〇、劉沔伝には、翌年の開成四年（八三九）にも振武節度使であった劉沔が「吐渾・契苾・沙陀三部落等の諸族万人・馬三千騎」を率いて党項（タングート）を討伐したという記録がある（四二三四頁）。また、八四〇年にウイグル帝国が崩壊したことにより、会昌元年から二年（八四一—八四二）ごろに南走派ウイグルが唐王朝の北辺にあらわれたが[23]、これに対しても唐王朝の北辺防衛のためにともに行動していることがわかる。ここにあらわれる契苾・吐谷渾・沙陀三部落（すなわち、沙陀・索葛・安慶）は、九世紀の代北地区で最も実力のある遊牧部族であり、いずれも農業遊牧境域地帯に住まい、遊牧部落としての形態を維持しつつ武力を提供することで唐王朝に仕える集団であった。筆者は、第二章においてこれらの遊牧部族について論じる際に、唐王朝から「五部の人」と呼ばれていることを根拠として「代北五部」という呼び方を提案し、沙陀突厥が代北地域で最大の遊牧勢力に上りつめていく過程が、すなわちこの代北五部を鳩合し、支配下に置いていく過程であったことを論じる。いまここにその結論を述べると、代北五部の内部においては、開成年間（八三六—八四〇）から咸通年間（八六〇—八七四）までは吐谷渾もしくは契苾が筆頭であったが、唐王朝の管理が及ばなくなった乾符年間（八七四—八七九）ごろには沙陀突厥を中核とする集団という意識が生まれ、その後一〇世紀初めまでの間に、武力衝突を伴いつつ再編成されていったと考えられる。沙陀突厥は当時の代北地域にいた様々な遊牧民集団を吸収し、沙陀三部落を中核としつつ、その外側に契苾・吐谷渾といった代北地域の有力な遊牧集団をしたがえ、さらにその他の遊牧民集団をも統合した、多重的な構造をもつ集団（沙陀集団）に成長していったのである。

また、沙陀集団には、中核的な位置を占める代北五部のほかにも、渾・阿跌といった遊牧部族も含まれている。これは、おそらくは唐中期に発生した朱泚の乱のあとに、論功行賞としてこうした集団が代北から河東にかけての節度使になっていき、配下に代北五部を抱えるようになっていったことと関係するであろう。この点については本書の第四章に述べる。

第三節　沙陀突厥と唐末北辺財務体制

このような集団として成長してきた沙陀突厥であったが、朱邪執宜の子である朱邪赤心の時代には、軍功によって累遷をかさね、蔚州刺史・朔州刺史をへて、龐勛の乱鎮圧の功績をもって大同軍防禦使に進み[24]、宗室の姓李氏と国昌の名を賜わり、鄭王房の属籍に附された。すなわち沙陀突厥の首領である朱邪氏は、唐宗室の一員に列せられたのであり、これはのちに沙陀突厥が唐王朝の復興を掲げる根拠となる。その後も、李国昌（朱邪赤心）は鄜坊節度使（現在の陝西省延安市一帯）を経て、振武節度使に移る。

節度使に進出したことをきっかけに、沙陀突厥は唐王朝の北辺防衛を支える根幹である財務体制により深く関与していくことが可能になった。このことは、沙陀突厥が唐王朝末期の大勢力となっていく一つの足がかりとなる。以下に順を追って見ていきたい。

第一項　唐末の北辺財務体制

唐末の財務体制については、これまでにも多数の研究の蓄積がなされており[25]、沙陀突厥との関係においても重要性をもつことから、本書においても後章でとりあげて論じる[26]。唐王朝の北辺財務体制で、沙陀突厥と関係があるのは、代北地域を含む河東節度使・振武節度使の領域における和糴や営田による軍糧供給体制、度支営田使（代北水運使）による水運である。唐王朝の末期においては、度支司による北辺[27]への軍糧供給は、北辺に侵入する遊牧民族から領土を守るという国防上の理由から、きわめて重要性の高い事業であった。北辺地域には、貞元年間（七八五―八〇四）以降、次々と営田が設けられ、現地での穀物生産がはかられていく。北辺に設けられた営田は、おもに霊武、振武軍、東・中・西三受降城などの黄河大屈曲部北岸から陰山南の地域や、大同・雲州などの大同盆地を中心とする地域にあり、唐王朝はこの地域に自給自足を基礎とする補給体制を設けることで、北辺防衛体制を維持していた。屯田の収入は水運によって代北の州兵や振武にもたらされ、和糴は毎年食糧を北都（太原）で購入し、黄河を遡上する水運によって、振武・天徳・霊武・塩州・夏州の軍にもたらす体制が整えられた。これをつかさどったのが代北水運使（度支営田使）で、使院は基本的に代州におかれたが、水運と営田を司るには遠いため、開成二年（八三七）には振武に移され、さらに大同に遷されることもあった。

本章で扱う沙陀突厥をはじめ、唐王朝の北辺防衛をになった遊牧部族が本拠地としたのは、まさにこの場所であった。これらの地域は農業と遊牧が同時に行われる農業遊牧境域地帯にあたり、北辺の軍糧を支える穀倉地帯でもあった。唐王朝の北辺防衛は、こうした財務体制と実際の防衛を担う武力集団である遊牧部族、そして各地の節度使という三つの軸足で支えられていたといえよう。

第二項　代北五部の節度使進出と代北水運使

代北地区は農業遊牧境域地帯の特性に依拠しながら北辺防衛のシステムが構築された場所であった。この地に住まっていた遊牧部族は軍功によって徐々に地位を向上させ、次第に節度使に進出し、財務体制にも関与するようになることでより強力になっていったと考えられる。たとえば振武節度使では、九世紀に入ってから、元和五年（八一〇）に①テュルク系の阿跌光進（李光進）が見えるほか、ソグド姓をもつ②米暨や③史憲忠などを数えることができる。河東節度使では、宝暦元年（八二五）に①李光顔（本姓は阿跌、李光進の弟）がいるほか、咸通一〇年（八六九）以降では②康承訓・③曹翔・④康伝圭らがソグド姓を持っており、このうち②の康承訓は、康日知の孫という出自が明らかなソグド人である。また、大同防禦使では、①沙陀の李国昌（朱邪赤心）の後は唐末まで②吐谷渾の赫連鐸が防禦使の地位を占める。

財務体制への関わりの先鞭をつけたのは契苾部落である。振武節度使では、大中六年（八五二）にテュルク系契苾部酋長の契苾通が振武節度使となる。契苾通は「度支河東・振武営田等使」を兼ねていたことから、北辺の財務体制を管轄する代北水運使を兼任していたことが判明している。農業遊牧境域地帯におかれた遊牧民の集団は、軍功によって地位を向上させるとともに、徐々に唐王朝の北辺防衛体制を支える全ての部分に関わるようになっていったのである。

第三項　沙陀突厥による北辺財務体制の掌握と黄巣の乱

次に、代北の沙陀突厥による北辺財政権の掌握を、黄巣の乱との関係の中で見てみたい。沙陀突厥は着々と実力を蓄えてきていたが、これが具体的な形となって現れたのが、乾符五年（八七八）のことである。すでに三年前の乾符二年（八七五）には黄巣の乱が起こり、唐王朝はこれを制圧することができずにいた。その機に乗じて、雲州の沙陀兵馬使李尽忠、牙将康訓立・薛志勤・程懐信・李存璋らは、沙陀副兵馬使として蔚州にいた李克用（李国昌の子）を擁立し、大同防禦使兼代北水陸発運使（代北水運使）の段文楚を殺害して雲州を占拠した。当時振武節度使であった李国昌（朱邪赤心）は、李克用を大同防禦使に拝するよう朝廷に要求し、営田と水運の重要拠点であった振武と大同を占拠する勢いを示した。朝廷はこれを認めず、昭義節度使李鈞、盧龍節度使李可挙と吐谷渾酋長赫連鐸・白義誠らからなる討伐軍が編成された[28]。この間の経緯については、二〇〇四年に洛陽で発見された「支謨墓誌銘」に唐王朝側にたって書かれた詳細な記録が残されている[29]。墓誌の記録によると、沙陀の勢いは南方の晋州にまで及んでおり、沙陀突厥が唐王朝の北辺財務体制を掌握するために起こした熾烈な戦いであった。唐王朝側は、段文楚の後任として支謨を代北水運使に任じ、北辺財務体制の維持に努める。この時は唐王朝側が勝利し、沙陀突厥は内部分裂して大部分は投降し、李国昌・李克用父子は達靼に亡命する。

状勢が展開するのは、広明元年（八八〇）の一二月に黄巣が長安に入城してからである。中和元年（八八一）二月に代北監軍の陳景思は沙陀・薩葛・安慶と吐谷渾諸部を率いて長安へ救援に赴こうとした。絳州刺史瞿稹は黄巣の勢いが盛んなのを畏れて代北で兵を募ることを進言し、瞿稹と李友金は代北に戻って北方の雑胡三万人を得た。しかし瞿積と李友金はこれを制御することができず、詔を得て達靼に亡命していた李克用を迎えたのである。このとき、李友金や薩葛・安慶部落もともに、ふたたび李克用のもとに吸収されていったことが指摘されている。(30) 李克用は、ほぼ二年間にわたって代北地区を転戦し、中和二年（八八二）末にはじめて黄巣の討伐に向かう。沙陀突厥については、黄巣の乱の討伐の功績が強調されるが、その実、唐王朝は黄巣の乱と同時に代北の沙陀の叛乱にも悩まされていたのである。

沙陀突厥が黄巣の乱鎮圧に成功すると状勢は一変する。李克用は黄巣討伐に先立ち、中和二年末に鴈門節度使とされていたが、中和三年（八八三）七月、長安回復の功績をもって河東節度使となった。ついで八月、前振武節度使の李国昌は代北節度使を授けられ、治所は代州におくことになった。ここで、乾符五年（八七八）に李克用・李国昌らが唐王朝からの奪取を目指した北辺財務体制は、ほぼ沙陀突厥に吸収されていったことに注意したい。太原は和糴の中心地であり、代州は代北水運使院の置かれた場所である。また、代北地区にはこのときも振武節度使に契苾部が、大同防禦使に吐谷渾部がのこっていたが、中和四年（八八四）には振武節度使から麟州を削り、大同防禦使を廃止して河東節度使に隷属させ、両部落とも次第に沙陀突厥に吸収されていった。これによって沙陀突厥は軍事権と財政権を兼ね備えた華北最大の勢力に成長していく。

第四節　沙陀突厥と唐王朝の関係

第一項　黄巣の乱前後の関係

李克用は黄巣の乱討伐に出立した後、中和二年一二月に黄河を渡り、中和三年四月には黄巣を破り、長安城を回復し[31]、同平章事を加えられた。時に二八歳で、諸将中の最年少であり、長安回復の功績は第一、兵勢も最強で、諸将に畏れられたという。

黄巣の乱後の沙陀突厥と唐王朝との関係は、のちに後梁を建てる朱全忠との関係の中で把握するのが適当であろう。翌年（八八四）、李克用は河南に侵攻した黄巣を討伐する。そしてその帰途、汴州の上源館で朱全忠の饗応を受けた。このとき、朱全忠は伏兵をおき、夜半に李克用を襲撃する。かれは部下数百人を失いながらも脱出に成功し[32]、これ以後、李克用と朱全忠は仇敵同士となり、激しい闘いをくりひろげる。

大順元年（八九〇）には、朱全忠が中心となって李克用の討伐を朝廷に建議し、河朔三鎮や、幽州に附して沙陀と戦い続けていた代北五部の一部の吐谷渾とも協力して李克用に対する包囲網をつくり、朝命によって李克用の官爵を剝奪して河東に攻め込むが、これは唐王朝を動かした朱全忠側が沙陀突厥の李克用に敗れて終わる。

李克用と朱全忠は、長期にわたって昭義節度使の所管州や河中節度使管轄下の諸州をめぐって戦うが、李克用にとって大きな痛手となったのは、天復元年（九〇一）に河中節度使を救援できず、これを朱全忠の手に渡したことであった。これにより李克用は長安へ救援に向かうための路を失って河東道に封じ込められる形となり、覇業に重大な影響をもたらしたという。一方でこの間に、李克用がおさめる河東道は相対的に安定していたため、混乱を避けて読書人が多く集まってきた。そしてたとえば「時に喪乱の後にして、衣冠多く難を汾・晋の間に逃れ、（李）襲吉、旧を訪ねて太原に至る[33]。」とあるように、唐末の動乱期に文化人が集まる場となっていき、唐王朝の文化を継承するかたちを整えていく。

天祐元年（九〇四）に朱全忠によって洛陽遷都が強行されたが、このときも李克用は救援に赴くことはできず、天祐四年（九〇七）の朱全忠への禅譲と後梁の成立を迎える。

天祐五年（九〇八）に逝去した李克用を嗣いで晋王となった李存勗は、後梁を滅ぼし、その後、唐の帝位を紹継することを勧められて即位する[34]（後唐荘宗）。同光元年（九二三）に魏州で即位したのち、晋陽に宗廟をたて、高祖神尭皇帝（李淵）・太宗文皇帝（李世民）・懿宗昭聖皇帝（李漼）・昭宗聖穆皇帝（李曄）および懿祖（朱邪執宜）・献祖（李国昌）・武皇帝（李克用）を七廟とするなど[35]、明らかに唐王朝を継承する姿勢を示している。

沙陀突厥は、テュルク系やタングート系の遊牧部族やソグド人などを含む複合的な遊牧民族集団でありながら、唐王朝の後継者としての地位に上りつめていったのである。

第二項　沙陀関係史料の書き換え問題

沙陀突厥に関する研究は、長い間立ち遅れたまま放置されてきた。その原因は、典籍史料の残存情況に大きな問題があったためであることが指摘されている[36]。すなわち『旧唐書』に李克用の列伝が立てられなかったことや、『新唐書』・『新五代史』が簡素に過ぎること、さらに『旧五代史』は夙に散逸し、現行のものは『永楽大典』などからの部分的な復原に過ぎないことであり、そしてより大きな問題は、各史料の間に多くの相違が存在するということである。

筆者は本書第三章において、沙陀突厥に関する史料は、おもに後唐の明宗時期（九二六―九三三）に行われた沙陀系王朝による史料編纂で大幅に書き換えられたと考えられることを指摘する。このとき沙陀側によって編纂された史料には、『後唐懿祖紀年録』・『後唐太祖紀年録』・『荘宗実録』・『唐功臣列伝』といった唐代の沙陀突厥に直接関わる史料だけではなく、これまで最重要の史料と考えられてきた『旧唐書』も含まれている。後代の史料は、これらの書き換えを認識しないまま、沙陀の手による記録を受け継いできたのである。もちろん、王朝の史料編纂過程において王朝に都合の良いように脚色が加えられること自体は特に珍しいことではない。しかし、こうした主要な編纂史料の書き換えによって、沙陀突厥の遊牧部落としての性格を含め、その実体を把握するのがますます困難になっていったことは想像に難くない。

明宗時期に書き換えられたものとしては、沙陀突厥の首領である李克用の系図の改竄が指摘されている[37]。このほか、筆者もまた、墓誌史料の分析から、黄巣の乱と同時に起きた沙陀の叛乱に関する記事が複雑に書き換えられ、意識的に唐王朝との関係を良好に描いていることを指摘する[38]。こうした研究はまだ端緒についたばかりであるが、いずれも、明宗時期以前に書き残された墓誌史料との比較によって明らかになっていったことに注目したい。現在利用できる編纂史料は、すべて沙陀側による編纂を経たものであるが、墓誌はそれ以前に被葬者と共に埋葬されているため、書き換えが及んでおらずその意味で高い史料的価値を有している。一方で墓誌の記述は個人に関するものであるため、どうしても分析が一面的かつピンポイントになってしまう嫌いがある。ケーススタディの積み重ねによってより多くの事例を積み上げていくことが、唐末五代史を描き出すために重要となるであろう。

おわりに

沙陀突厥に関する研究は、これまで史料の僅少さや混乱からほぼ手つかずのまま取り残されてきた。本章では、次章以降で展開する研究について、一．代北に移動するまでの沙陀突厥の足跡、二．沙陀突厥の内部構造と相互の関係、三．唐末の北辺財務体制との関係、四．沙陀突厥と唐王朝の関係などの側面から、衰退期の唐王朝と沙陀突厥の関係の諸相の位置づけを提示した。これらの諸相はいずれも編纂史料と墓誌史料の比較によってはじめて明らかになるものである。

今後は、これらの墓誌史料の研究から得られた成果に基づきつつ、ソグド研究とも連携しつつ、沙陀突厥のなかに含まれるソグド人以外の様々な民族についても検討の幅を広げていくことができれば、唐王朝末期の歴史展開や、唐王朝から宋王朝への変革の時代についても、また農業遊牧境域地帯に成立した王朝の事例のひとつとしても、大きな貢献ができることであろう。

注

（1）石見清裕「唐代外国貿易・在留外国人をめぐる諸問題」『唐の北方問題と国際秩序』、汲古書院、一九九八年、五二二—五二六頁。同「ラティモアの辺境論と漢～唐間の中国北辺」『東アジア史における国家と地域』、刀水書房、一九九九年。妹尾達彦『長安の都市計画』講談社メチエ、二〇〇一年、三〇—三四頁。同「都の立地——中国大陸の事例——」『人文研紀要（中央大学）』五八号、二〇〇六年、一四三—一七一頁。森安孝夫『シルクロードと唐帝国』講談社、二〇〇七年、五九—六二頁。

（2）『新唐書』巻二一八、沙陀伝、六一五六頁。

（3）石見清裕「沙陀研究史——日本・中国の学会における成果と課題——」『早稲田大学モンゴル研究所紀要』第二号、二〇〇五年、一二一—一三八頁。沙陀突厥に関する研究史はこの論攷に網羅的にまとめられているため、本文中では論旨に直接関係するもののみを引用するにとどめる。

（4）樊文礼『唐末五代的代北集団』中国文聯出版社、二〇〇〇年等もこの観点から記述する。

（5）特に森部豊「唐末五代の代北におけるソグド系突厥と沙陀」『東洋史研究』第六二巻第四号、二〇〇四年、六〇—九三頁（『ソグド人の東方活動と東ユーラシア世界の歴史的展開』関西大学出版部、二〇一〇年、一八三—二〇九頁に再録）。

（6）本書第二章。

（7）本書第三章。

（8）栄新江「新出吐魯番文書所見唐龍朔年間哥邏禄部落破散問題」『西域歴史語言研究所集刊』第一輯、科学出版社、二〇〇七年、一三―四四頁。日本語訳は『内陸アジア言語の研究』二三号、一五一―一八六頁所収。録文および図版は栄新江・李肖・孟憲実『新獲吐魯番出土文献』下冊、中華書局、二〇〇八年、三〇八―三二五頁。

（9）Yutaka Yoshida, "Sogdian Fragments Discovered from the Graveyard of Badamu"『西域歴史語言研究所集刊』第一輯、科学出版社、二〇〇七年、四五―五三頁。

（10）張乃翥「裴懐古・李釈子・和守陽墓誌所見盛唐辺政之経略」『西域研究』二〇〇五年第二期、二七頁。

（11）石見清裕「唐代『沙陀公夫人阿史那氏墓誌銘』訳注・考察」『村山吉広教授古稀記念中国古典学論集』、汲古書院、二〇〇〇年、三六一―三八二頁。

（12）前掲注（11）石見論文。

（13）白道川におかれた振武節度使（単于都護府）の立地条件については、斉藤茂雄「唐代単于都護府考――その所在地と成立背景について――」『東方学』第一一八輯、二〇〇九年、一―一八頁を参照。

（14）小野川秀美「河曲六州胡の沿革」『東亜人文学報』第一巻四号、一九四二年、一九三―二二六頁。張広達「唐代六胡州等地的昭武九姓」『西域史地叢稿初編』上海古籍出版社、一九九五年、二四九―二七九頁（『張広達文集　文本　図像与文化流伝』広西師範大学出版社、二〇〇八年、七五―九六頁に再録）。栄新江『中古中国与外来文明』生活・読書・新知三聯書店、二〇〇一年。前掲注（5）森部論文、六〇―九三頁。

（15）山下将司「唐の監牧制と中国在住ソグド人の牧馬」『東洋史研究』第六六巻第四号、二〇〇八年、一―三一頁。

（16）前掲注（5）森部論文、六八―七三頁。

（17）本書第三章、一〇三―一〇五頁。

（18）周偉洲『吐谷渾史』寧夏人民出版社、一九八四年（広西師範大学出版社、二〇〇六年再版）。村井恭子「東亜三国鼎立時期唐西北辺境的情況――従『李良謹墓誌銘』来看――」『文史』二〇〇九年第四期、一三三―一四九頁。

（19）本書第二章参照。

(20)「契苾公妻何氏墓誌銘」『陶斎蔵石記』巻三三、第二葉a。北京図書館金石組編『北京図書館蔵中国歴代石刻拓本匯編』第三二冊、中州古籍出版社、一九九〇年、一五頁。孫蘭風・胡海帆主編『隋唐五代墓誌滙編』北京大学巻第二冊、天津古籍出版社、一九九二年、一一三頁。周紹良・趙超編『唐代墓誌彙編』下冊、大中〇一二、上海古籍出版社、一九九二年。本書第六章参照。

(21) 李光進・李光顔兄弟は阿跌部落（Adiz）の出身で、その父良臣は雞田州刺史であったという。雞田州は阿跌部に置かれた羈縻州の名称である。後晋の代州には「鶏田府部落」があったことが指摘されており、ソグド人の何君政が「鶏田府部落長史」であった。これと阿跌部におかれた「雞田州」との関係は未知とされていたが、近年、両者が同一のものであることが明らかになった。朱邪執宜が李光顔の軍に属したのも、ソグド人との関係を示す史料とみなすことができるだろう。これについては第四章で詳論する。『旧唐書』巻一六一、李光進伝・李光顔伝、四二一七―四二二二頁。森部豊「後晋安万金・何氏夫妻墓誌銘および何君政墓誌銘」『内陸アジア言語の研究』一六号、二〇〇一年、一―七〇頁。

(22)『新唐書』巻二一八、沙陀伝、六一五五―六一五六頁。

(23) 南走派ウイグルとそれに対する唐王朝の対策については、山田信夫「九世紀ウイグル亡命移住者集団の崩壊」『史窓』四二号、一九八九年、一―二二頁（『北アジア遊牧民族史研究』東京大学出版社、一九八九年に再録）。Drompp, Michael Robert, *Tang China and collapse of the Uighur Empire: A Documentary History*, Brill's Inner Asian Library, vol. 13, Leiden/Boston: Brill, 2005. 村井恭子「九世紀ウイグル可汗国崩壊時期における唐の北辺政策」『東洋学報』第九〇巻第一号、二〇〇八年、三三―六七頁等参照。

(24) 大同軍が防禦使であるか節度使であるかについては史料によって混乱が見られるが、防禦使が正しい。前掲注（4）樊文礼書、七九―八〇頁。

(25) 最近の研究で代表的なものとしては、李錦綉『唐代財政史考（下巻）』北京大学出版社、二〇〇一年や丸橋充拓『唐代北辺財政の研究』岩波書店、二〇〇六年などがある。

(26) 本書第二章第三節および第三章第三節第三項。

(27) ここでいう北辺は、「国家財政により扶養される辺防軍の展開地域」とする。行政区画では、関内道から河東道の中北部にかけての地域を指す。前掲注(25)丸橋書、三一五頁。
(28) 『通鑑』巻二五三、僖宗乾符五年一〇月条、八二〇九頁。
(29) 趙振華・董延寿「唐代支謨及其家族墓誌研究」『洛陽大学学報』二〇〇六年第一期、一一一一頁。および本書第三章参照。
(30) 前掲注(5)森部論文、八〇頁。
(31) 『通鑑』巻二五五、僖宗中和三年四月条、八二九二―八二九四頁。
(32) 『通鑑』巻二五五、僖宗中和四年五月条、八三〇六―八三〇七頁。
(33) 『旧五代史』巻六〇、李襲吉伝、八〇一頁［一九〇一頁］。『旧五代史』は最新の史料との照合にもとづく新たな校訂本が出版された。陳尚君輯纂『旧五代史　新輯会証』復旦大学出版社、二〇〇五年。［　］は陳尚君本の頁数を示す。
(34) 『旧五代史』巻二九、荘宗紀、天祐一八年三月条、三九八頁［七八八頁］。
(35) 『旧五代史』巻二九、荘宗紀、同光元年閏四月条、四〇四頁［八〇六頁］。
(36) 森部豊・石見清裕「唐末沙陀李克用墓誌銘訳註・考察」『内陸アジア言語の研究』一八号、二〇〇三年、一七―五二頁。
(37) 同前。
(38) 本書第三章第三節。

第二章　唐末五代の代北における沙陀集団の内部構造と代北水運使
――「契苾通墓誌銘」の分析を中心として――

はじめに

本章は、東アジアにおける唐王朝から五代王朝の交代期において、五代王朝を担った沙陀集団がどのようにして形成されたのか、という問題を解明することによって、五代王朝の成立の背景を明らかにしようとする試みである。

この問題については、おもに、沙陀集団の内部構造とその存在形態の解明、そして五代王朝を形作った沙陀突厥の興起と唐王朝の北辺防衛を支えた北辺財務体制との関係というふたつを分析の中心として論じていきたい。

沙陀は、もともと現在の新疆ウイグル自治区にあたる地域に居住していた種族で、西突厥の別部の処月種であるといわれる。この種族は後に東方へ移動し、現在の甘粛省を経て、九世紀初めには山西省北部の大同盆地へと移住する。この遊牧系の種族が、黄巣の乱をきっかけに唐末における大勢力に発展し、五代時期に後唐（九二三―九三六）・後晋（九三六―九四六）・後漢（九四七―九五〇）、さらには後周（九五一―九六〇）という四つの沙陀系王朝を建設するにいたる。(1) この時期は唐から宋への過渡期にあたり、その中間に位置する五代を形成した沙陀が、中国史に果たした役割は極めて大きいといわねばならない。

沙陀は、その内側に雑多な遊牧民を取り込んでいるため、沙陀集団もしくは代北集団とも呼ばれる。沙陀が多くの遊牧民の集合体であることは、室永芳三(2)・蔡家芸(3)・樊文礼(4)諸氏の研究によって指摘され、また、森部豊・石見清裕両氏の研究(5)において、唐末沙陀の首領であった李克用の墓誌からも確認されており、基本的な共通認識になっていると認められる。特に、沙陀勢力下で重要な位置を占めていたソグド人に関する研究は、近年急速に進んできており、森部豊氏(6)が中心となって、唐・五代の中国で、軍人や政治家として活躍していたソグド人を、遊牧文化を身につけ、軍事能力を潜在的に身につけた存在という意味において、「ソグド系突厥」と呼び、これが沙陀と合流して、上述の沙陀系王朝の軍事力を支えていたことを明らかにした。ソグドの研究が進んだ結果、ソグド人を通して沙陀の姿を描き出すことが可能な段階に至っているといえよう(7)。

しかし、沙陀を形成したソグド以外の遊牧民が、沙陀勢力の中でどのような位置を占めたのか、またどのような経緯で沙陀と合流したのか、という問題は解決されないまま残っている。沙陀の研究をさらに進めるためには、ソグド以外の遊牧民の実態を明らかにすることが急務である。

本章は、後唐を建国するに至った沙陀集団の内部構造を、唐後半期に華北において活躍していたテュルク系の契苾、及び吐谷渾との関係を通じて論じるものである。沙陀と契苾・吐谷渾は、唐初または盛唐期に内附し、河西回廊に安置されていた遊牧系部族が、八世紀末から九世紀初めにかけて華北地域（とりわけ雲・朔・蔚・代州および振武を中心とする代北地域）に東遷したものである。本章において、彼らが、唐王朝および沙陀政権によって「五部」として把握され、さらに漢文史料中では、しばしばセットになって現れること、そして黄巣の乱勃発の後、沙陀三部落と契苾・吐谷渾の対立を経て、後者が沙陀に吸収されていったことが明らかとなる。

沙陀勢力が、契苾・吐谷渾部落と密接な関係を有していた事実は、室永芳三氏(8)がつとに指摘しており、また近年では樊文礼氏の研究も見られる(9)。また石見清裕氏は、開元七年（七一九）に没した沙陀公（輔国）夫人阿史那氏の墓誌に注釈・考察を附す作業を通じて、開元年間の河西における沙陀の根拠地が甘州方面にあったことを明らかにし、さらにこの地に契苾と吐谷渾が安置されていたことから、唐末において契苾・沙陀・吐谷渾がセットになって現れる伏線となっていることを指摘した。(10)

一方で、本章で新たに扱う水運の問題に関しては、唐後半期の度支司と塩鉄転運使による財政分掌と巡院機構の解明を中心とした高橋継男氏(11)の研究、李錦綉氏(12)の唐代財政に関する研究があるほか、近年は丸橋充拓氏によって、唐王朝が代北地域を含む北辺地域に、多数の営田による自給自足体制と、黄河の水運による補給体制を構築することによって、北辺防衛を支えていたことが明らかにされている。(13)しかし、こういった財務体制と唐末の沙陀勢力との関係は、これまで検討されたことはない。

上述のような近年の研究状況をふまえて、本章では、編纂史料に加え、近年公刊され、新たに利用が可能となった唐末期の契苾部酋帥の墓誌銘を用い、次の三点について論じる。第一に、唐末期の華北地域で勢力を伸ばした遊牧武人勢力と、沙陀との関係を明確にする。第二に、墓誌銘の分析を通じて、唐代末期における華北遊牧武人勢力の存在形態を明らかにし、その系統およびソグド系武人勢力との関係を論ずる。第三に、唐末の北辺財務体制と、五代に繋がる沙陀集団の興起との関係について論ずる。

第一節　代北五部——沙陀集団の内部構造——

唐末五代の華北の遊牧勢力のうち、沙陀部落に関しては、「沙陀三部落」と称されたことが知られており、これは「沙陀・索葛・安慶等三部落」のことであるとされている。ところで、それと共に沙陀の挙兵にまつわる局面でしばしば「五部」という言葉が現れる。このことは、つとに室永芳三氏(14)によって指摘され、更に近年の樊文礼氏(15)も、室永

表一　唐末史料に見える「五部」の使用例

	時期	史料	出典
①	咸通初（860）	太原軍素管退渾・契苾・沙陀三部落。（中畧）**五部**之人、欣然聴命。	旧書 163、盧簡求伝、4272 頁／冊 397、4724 頁
②	乾符 5（878）	康君立等曰「（中略）公家父子、素以威恵及**五部**、当共除虐帥以謝辺人。」	旧史 55、康君立伝、737 頁／冊 347、4106 頁／通鑑 253、8196 頁
③	中和 1（881）	（李）友金旋軍鴈門、瞿正至代州、半月之間、募兵三万、営於崞県西。其軍皆**北辺五部之衆**。	旧史 25、335 頁／冊 7、79 頁／通鑑 254、8247 頁
④	中和 2（882）	十一月、代北監軍使陳景思奉詔赦沙陁部、許討賊自贖、由是**沙陁五部**数万人南下。	旧書 158、鄭従讜伝、4172 頁
⑤	天復 1（901）	況僕臨戎握兵、粗有操断、屈伸進退、久貯心期。勝則撫三晋之民、敗則徴**五部之衆**。	旧史 60、李襲吉伝、803 頁／通鑑 262、8549 頁

〔出典〕旧書：旧唐書　旧史：旧五代史　通鑑：資治通鑑　冊：冊府元亀

氏とは別に代北地域に存在した遊牧部族集団の一つとして五部について指摘されている。しかし、この代北五部が何を指しているのかという点に関して、室永氏と樊氏の見解はやや異なっている。すなわち、室永氏は代北沙陀族の李氏の軍団について考察された際に、軍団牙兵の構成要素について検討され、その構成要素の内、沙陀・薩葛・安慶三部落及び吐谷渾・契苾部落が北辺五部と総称されていること、また牙兵にはその他に「北辺の雑胡」と呼称される回紇・突厥・塞北部人や、韃靼・代北漢人も含まれていることを指摘された。一方で樊文礼氏は、代北五部が沙陀三部落・契苾・吐谷渾を指すことを指摘されると同時に、「五部」というのは一種の汎称であって、退渾（吐谷渾）・回鶻・韃靼・奚・室韋の属を指すとされている[16]。そこで、まずこの「五部」が何を指しているのか、という点について検討する。

初めに、これら「五部」の使用例をまとめて提示すると、**表一**のようになる（以下、○数字は表中の番号）。

②の『旧五代史』巻五五、康君立伝の記事は、沙陀の李克用が雲州で挙兵する直前に、康君立が李克用に語った言葉である。また、③④の、『旧五代史』巻二五、武皇紀上、及び『旧唐書』巻一五八、鄭従讜伝の記事は、中和年間に沙陀が黄巣の乱鎮圧に参加する際に率いた部衆を示

している。さらに⑤の『旧五代史』巻六〇、李襲吉伝の記事は、李克用が後梁の太祖、朱全忠に送った書信の一節である。これらはいずれも沙陀の挙兵に関わる局面で出現しており、「北辺五部」・「五部の衆」・「五部」（以下、本章では便宜上「代北五部」と称する）というものの存在が、沙陀政権の中枢において認識されており、かつ重要な軍事力と見なされていたことを示している。

そこで次に、この史料上に現れる「五部」が何を指しているのか、ということが問題となる。これに関しては、①の『旧唐書』巻一六三の盧簡求伝（四二七二頁）に、咸通初（八六〇）のこととして、

（咸通初）太原軍は素と退渾・契苾・沙陀三部落を管す。或るもの撫納至らず、多く辺患を為す。前政或いは之に詛盟を要《もと》め、之の子弟を質とするも、然れども盗を為すこと息まず。（盧）簡求、懐を開きて撫待し、接するに恩信を以てし、質とする所の子弟は、一切これを遣わす。故に**五部の人**、欣然として命を聴く。

とあり、退渾（吐谷渾）・契苾・沙陀三部落が「五部の人（五部之人）」であると明確に言い換えている。[17] その他の使用例も、この史料を否定するに足るものではなく、汎称であるという解釈は成立し難い。代北五部とは、吐谷渾・契苾・沙陀三部落を指していると考えられるのである。

ところで、この代北五部は、唐末の開成年間以降、史料上に「五部」とは明示されないが、しばしばセットになって現れていることが、石見清裕氏によって指摘されている。[18] 唐末・五代において退渾・契苾・沙陀三部落が共に現れる事例を掲げると、**表二**のようになる。

①②の『新唐書』巻一七一及び『旧唐書』巻一六一の劉沔伝によると、開成三年（八三八）と四年（八三九）、振武節度使であった劉沔は、突厥の叛乱に対して吐谷渾・契苾・沙陀三部落を率いて鎮圧に向かったと伝えられる。これは、唐代において代北五部がセットになって現れる最初の事例である。なお、振武節度使の治所はすなわち単于都護

表二　唐末史料に見える吐谷渾・契苾・沙陀の使用例

	時期	史料	出典
①	開成 3（838）	突厥劫営田、（劉）沔発**吐渾・契苾・沙陀部**万人撃之。	新書 171、劉沔伝、5194 頁
②	開成 4（839）	劉沔率**吐渾・契苾・沙陀三部落**等諸族万人・馬三千騎。	旧書 161、劉沔伝、4234 頁／冊 359、4265 頁
③	会昌 2（842）	李思忠請与**契苾・沙陀・吐谷渾**六千騎合勢撃回鶻。	通鑑 246、7967 頁
④	咸通初（860）	太原軍素管**退渾・契苾・沙陀三部落**。（中略）五部之人、欣然聴命。	旧書 163、盧簡求伝、4272 頁／冊 397、4724 頁
⑤	咸通 9（868）	（康）承訓奏乞**沙陀三部落使**朱邪赤心及**吐谷渾**・達靼・**契苾**酋長各帥其衆以自隨。	通鑑 251、8130 頁
⑥	中和 1（881）	（五月）甲子、克用縦**沙陀**剽掠居民、城中大駭。（鄭）従讜求救於振武節度使**契苾璋**、璋率**突厥・吐谷渾**救之、破**沙陀**両寨。	通鑑 254、8251 頁
⑦	中和 2（882）	**李克用**寇蔚州、三月、振武節度使**契苾璋**奏与**天徳・大同**撃克用。詔鄭従讜与相知応接。	通鑑 254、8263 頁
⑧	天復 3（903）	振武将**契苾譲**、逐戍将**石善友**、拠城判。**（李）嗣昭**等進攻之、譲自燔死。復取振武城、殺**吐渾**叛者二千余人。	通鑑 264、8608 頁
⑨	乾化 2（912）	**晋王遣李存審、将吐谷渾・契苾騎兵**会之。	通鑑 268、8756 頁
⑩	天福 6（941）	（成徳軍節度使安重栄）上表称「**吐谷渾**・両突厥・渾・**契苾・沙陀**各帥部衆帰附。」	通鑑 282、9222 頁

〔出典〕旧書：『旧唐書』　新書：『新唐書』　通鑑：『資治通鑑』　冊：『冊府元亀』

府の置かれた場所であり、石見清裕氏によって、現在の内蒙古自治区ホリンゴル（和林格尔）市の北四〇kmに位置する土城子に比定されている。(19) また、この地域には突厥降戸が置かれたことが指摘されている。(20) さらに、③はモンゴル高原のウイグル帝国が崩壊し、唐の北辺にウイグル部衆が押し寄せた時期のことで、『会昌一品集』に関連する記載が多数存在する。(21)

これらの史料によると、退渾・契苾・沙陀三部落を明確に「五部」と言い換えているのは上掲の『旧唐書』巻一六三、盧簡求伝の記事（表一①、表二④）のみであるが、唐末からこの五部落がしばしば史料上セットになって現れ、しばしば共通の軍事行動をとっていることは明らかである。とすれば、康君立が沙陀の李克用に向かって、

公家の父子は、素より威恵を以て五

部に及ぼす。

といった五部とは、吐谷渾・契苾・沙陀三部落の、合わせて五部のことであると考えるのが妥当なのではないだろうか。するとここに、唐末において沙陀部落を含む五部で共に軍事行動に従い、龐勛の乱を鎮圧し、黄巣の乱の鎮圧のための募兵に応じ、沙陀政権の中枢から後梁に対して「五部の衆を徴す」と称され、沙陀政権にとって重要な軍事力と見なされている姿が浮かび上がってくるのである。唐末において、吐谷渾・契苾・沙陀三部落が「五部」と総称されるのは、このような背景に基づいている。

但し、その内容を見てみると、代北五部の内部において、時を追って変化が生じていると思われる節がある。即ち、開成年間から咸通九年（八六八）までは吐谷渾・契苾・沙陀三部落の順（表二①・②・④）もしくは契苾が最初に置かれ、沙陀は後方に回されている。部落の規模としては、東遷の際の数から考えても、吐谷渾が最も強勢であり、次に契苾、沙陀という順であった。

その後、中和元年（八八一）から二年（八八二）にかけて、沙陀が率いているのは「北辺五部」もしくは「沙陀五部」である（表一③・④）。これは、具体的には、『旧唐書』巻一九下、僖宗本紀、中和元年二月条（七一〇頁）に、

二月、代州北面行営都監押陳景思、**沙陀・薩葛・安慶等三部落**と**吐渾の衆**三万を率いて、関中に赴援す。

と見える如く、沙陀と吐渾を含む集団であった。彼らは、韃靼に逃入した李克用が帰還して指揮権を受け継ぐと、代北地域を剽略して回る。これに対して河東節度使と掎角して対抗したのは、**表二⑥**の『資治通鑑』（以下、『通鑑』と略称）巻二五四、中和元年（八八一）五月甲子条に、

（鄭）従讜、救いを振武節度使・**契苾璋**に求め、**璋**、**突厥・吐谷渾**を率いて之を救う。

と見える如く、突厥と吐谷渾を率いた振武節度使の契苾璋であった。これは、中和年間には、代北五部の内部に大き

な混乱が生じていたことを示唆していよう。さらに、表二⑧に見える、天復三年〔九〇三〕に契苾譲が沙陀の武将である石善友を逐った記事を経て、表二⑨に見える乾化二年〔九一二〕の記事においては、沙陀が吐谷渾・契苾の騎兵を徴発している姿を認めることができる。即ち、開成から咸通年間、乾符から中和年間以降にかけて、さらに天復三年以降というように段階を踏んで、史料上に見える代北五部に変化が見られるのである。これは、代北五部の内部に変化が生じたことを反映していると考えられる。

つまり、開成から咸通年間までは、唐朝の厳格な管理の下、吐谷渾を筆頭とする「五部」として認識され、しばしばともに行軍に従い、ほぼ平等な緩やかな横の繋がりが存在した。しかし、唐朝の管理が及ばなくなると、乾符年間〔八七四―八七九〕頃には沙陀を中核とする集団とする意識が生まれ、中和元年〔八八一〕以降、これに沿う形で武力衝突を伴いつつ再編成されていった。吐谷渾・契苾は、唐朝と協調する形で沙陀との闘争を継続するが、天復三年〔九〇三〕にはその攻勢に屈し、沙陀の支配下に入った。代北五部は、中和元年から天復三年にかけて、その中核に変化を生じつつ再編成されていったと考えられるのである。

五代に入った後、吐谷渾が代北集団の中に存在していたこと、そして大きな位置を占めていたことを示す史料が存在する。

ひとつは、『旧五代史』巻九七、李金全伝〔一二九六頁〕にみえる、

李金全は、本と唐の明宗の小豎なり。**その先は吐谷渾より出ず**。

という記事である。もうひとつは、『新五代史』巻五三、慕容彦超伝〔六〇七頁〕に、

慕容彦超は、**吐谷渾部の人なり**、漢高祖の同産弟なり。

とあるものである。李金全は後唐の明宗に仕えて太傅に至った人物であり、慕容彦超は、「其の先は本と沙陁部の人

なり」とされる後漢の高祖・劉知遠の同母弟である。代北五部を構成した吐谷渾・契苾部落は、五代になると沙陀の中で大きな力を占めるとともに、沙陀と分けがたく結びつき、代北五部の中で中核的な力を保っていったと考えられよう。

第二節　「契苾通墓誌銘」からみた代北五部の存在形態

次に、代北五部が唐末において具体的にどのような存在形態を有していたのか、考察したい。代北五部に関する史料は、編纂史料ではごく限られているが、近年新たに出土した墓誌の中に、当該時期の契苾部落の酋長である契苾通の墓誌銘が存在する。ここでは、新出土の「契苾通墓誌銘」を主たる史料として論ずる。

第一項　「契苾通墓誌銘」

まず史料を掲げる。ここで取り扱う「契苾通墓誌銘」の墓主は、正史その他の文献史料にも現れ、唐末、大中六年（八五二）から八年（八五四）にかけて、振武節度使であったことが判明している。

墓誌は、出土地ならびに出土の年月ともに不明である。墓石は、もとは陝西省咸陽市双泉村の村民の家にあったというから、石材として再利用されていたのであろう。現在は陝西省にある咸陽市博物館が所蔵する。原石は正方形で、縦・横ともに八二cm、全文三二行で、墓誌題が四五文字あるのを除くと、一行あたり三五文字である。墓石拓本写真は『隋唐五代墓誌滙編』陝西巻第四冊（一三七頁）においてはじめて公表された。釈文は、後に『全唐文補遺』第一輯、柳喜の条（三五八頁）及び『新中国出土墓誌』陝西壱（図版一三三頁、釈文一四〇―一四一頁）に載せられた。本稿は、『隋唐五代墓誌滙編』の拓本写真を底本とし、『新中国出土墓誌』陝西壱所掲の釈文を参照した。なお、日本語訳と語釈・改行箇所等は本書史料編の第六章を参照されたい。

〔釈文〕

唐故銀青光禄大夫検校左散騎常侍兼安北都護御史大夫(a)充振武麟勝等軍州節度観察処置蕃落兼権充度支河東振武営田等使上柱国北海県開国侯食邑五百戸契苾府君墓誌銘并序　　朝散大夫守京兆尹上柱国賜紫金魚袋柳喜撰

公諱通、字周物、姓契苾氏。其族系源流、載在国史。五代祖諱何力、在貞観初、髫歯尚幼、率部落千余帳、效款内附。太宗嘉之、授左領軍将軍。後以征討有労、尚臨洮県主、為葱嶺道行軍副大総管。忠烈義勇、存乎本伝。時有司修蓬萊宮、樹以白楊。烈公吟古詩以諷、主事者喩其旨、立命伐去之。其敏識精裁、為時所推。曽祖諱峯、皇雲麾将軍、左武衛大将軍、襲武威郡公、贈武威郡太守。祖諱嘉賓、皇雲麾将軍、左金吾衛大将軍、遷廬州郡太守、襲涼国公、食邑三千戸、贈涼州都督。父諱漪、皇持節都督勝州諸軍事、勝州刺史、充本州押蕃落義勇軍等使、兼侍御史、贈鴻臚卿。

公少習韜鈐、閑練軍志、以気義自任、而済之以冲和、推誠於人、有善不伐。始効職於単于府、即居上介。仍検校秘書監兼観察御史、(b)都督賀蘭府事。後以栄勲著、遷都押衙馬歩都知兵馬使、官兼殿中、封北海郡開国侯、食邑五百戸。次授東受降城使、加国子祭酒。後暦勝・蔚・儀・丹四郡守。所至千里、大布六条、皆多襦袴之謡、無謝龔黄之理。其卹隠求瘼之心、勤勤然如不及。暨昇朝序、因拝右衛将軍兼御史中丞、宣諭突厥使。時部落携貳、不安土疆。辺帥莫能懐柔、朝廷慮其侵軼。上命公以招撫之、至則公喩以朝旨、制其野心、如風之偃草、身之使臂。火未改木、虜還故居。功成上聞、授左金吾衛将軍。未幾、又以突厥驚擾、重令宣喩。復命之日、上念其勤労忠尽、当報以好爵、用示寵光。

乃授左貂、仍加大憲、遽転**大将軍充街使**。分宵警夜、厳衛皇居。統騎執金、栄当環列。上以公備詳辺事、尽得戎心、(a)**遂授振武・麟勝等州節度観察処置等使、仍加度支河東振武営田使**。寵遇既隆、委寄斯極。公撫綏士馬、葺理疲羸、対食忘飡、当宵忘寝、不使己以害物、毎推公以律人。時称辺吒、亦既蘇息。無何、膝理生疾、風燭興悲。以大中八年八月九日奄捐官舎、春秋七十。嗚呼哀哉。

(c)**公娶廬江何氏**。夫人之世、累服纓冕、先公就世、凡九年。長男公文、任銀青光禄大夫・前鄂王府司馬・兼監察御史。次男公応、前河東節度押衙左驍雄兵馬使・銀青光禄大夫・検校太子賓客兼監察御史。次男公瑜、前霊武節度押衙・決勝六将都知兵馬使・銀青光禄大夫・検校太子賓客。次男公武、前滄州節度押衙・銀青光禄大夫・検校太子賓客。次男公約、前邠寧節度押衙、銀青光禄大夫、検校太子賓客。次男公綏、前河中衙前兵馬使・銀青光禄大夫・検校太子賓客。次男公廙、皆習武尚義、不墜弓裘、行孝謙恭、必紹堂構。女六人、并已従人、尽獲良配。公文以喜嘗副公銜命、熟公望実、以日月有期、須有銘誌、泣血觸地、来請撰文。辞既不従、乃為銘曰、

忠臣良冑、命代茂器。閲礼敦詩、戴仁抱義。累服戎職、屢佩郡符。昇朝鳴玉、受詔銜□。曁擁旌幢、遠綏辺鄙。七萃既和、百姓方理。昊天不恵、梁木遽毀。隙駟莫留、妖鵩斯止。陰山色愁、戍鼓声死。井邑輟春、旗亭罷市。蒼蒼新植、鬱鬱新阡。公居于是、永矣千年。

度支推官、徴事郎、試大理評事李袞書

第二項　契苾氏の系譜と墓主の位置

墓主契苾通は、その姓が示す通り、テュルク系の契苾部落の出身であり、誌文に述べるところによると、契苾部酋帥の系譜に連なる（四～一一行）。五代祖は契苾何力であるとする記載も、『通鑑』巻二四六、会昌二年（八四二）九月

条に見える「通、何力の五世の孫なり」という記事と一致する。契苾部は、もとは漠北のテュルク種であるが、隋の大業年間、契苾歌楞の時代になって一部が高昌（現在のトルファン盆地）の北の貪汗山に拠り、歌楞が易勿真莫何可汗と号し、その後、子の契苾葛が莫賀咄特勒（勤）と称して、一時強大な勢力をふるった。しかし隋末唐初に至って衰え、彼らは亀茲・熱海方面と吐谷渾方面に遷徙した[22]。墓主の五代祖の契苾何力は、契苾葛の子で、貞観六年（六三二）に吐谷渾方面から沙州に至って唐に内附し、その部落は甘州・涼州の間に安置され、羈縻州である賀蘭州が置かれた[23]。何力には『旧唐書』巻一〇九、『新唐書』巻一一〇に伝があり、唐初の蕃将として有名である。墓誌には、何力の子である明・光・貞（旧伝参照。明については『新唐書』巻一一〇に附伝がある）についての記載はない。また、墓主の曽祖父の峯、父の漪に関する情報は、本墓誌において初めて判明するものである。さらに、祖父の嘉賓に関しては、『文苑英華』巻六四八、「河西破蕃賊露布」に、「契苾嘉賓」という同名が見える。地域と姓名の一致から、同一人物である可能性が高い。契苾通の祖である嘉賓と、「河西破蕃賊露布」に見える契苾嘉賓が同一人物であるのならば、契苾通の祖先は、開元年間までは河西におり、唐初と変わらず、唐の行軍に加わっていたと考えられる。

ところで、契苾何力の子孫に関しては、上に掲げた文献史料の他に、何力の子、明の「契苾明神道碑」[24]、明の子、嵩の「契苾嵩墓誌銘」[25]が残されている。前者の「契苾明神道碑」に拠ると、明は宗室より下嫁した臨洮県主の子であり、その妻は李虎の曽孫の膠西公李孝義の長女で、李虎の玄孫に当たり、宗室との結びつきが強い一族になっていたことがわかる[26]。また、明の子には嵸・嵩・崇の三名があることが判明する。そこで、やや時代が下って、契苾明の子、嵩の「契苾嵩墓誌銘」を見ると、契苾嵸は早くに戦没し、弟の嵩が賀蘭都督となっていたことが判明する。また、嵩の後には子の承祖と承明が相次いで賀蘭都督となっている。更に近年『文博』誌上において、王暁謀・李朝陽両氏によって、契苾光の孫、契苾尚賓の墓誌が紹介され、下記のような系統が明らかになった[27]。

何力—光—嶔—尚賓

一方、本墓誌から知られる契苾氏の系図は、次の通りである。

何力—○—峯—嘉賓—漪—通

これを上に掲げた史料と合わせてみると、契苾氏の系図の中では、何力の孫の世代で山偏、曽孫の世代で賓の一文字（承祖・承明は一致しない）が共有されていることが判る。

さらに契苾何力の六女の墓誌銘である「契苾夫人墓誌銘」において[28]、彼女がソグド姓である史氏に嫁していることが判明する。また、「大唐左屯衛将軍皋蘭州都督渾公夫人契苾氏墓誌銘」[29]によると、九姓鉄勒の渾部とも婚姻関係を結んでいた（本書第四章参照）。

誌文中に記された祖先の系譜や官名は、既存の出土史料や文献史料ともよく符合し、その欠を補うものであり、極めて史料価値が高いものであるといえる。今、判明した契苾通の一族の系図を整理すれば、**系図一**のごとくである[30]。唐初に内附した蕃将の系譜が唐末まで辿れる希有な例といえよう。

墓主契苾通の経歴を誌文の通りに並べると次のようになる（詳細は本書第六章参照）。

起家→効職於単于府（検校秘書監（従三品）兼観察御史（正八品上）、**賀蘭都督**）→振武軍都押衙・馬歩都知兵馬使（殿中侍御史（従七品上）・北海郡開国侯（不明。従三品？）・食邑五百戸）→東受降城使（加国子祭酒（従三品））→勝・蔚・儀（正四品下）・丹四州刺史（従三品）→宣諭突厥使（右衛将軍（従三品）兼御史中丞（正五品上））→左金吾衛将軍（従三品→左貂（左散騎常侍（正三品））・大憲→街使（左金吾衛大将軍（正三品））→**振武・麟勝等州節度観察処置等使、度支河東振武営田使**

右の経歴に見える通り、墓主契苾通は、起家して単于府に奉職し、若くして振武節度使の都押衙・馬歩都知兵馬使、

系図一　契苾氏系譜（点線……は、関係が不明確なもの）

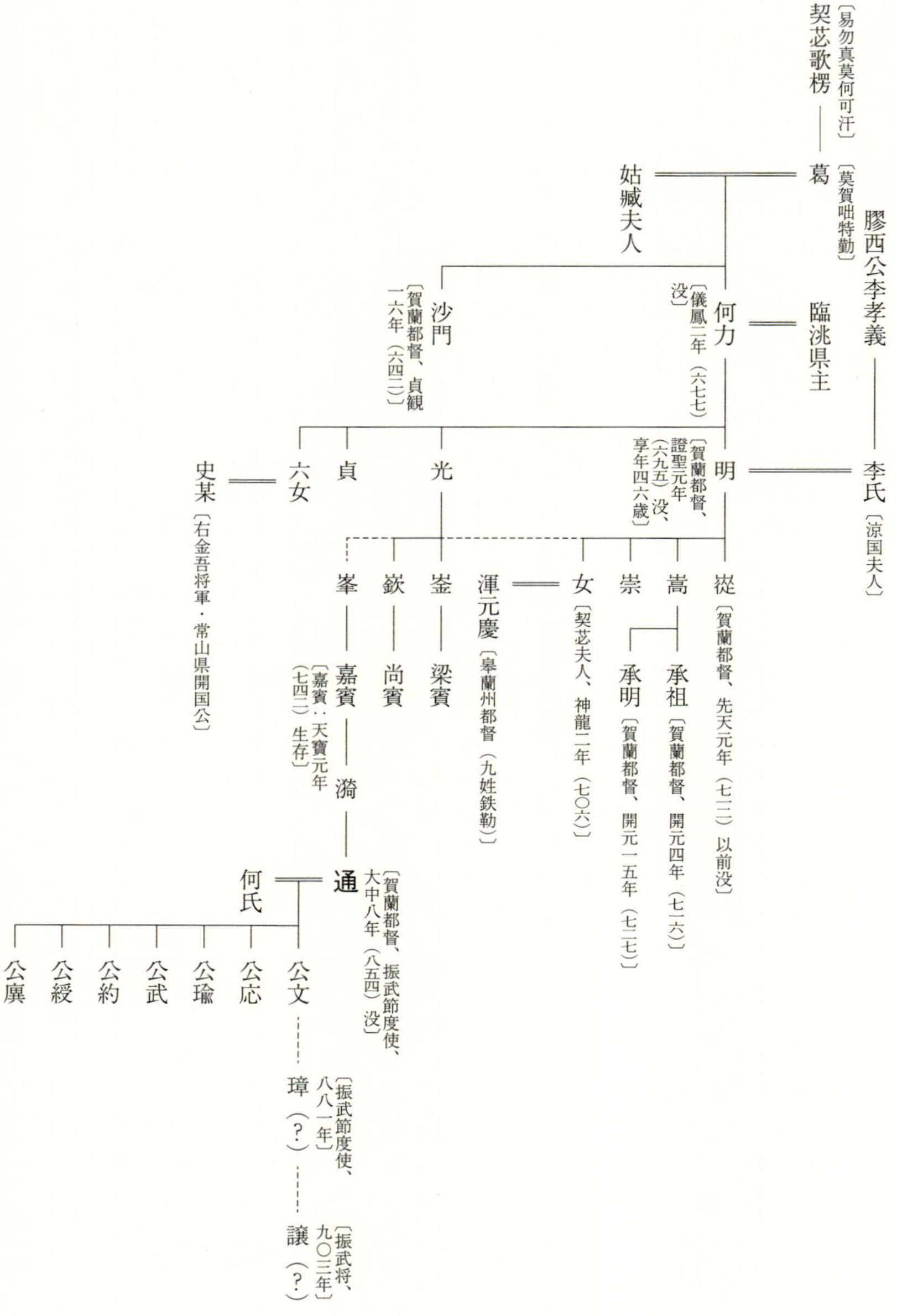

すなわち振武節度使の行政・軍事を一手に掌る地位に就いた[31]。これは、後に引く「契苾公妻何氏墓誌銘」に、

初めて其の家に至るや、契苾公は乃ち振武の都頭（都知兵馬使）たり、権は万余兵を握る。

と見えるのと対応している。何氏が契苾通に嫁した当時のことであるから、貞元末から、遅くても元和初、西暦八〇〇年頃のことである。その後の契苾通の経歴を考えても、相当長期間にわたって都押衙・馬歩都知兵馬使の職にあったと見るべきであろう。さらに後には、東受降城使を経て、勝・蔚・儀・丹四州刺史・宣諭突厥使に拝せられたという。この時期は、モンゴル高原のウイグル帝国の崩壊に伴ってウイグル部衆が北辺に押し寄せた時期であり、第一節にも述べた通り、唐朝は吐谷渾・契苾・沙陀三部落を徴発して対応にあたった。この時の契苾通は、李徳裕『会昌一品集』巻一四（二六二頁）に収める会昌二年九月一三日付けの「請契苾通等分領沙陀退渾馬軍共六千人状」に、

何清朝・契苾通は是れ蕃人なれば、各のおの一廂を管せしめん。冀う所は虜情を諳識すれば、指使を為し易からん。（会昌二年九月十三日）

とある如く、唐朝がまず初めに起用を考える人物であった。また、大中六年（八五二）に振武節度使に拝せられた際も、墓誌に見える如く「辺事に備詳にして、尽く戎心を得」ていることが考慮されており、北辺の遊牧民に対する統率力が強く意識されていた。契苾通は、九世紀半ばにおいて、代北の遊牧民の中で最も重要な人物と目されていたといえよう。さらに、大中六年に振武麟勝等州節度観察処置等使、度支河東振武営田使に任ぜられたということは、代北地域における軍事・政治・財政の全権を掌握したことを意味しており、沙陀勃興以前の代北五部の中の最重要人物であった。沙陀の勃興後は、沙陀がこの地位に取って代わっていったと考えることができる。

なお、契苾通の息子は、それぞれ前河東節度押衙・前霊武節度押衙・前滄州節度押衙・前邠寧節度押衙・前河中衙前兵馬使等であったが、契苾通が大中八年（八五四）に死去した後、契苾通の地位を継いだ者はいない。しかし、孫

の世代にあたる契苾璋が振武節度使に拝せられており、天復三年（九〇三）には振武将として契苾譲の名が見えることから、振武節度使管内において、契苾部の勢力は唐末まで維持されていたことが窺える。

この墓主の経歴は代北五部の置かれた状況をよく表し、興味深い内容を多く含んでいる。また、その夫人は盧江何氏を称しており、これもまた代北五部の存在形態を考察する手がかりを与えている。以下に順を追って検討していきたい。

第三項　「賀蘭府」について（「契苾通墓誌銘」傍線部(b)）

墓主契苾通は、墓誌銘によればはじめ単于都護府に奉職し、「賀蘭府の事を都督（都督賀蘭府事）」しており、東受降城使、勝・蔚・儀・丹諸州の刺史を経て振武節度使に至ったといい、また、誌文による限り、長安で左金吾衛大将軍として街使にあてられた時期もあったようである。すなわち、現在のオルドスの北辺を本拠地とし、時に長安に召されて京師の宿衛にあたりつつも、依然自らの部落を率いているという、唐初以来のありかたを維持していたと思われるのである。

では、この人物の墓誌にあらわれる「都督賀蘭府事」とはいかなる実態を反映しているのであろうか。賀蘭州という州名は唐後半期の史料には現れない。この州名は、貞観六年（六三二）、統葉護可汗の暗殺とともに始まった西突厥の内訌と、それに伴う天山南路のオアシス地帯の動乱のさなかに唐に帰附してきた、テュルク系の契苾部に設置された羈縻州の名である。この唐初の契苾部落を率いたのは契苾何力であり、墓誌によれば、契苾通はこの契苾何力の五世の孫である。契苾何力の子孫に関しては、上掲の「契苾明碑」や「契苾嵩墓誌銘」などによって知ることができる。かれらはみな「賀蘭州都督」を帯びており、この職が契苾部落の酋長によって世襲されるものであったことが判明する。とすれば、唐末の「賀蘭府」がこの賀蘭州と密接な関係を持っていたことは疑いない。おそらくは、この賀蘭府が、唐初に契苾部落におかれた賀蘭州の唐末における姿なのではあるまいか。「契苾通墓誌銘」にあらわれる「都督賀蘭府事」とは、彼が賀蘭州都督の職を世襲していたことを示すと思われる。つまり、唐初におかれた羈縻州は、少なくとも九世紀の後半まで存続していたのである。唐初において契苾部落は甘州・涼州の間に安置されており、ここに賀蘭州がおかれていた。契苾通が賀蘭州都督を世襲していたということは、その賀蘭州が甘州・涼州方面から代北に移っていることになる。唐初に契苾部落がおかれた河西回廊地帯には、その他に吐谷渾や沙陀部落も安輯されていた。おそらく沙陀部落や吐谷渾が吐蕃とウイグルの抗争の圧力に抗しきれずに徐々に東へ移っていった八世紀の終わりから九世紀の初め頃には、契苾部落も代北に移動していったものと思われるのである。

第四項　盧江何氏——ソグド姓との通婚——（「契苾通墓誌銘」傍線部(c)）

さて、次に契苾通の妻何氏についての検討に移りたい。契苾通の妻何氏については、古くから「契苾公妻何氏墓誌銘」の存在が知られており、『陶斎蔵石記』巻三三〔第一葉a〕に釈文がある。最近では、『北京図書館蔵中国歴代石刻拓本滙編』第三二冊〔一五頁〕及び『隋唐五代墓誌滙編』北京大学巻第二冊〔一一三頁〕に拓本写真が、『唐代墓誌彙編』下冊〔大中〇一二〕に釈文が収められている。本章では、紙幅の都合で墓誌銘本文は省略し、必要に応じて引用するにとどめる〔墓誌銘本文は本書第六章参照〕。

「契苾公妻何氏墓誌銘」でまず注目されるのは、

夫人何氏、望は廬江郡に在り。曽皇は仕えず、祖は蘇州法曹参軍、諱は源、考は単于府兵曹参軍、諱は仁甫なり。其の先は皆な功労有りて、代よ将家と為り、門は武略を伝え、威名は馳せ振い、人皆な焉を慕う。〔三―五行〕

という一文である。ここでは、契苾通の夫人が盧江何氏を称していること、さらにその何氏が代々武人の家柄であり、単于府に奉職していたということが述べられている。

何姓を称する人物について考える場合、その出身に関しては、漢人である場合とソグド姓のひとつである場合の二種類が考えられる。契苾公の妻何氏の場合はどのように考えたらよいであろうか。何氏は郡望を盧江と称しているが、この盧江何氏については、栄新江氏によって、何国（クシャーニヤ／Koshanyah）出身のソグド人が漢姓を称する場合に盧江何氏を名乗る場合があることが指摘されている(32)。そこで、これを手がかりに考えてみたい。まず、現存の墓誌の中からソグド人であることが考えられる何氏を一覧表にして示すと、**表三**の何氏一覧の如く、七例を得ることができる。

上掲の七例は、唐から五代にかけての何姓を称する人物の墓誌銘から、ソグド人と考えられる人物のみを抽出したものである。この表からは、盧江の郡望を称するのは唐代後半のみに限られた現象であることが見て取れる。唐代前半期および五代に入ってからは、盧江の郡望を称していない。

表のうち、郡望についての記述が無く、盧江に封ぜられていることのみを記すものがある（③）。唐代の封爵は一般的に、皇子のほかは「凡そ封ずる所の邑は、必ず得姓の地を取」ることになっており(33)、これにもとづいて盧江の郡望であることが推定できる。盧江何氏の由来については、⑤の「何弘敬墓誌銘(34)」に、次のように述べられている。

周の唐叔虞の後、十代の孫の万は、菜を韓に食み、封ぜられて韓氏と為る。韓王安に至り秦の滅ぼす所となり、子孫流散す。呉音は軽浅にして、韓を呼びて何と為し、因りて以て氏と為す。漢の時、（何）比干は公に始祖たり。比干は、嘉を生み、盧江郡長史と為り、遂に盧江郡を以て郡望と為す。

また、『元和姓纂』巻五にも墓誌とほぼ同内容の記事が見られ、盧江の郡姓として認められた存在であったことが

表三 何氏一覧（唐—五代期のソグド人）

	墓誌銘	葬年	姓	諱	性別	官職	配偶者の官職	配偶者	生母	子の配偶者	郡望	世系	出典
①	曹君妻何氏墓誌銘	咸亨5（674）4.6	何		女			曹君			太原		補遺7、294頁
②	何徳墓誌銘	天宝13（754）10.23	何	徳	男	右龍武将軍			酒泉安氏		廬江		補遺3、97–98頁
③	何文哲墓誌	太和4（830）10	何	文哲	男	検校工部尚書		会稽康氏			廬江	公本何国王丕之五代孫	補遺1、282–286頁
④	契苾公妻何氏墓誌銘	大中1（847）10.2	何		女		振武節度使	契苾通			廬江		彙編、大中012
⑤	何弘敬墓誌	咸通6（865）8	何	弘敬	男	魏博節度使		武威安氏	衛国太夫人康氏	張氏	廬江		補遺5、39–43頁
⑥	安万金妻何氏墓誌銘	天復4（904）8.4	何		女		均州刺史	安万金	彭城劉氏	王氏、史氏、何氏、張氏、石君、梁君	陳留		補遺5、445–446頁
⑦	何君政及妻安氏墓誌銘	天福4（939）11.17	何	君政	男	鶏田府部落長史		安氏		安氏、康氏、康氏	大同		補遺7、439–440頁

〔出典〕補遺：『全唐文補遺』 彙編：『唐代墓誌彙編』

わかる。[35] しかし、表三をみるとこの「廬江何氏」が漢人だけではないと思わせるに十分な記述がある。すなわち、③にあげた「何文哲墓誌銘」である。この中に、

公、本と何国（クシャーニヤ）王丕の五代の孫なり。

という記事が見える。とすれば、少なくとも何弘敬はソグド系の人物であると認めてよい。そしてこのことは、廬江何氏を称する人々の中には、ソグド系のものが混じっていることを示唆する。なお、何文哲は廬江の郡望を称してはいるが、墓誌には同時に「世よ霊武の人なり。」とも記されている。

ところで、つとに小野川秀美氏が考証されたように、[36] 九世紀には、雲州・朔州の間には六州胡の流れをくむソグド人が徙されていた。さらに唐末から五代の沙陀系王朝の中核には、唐の六州胡の流れをくむソグド人、あるいはソグド人と文化的に関係を有する武人が存在し、活動していた。[37] そして、沙陀の李克用は九世紀末にそのソグド系の武人集団を含めた沙陀三部落（沙陀・薩葛・安慶）を最終的に統合することによって勢力基盤を確立した。むろん、「契苾公妻何氏墓誌銘」は九世紀半ばの墓誌であり、沙陀の台頭の前の状況を示している。しかし、沙陀三部落のうち二部落（薩葛・安慶）までがソグド系、もしくはソグド系と考えられる集団であったということは、すなわち九世紀から一〇世紀の前半にかけて、代北を中心とする地域におけるソグド系武人集団の重要性を物語るものである。

唐末から五代時期の沙陀系王朝において、ソグド人は枢要な地位を占めていたが、彼らの具体的な居住地は明らかにしがたいことが多い。ごくわずかに居住地が判明する例として、『通鑑』巻二七八、後唐紀、明宗長興四年（九三三）三月条に附された胡注（九〇八二頁）は、宋白の『続通典』から次のような一文を引いている。

安従進は、本貫は振武軍索葛府索葛村なり。

この文章からは、五代の代北地域のソグド人の集団が、沙陀系王朝を支えたソグド人と直接に連なるものであったこ

とがうかがえる。地域も時期も若干離れているため、全く同一とは言い難いが、九世紀の半ば、代北地域において、代々将家であったという契苾公の妻何氏も、これと類似した性格を持つソグド人である可能性が高いのである。

ここで取り上げている契苾公妻何氏の父親は単于都護府（振武節度使の治所）の兵曹参軍であったという。そこで表三ソグド人何氏一覧の官職の欄を見ると、全七例中二例（③⑤）が武官であり、また女性三例中二例（④⑥）が武官に嫁いでいることがみてとれる。しかもこれらのうち⑤の何弘敬は魏博節度使であり、④の何氏の夫である墓主、契苾通は振武軍節度使となり、何氏夫人自身の家も「代為将家、門伝武略」という武門の家柄であったという。これは即ち、廬江の郡望を仮冒した何氏の中には、武力を基盤とする一団があり、自ら武官の高位を占めるとともに、周辺の有力な武将とも婚姻関係を通じて結びついていたことを示す[38]。夫人を廬江何氏から迎えているということは、唐末の契苾氏もまたこのようなソグド系武人集団と結びついていたことを示唆している。これを裏付けるのが、本節第二項で取り上げた、『会昌一品集』巻一四に収める「請契苾通等分領沙陀退渾馬軍共六千人状」である。ここでは、「何清朝・契苾通は是れ蕃人なり。」と記され、続いて両者に沙陀・退渾（吐谷渾）を率いさせるべき事が記されている。「蕃人」であり、遊牧民によって構成される騎馬軍を率いるに相応しいとされる何清朝もまた、武力を持つソグド系の人物である可能性が高いのである[39]。

契苾氏に関してもう一つ注目すべき点は、系図一に現れる契苾何力の娘（六女）の記録である。この契苾夫人は、開元九年（七二一）に六六歳で没した人物であるが、「契苾夫人墓誌銘」[40]によると、その配偶者は「右金吾将軍・常山県開国公史氏」であるといい、ソグド姓である史氏である。常山は現在の河北省正定に当たり、河北のソグド人が集住していた場所である[41]。この人物をソグド人と考えてよいのであれば、契苾氏は、唐に帰した初期からすでにソグド人との結びつきを強めていたと言うことができよう。

なお、墓主契苾通の直前に振武節度使となった人物には、米曁・史憲忠といったソグド姓を冠する人物がいることも注意しておいてよかろう。とりわけ大中元年（八四七）から二年（八四八）にかけて振武節度使であった史憲忠は魏博節度使・史憲誠の弟である。(42)この背景に、振武地域におけるソグド人の存在を想定することができるかもしれない。

また、ソグド集団との結びつきという点に関しては、吐谷渾集団にもその可能性が認められる。『冊府元亀』巻九七二、外臣部朝貢五、後唐の長興元年（九三〇）八月の記事に、

八月、**吐渾の康合畢**、来りて馳馬を貢ぐ。

とみえ、また長興二年（九三一）二月の記事には、

二月、突厥首領の杜阿・**熟吐渾の康万琳**、各のおの馬を進む。

とあるのがそれである。ここで現れる吐渾の康合畢・康万琳は、双方ともソグド姓である康氏を称しており、吐谷渾が、中国との使節の往来にソグド人を起用していたことが見て取れる。残念ながらこれ以上の史料を見いだすことができず詳細は不明であるが、この背景に、吐谷渾の内部に相当数のソグド人が入り込んでいたと想定するのは十分に可能であろう。すなわち、代北五部は、沙陀部落のみならず契苾・吐谷渾に至るまで、ソグド人と強固な繋がりを有していたのである。

第三節　北辺財務体制と沙陀集団の興起

本節では、先学による研究の蓄積に基づいて唐代の北辺財務体制の概要を提示し、次に唐末の北辺財務体制と、北辺から興起した五代史の立役者である沙陀との関わりについて検討する。(43)

第一項　北辺における軍糧補給体制——和糴・営田・代北水運使——

北辺における財務体制の制度内容や沿革については、先学の蓄積が残されているので、これに依拠して概要を提示する。[44] 唐末から五代に至る沙陀の興起と具体的な関連を持つのは、代北地域を含む河東・振武における和糴・営田等の軍糧供給体制、および度支営田使（代北水運使）による水運である。

唐末において、度支司による北辺への軍糧供給は、北辺に侵入する周辺民族から領土を守るという国防上の理由から、極めて重大な事業であった。そのため、唐朝は北辺への軍糧供給を維持するために様々な策を施していく。

北辺地域には、貞元年間（七八五―八〇四）以降、吐蕃の侵入が再燃し始めた頃から、次々と営田が設置された。北辺における営田の範囲は、霊武と振武軍から東・中・西三受降城を経て豊州に至るオルドス北方黄河大湾曲部北岸、陰山南の地域、河東道では大同・雲州など大同盆地を中心とする地域に集中していた。これらの地域は、農業と遊牧が並列して行われる農業遊牧境域地帯にあたり、営田が集中して設けられるとともに、多数の遊牧民が安置されていた。唐朝は、この地域のただ中に自給自足を基礎とする補給体制を確立することによって、北辺防衛体制を維持していた。

唐末における北辺諸道の軍糧は、屯田の収入と太原における和糴に依っていた。屯田の収穫は、水運によって主に代北の州兵や、振武にもたらされ、和糴については、代宗初め頃には毎年食糧を北都（太原）で購入し、黄河を遡上する水運によって、振武軍・天徳軍・霊武節度使・塩州・夏州の軍にもたらす体制が整えられた。貞元年間には、雁門（代州）に代北水運使院が置かれ、太原で和糴した穀物を黄河を遡航して流域各地に運搬した。代北水運使は度支営田使によって兼任され、使院は、代州もしくは振武に置かれて物資を送り出す側の拠点となっている。[45] 代北水運使の管轄地域は、河東・振武・天徳の三道である。なお、ここでは「代北水運使」の呼称を用いるが、後出のように、別に「代北水陸発運使」という職名も見えることから、北辺における輸送においては、水運とともに陸運も重要であったと考えられる。その後、憲宗朝（八〇六―八二〇）における節度使による各道営田使の兼任禁止（元和一三、八一八）を経て、長慶中（八二一―八二四）には北辺財政諸司は、度支巡院・代北水運使（兼度支営田使）・供軍使という三官司による並列体制が確立したという(46)。

ここで注意しておきたいのは、唐末の重要な軍糧輸送ルート及び代北水運使の管轄地域が、本章で取り扱う代北五部、すなわち後の沙陀集団を形成する遊牧系部族の居住地の近傍を通っていた点である。もともとこの地域は、唐朝に内附した遊牧民族がベルト状に配置された地域であり、彼らが北辺防衛を担っていた。代北の州兵や振武に軍糧をもたらした場合、実際の受取手の中に、これら北辺防衛を担う遊牧系部族が多数含まれていたことは、十分想定しうる。

このような状況について、『劉禹錫集』巻三所収「薛謇神道碑」（三三―三五頁）には、

貞元中（七八五―八〇四）……京兆（京北の誤り）水運使に充つ。雁門に局居し、穀糴を主り、……粟を発して河を泝して北行する毎に、戎落を渉り以て縁辺諸軍及び乗障の者に饋る。

とみえる。この史料は、代北水運使の職掌を示すものとして利用されてきたが、ここで注目したいのは、太原から北の輸送経路が、遊牧系部族の居住地を通っていたことを記している、という点である。これは九世紀初めの状態を記しているが、更に時代が降ると、地図に示すように、軍糧輸送経路は代北五部の居住地区とほぼ重なってくる（地図二参照）。ここに示したのは概念図であり、正確な経路を示しているわけではない。しかし、少なくともこれらの軍糧発出拠点および輸送経路が、極めて近接した地点を通っていたことは明らかである。

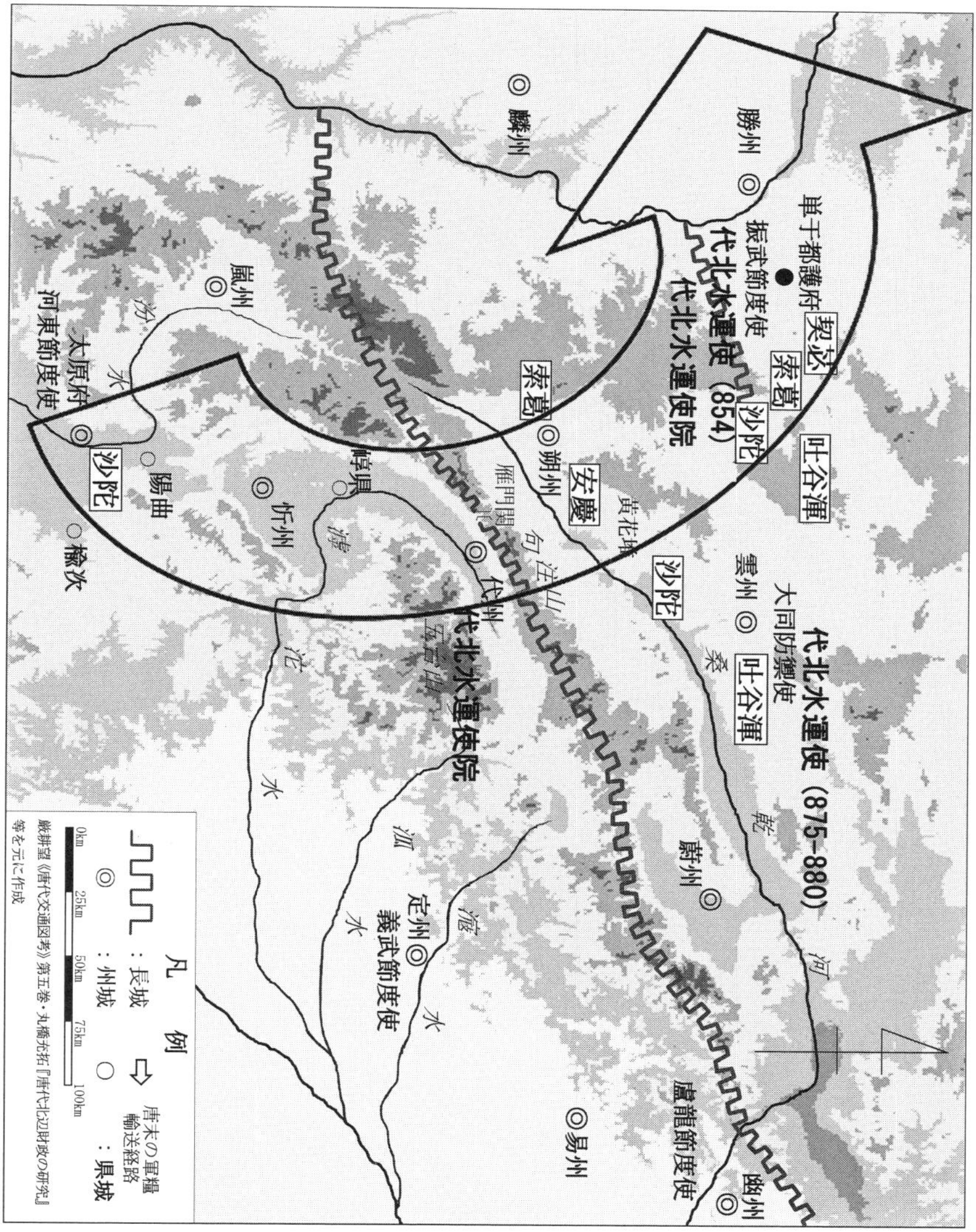

地図二　代北五部居住地と北辺軍糧輸送経路概念図

第二項　北辺財務体制と沙陀集団の興起

ここで、契苾通が帯びた使職を振り返ってみたい。契苾通の帯びた官職（下線部(a)）には、「振武麟勝等軍州節度観察処置蕃落等使」とともに、「権充度支河東・振武営田等使」とあり、明らかに度支営田使を兼ねている。上述の如く、代北水運使は度支営田使が兼任していた考えられるため、「度支河東・振武営田等使」であった契苾通もまた代北水運使を兼ねていた可能性が高い。河東・振武がともに代北水運使の管轄地域であることも、これを裏付けるものである。なお、契苾通に先んじて、大中五年（八五一）には、馬曙なる人物が「度支河東・振武・天徳等軍営田・供軍使」に任命されている[47]。これについては、『東観奏記』巻中では、「代北水運使に任ぜらる」と記されている。『東観奏記』は宣宗朝（八四六―八五九）の故事を記した史料であるから、時間的な接近からして同時のことであろう。

なお、ここで注意すべきことは、地方官である振武節度使が度支河東振武営田等使を兼領していることである。節度使による度支営田使の兼領は、憲宗の元和一三年（八一八）に停止され、その後節度使と度支営田使を兼ねる者はいなかった。代北水運使もまた、この期間に任ぜられた者は、中央直派の人物である。その度支営田使の職を契苾通が帯びているということは、この時期、大中八年（八五四）以前に北辺の財政権が中央の手を離れ、地方官たる節度使の手に帰したということを示している[48]。そしてこの場合、北辺財政権を握ったのは代北五部と称される北族系の節度使であり、のちに五代に雄飛する代北集団の一翼を構成していたのである。地図と照らし合わせてみると、元来は輸送経路の周辺にいて、受給側にいた遊牧系部族が、北辺財政の実権を握ったといえる。

しかし、この状態が長く続いたとは考えにくい。墓主契苾通は大中八年（八五四）に卒しており、その後の状況は詳らかではない。その後、度支営田使の職が史料に見えるのは、乾符二年（八七五）に李瑫なる人物が大同軍雲朔営田使となったことを伝える記事である。[49] さらに乾符五年（八七八）には、大同防禦使であった段文楚が兼任する使職として、代北水陸発運使（代北水運使）の名称が見える。

代北五部は、ここで再び代北水運使と深い関係を持ってくる。乾符五年（八七八）、沙陀の李克用は大同において、大同防禦使・代北水陸発運使（代北水運使）の段文楚を殺害して叛乱を起こし自ら大同防禦使となることを求めた。当時の振武節度使は、李克用の父の李国昌であり、朝廷に次のように上奏した。『通鑑』巻二五三、（八一九八頁）には、次のように見える。

李国昌上言せらく、「乞うらくは朝廷、速やかに大同防禦使に除せんことを。若し克用の命に違わば、臣、本道の兵を帥いて之を討ち、終に一子を愛して以て国家に負かざらんことを請う」と。

ここで重要なのは、振武節度使の李国昌が、息子の李克用を大同防禦使に除するように願い出ていることである。上述のように、振武節度使は一時期は代北水運使院が置かれたこともある、営田と水運の拠点であった。本章で扱った契苾通も、振武にあって代北水運使を兼ねていたと考えられる。また、李克用はこのとき、代北水陸発運使（代北水運使）を殺害して大同を占拠している。上述の李瑫などの例と考え合わせると、当時は大同が水陸発運の拠点であり、南北物流の拠点であった可能性が高い。とすると、乾符五年の沙陀による叛乱は、二つの水運の拠点を占拠するものであったと考えられるのである。

沙陀と水運の関係について、もう一つ見落としてはならないのは、次章で扱うことになる、沙陀の叛乱鎮圧にあたった支謨なる人物の記録である。[50] 彼は一貫して度支系統の官僚であり、沙陀の叛乱鎮圧にあたった当時は、「大同軍都防禦・営田・供軍等使」の職を帯びており、度支営田使であったと考えられる。[51] 就任時期は乾符六年（八七九）で、時期から見て、沙陀に殺害された代北水運使段文楚の後任である。とすれば、北辺財務体制の維持に対する唐王朝の意思を明確に示したものであり、沙陀の叛乱における水運・営田の重要性を物語るものである。少なくとも、沙陀が、その最初期にあって水運と営田の重要性を明確に理解し、水運・営田という経済的基盤を掌握することによって唐王朝からの自立を志向していた点については、十分に考慮する必要があろう。

乾符五年以降、代北の地は李克用の起こした叛乱によって混乱を極めるが、代北の地が沙陀の掌握するところとなるには、第一節でふれたように、天復三年（九〇三）における振武節度使管区の奪取、および吐谷渾が掌握していた大同防禦使管区の取得まで待たなければならない。財務管轄権が地方官に移ったことによって、北辺財務管理体制は、一度は代北五部の手に渡った。沙陀の興起の最初期にあって、李克用を中心とする沙陀集団は、当初から水運と営田を含む財務体制に対して明確に実利的な視点を持っていた。そしてその後、営田の広がる地域に居住していた代北五部を統合することによって、北辺における経済的基盤を確立することが可能になったと考えられよう。

おわりに

本章の考察結果は以下のようにまとめられる。

まず第一節では、沙陀集団を構成した代北五部の問題を取り上げた。唐末に河東道北部（代北地域）で勢力を伸張した沙陀は、多くの雑多な遊牧民を内包していたことが指摘されている。そのうちの吐谷渾・契苾部落は、八世紀末から九世紀初にかけて、沙陀と相前後して河西地域からこの地に移住した遊牧民集団である。彼らは、唐王朝によって「五部」として把握されており、その意味で彼らを代北五部と呼ぶ。これは吐谷渾部落・契苾部落・沙陀三部落を指す。吐谷渾・契苾部落もまた、唐末の代北地域において勢力を伸張させていたが、乾符末・中和初め以降、沙陀の勢力は急激に伸長し、唐末の天復三年（九〇三）ごろには、吐谷渾・契苾部落は、沙陀集団の中に統合されていく。

そしてこの前提の上に立って、第二節では、特に代北五部の一部である契苾部落を取り上げ、代北五部の具体的な状況を明らかにした。即ち、代北地域において勢力を伸張させていた契苾部は、唐初に内附し、河西地域に安置された契苾部の末裔である。彼らは、大中年間（八四七―八六〇）には振武節度使への進出を果たしていたが、一方でなお羈縻州部落の形態を維持し、酋帥は羈縻州都督を帯びていた。契苾部が移住した代北地域はソグド系突厥の居住地でもあり、契苾部は婚姻関係を通じてソグド系突厥との結びつきを持っていた。吐谷渾部落にも相当数のソグド人が含まれており、代北五部は、ソグド人と強固な繋がりを有していたと考えられる。

最後に第三節では、唐末から五代へと繋がる沙陀集団の興起と、唐王朝の北辺財務体制との関係について論じた。唐王朝は、北辺の地に和糴と営田を中心とする軍糧補給体制を保持していたが、この軍糧輸送ルートは、代北五部の居住地の近辺を通っていた。大中八年（八五四）以前に北辺の財政権は中央の手を離れて藩鎮に帰し、代北五部の一部である契苾部の酋長が、北辺財政を統括する立場に立った。北辺財政権が契苾部の手に帰したのであり、従来は軍糧の受給側に立っていた遊牧部族側が財政権を掌握したと言える。李克用を中心とする沙陀集団は、当初から水運と陸運のもたらす利益を認識していた。そのため、沙陀の叛乱の最初期に、水陸発運の拠点の奪取を試みたと考えられる。

沙陀は代北五部を統合することによって、代北地域の有力な遊牧武人集団を取り込み、また、ソグド系突厥をも沙陀集団の内部に組み込むことに成功した。さらに、契苾・吐谷渾が本拠地としていた振武・代北地域を支配下に収めることによって、北辺財政権を掌握することが可能となり、沙陀集団の財政基盤を確立した。こうして沙陀集団は、五代時期に雄飛する基礎を打ち立てたと捉えることができよう。

注

（1）森部豊「唐末五代の代北におけるソグド系突厥と沙陀」『東洋史研究』第六二巻第四号、二〇〇四年、六一頁（『ソグド人の東方活動と東ユーラシア世界の歴史的展開』関西大学出版部、二〇一〇年、一八三頁に再録）。
（2）室永芳三「唐代の代北の李氏について――沙陀部族考その三――」『有明工業高等専門学校紀要』七号、一九七一年、七三―七六頁。同「唐代における沙陀部族の抬頭――沙陀部族考その二――」『有明工業高等専門学校紀要』一一号、一九七五年、一三四―一三八頁。
（3）蔡家芸「沙陀族歴史雑探」『民族研究』二〇〇一年第一期、七一―八〇頁。
（4）樊文礼『唐末五代的代北集団』中国文聯出版社、二〇〇〇年。
（5）森部豊・石見清裕「唐末沙陀李克用墓誌銘訳註・考察」『内陸アジア言語の研究』一八号、二〇〇三年、一七―五二頁。
（6）森部豊「略論唐代霊州和河北藩鎮」史念海主編『漢唐長安与黄土高原』中日歴史地理合作研究論文集第一輯、一九九八年、二五八―二六五頁。同「後晋万安金・何氏夫妻墓誌銘および何君政墓誌銘」『内陸アジア言語の研究』一六号、二〇〇一年、一―六九頁。森部前掲注（1）論文、六〇―九三頁。
（7）石見清裕「沙陀研究史――日本・中国の学界における成果と課題――」『早稲田大学モンゴル研究所紀要』第二号、二〇〇五年、一二一頁。
（8）室永前掲注（2）論文（一九七一年）、七三―七四頁。
（9）樊文礼前掲注（4）書。同「試論唐末五代代北集団的形成」『民族研究』二〇〇二年第二期、五四―六二頁。同「唐末五代代北集団的形成和沙陀王朝的建立」『中国中古史論集』、天津古籍出版社、二〇〇三年、四七四―五〇三頁。
（10）石見清裕「唐代「沙陀公夫人阿史那氏墓誌」訳註・考察」『村山吉広教授古稀記念中国古典学論集』、汲古書院、二〇〇〇年、三八一頁。

(11) 高橋継男「唐後半期における度支使・塩鉄転運使系巡院の設置について」『集刊東洋学』第三〇号、一九七三年、二三―四一頁。
(12) 李錦綉『唐代財政史稿（下巻）』北京大学出版社、二〇〇一年。
(13) 丸橋充拓『唐代北辺財政の研究』岩波書店、二〇〇六年。
(14) 室永前掲注（2）論文（一九七一年）、七三―七四頁。
(15) 樊文礼前掲注（9）書、九五―九八頁。樊文礼前掲注（9）論文、六〇頁。
(16) 樊文礼前掲注（9）書、九五―九八頁。樊文礼前掲注（9）論文、六〇頁。
(17) この記事に関しては、『宋本冊府元亀』巻三九七、将帥部、懐撫門、一〇〇九頁に同文が記載されている。明版の『冊府元亀』四七二四頁は、文章が若干異なる。
(18) 石見前掲注（10）論文、三六一―三八二頁。
(19) 石見清裕「単于都護府と土城子遺跡」『中国の都市と農村』汲古書院、一九九二年、三九一―四二四頁。
(20) 石見清裕『唐の北方問題と国際秩序』汲古書院、一九九七年、一〇九―一四七頁。
(21) 『会昌一品集』巻一四、巻一五においても、吐谷渾・契苾・沙陀三部落はセットになって現れる。表中には『通鑑』の記事のみを収録する。関連史料は本書第六章を参照。
(22) 隋末唐初の契苾部落の実体については、『旧唐書』巻一〇九、契苾何力伝および『新唐書』巻一一〇、契苾何力伝を参照。小野川秀美「鉄勒の一考察」『東洋史研究』第五巻第二号、二一―三二頁。栄新江「唐代河西地区鉄勒部落的入居及其消亡」『中華民族研究新探索』中国社会科学出版社、一九九一年、二八一―三〇四頁。石見清裕前掲注（20）書、二一九―二三三頁。陳根遠「唐「契苾通墓誌」及相関問題」『碑林集刊』六集、二〇〇〇年、一〇〇―一〇六頁も参照。
(23) 『李氏刊誤』下、封爵条には、唐代の封爵は「凡所封邑必取得姓之地」と記されており、張国剛氏はこれに基づいて、唐代の封邑名は基本的にこの「得姓の地を取る」という原則に則っていたことを指摘している。張国剛『唐代官制』三秦出版社、一九八七年、一六六頁を参照。後に述べるように、唐初の契苾部落の酋長は武威郡公もしくは涼国公に封ぜられている。

これに対して、唐末の契苾通の有する爵号は北海県（第一行）もしくは北海郡（第一二行）を冠しており、変化が認められる。つまり唐初には武威（涼州）の郡望であることを示していた契苾氏が、唐末には郡望を北海県（郡）に仮託している。ほぼ同様の例が、『旧唐書』巻一八一に収める史憲誠伝にも存在する。即ち「史憲誠、其先出於奚虜、今為霊武建康人。祖道徳、開府儀同三司・試太常卿・上柱国・懐沢郡王。父周洛、為魏博軍校、事田季安、至兵馬大使・銀青光禄大夫・検校太子賓客・兼御史中丞・柱国・北海郡王。」とあるのがそれである。史憲誠は河北のソグド人と考えられている。この時期、北族出身もしくは北族出身を標榜する集団が、北海を本貫と仮託した可能性がある。

(24)「契苾明神道碑」は、『全唐文』巻一八七、婁師徳条、『金石萃編』巻七〇、『金石補正』巻五〇、および岑仲勉『突厥集史』下冊、中華書局、一九五八年、八〇一―八〇九頁に見える。

(25)「契苾嵩墓誌銘」は、『北京図書館蔵中国歴代石刻拓本滙編』二三冊、三六頁および『隋唐五代墓誌滙編』北京巻第一冊、一五九頁に拓本が納められ、釈文は前掲注（24）岑仲勉書、八二五―八二七頁および周紹良・趙超編『唐代墓誌彙編』下冊、開元三一四に見える。

(26) 唐初の羈縻州酋長と宗室の女の婚姻は降附したばかりの羈縻州を唐につなぎとめる和親策と考える必要があるかもしれない。

(27) 王暁謀・李朝陽「唐契苾尚賓墓誌考釈」『文博』二〇〇二年第一期、七五―七六頁。

(28)『隋唐五代墓誌滙編』陝西巻一、九九頁所収。当該墓は昭陵の陪葬墓で、墓石は昭陵博物館蔵となっている。

(29)『全唐文補遺』第七輯、三五〇頁所収。

(30) この系図には問題が残る。諸史料を総合しても一世代記録が欠けているため、仮託である可能性も捨てきれない。しかし一方で、二世代にわたる排行の一致、契苾部落酋長が世襲したと考えられる賀蘭都督を帯びるなど、一概に仮託とはできない部分も存在する。そのため、現段階では図のように復原しておく。

(31) 都押衙については、渡辺孝「唐・五代の藩鎮における押衙について（下）」『社会文化史学』三〇号、一九九三年、一〇九―一一三頁を参照。都頭については、伊藤宏明「唐五代の都将に関する覚書（上）」『名古屋大学文学部研究論集（史学）』

三八号、一九九二年、一―二三頁を参照。

(32) 栄新江「敦煌帰義軍節度使曹氏出自考――ソグド後裔説をめぐって――」『内陸アジア史研究』一六号、二〇〇一年、一一頁、注一三を参照。また、同『中古中国与外来文明』生活・新知・読書三聯書店、二〇〇一年、五九―六一頁・九二頁参照（初出は同「北朝隋唐粟特人之遷徙及其聚落」『国学研究』第六巻、一九九九年、四〇―四二頁・六〇頁）、同「安史之乱後粟特胡人的動向」『曁南史学』第二輯、二〇〇三年、一〇四―一一一頁。なお、ソグド姓を称する人物であっても、ソグド人である場合と漢人である場合が考えられるが、①墓主の姓氏が昭武九姓の範囲に属するか。②誌文中の墓主の出身・郡望を辿る文言において、中央アジアに由来することを述べているかどうか。③墓主の配偶者の姓氏、等の条件に基づいて判別することができる。畢波「信仰空間的万華鏡――粟特人的東漸与宗教信仰的転換――」『従撒馬爾干到長安』北京図書館出版社、二〇〇四年、五五頁、註釈③。一方、福島恵氏は、ソグド人と判定できるものとして、(1)ソグディアナ出身者であると判る直接的な表現があるもの。(2)先祖が薩宝の位に就いていること。(3)血縁のある家族が上記の条件に当てはまること、という三つの条件を示す。さらにソグド人である可能性が高いものとして、(1)ソグド姓同士で婚姻しているもの、(2)名前がソグド語で解読されていること、(3)ソグドと関係が深い地名があるもの、という三つの条件を提示している。福島恵「唐代ソグド姓墓誌の基礎的考察」『学習院史学』四三号、二〇〇五年、一三五―一六二頁（『東部ユーラシアのソグド人』汲古書院、二〇一七年、一一―六二頁に再録）。栄新江「新出石刻史料から見たソグド人研究の動向」『関西大学東西学術研究所紀要』第四四輯、二〇一一年、一四〇―一四六頁参照。

(33) 前掲注(23)参照。『李氏刊誤』巻下、封爵条。張国剛『唐代官制』三秦出版社、一九八七年、一六五―一六六頁。

(34) 「何弘敬墓誌銘」については、森部豊「唐「魏博節度使何弘敬墓誌銘」試釈」『吉田寅先生古稀記念アジア史論叢』、一九九七年、一二五―一四七頁参照。②何徳墓誌にもほぼ同内容の記載がある。

(35) 『元和姓纂附四校記』巻五、七歌、何氏条に、「周成王弟唐叔虞裔孫韓王安、為秦所滅、子孫分散。江淮間音以韓為何、遂為何氏。」〔五七〇頁〕と見える。

(36) 小野川秀美「河曲六州胡の沿革」『東亜人文学報』第一巻四号、一九四二年、一九三―二二六頁。

(37) 森部前掲注（1）論文、六八―七五頁。

(38) 墓誌に見える婚姻に関する情報に徴すると、ソグド人間の婚姻が圧倒的に多く、夫人をソグド人以外から迎える例、ソグド人以外に嫁ぐ例は、数としては共に少ない。

(39) 何清朝と契苾通夫人の盧江何氏とは、現在判明する史料からは具体的な関係を明らかにしがたいものの、親戚関係にある可能性を指摘しておきたい。「請契苾通等分領沙陀退渾馬軍共六千人状」（会昌二年九月一三日付）には、「何清朝・契苾通是蕃人」と見えるが、この何清朝は会昌五年（八四五）から会昌六年（八四六）にわたって朔方節度使となった何清朝と同一人物であろう。何清朝が朔方節度使となるには相当の実力の裏付けがあったと想定できるが、その背景と、何氏夫人の実家が代々武門の家柄であったということは、彼らの関係を示唆するように見える。

(40) 『隋唐五代墓誌滙編』陝西巻一、九九頁。

(41) 森部豊「唐代河北地域におけるソグド系住民――開元寺山門楼題名及び石経題記を中心に――」『史境』四五号、二〇〇二年、二二―二八頁（森部前掲注（1）書、二七―五八頁に改訂再録）。

(42) 史憲誠は、『旧唐書』巻一八一に収める史憲誠伝に「史憲誠、其先出於奚虜。今為霊州人」（四六八五頁）と記されている。一九八五年に固原史氏墓の存在が発表された後、固原史氏および史憲誠の一族の出身が論争となったが、現在では基本的にソグド人の後裔であると考えられている。固原博物館「寧夏固原唐史道徳墓清理簡報」『文物』一九八五年第一一期、二〇―三〇頁。趙超「対史道徳墓誌及其族属的一点看法」『文物』一九八六年第一二期、八七―八九頁。羅豊「也談史道徳族属及其相関問題」『文物』一九八八年第八期、九二―九四頁。同『固原南郊隋唐墓地』文物出版社、一九九六年。馬馳「史道徳族属籍貫及後裔」『文物』一九九一年第五期、三八―四一頁。李鴻賓「史道徳族属及中国境内的昭武九姓」『中央民族学院学報』一九九二年第三期、五四―五八頁および同「史道徳族属問題再考察」『慶祝王鐘翰先生八十寿辰論文集』遼寧大学出版社、一九九三年、三五八―三六五頁（同『隋唐五代諸問題研究』中央民族大学出版社、二〇〇六年に再録）。森部豊「略論唐代霊州和河北藩鎮」史念海主編『漢唐長安与黄土高原』中日歴史地理合作研究論文集第一輯、一九九八年、二五八―二六五頁等を参照。馬馳氏は史憲誠の属する史氏を奚とし、李鴻賓氏もまた奚とする。森部氏は（一）奚である可能性と、

（二）ソグドであるが、何らかの理由で奚とされた可能性を指摘する。また、栄新江氏は、史憲誠の子に当たる史孝章の神道碑を引き、碑文中に「本北方之強、世雄朔野」とあることから、突厥との関係を指摘し、奚ではなくソグド人の後裔の可能性が高いとする。栄新江「安史之乱後粟特胡人的動向」『暨南史学』第二輯、一一二頁。なお、最近、史孝章の墓誌が発表された。墓誌中には「蕃中人呼阿史那氏」と記されている。これによって、史憲忠らと、突厥およびソグドとの関係について、改めて検討の余地が生じたといえよう。郭育茂・趙振華「唐「史孝章墓誌」研究」『中国辺疆史地研究』二〇〇七年第四期、一一六頁。

(43) ここで使う「北辺」は、丸橋充拓氏の設定する概念に依拠する。すなわち、「国家財政により扶養される辺防軍の展開地域」で、行政区画で示せば、関内道および河東道（特にその北中部）を指す。丸橋前掲注（13）書、三―五頁。

(44) 唐代の屯田については、以下の諸論文を参照。青山定雄「唐代の屯田と営田」『史学雑誌』第六三編第一号、一六―五七頁。D. C. Twitchett, Lands under state cultivation under the Tang, *Journal of Economic and Sotial History of the Orient* II, pp. 2・3, 1959. 黄正建「唐代後期的屯田」『中国社会経済史研究』一九八六年第四期、四二―五一頁。張沢咸「唐和五代時期的屯田」『中国屯墾史（中）』農業出版社、一九九〇年、八九―一三一頁。張沢咸・郭末義『中国屯墾史』文津出版社、一九九七年。李錦綉『唐代財政史稿（下巻）』北京大学出版社、二〇〇一年。北辺の屯田と軍糧の問題については、丸橋充拓「唐代後半の北辺財政――度支系諸司を中心に――」『東洋史研究』第五五巻第一号、一九九六年、三五―七四頁および同「唐代後半の北辺における軍糧政策」『史林』第八二巻三号、一九九九年、一一〇―一三〇頁（丸橋前掲注（13）書に改訂再録）。

(45) 「『諸道山河地名要略』残巻」（P. 2511）第五九―六〇行、代州条に、「今為刺史理所。兼置代北水運使院。」と記されており、基本的に代州に置かれていたと考えられる。一方で『冊府元亀』巻四九八、邦計部漕運門には「〔開成〕三年四月、度支使杜悰奏『水運院旧制在代州。開成二年、省司以去営田・発運公事稍遠、遂奏移院振武。臣得水運使司空輿状、兼往来之人備言移院不便。請依旧却移代州。』従之。」〔五九七一頁〕と記され、代州が地理的に黄河の水運と営田を司るには遠いと認識されていたことが窺える。丸橋前掲注（13）書、一〇六―一一二頁。なぜ水運使院が黄河から離れた代州に置かれたのか、また代州付近からどのように黄河の水運に繋げていったのかは明確な回答を持ち得ないが、例えば斉藤茂雄氏が提示された天徳から代州までの駅道のルートなどが想定できる。斉藤茂雄「唐後半期における陰山と天徳軍――敦煌発現「駅程記断簡」（羽〇三二）文書の検討を通じて――」『関西大学東西学術研究所紀要』第四七輯、二〇一四年、七一―九九頁。

(46) 丸橋前掲注（13）書、一〇〇―一一九頁。

(47) 『樊川文集』巻一七、「馬曙除右庶子・王固除太僕少卿・王球除太府少卿等制」『四部叢刊初編』四一、商務印書館、一九六五年、一四九頁。

(48) 李錦綉前掲注（44）書、三四三―三四四頁。

(49) 『旧唐書』巻一九、僖宗紀、乾符二年条、六九五頁。また、丸橋前掲注（13）書、一一四頁所掲の表も参照。

(50) 趙振華・董延寿「唐代支謨及其家族墓誌研究」『洛陽大学学報』二〇〇六年第一期、一―一一頁（後に趙振華『洛陽古代銘刻文献研究』二〇〇九年、五〇四―五一六頁に再録）、および本書第三章参照。

(51) 前述の李瑠が帯びた職名は、「大同軍及雲朔都防禦・営田・供軍等使」であり、支謨も同一の職であると考えられる。前掲注（49）参照。

第三章　唐末「支謨墓誌銘」と沙陀の動向――九世紀の代北地域――

はじめに

本章では、前章で論じた沙陀突厥の成立前史と呼応するものとして、近年新たに出土し、利用が可能となった「支謨墓誌銘」の解読を通して、九世紀末のユーラシア大陸東部において、唐王朝の支配下の遊牧民の中から台頭し、五代に王朝を建設した沙陀突厥の歴史の再構築を試みる。

現在の山西省北部一帯は、当時は、代（代州）の北方という意味で、代北と呼ばれていた。九世紀から一〇世紀にかけての代北は、遊牧民が繰り返し進出し、その中から後の五代十国時代の軍閥を数多く輩出した、ユーラシア大陸東部における政治・軍事・貿易上の最重要地の一つであった。この地域を拠点とし、独自の政権を構築した遊牧民の動向こそが、後の中国史の展開を決定づけることになる。

沙陀は、もともと現在の新疆ウイグル自治区にあたる地域に居住していた種族で、西突厥の別部の処月種であるといわれる。この種族は、後に中国内地に移住し、河西回廊を経て、九世紀初めには現在の山西省北部の大同盆地へと移住する。この遊牧系の種族が、黄巣の乱をきっかけに唐末における大勢力に発展し、五代時期に後唐（九二三―九三六）・後晋（九三六―九四六）・後漢（九四七―九五〇）、さらには後周（九五一―九六〇）という四つの沙陀系王朝を建設するに至る。

九世紀から一〇世紀にかけての中国史・東アジア史に極めて多くの役割を果たした沙陀族であったが、この種族自体についてはこれまでさほど研究が為されてきたわけではない。(1) 沙陀に関する研究が立ち遅れた最大の原因は、典籍史料の残存状況に大きな問題が存在するためであることが指摘されている。(2) すなわち、唐末の沙陀突厥の首領で、五代王朝の成立の立役者として『旧唐書』に立てられてしかるべき李克用の列伝が、『旧唐書』には立伝されておらず、唐末のまとまった沙陀の記録は『新唐書』沙陀伝まで時代を下らなければならない。しかも、『新唐書』や『新五代史』は、欧陽脩ら宋人の中華思想によって史料操作が行われている可能性がある。一方、『旧五代史』は巻二五・二六に「武皇紀」として李克用の伝記を載せるが、同書は夙に散逸し、現行のものは『永楽大典』等からの部分的復元に過ぎないのである。(3) さらに最大の問題となったのは、上記の各史料の間には多くの記述の相違が存在する、ということであった。基本史料の食い違いは史料自体への疑いを惹起せしめ、これらの史料に基づいた研究を事実上不可能にしてきたのである。

その一方、沙陀勢力下に多く含まれていたソグド人に関する研究は近年急速に進んでおり、特に森部豊氏が中心となって、唐・五代の中国で、軍人や政治家として活躍したソグド人を、遊牧文化を身につけ、軍事能力を潜在的に身につけた存在という意味において「ソグド系突厥」とよび、これが沙陀と合流して、上述の沙陀系王朝の軍事力を支えていたことを明らかにした。(4) ソグドの研究が進んだ結果、ソグド人を通して沙陀の姿を描き出せるようになってきたといえよう。さらに近年、李克用の墓誌銘が発見され、初めて当時の第一次史料に基づいた研究が可能となった。森部・石見両氏は、本墓誌銘の訳註・考察を通して、編纂史料に残る沙陀の系譜が、新たに創造されたものであることを明らかにしている。編纂史料のみによる研究の限界を打破する新たな方向性といえよう。

二〇〇四年一〇月、洛陽において一方の墓誌が発見された。墓主の姓名は支謨といい、唐代末期に、沙陀の李克用が代北地域で叛乱を起こした時に、河東節度副使・大同防禦使を歴任し、沙陀の鎮圧に当たった人物として、正史に名を残している。筆者は、二〇〇五年春にこの「支謨墓誌銘」の拓本を実見し、その研究を許されるという幸運を得た。拓本の検討の結果、本墓誌銘には、李克用を中心とする沙陀突厥の叛乱と、その鎮圧の経緯が詳細に記されていることが明らかになった。また、墓誌に記される紀年と内容から、現存の編纂史料の混乱を整理することも可能であり、唐末の沙陀史を復原する上で、極めて重要な墓誌であることが判明した。編纂史料が少なく、かつ錯綜している現状においては、本墓誌銘は、内容と意義において、「李克用墓誌」と対になる重要な史料である。さらに「李克用墓誌」は沙陀の手によって残された史料であるのに対して、「支謨墓誌銘」は唐側の視点に立って書かれている点も、重要な意味を持つ。

本墓誌については、すでに趙振華氏と洛陽大学副校長の董延寿氏が簡体字による釈文を発表し、本墓誌と既発表の支氏墓誌を用い、一家の家族関係について明らかにしている(5)。しかし、唐末における沙陀の動向との関連や、沙陀関係史料の成立時に行われた沙陀側の作為の問題については、これまで論じられたことはない。本墓誌の重要性に鑑みると、これらの問題については更に詳細な分析が必要であると考えられる。

第一節　「支謨墓誌銘」

第一項　史料概況

本墓誌は、二〇〇四年一〇月、洛陽の邙山の孟津県南陳荘で発掘された。次いで同年末に、龍門石窟研究院の張乃翥氏によって、拓本が北京の栄新江教授に送られた。筆者が実見したのは、この拓本である。誌石は、発掘後、洛陽大学図書館に納められた。

誌石は、縦・横それぞれ七六cm、厚さ一三cmで、一行六〇文字、全五六行あり、文字は全て楷書が用いられている。ただし異体字が多用されており、そのため誌面の残存情況はきわめて良好であるにもかかわらず、一部釈文しがたい文字が残る。誌石の側面には十二生肖の彫刻が施されている（口絵・拓本）。誌蓋の有無は不明である。

第二項　「支謨墓誌銘」

墓誌の釈文を掲げる。(6) 釈文の文字は墓誌と同様に起こす。但し、入力困難な異体字は正字に改める。また、訓読及び語注はそれぞれ行論に関係する箇所で提示するに留め、釈文には、断句や文字の読み取りにおいて趙・董両氏と異なる点が数十箇所存在するが、一々注記しない。

［釈文］

01 唐故(i)**大同軍都防禦・營田・供軍等使**、朝請大夫・檢校右散騎常侍・使持節・都督雲州諸軍事・雲州刺史・御史中丞・柱國・賜紫金魚袋・贈工部尚書瑯耶 02 支公墓誌銘并序朝議郎・守尚書膳部郎中・柱國・賜緋魚袋(ii)房凝譔。03 蓋聞感精象緯、鑄才子於積善之門、效祉山河、誕藎臣於興王之國、莫不始乎孝友、竟以忠貞。兼文武以居中、不左不右、體寒暄而一貫、無盛無衰。當官必行、04 遇節斯立。近則欽承堂構、外則固護士風、足以光史氏之縑緗、動人倫之觀聽。況復澆波滅頂、獨立以拯湮淪、頽風靡林、勁挺而同山岳、訐指鹿獻蒲之狀、抗 05 迴天轉日之權、孤軍克全、朝聽免惑。不有君子、其能國乎。載於古者尚稀、見於今也惟一、即我大同軍使支公其人也。若其因生賜姓之原、隨地立望之本、列諸 06 先誌、可得而言。東晉沃洲、緇中麟鳳、後趙光祿、将家孫呉。當風吼雲烝、龍虵起陸、及天清海晏、珪組盈門。保玉裕於春坊、耀金章於公府。尓後子孫擇土、著族 07 瑯邪。遂爲郡人、弈葉無替。高祖元亨、普安郡司馬。曽祖平、江州潯陽丞。並以卿校之材、屈於州縣、位未充量、徳終不孤。祖成、太子少詹事、贈殿中監。賛輔訓之 08 規、宮僚允穆、毘隠練之政、儲徳昭宣。治官而道重兩宮、追寵而聲光六局。父竦、歴郡守王官、分司告老、以鴻臚卿致仕、累贈司空。爰在弱齡、早揚令問、洎乎結 09 綬、即播能名、操刀而盤錯自分、披牘而絲毫畢見、常克己以復禮、有事君之小心。方丈盈前弥味、莫先於氷蘗、高衢騁力崇班、止願於魚符。蓋以恵政所施、隨 10 少多而及物、清節苟立、可蒲盧而化人。累刺五州、風移俗易、率是心也。天其捨諸、故能功積于齊民、慶流于後嗣。有令子八、並允文允武、入孝出忠、琨琢其章、11 黻藻其行。慕山東之士子、務大門閭、鄙江介之儒生、空勤文藻。由是里爲冠蓋、籍甚縉紳、且公且侯、有典有則矣。

諱謨、字子玄、即司空之第三子也。垂髫學歩、12 因心之愛遽萌、毀齒能言、好善之機自發。初公生、孩而早失慈親汝南太君譚夫人、洎勝衣就傅讀孝經感應章、涕泗歔欷、主庠序者異之。既歸訊于保母曰、13「生我者誰」。姆指継嫡崔夫人示之曰、「此生尓也」。亦既聞之、肅然兢喜。由是倍加孺慕、動出常情、始卒不渝。兼之友悌与次弟詳、塤篪笙磬、合契同規。致魯國太 14 夫人、視之若一、家肥姻睦、見美士林。王休徴至行絶倫、感深方變。周伯仁推恩積紀、理極乃孚。曷若我率性自然、上慈下順。

年十八擧明經、一試而捷、前後三 15 場考覈、無一義不通、無一字非様。春闈裴公、嗟賞以勵羣儒。明年貢六節判、特爲考官高元經所標牓、朝中顯薦者接其跡。適屬歳多敲敵、以初擧見遺、尋爲外 16 叔祖将作監崔公奏署内作使判官、有制授家令寺主簿、充職三宮營繕、物領百工大匠、殊尤全因小□、減省撙截、允得其宜、官長胥徒、悉皆歎伏。月限滿、17 轉家令丞。太府卿[iii]竇澣、以茂用英姿、典護國帑、出納財賦、其屬數員、唯備邊一司異額、別躬宰執、專判度支通管、受斯委寄。時以爲難、[iv]**乃奏授司農寺丞・兼専 18 知延資庫官事。量入爲出、覩劇識閑、瞻候鴈之可期、法尸鳩之均養。至於估定等級、貴賤罔差、給付程期、遐邇合度。**宰相夏侯公、嘗對朝賢奨激、詞意倶深。

其19大農本司、銭穀蠹蝎、侚奸則利、獨潔則危。公斟酌兩端、周捨雙妙、去其尤甚、許以自新。曾未及朞、十正六七。惟月書其懿績、考以殊尤、繁星挹此嘉聲、増之粉20澤。(v)**属塞垣多事、雜虜為虞。詔以左金吾衛大将軍蘇弘靖為天德軍使。副車之選、僉属良籌、即除公侍御史・内供奉、賜緋魚袋充倅。邊上諸軍常艱饋運、駈之**21**戰也、固敵是求、置之閑焉、惟食為切。充國破羌之策、半在屯田、牽招養士之基、全資水利。因勸誘諸軍将士、重浚古渠、擘出黄腴、漑田幾百萬畝**。昔之米價、絹22易一科。今日絹價、疋平五石。故計相曹公、悦我奇效、賁之寵章、加檢校庫部郎中・兼御史中丞・賜紫金魚袋。(vi)**久之、拜太府少卿・知度支左藏庫出納**。官雖新命、23人實曩賢。庶務諳詳吏慣習、莫不竹迎刃解、妖値鏡亡。亞三珪九棘之班、藹然問望、当小藏上供之貳、密尓寵栄。

(vii)**咸通末、方病淮夷、仍虞草寇、海岱河碣、豺狼**24**昼行。巖廊軫懷、慎擇廉牧、以公為濮州刺史**。中謝之日、對揚惟明。天顏俯怡、清問多及。非唯盡頒宣條化之旨、抑亦叙兄弟皇華之事。言切意懇、至于霑纓、25宸衷允諧、悉許宣下。特示殊渥、加秘書少監・怗御史中丞、同時剖符、莫與為比。下車旬朔、痌瘝頓蘇、視事周星、貪饕漸革。(viii)**明年丁内憂**、見星而馳、聚君有洛。念26陔蘭之永遠、痛風樹之長往、勺溢纔属、欒棘難辨。窀穸禮畢、攀號愈切。遂獨留塋墅、盡力栽倍（培）、過人之志、詎唯一等、訖于服闋、猶在邙山。時宰有聞、累書招[公]、27至拜右金吾衛大将軍・知街事。仗衛崇嚴、翊居於紫禁、街坊浩穰、詰奸慝於皇都。訛僞積年、一朝丕變。漢主因觀細柳、知亞夫之可委急難、魏相暫適昆池、譽28蘇綽之堪充軌範。三事已下、毎与公語、未有不欽味殷勤。

(I)**于時沙陀恃帶微功、常難姑息、逞其驕暴、肆毒北方**。(a)**朱耶克用、屠防禦使一門、率鹽泊川万戸**。其父29但謀家計、靡顧國章、嘯聚犬羊、虔劉邊鄙、太原屢陳警急、鴈門不足隄防。公遂守本官、加檢校左散騎常侍、充河東節度副使、仍便指揮制置。從途逮半、節□30馳歸、軍府空虚、凡百無序。於是權其宜而設其備、聲其武而曄其文、羽檄媲魯連之書、犒師侔鄭賈之計。人謀鬼佐、陰閉陽開。狂狄驚疑、稍相引退、(II)**緬惟并部、**31**王業攸基**。命帥匪良、久孤人望、息肩之寄、咸謂繫公。(Ⅲ)那期晉政多門、曹翔作伯、移公於大同宣諭。尋有後敕、討除二兇。時也俘剽剿僇之餘、公私懸罄。遂 32 彌縫整緝、瘞死毉傷。(d)激勸赫連鐸弟兄、優其礼秩、厚撫吐谷渾部落、寘彼腹心、孤軍寝安、隣鎮皆協。(b)克用桀逆有素、獨頑叵當、統乎日逐之師、欲爲天柱之擧、 33 軽騎詭道、次于平陽。北都巨防、莫敢支礙。公乗間得廣糧繕甲、訓勵貔貅、(Ⅳ)南結常山、東通燕薊、冀因機便、一展神奇。而朝廷熒或邪謀、竟無接助、直至年支常 34 賜。亦所在駐程、頼天誘其衷、罪人斯得。(c)五年十二月、克用乗圖南之氣、迴薄雲中、虎搏鷹揚、摩壘挑戰。公示之以怯、悄若無人。賊乃略地、言旋不爲後慮。公即 35 命鐵馬尾襲、抵其私莊。叢弧射之、洞臆而斃。克用虓勇工騎射、國昌号之万人敵、恃此陸梁。曁茲輿尸、闔族喪氣、恐四方乗虚深入、乃取一瞎虜年貌相類者、36 詐人云、「克用存焉」。時寵賂上流、詭譎膠固、内外叶附、持此死虜、以脅國家。公、前後奏陳、終不聽信。六年夏、任遵謩入奏固稱、克用身在、大言于朝。(Ⅴ)遂除蔚・朔・ 37 雲三州節度使。輦轂喧駭、華夷震驚。但穹蒼轉高、閽閈邃密、雲州嘸類、悉隷兇殘、冤號動天、何路聞達。仍轉公左散騎常侍・司農卿。蕃錫寵徵、欲以魏郡之 38 人、甘心于狄。(e)於是、三軍九姓之士、排閤雲集、仆面拊膺、云、「國昌父子、怨當軍勤王、俾渠不得其志。今朝廷已将赤子委豺虎、常侍寧忍弃我輩性命、徇一官寵 39 榮」。公憫而諭之、信宿方解、居數日、反覆籌策、求其適歸。嘗獨言曰、「去則違衆、犯水火之怒、止則招謗、貽骨肉之憂、既不能作李矩之背同盟、又不能如馬超 40 之捐百口。秖茲入地、即是昇仙」。十一月下旬告疾、十二月一日薨位、享年五十一。自衙庭營幕、街衢市肆、慟哭相弔、哀聲四合。遼東義勇、陳祠於太僕之墳、(Ⅵ)河 41 右羌胡、剺面於校尉之柩、以今方古、諒彼不誣。幽州李司空、抗疏上論、請加旌異、有詔贈工部尚書。嗚呼、蘭膏自消、楚老興歎、山木自寇、荘生格言、煞身爲仁、 42 見危授命、死且不朽、斯之謂歟。況乎孝友惇睦、根諸性恪、勤敏辨得之天、考叔不匱之心、姜肱共被之事、五常懿行、所得者多。

前夫人朱氏、呉郡學家。三世『開 43 元禮』入仕。先公若干年卒。後夫人韋氏、京兆縣君、皐之孫。長子藻、右千牛備身、稍勝衣而見圭角矣。次子杜九、長女楊十、次小十、俱在童蒙提抱之間。粤以 44 庚子歳七月十五日、葬于河南縣之杜翟村、祔于先司空墦櫝之後。若夫琢珉廣陌、備遺闕於春秋、鐫琰玄扃、防遷換於陵谷。彭門元戎、當今之悌弟也。感 45 深同氣、痛貫分形、希獲菁藻、庶揚丕烈。謂凝周旋門館之舊、習熟鴻鴈之間、式昭無愧之詞、少抒終天之恨。銘曰、

46 偉哉盛族、肇興中古。有忠有孝、或文或武。處必瓌琦、仕皆簪組。根深原濬、弓良冶詡。八騎騰驤、二龍臨御。出征入幹、外攘内序。47 昌平開國、□空闢署。玉帳勲崇、金鉉道著。沂海渟瀯、瑯岱磐礴。絪緼秀潤、肹蠁興作。王既南徙、葛亦西落。獨此一宗、冨斯天爵。48 猗那鴻臚、遠紹其餘。白能受采、清可察魚。亟歴戎幕、連飛隼旟。惟仁是宅、非善何儲。徳必不孤、祚兮焉往。厚禄眉壽、高名重奬。49 報同荀淑、冑殊任昉。珠玉滿堂、烟霄齊上。菼菼大同、允執其中。繡茲聲悦、㑥彼雕蟲。政在色養、勤唯餝躬。誰言科擧、雅有儒風。50 廣内同工、備邊積貨。捌葺承旨、支収應課。務雜敏稽、吏蔵功過。一經提整、遂光參佐。紫塞作倅、黄流漑田。濮陽分竹、凋瘵行痊。51 □播謡詠、聲添管絃。逃珠復浦、陰鶴聞天。武侯彤墀、羽儀緹綺。環衛圭表、雄班瑋噐。動鄙素食、静持白賁。官業具擧、兵符荐至。52 **帝念雲代、驟罹狂胡。**撫我遺人、仗尓全摸。疋馬来莅、危邦載蘇。進戰退耕、歳月其徂。運有險夷、謀有臧否。如何昊天、反賊是受。53 鎧仗在身、詔勅在手。一朝飜然、信義何有。**兩族二軍、久結怨仇。**使彼得志、此必盡劉。哀哀赤子、寄命君侯。死生不捨、欲去何由。54 中旨不迴、奸謀孔聖。化假爲真、俾邪稱正。温原錫晉、清人刺鄭。爰加急徵、且有新命。烈挍冤訴、五營悲啼。豈能弃我、快彼鯨鯢。55 視己目慘、聽之心悽。許同存歿、僅免睽携。亦既深籌、遂臻極致。自我貽釁、無身何累。與夫變大難明、曷若捨小從義。幾吁天而謝生、56 終飲氣而就死。嗚呼哀哉。呉沉伍子、秦殞三良。賢愚吐息、今古増傷。丹旐歸洛、青烏卜邙。千齡萬嗣、休問無疆。

第三項　墓主・支謨について

墓誌本文は、大きく八段に分けられる。すなわち、①忠臣としての有様（三―五行）、②祖先の系譜と業績（五―一〇行）、③墓主の幼時のエピソード（一一―一四行）、④明経及第から度支系統の官歴（一四―二三行）、⑤黄巣の乱の勃発と墓主の濮州刺史就任、丁内憂、さらに起服までの事跡（二三―二八行）、⑥沙陀の叛乱と鎮圧の経緯（二八―四〇行）、⑦墓主の死亡から埋葬まで（四〇―四五行）、⑧銘文（四六―五六行）、のごとくである。

特に、二八行目から四〇行目にかけては、代北地域で勢力を伸張していた沙陀の情況がつぶさに記されており、現存する編纂史料には残されていない貴重な情報が多く含まれている。現存する編纂史料からは、墓主は河東節度副使・大同軍防禦使であったことが判明しており、墓誌においても河東節度副使・大同軍防禦使として直接に沙陀の叛乱鎮圧に関わっている点から考えると、本墓誌の内容は、信憑性が極めて高い。

まず、墓主支謨はどのような人物であったのかについて検討したい。支姓については、夙に桑原隲蔵氏が、「隋唐時代に支那に来往した西域人に就いて」の中で、「僧侶の如き特別の場合――弟子が師僧の姓を継承するが如き場合――を除き、支姓は月支出身者に限る」と述べられており、月支の後裔であることが指摘されている。さらに近年、支氏に属する人物の墓誌が続々と発見されており（表四）、その内容から一家族であることが明らかになっている。発見された墓誌は、一家九人、五代にわたっており、本墓誌は、この一家に連なる第一〇番目の墓誌である。

このうち、①から⑨の墓誌をもちいて、馬小鶴・柏暁斌氏および栄新江氏が、各々隋唐から宋代の月支についての研究をされている。(7) これによって墓主の属する琅邪の支氏は、後趙（三一九―三五〇）の石勒の十八騎の内のひとりである支雄(8)の子孫と称していることが明らかにされている。支雄については、『元和姓纂』巻二第三条〔七九頁〕に、

表四　支謨関連墓誌

	墓主	死　亡　／埋葬年月日	釈文	拓本写真
①	支光墓誌銘	大暦 7.6.12／大中 10.5.18	大中 109p.2336	北 32–125
②	支成墓誌銘		大中 110p.2337	北 32–127
③	支叔向墓誌銘	／大中 10.5.18	大中 111p.2338	
④	支詢墓誌銘	会昌 2.8.3　／大中 10.5.18	大中 112p.2339	北 32–129
⑤	支子璋（復娘）墓誌銘	大中 7.9.12／	大中 113p.2339	北 32–126
⑥	支子珪（令令）墓誌銘	大中 4.11.27／	大中 114p.2340	北 32–125
⑦	支竦女煉師墓誌銘	咸通 2.9.12／咸通 3.10.8	咸通 020p.2393	北 33–22
⑧	支訢妻鄭氏墓誌銘	咸通 9.2.6／咸通 9.12.29 乾符 3.5.14（改卜）	乾符 009p.2476	北 33–147
⑨	支訥墓誌銘	乾符 5.7.13／乾符 6.5.25	乾符 033	北 33–179
⑩	**支謨墓誌**	**乾符 6.12.1／広明 1.7.15**		

〔出典〕釈文：『唐代墓誌彙編』　拓本写真：『北京図書館蔵中国歴代石刻拓本匯編』

「石趙の司空支雄は、伝に云えらく、其の先は月支の人なり。」と記されており、月支の子孫[9]であることがより明確になっている。一方、馬小鶴・柏暁斌氏の研究では、墓誌の記載に基づいて、支氏は西晋末まで関中の雲陽（陝西省涇陽県の北）に住んでいたが、永嘉の乱（三〇七—三一二）を避けて江南に移り住んだとされる[10]。もし墓誌に記すとおり、永嘉の乱を避けて江南に移り住んだのであれば、その後の時代である五胡十六国時代に華北で活躍した支雄の子孫という主張は成立しえない。故に本章では、特に墓主の属する琅邪支氏のことを、後趙の支雄の子孫を自称し、月支姓である支氏を称する一族、としておきたい（**系図二、支氏系譜**参照）。

琅邪支氏は徳宗の建中年間（七八〇—七八三）に朱泚の乱が起こったとき、徳宗の側に立って参戦し、これによって中央政界への進出を果たしている。この間の経緯について、「支成墓誌」（**表四②**）では、次のように述べている。

　建中末、皇都寧らかならず、翠華近幸す。而して公、奮いて命を顧りみず、奉天に戡難す。爰に功を以て随州刺史・太子少詹事・殿中監を累贈せらる。

朱泚の乱には、多数の胡人（北方・西域出身者）が関係しており、叛軍側では王武俊（契丹人）、官軍側では李抱真・康日知（以上ソグド人）・渾瑊（鉄勒人）・羅好心（インド人）などを数える。墓主の祖父である支成もまた、朱泚の乱の鎮圧に加わって、これによって出世していった胡人と似た立場にあることが指摘されている。(11)

墓主支謨は、正史には立伝されていないが、現存の編纂史料中には計五回登場している。『旧唐書』巻一九下、僖宗紀、乾符五年（八七八）春正月丁酉朔条〔七〇一頁〕には、次のように見える。

沙陀首領李尽忠、遮虜軍を陥る。（中略）朝廷、（竇）澣の禦侮の才に非ざるを以て、前昭義節度使曹翔を以て検校尚書右僕射・兼太原尹・北都留守・河東節度使とす。又た、左散騎常侍**支謨**を以て河東節度副使と為す。

また、同巻の乾符五年七月条〔七〇二頁〕にも次のような文が見える。

七月、滑州・忠武・昭義諸道の師を太原に会せしめ、大同軍副使**支謨**を前鋒と為し、先に行営に趨かしむ。

上記二条の記事は、代北の沙陀が大同防禦使を殺害して叛乱を起こしたため、唐朝側が鎮圧に乗り出したことを伝える記事で、本墓誌の内容とほぼ一致している。また、『資治通鑑考異』（以下『考異』と略称）に引く後晋の趙鳳の『後唐太祖紀年録』、および撰者不明の『唐末三朝見聞録』にもそれぞれ一条ずつ、ほぼ同様の記録が見えている。墓主は、主に沙陀の叛乱鎮圧に関わったために記録に留められた人物といえよう。この他に、『旧五代史』巻二五、武皇紀上〔三三三頁〕にも支謨と李克用の関係を示す記事が残されているが、これについては第二節第二項で述べる。

このように、限られた伝世史料しかなかったところに、本墓誌が出現したことによって、墓主の経歴をより詳細に復元することが可能になった。墓主支謨の経歴を、本墓誌および**表四**にあげた墓誌などによって復元したところ、**表五**(12)のような年譜を得ることができる。

本墓誌によれば、墓主は起家して以来、経済・財務関係の職を歴任しており〔傍線部(iv)・(vi)(13)〕、天徳軍副使として北

【系図二】支氏系譜

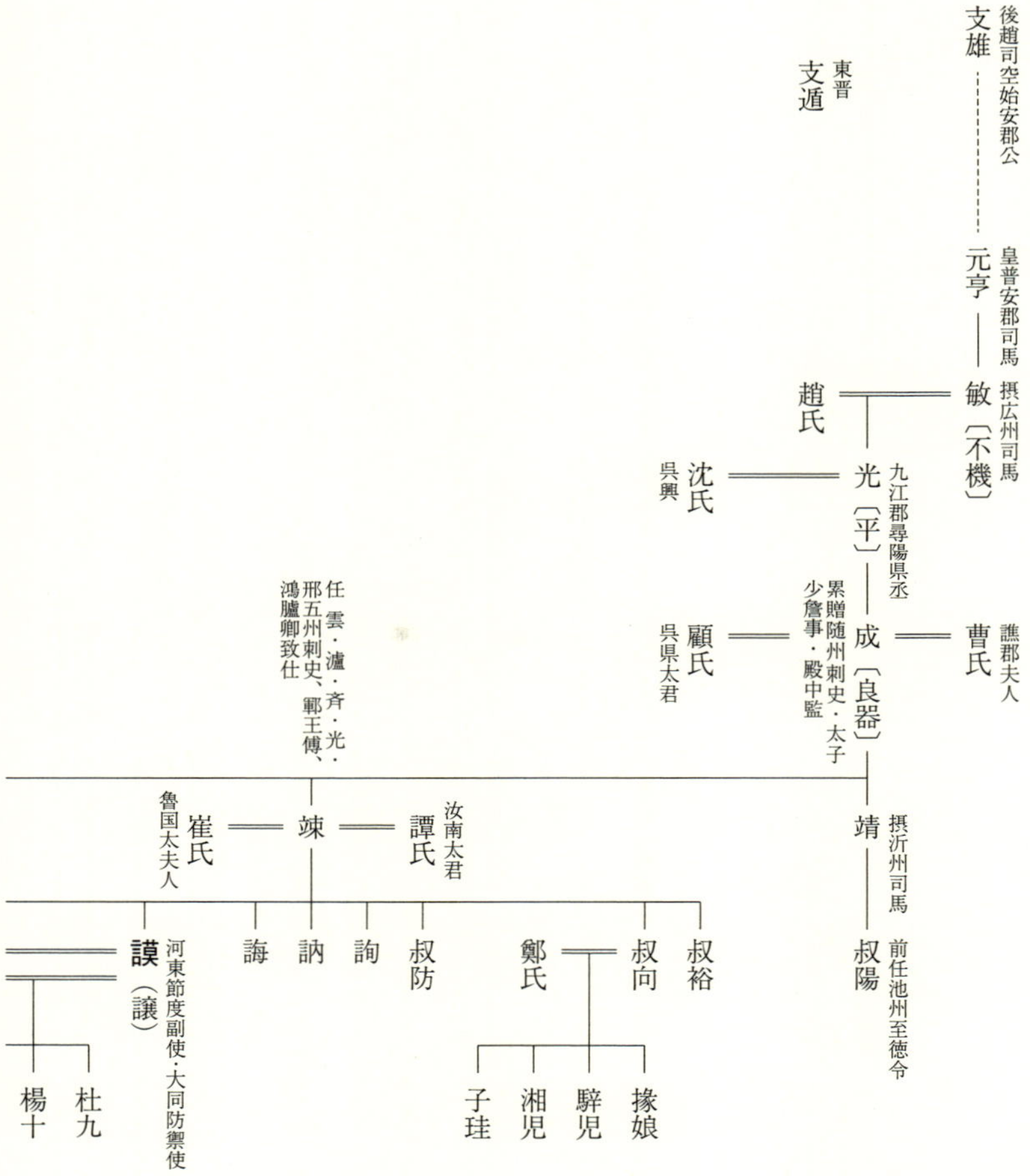

後趙司空始安郡公
支雄
東晋
支遁
皇普安郡司馬
元亨
摂広州司馬
敏〔不機〕
趙氏
九江郡尋陽県丞
光〔平〕
沈氏
呉興
譙郡夫人
曹氏
累贈随州刺史・太子少詹事・殿中監
成〔良器〕
顧氏
呉県太君
任雲・濾・斉・光・邢五州刺史、鄆王傅、鴻臚卿致仕
竦
崔氏
魯国太夫人
譚氏
汝南太君
摂沂州司馬
靖
前任池州至徳令
叔陽
叔裕
叔向
鄭氏
叔防
詢
訥
誨
謨（譲）
河東節度副使・大同防禦使
掾娘
騂児
湘児
子珪
杜九
楊十

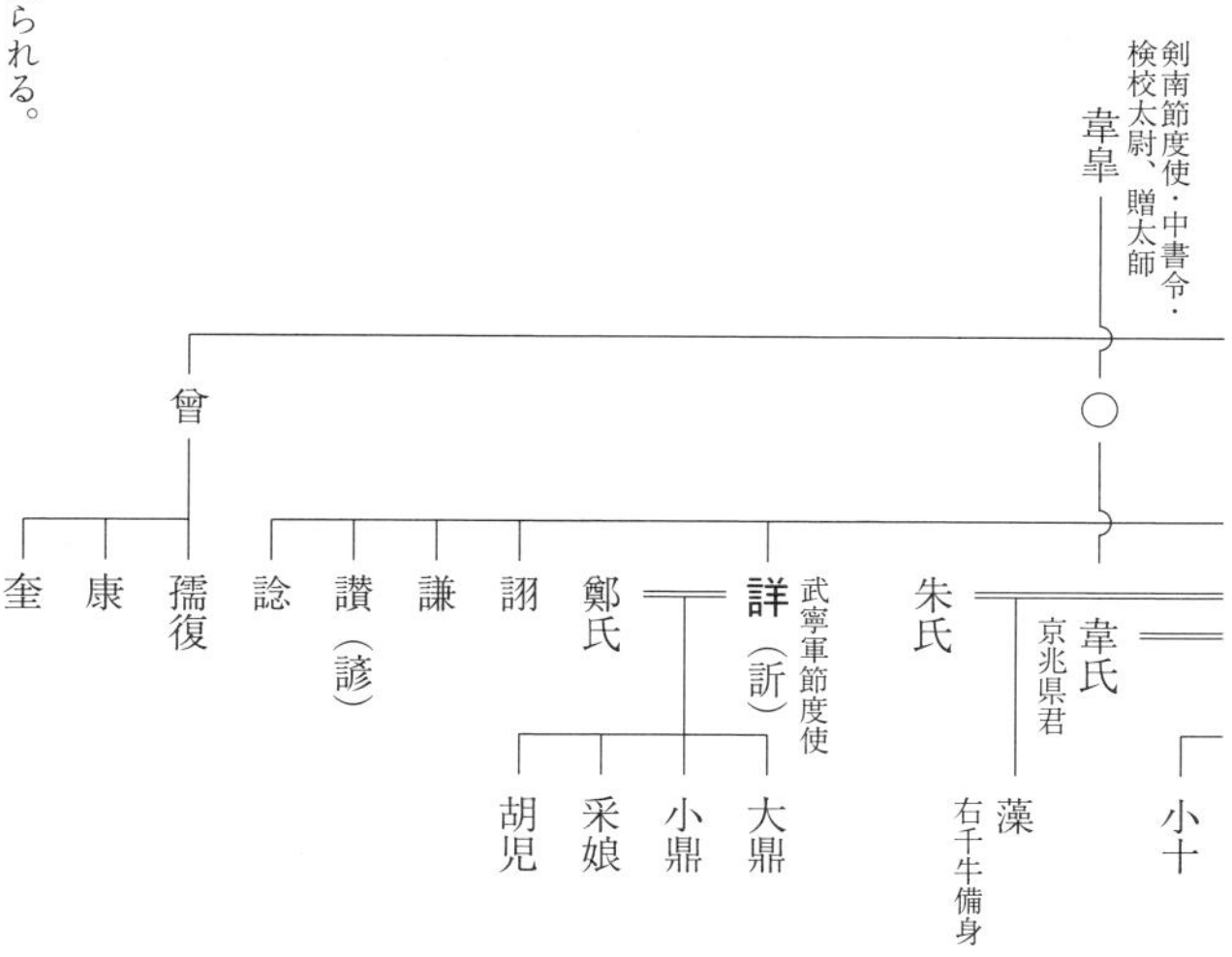

※支謨および支詳はいずれかの時期に改名したと考えられる。

辺の屯田開発にも関わっていた（傍線部v）。さらに財務関係の職務を通して、河東節度使（乾符元年―乾符五年）となる竇瀚とも、若い頃から繫がりを持っている（傍線部iii）。とすれば、大同防禦使兼代北水陸発運使（代北水運使）として北辺財政を統括する責任者であった段文楚が、沙陀によって殺されたという状況において、度支系諸司の職を歴任し、財務の専門家としての経験を積んだ墓主を河東節度副使として起用してきたことは、唐朝にとって順当な選択であったと考えられる。

第二節　編纂史料にみえる編年の再検討——墓誌銘との比較——

第一項　「支謨墓誌銘」にみえる唐末沙陀関係記事と現存の編纂史料

次に、本墓誌に見える唐末の沙陀関係史料の検討に移りたい。本墓誌には、唐末の沙陀に関する記録が豊富に含まれている。そこで、墓誌に見える記録と編纂史料の記述との比較を通して、沙陀関係史料がどのように残り、再構成されていったかを検討する。

まず、墓誌に見える唐末沙陀関係の史料のうち、李克用の活動開始時期に関わる史料を検討したい(14)。

墓誌中で沙陀に関係する記述は、第二八行〔傍線部(I)〕の「時に沙陀微功を帯びるを恃み……」から、墓主の死去を伝える第四〇行まで、都合一二行に及ぶ。記事の内容は、李克用〔誌文では「朱耶克用」と記す。李克用を朱耶克用と記すのは現存する史料ではこの墓誌のみ〕が防禦使一門を屠殺して叛乱を起こしたため、墓主が河東節度副使に拝され、吐谷渾部落の協力を得て、沙陀の叛乱鎮圧に尽力した、とする内容である。墓誌中の沙陀に関係する部分では、第三四行〔傍線部(c)〕に「〔乾符〕五年〔八七八〕十二月」という年次が入っているが、墓誌銘は墓主の人生を短い文章に凝縮して記すため、前後の正確な年次を把握するため**表五**を参照しつつ進めていきたい。

沙陀が代北で叛乱を起こした乾符年間には、同時期に、河南から王仙芝・黄巣の乱も起こっている。黄巣の乱は、乾符二年〔八七五〕六月に王仙芝が河南道の曹州・濮州を陥落させたことによって、初めて唐朝に注目された。本墓誌によると、墓主は咸通末年〔八七四〕に濮州刺史となっている〔傍線部(vii)〕。咸通末年は、一一月に改元されて乾符

表五　誌文から復元した支謨の官歴

年　代	官　職　等	行数
会昌６年（846）	（郷貢）明経に挙げられる	14
大中４年？（850）	礼部試に応じる（知貢挙は裴休）	14
大中５年？（851）	吏部銓に応じ、六節判を貢ず	15
	内作使判官に奏署せられ、家令寺主簿を授制せられ、職は三宮（大内・大明・興慶）の営繕に充てられる	16
	家令丞（従６品上）に転じる	17
咸通３年（862）10月ごろ	司農寺丞（従６品上）・兼専知延資庫官事	17
	天徳軍副使・侍御史（従６品下）・内供奉、賜緋魚袋	20
	検校戸部郎中（従５品上）・兼御史中丞（正５品上）、賜金魚袋	22
咸通12年（871）12月以前	太府少卿（従４品上）・知度支左蔵庫出納	22
咸通末（874）	濮州刺史（従３品）	24
乾符２年（875）	丁内憂（斉衰三年）	25
乾符４年？（877）	右金吾衛大将軍（正３品）・知街事	27
乾符５年（878）	検校左散騎常侍・充河東節度副使・指揮制置使	29
乾符５年	移公大同宣諭	31
乾符６年夏（879）	大同軍防禦・営田・供軍等使、朝請大夫（従５品上）・検校右散騎常侍・使持節都督雲州諸軍事・雲州刺史（正４品下、下都督府？従３品）・御史中丞（正５品上）・柱国（従２品）・紫金魚袋	36
	左散騎常侍・司農卿	37
乾符６年12月	卒す。工部尚書（正３品）を贈られる	40

元年となるため、墓誌に言う「明年丁内憂」（傍線部ⅷ）の明年とは、乾符二年（八七五）である。とすれば、従来編纂史料には全く現れることのなかった、王仙芝・黄巣の乱勃発時に最初に陥落した濮州の刺史は、支謨である蓋然性が高い。[15] これを書かずに「丁内憂」とだけ記しているのである。そして乾符二年の時点から、丁内憂の規定に則って三年の服喪期間（斉衰三年）を想定すると、起服して官に就くことができるのは、乾符四年（八七七）半ばであり、河東節度副使となるのが可能になるのは、乾符五年である。これによって、時期的に極めて近接していたと思われる大同防禦使段文楚の殺害と

表六　編纂史料の掲年比較

	旧唐書・本紀	新唐書		旧五代史	新五代史	資治通鑑
		本紀	沙陀伝	（五代史）	（五代史記）	
大同防禦使段文楚の殺害	咸通13年12月	乾符5年2月	乾符3年	乾符3年	咸通13年	乾符5年1月
雲州占拠・遮虜軍攻撃	乾符５年１月	乾符5年2月	乾符3年	乾符3年	咸通13年	乾符5年1月

沙陀の叛乱、墓主の河東節度副使への就任は、乾符五年の出来事と判定できる。さらに、墓誌には「那の期の晋政の多門、曹翔伯（楽）を作す」（傍線部Ⅲ）と記され、墓主の抜擢は曹翔によるものであったことを記す。『唐方鎮年表』（四三五頁）によると、曹翔が河東節度使であったのは、乾符五年七月から九月までのわずかな期間であったため、一連の出来事をこの時期まで限定することも可能であろう。

一方、編纂史料上の唐末の沙陀に関する記載は、『旧唐書』本紀（九四一—九四五）、『旧五代史』巻二五、武皇紀（九七四）、『新五代史』巻四、唐本紀（一〇五三）、『新唐書』本紀および巻二一八、沙陀伝（一〇四四—一〇六〇）、『通鑑』（一〇八四）に見える（成書年代順、（　）中は成書年次）。そこでまず李克用生存年代の各史料の比較年表を作成し、それぞれの史料間の比較を行った。その結果、史料ソースが複数あるため、各事件につき、一・二ヶ月程度の時間的な異動は見受けられるものの、基本的に一致していることが判明した（本章末尾の年表参照）。その中で著しい不一致が見られるのは、例えば、(a)李克用が大同防禦使段文楚を殺害して叛乱を起こした時期（前後の数年間を含む）、(b)黄巣の乱鎮圧のため、雁門節度使に拝された時期、(c)李克用の父で、沙陀首領であった李国昌の卒年、等といった、当時としては政治的に重要であったと思われる大きな事件である。そのうち、今ここで問題になっているのは、(a)に挙げた点である。これに関して各史料に見える年次の比較を行うと、**表六**のようになる。

五種類の史料の中に、咸通一三年（八七二）説と乾符三年（八七六）説、乾符五年（八七八）説の三つの説がある。この大きな違いは何であろうか。そこで次に、『考異』に残された原典史料を検討し、この違いの原因を探る。

第二項　「支謨墓誌銘」にみえる唐末沙陀関係記事と『資治通鑑考異』に残された原史料

『考異』の中には、この記事に関して多数の現佚の史料が残されている。『通鑑』巻二五三、乾符五年（八七八）二月条（八一九六―八一九八頁）に附された『考異』巻二四（二六二頁）の文章には、現佚の四書の史料（計五条）及び『旧唐書』本紀を引いて、次のように記している（引用文中の（イ）（ロ）（ハ）は筆者による。典拠には『四部叢刊』初編所収の宋刊本を利用した）。

（イ）趙鳳『後唐太祖紀年録』曰、「乾符三年（八七六）、河南水災、盗寇蜂起、朝廷以段文楚為代北水陸発運・雲州防禦使、以代支謨。時歳荐饑、文楚削軍人衣米、諸軍咸怨。太祖為雲中防辺督将、部下争訴以軍食不充、請具聞奏。（中略）衆因大譟、擁太祖上馬、比及雲中、衆且万人、城中械文楚出以応太祖。」

（ロ）後唐閔帝時、史官張昭遠撰『荘宗功臣列伝』曰、「唐君立為雲中牙校、事防禦使段文楚。時天下将乱、代北仍歳阻饑、諸部豪傑咸有嘯聚邀功之志。文楚法令稍峻、軍食転餉不給、戍兵咨怨。（中略）咸通十三年（八七二）十二月、尽忠夜帥牙兵攻牙城、執文楚及判官柳漢璋・陳韜等、繋之於獄、遂自知軍州事、遣君立召太祖於蔚州。是月、太祖与退渾・突厥三部落衆万人趨雲中、十四年（八七三）正月六日、至闘鶏台、尽忠遣監軍判官符印請太祖知留後事。七日、尽忠械文楚・漢璋等五人送闘鶏台、軍人乱食其肉。九日、太祖権知留後。府牙受上三軍表、請授太祖大同防禦使、懿宗不悦。時已除盧簡方代文楚、未至而文楚被害」。

（ハ）『実録』、「乾符元年（八七四）十二月、李克用殺大同軍防禦使段文楚、自称防禦留後、塞下之乱自茲始矣」。

（ニ）『旧紀』、「咸通十三年十二月、李国昌小男克用、殺雲州防禦使段文楚、拠雲州、自称防禦留後。乾符五年、

表七　原典史料の掲年比較と継承関係

書　　名	後唐太祖紀年録	荘宗功臣列伝	実　　録	唐末三朝見聞録
大同防禦使段文楚の殺害	乾　符　3　年	咸通 13 年 12 月	乾符 1 年	乾　符　5　年
雲州占拠・遮虜軍攻撃			乾符 5 年	
	↓ 旧五代史・新唐書沙陀伝	↓ 旧唐書本紀・新五代史		↓ 新唐書本紀・資治通鑑

正月、沙陀首領李尽忠陥遮虜軍、竇澣遣康伝圭率土団二千屯代州、将発、求賞呼譟、殺馬歩軍使鄧虔。」

（ホ）有『唐末三朝見聞録』者、不著撰人姓名、専記晋陽事、其書云、「乾符五年戊戌、竇澣自前守京兆尹拝河東節度使、在任、便値大同軍変、殺防禦使段文楚。正月二十六日軍於石窯。（後略）

（ヘ）『実録』亦頗采之、云、「五年正月、壬戌、竇澣奏沙陀首領李尽忠寇石窯・白泊、至静辺軍。二月、奏李尽忠求賞、詔賞馬一匹、銀鞍勒・綿絹等」。

司馬光はそれぞれの史料の出所を検討した結果、月日を明記した『唐末三朝見聞録』の乾符五年説を採用している。上記の現佚史料と現存の史料の継承関係を表にすると、**表七**のようになる。

咸通一三年（八七二）説を明記する最も古い史料は、張昭遠撰の『荘宗功臣列伝』である。成書年次は後唐閔帝の応順元年（九三四）[16]で、『旧唐書』と『新五代史』の記述はこれを受け継いでいる。一方、乾符三年（八七六）説を記す最も古い史料は『後唐太祖紀年録』で成書年次は天成四年（九二九）である。主に五代各王朝の実録に依拠して編纂された薛居正の『旧五代史』（九七四年成立）は、これを受け継いでいる。

このような継承関係はどのようにして生じたのであろうか。そこで、現佚の各史料が各々どのような性格を持っていたのか確認することとしたい。

『後唐太祖紀年録』と『荘宗功臣列伝』

『五代会要』巻一八、修国史（二九九頁）には、次のように見えている。

（後唐・天成）四年（九二九）七月、監修国史趙鳳奏すらく、当館は敕を奉じて懿祖・献祖・太祖・荘宗四帝の実録を修む。……其の年十一月、史館、新修の懿祖・太祖紀年録共二十巻、荘宗実録三十巻を上る。監修の宰臣趙鳳・修撰**張昭遠**・呂咸休、各のおの繒綵・銀器等を賜る。

（後唐）応順元年（九三四）閏正月、平章事兼修国史李愚、脩撰判館事**張昭遠**等と新修の唐功臣列伝（＝荘宗功臣列伝）三十巻を進む。

『後唐太祖紀年録』と『荘宗功臣列伝』は、ともに後唐の明宗李嗣源の勅命によって編纂を開始し、それぞれ明宗とその後を継いだ閔帝に上呈された。編纂者はそれぞれ趙鳳と李愚だが、実際の編纂には修撰の張昭遠が関わっている。なお、後晋に成立した『旧唐書』（九四一―九四五成書）は宰臣劉昫の監修によるものだが、これも実際の執筆は修史官の張昭遠とされている。[17] 張昭遠については、新旧『五代史』には立伝されていないものの複数の記録が残され、また、宋代に編纂された『東都事略』巻三〇に「張昭伝」として記録も残っており、[18] これらの記録を合わせると、後唐・後晋・後漢の各王朝に仕えて、五代各王朝の実録や官撰史書の編纂を広く取り行った人物であることが判る。つまり、これらの官撰史料は実質的に同一人物が編纂を取り仕切っているのである。そして張昭遠が実際の編纂を行った『後唐太祖紀年録』と『荘宗功臣列伝』という官撰史料において、李克用が大同防禦使の段文楚を殺害して唐朝に対して叛乱を起こしたのは、乾符三年とする説と咸通一三年という説の両説が提示され、同じく張昭遠が執筆した『旧唐書』は『功臣列伝』の咸通一三年説を引き継いだ。一方で、これとは系統を異にする『唐末三朝見聞録』は乾符五年と記している。宋代に成立した欧陽脩『新唐書』沙陀伝（列伝の執筆は宋祁。一〇五八年完成）および薛居正『旧五代史』は乾符三年説を継承し、欧陽脩『新五代史』は『功臣列伝』の咸通一三年説を採用し、欧陽脩の『新唐書』本紀および『通鑑』は乾符五年説を採用する、という複雑怪奇な事態となったのである。

『実録』

通常、『実録』といえば根本史料となるはずであるが、唐末については事情が異なる。『唐会要』巻六三、修国史〔一二九六頁〕には、大順二年（八九一）に宣宗・懿宗・僖宗実録を修めようとして一字も編録できなかったと記されており、『五代会要』巻一八、前代史〔二二八頁〕には、後晋天福六年（九四一）に、かつて実録が編輯されたという記録に基づいて求書を試みたが、果たせなかったことを記録している。[19] つまり、唐末においては、武宗以下の六朝の実録は、編纂されなかったか、編纂されても五代時期にはすでに散逸していたのである。[20] では、『考異』に残された『実録』とは何かというと、これは『宋史』巻二〇三、芸文志二、編年類〔五〇八九頁〕に、「唐武宗実録二十巻。唐宣宗実録三十巻。唐懿宗実録二十五巻。唐僖宗実録三十巻。唐昭宗実録三十巻。唐哀帝実録八巻。並びに宋敏求撰。」と見えるごとく、宋敏求の編纂にかかる後代の史料である。[21]

『唐末三朝見聞録』

『唐末三朝見聞録』についての記録は曖昧な点が残る。上掲の『考異』巻二四〔一六二二頁〕の傍線部では「撰人の姓名を著さず」とされている。北宋仁宗の慶暦元年（一〇四一）に成立した官撰目録で、館閣に所蔵されていた書物を網羅した目録である『崇文総目』は、巻二（原巻二二）、伝記類下に「唐末見聞録八巻。」と載せる。また、『宋史』巻二〇六、芸文志五、子類、小説類〔五二二三頁〕には、「王仁裕見聞録三巻。又た唐末見聞録八巻。」と記す。王仁裕は、『旧五代史』巻一二八、周書一九〔一六八九頁〕と『新五代史』巻五七〔六六一頁〕に伝があり、初め後蜀に仕え、同光四年（九二六）に後唐の荘宗が後蜀を平定するに及んで後唐に仕えた。後唐末には翰林学士として詔書・告命はすべて王仁裕が起草していたといい、五代の文人として名高い人物である。

『唐末三朝見聞録』は、実際の見聞を記した記録であるためか、詳細な日付が入っており、『通鑑』の編年の決定の根拠となっている。また、記述の相違などから『紀年録』等とは系統が異なると考えられる。「支謨墓誌銘」はこの記録と一致しているのである。

「支謨墓誌銘」

「支謨墓誌銘」は、その撰述が、支謨の没した乾符六年（八七九）の直後になされたものであること、撰者[22]は墓主の公私に渉る資料を使用できたと考えられること、墓主が唐朝による沙陀討伐の直接の関係者であることなどから、誌文中に見える沙陀に関する記事の紀年に関しては、信憑性は極めて高い。とすれば、従来の混乱した編纂史料の情況と本墓誌の記述とは、どのように整合的に解釈すべきであろうか。

本墓誌や『唐末三朝見聞録』といった沙陀側による編纂という過程を経ていない史料（＝非沙陀系史料）は沙陀の叛乱を「乾符五年」と伝えている。一方、後唐明宗時代の官撰史料である『後唐太祖紀年録』・『荘宗功臣列伝』および『旧唐書』（＝沙陀系史料）においては乾符五年以外の複数の年次が提示され、齟齬が発生している。現在まで残る記述の混乱は、後唐明宗時期の官撰史料の年次を受け継いだためである。とすれば、本墓誌に記される年代に疑義がない以上、これらの混乱については、後唐明宗期の史料編纂過程で操作された結果であると考えなければなるまい。

従来の沙陀に関わる論考では、年代は基本的に『通鑑』の記載に基づいて書かれてきた。通常であれば年代が近い五代の後晋時期に編纂され、唐代の史料を直接用いて編纂された『旧唐書』の方が史料価値が高いとされるにもかかわらず、根拠として利用しがたい奇妙さがあるために、『旧唐書』の利用が回避されてきたのである。そこで、『旧唐書』を含む沙陀側によって編纂された史料のどの点に問題があるのかを明らかにし、『通鑑』の利用に根拠を与えたい。

ここで、『旧五代史』巻二五、武皇紀上（三三三頁）に残された、墓主・支謨と李克用の関係を記した記事を検討する。

（武皇）壮に及び、雲中守捉使と為り、防禦使**支謨**に事う。与に同列し、晨に廨舎に集い、因りて戯れて郡閣に升り、**謨**の座に踞るも、**謨**、亦た敢えては詰らず。

乾符三年（八七六）、朝廷段文楚を以て代北水陸発運・雲州防禦使と為す。

この記事については、趙鳳『後唐太祖紀年録』に、

乾符三年（八七六）、河南水災し、盗寇蜂起す。朝廷、段文楚を以て代北水陸発運・雲州防禦使と為し、以て**支謨**に代う。

という記事が見えており、これも**表七**の原典史料との継承関係に示したとおり、『後唐太祖紀年録』系統の記事である。ところが、前節で見た支謨の経歴によると、この条の記事は成立し得ないことが判明する。墓主・支謨の母親である魯国太夫人崔氏は乾符二年（八七五）に死去しており、墓主は洛陽に戻って喪に服した（**表五**および本節第一項を参照）。服喪期間は三年と考えられるため、支謨は、乾符二年（八七五）から乾符四年（八七七）まで、官を退いて服喪していることになる。つまり、乾符三年（八七六）の時点で大同防禦使として雲州にいることは不可能であり、李克用と何らかの関係を持つということはあり得ないのである。ここに、後唐明宗期の編纂にかかる史料において、年次

の書き換えに伴って波及的な史料の書き換えも行われている事実を指摘できよう。

ところで、後唐明宗期における史料の書き換えは、他にも存在する。森部豊・石見清裕両氏は「李克用墓誌」の系図の研究において、李克用の系図が明宗期の史料である『後唐懿祖紀年録』において改竄されたことを指摘している。(23)つまり、後唐明宗期の官撰史料において、複数の書き換えが行われているのである。これは沙陀系王朝の手による沙陀関係史料編纂の過程において、意図的に行われたものとみなければなるまい。とすれば、他にも組織的な書き換えが行われた可能性も否定できない。さらに重要なのは、後唐明宗期の史料書き換えの当事者と、根本史料とされてきた『旧唐書』の編纂者が、ともに張昭遠という同一人物と考えられることである。このように見ると、従来は非常に信頼性の高いものと見られていた『旧唐書』のうち、少なくとも沙陀関係の史料に限っていえば、かなりの問題を含んでいると考えなければならない。端的に言えば、『旧唐書』は五代後唐の明宗期における沙陀突厥による史料書き換えの後を承けて書かれた史料群と同一系統の史料であり、史料書き換えを実際に取り仕切った当事者によって執筆された、沙陀側の史料なのである。

では、なぜ沙陀は、年代を複雑に書き換える必要があったのだろうか。これについては、確定は難しいが、現段階では以下のように考えておきたい。後唐王朝は、その名からも明らかなように、「唐の正統を受け継ぐ」ことを王朝成立の根拠としている。その論拠となったのは、李国昌（朱邪赤心）が、龐勛の乱鎮圧の功績によって「鄭王の属籍に附」され、(24)唐宗室の一員に列せられたことにあった。にもかかわらず、太祖李克用が初めて歴史の舞台に登場する時に、当の唐王朝から討伐されていたのではあまりに都合が悪い。そこで、年代を曖昧にし、事件にまつわる様々な記録を書き換えることで、事件そのものの輪郭を曖昧にしたいという意向が働いたのではあるまいか。であれば、沙陀討伐の重要な役割を担った墓主と李克用についても、ことさらに良好な関係を演出する必要があったと理解できよう。沙陀の手によって残された史料は、政権側による編纂史料として想定される以上に、極端なほど複雑に、沙陀に有利な操作が施された史料なのである。

第三節　墓誌を用いた唐末沙陀史の復原

第一項　唐末の国際情勢と財務輸送体制

唐末の財務輸送体制と沙陀との関係については、前章にも述べている。ここでは簡単に跡づけるにとどめ、詳細は前章を参照されたい。

まず、当時の北辺地域(25)の置かれた国際情勢を概観する。唐の後半期になると、西からは黄河沿いに吐蕃勢力の侵入が繰り返され、北方にはキルギスや、勃興しつつあった契丹などの遊牧勢力が存在しており、時に南下して唐朝北辺に侵入してきていた。オルドスには党項が勢力を伸ばし(26)、これが後の西夏建国に繋がっていく。この地域は農業遊牧境域地帯にあたり、農業と牧畜が複合して行われており、唐代においては、多数の遊牧民がベルト状に配置され、北辺防衛を担った地帯である(27)。その多数の民族の入り交じる中を、黄河の漕運を中心とする軍糧輸送ルートが走っていた(28)。唐朝は、北辺において、穀物自給と上供米の振り向け分とによる軍糧供給体制を確立しており、貞元年間（七八五―八〇四）以降は、度支管轄下にある代北水運使が北辺各地（天徳軍・豊州・霊武方面）への物資供給の責任を負い、北辺防備の根幹をなす機能を形成していた。

代北水運使は度支営田使を兼ね、使院を雁門（代州）に置き、河東（太原）で和糴した穀物を、黄河を遡航して辺縁諸軍や諸塞の兵員のいる流域各地に運搬するという、供出側の責任を負っていた。水運使院は、一時的に振武節度

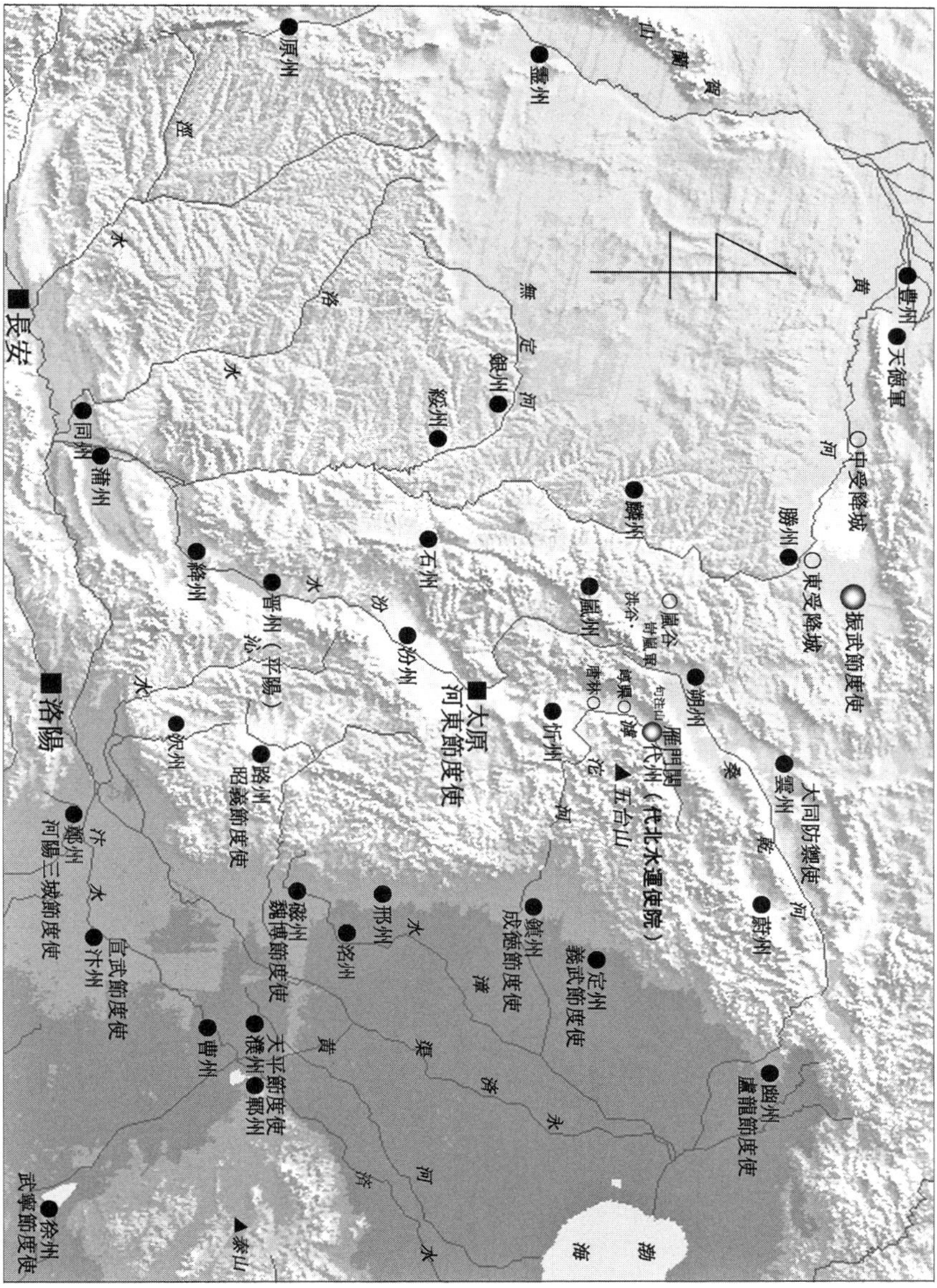

黄河
豊州
天徳軍
中受降城
東受降城
勝州
振武節度使
霊州
原州
綏州
銀州
無定河
麟州
石州
嵐州
朔州
雲州
大同防禦使
蔚州
雁門関
代州（代北水運使院）
五台山
忻州
太原
河東節度使
汾州
晋州（平陽）
絳州
蒲州
同州
長安
洛陽
潞州
昭義節度使
鎮州
成徳節度使
定州
義武節度使
邢州
洺州
磁州
魏博節度使
鄭州
河陽三城節度使
汴州
宣武節度使
曹州
濮州
鄆州
天平節度使
徐州
武寧節度使
泰山
幽州
盧龍節度使
渤海

地図三　第三章関連地図

使の治所に移動されたこともあり、また振武節度使や大同防禦使が代北水運使（度支営田使）を兼ねる例もあることから[29]、代州のみならず、振武や大同といった地域も、水運・陸運・営田を統括するための重要地点であったと考えられる（地図三）。

このような前提の上に立って注意したいのは、乾符年間における沙陀の叛乱において最初に殺害されたのが、代北水陸発運使兼大同防禦使の段文楚であったという点である。

李克用が代北水運使を殺害して雲州を奪取した当時、李国昌は振武節度使に拝せられていた（乾符元年（八七四）―乾符五年（八七八））。しかも、息子である李克用を大同防禦使に拝するように朝廷に願い出[30]、さらに自分に対する唐朝側からの再三の移鎮命令を拒んでいたことは注目されてよい[31]。すなわち、乾符五年（八七八）の沙陀の叛乱は、二つの水運と陸運の拠点を奪取することを企図したものと考えられるのである。とすると沙陀には、水運と陸運の拠点を占有し、唐朝の北辺に対する物資供給の基幹を奪取しようという政治的意図が働いていたと考えないわけにはいかないのである。

これは、唐朝側から見れば度支司による北辺財務体制崩壊の危機であり、当時の国際情勢を考えれば、北辺を全て失いかねない衝撃的な出来事であった。唐側は重要な軍事・経済基地であるこの地域を沙陀に奪われたために、中央の度支での経験を積み、財務の専門家であった墓主を起用し、北辺に投入してきたと考えられよう。傍線部(V)によれば墓主は乾符六年（八七九）に「蔚・朔・雲三州節度使」に拝せられたというが、この時帯びた使職のことを、墓誌の第一行目では「大同軍都防禦・営田・供軍等使」（傍線部(i)）と記している。このうち後半部分は度支営田・供軍等使のことで、代北水運使を兼ねていたと考えられる[32]。本墓誌の中に沙陀関係の記事が残されているのは、墓主支謨が、経済官僚として沙陀鎮圧に関わったためである。唐末の乾符五年（八七八）に勃発した沙陀の叛乱は、経済的意味合いの大きい叛乱として、改めてとらえ直すべきなのである。

第二項　墓誌銘からみた沙陀の叛乱――唐末沙陀史の復原――

次に、墓誌から見た唐末沙陀突厥史の復原を試みてみたい。利用できる主要史料が「支謨墓誌銘」に限られているため、主に乾符五年（八七八）当時の代北情勢を中心に扱うことになる。

これまでの検討によって、現存の沙陀関係史料の中では、沙陀側が編纂したものとは別系統の史料も参照しつつ編纂された『通鑑』の編年が、信頼性が高いと考えられることを述べた。これによって、初めて『通鑑』の詳細な史料を使うことが可能になり、『通鑑』を基本として墓誌の記述との比較を行うことができるようになる。「支謨墓誌」は、沙陀側による史料操作を受け継いでいるか、沙陀の手を経て伝えられてきた現存の史料とは異なり、史料操作を受ける前の原史料に近いものである。唐の側から見た史料であるため、沙陀の手になる書き換えを経ない唐側の史料が残っていれば、本墓誌と近いものになっていた可能性も存在する。一方、唐側の史料ということは、唐側に偏向した史料であることも注意を要する。

この墓誌史料と現存の編纂史料との比較を通して、唐末沙陀史の復原を試みてみたい。

（一）　塩泊川の万戸

先に検討したように、李克用を中心とする沙陀が唐王朝に対して叛乱を起こしたのは、乾符五年（八七八）のことであった。当時、李克用は蔚州におり（沙陀三部落副兵馬使）、李尽忠（沙陀兵馬使）が遣わした康君立・程懐信らと共に兵を起こし、雲州に赴いて大同防禦使を殺害した。この事件について、各史料は次のように記している。

・『通鑑』巻二五三、乾符五年一月条（八一九六頁）

克用、其の衆を率いて雲州に趣く。

・『考異』巻二四所引、張昭遠『荘宗功臣列伝』（一六二頁）

是の月、太祖、退渾・突厥三部落の衆万人と雲中に趨く。

・「支謨墓誌」第二八行（傍線部(a)）

朱耶克用、防禦使一門を屠り、塩泊川の万戸を率う。

しばしば指摘されるように、沙陀集団の中には多数のソグド人が含まれている。沙陀集団の中核を占める沙陀三部落は、沙陀・薩葛・安慶という三つの部落から構成されており、このうちの薩葛と安慶はソグド系の部落と考えられている[33]。

『通鑑』では簡単に「衆」と記されており、特に言及はない。一方、『荘宗功臣列伝』では、「退渾・突厥三部落の衆万人」となっており、李克用の率いた集団が、吐谷渾と突厥三部落からなる集団であったということ、少なくとも五代の明宗期にはそのように認識されていたことが判明する。「突厥三部落」は、通常は「沙陀三部落」と書かれる[34]。また、「支謨墓誌銘」において、李克用の率いた集団は「塩泊川の万戸」であると記されている。つまり、李克用が率いた沙陀三部落は塩泊川と呼ばれる場所に居住していたと考えられ、遊牧的生活を営んでいたであろうことも推測できる。沙陀集団内のソグド人の生活形態を明らかにする上でも貴重な史料であろう。

では、「塩泊川」とは何を指すのであろうか。「塩泊川」という地名は現存の史料には見いだせないが、「塩泊」という地名は存在する。『新唐書』巻四三下、地理七下、羈縻州、隴右道、突厥条には、「**塩泊**州都督府。胡禄屋闕部を以て置く」（一一三〇頁）とみえ、「塩泊」とは羈縻州の名であることが判る。天理図書館所蔵の「張君義文書」の文書〔三〕には、「用**塩泊**都督府印」という小字の注記がなされ、さらに本文六箇所および紙の継ぎ目の裏側に「**塩泊**都督府印」が捺されている。[35]「塩泊都督府」とは、塩泊州都督府のことである。さらに、『新唐書』巻四三下、地理志の巻末に収録されている賈耽の入四夷最要七道の第四道には、回鶻牙帳に至る道として次のように記している。「又た別道は鸊鵜泉自り北して公主城・眉間城・怛羅思山・赤崖・**塩泊**・渾義河・爐門山・木燭嶺を経、千五百里にして亦た回鶻衙帳に至る。」〔一一四八頁〕と記されており、「塩泊」の名は羈縻州および回鶻道の中途の地名として残されている。また、注意しておきたいのは、上記『新唐書』巻四三地理志、隴右道、突厥条に、北庭都護府の管轄に置かれた羈縻州として、塩泊州都督府と共に、処月部に置かれた金満州都督府と沙陀州都督府が見えることである〔一一三〇―一一三三頁〕[36]。「塩泊州都督府」や「塩泊」という地名が、誌文の「塩泊川の万戸」と直接・間接に結びつくかは、現段階では不明である。また、誌文に現れる塩泊川の万戸は、沙陀とソグド系を主体とする集団であったと考えられる。羈縻州とは必ずしも土地に固定されるものではなく、唐初に置かれた場所から移動する例も見受けられる。[37]現段階では、唐初から沙陀と塩泊州は何らかの関係を有しており、そのため、沙陀が河西を経て代北に移住した後も、元々関係のあった羈縻州に由来する地名を用いたものと考えておきたい。

（二）　沙陀の勢力範囲

李克用を中心とする沙陀は、雲州を陥れた後、さらに南に向かって勢力を展開する。墓誌銘には、この時期について次のように記している。

・「支謨墓誌」第三一―三三行〔傍線部ⓑ〕

克用、桀逆素有り、獨頑にして当たりがたし、日逐の師を統べ、天柱の挙を為さんと欲し、軽騎詭道し、平陽に次る。北都の巨防、敢えては支え礙ぐる莫し。

これに関係する記述は、『通鑑』と『新五代史』に見られる。

・『通鑑』巻二五三、乾符五年（八七八）六月条（八二〇八頁）

沙陀、唐林・崞県を焚き、忻州の境に入る。

・『通鑑』巻二五三、乾符五年（八七八）七月条（八二〇八頁）

沙陀、岢嵐軍を攻め、その羅城を陥れ、官軍を洪谷に敗る。

・『通鑑』巻二五三、乾符五年（八七八）十月条（八二〇九頁）

沙陀、石州を攻む。

・『新五代史』巻四、唐本紀、（荘宗李存勗）（三三頁）

乾符五年、沙陀遮虜軍を破り、又た岢嵐軍を破り、而れども唐兵数ば敗れ、沙陀此に由りて益す熾んたり。北は蔚・朔に拠り、南は忻・代・嵐・石を侵し、太谷に至る。

平陽とは、晋州の古称で、現在の臨汾市にあたる。沙陀の勢力は広範囲に及んでおり、太原は危険な状況に置かれていた。李克用自らが南までやってきており、散発的なものではなく、大規模な南方への侵攻が試みられていたと考えられる。墓誌三四行目には、これを「図南之気」と記している。ここでは、『通鑑』の記事よりも、『新五代史』の記事の方が、墓誌銘の記述との類似を見せていることにも注目したい。墓誌に見える「日逐の師を統べ、天柱の挙を為さんと欲す」（傍線部(b)）とは、匈奴の日逐王のような軍を率いて、北魏の爾朱栄（天柱大将軍）のような行いを為そうとしている、ということである。『新五代史』にみえる沙陀軍の南方への侵入と合わせて考えると、当時の沙陀の叛乱は、決して一地域の叛乱に収まるものではなく、南方の長安にまで影響を及ぼす可能性を含んでいたのであろう。墓主の赴任直後のこととして、墓誌銘には、「緬《わずか》に惟だ并部のみ、王業の基する攸《ところ》……」〔傍線部(Ⅱ)〕と述べる。唐朝は太原だけしか保持できていなかったということで、これまで用いることができた編纂史料に基づいて推定される状況よりも、より深刻な危機であったことが窺える。

（三）　乾符五年一二月の戦闘と李克用の生死

乾符五年（八七八）一二月に唐側と沙陀側の間で大規模な戦闘が行われた。この記録については、現存する全ての編纂史料と墓誌との間で大きな隔たりがあり、墓誌には編纂史料には見られない情報が含まれる。即ち、編纂史料では、唐側が大敗し、昭義節度使李鈞が戦死したという流れを記すのに対して、「支謨墓誌銘」では、李克用が負傷して死去したという驚くべき情報を伝えているのである。以下、行論の都合のため、各史料にアルファベットを附し、順を追って提示する。史料Dには試訳を附す。

史料A『旧唐書』巻一九下、僖宗〔七〇二頁〕

十二月、（崔）季康と北面行営招討使李鈞、沙陀の李克用と岢嵐軍の洪谷に戦い、王師大敗し、鈞は流矢に中りて卒す。戊戌、代州に至るや、昭義軍乱し、代州百姓の殺す所と為り殆ど尽く。

史料A'『通鑑』巻二五三、乾符五年一二月条〔八二〇九頁〕

（河東節度使）崔季康及び昭義節度使李鈞、李克用と洪谷に戦い、両鎮の兵敗れ、鈞、戦死す。昭義の兵、還りて代州に至り、士卒剽略す。代州の民これを殺して殆ど尽き、余衆は鴟鳴谷より走りて上党に帰る。

史料A"『唐末三朝見聞録』〔『考異』巻二四〔一六四頁〕〕

（十二月）十九日、崔尚書発して岢嵐軍に往き、別敕を請いて賈敬嗣を大夫《ママ》権兵馬留後に、観察判官李劭を権観察留後とす。昭義節度使李鈞、本道兵馬を領して代州に到るや軍変じ、代州の殺戮を被りて並に尽く。（代州は）李鈞を捉到し、残軍は潰散す。鵶鳴谷を取りて各のおの本道に帰る。

史料B 『実録』〔『考異』巻二四（二六四頁）〕

『実録』に、「（広明元年（八八〇））河東奏せらく、『昭義節度使李鈞、猛虎軍の殺す所と為る』と」。又た曰く、「詔して本道の兵を統べ、鴈門より出でて雲州を討たしめるも、賊と戦いて敗帰し、其の下の為めに之を殺さる」と。

史料C 『旧五代史』巻二五、武皇紀上〔三三四頁〕

（乾符五年（八七八））冬、献祖、師を出して党項を討つや、吐渾の赫連鐸、虚に乗じて振武を陥れ、族を挙げて吐渾の擄とする所と為る。武皇、定辺軍に至りて献祖を迎えて雲州に帰らんとするも、雲州の守将、関に拒みて納れず。武皇、蔚・朔の地を略して、三千人を得、神武川の新城に屯す。赫連鐸、昼夜攻囲するも、武皇・昆弟三人、四面に賊に応ず。俄かにして献祖、蔚州より軍を引きて至り、吐渾は退走し、これより軍勢復た振るう。天子、赫連鐸を以て大同軍節度使と為し、仍お命じて軍を進めて以て武皇を討たしむ。

乾符六年（八七九）春、朝廷は昭義節度使李鈞を以て北面招討使に充て、上党・太原の師を将いて石嶺関を過りて、代州に屯せしめ、幽州李可挙と赫連鐸に会して同に蔚州を攻めしむ。献祖は一軍を以て之を禦ぎ、武皇は一軍を以て南して遮虜城に抵り以て李鈞を拒む。是の冬は大雪にして、弓弩の弦は折れ、南軍は寒に苦しみ、臨戦して大敗し、奔りて代州に帰り、李鈞は流矢に中りて卒す。

史料D 「支謨墓誌」第三四―三六行〔傍線部(c)〕

［訓読］（乾符）五年（八七八）十二月、克用、南を図るの気に乗じ、回りて雲中に薄らんとし、虎搏ち鷹揚がり、

摩塁して挑戦す。公、之に示すに怯を以てし、悄として人無きが若くす。賊、乃ち地を略し、言旋するに後慮を為さず。公、即ち鉄馬に命じて尾襲せしめ、其の私荘に抵る。叢弧《そうこ》もて之を射ち、臆《むね》を洞《つらぬ》きて斃す。克用、虓勇にして騎射に工みなり。国昌、之を万人の敵と号し、此に恃りて陸梁す。茲に曁びて輿尸するや、闔族気を喪い、四方の虚に乗じて深く入るを恐る。乃ち一瞎虜の年貌相類する者を取りて、人に詐りて云えらく、「克用焉に存す」と。時に上流を寵賂し、詭譎膠固たり。内外叶附《きょうふ》し、此の死虜を持って、以て国家を脅かす。公、前後奏陳するも、終に聴信せられず。六年（八七九）夏、任遵謩入奏し、固く「克用の身在り」と称し、朝に大言す。遂に蔚・朔・雲三州節度使に除せらる。

［試訳］　乾符五年（八七八）十二月、李克用は、南方をうかがう勢いに乗じ、ついで南からかえって雲中に薄ろうとし、奮戦して唐側の塁に迫って挑戦した。支謨はこれに対して怯懦を装い、ひっそりと無人を装った。賊（＝李克用）は略奪を行い、引き返す際に後方への備えをしなかった。支謨は、ここにおいて鉄馬（鉄の甲を纏った馬軍）に李克用の追い討ちを命じ、その（＝李克用）私荘（＝神武川の新城）に至った。そして李克用に向けて弓を一斉射撃し、李克用の胸を貫いて斃した。克用は怒った虎のように勇ましく、騎射に長じており、（父の）李国昌は克用を万人の敵と号し、これを恃んで暴れ回っていた。ところが、ここに及んで輿尸（死体を運んで敵方に見せる）され、そのため一族は顔色を喪い、四方の敵が虚につけ込んで侵入してくるのを恐れた。そこで一人の片眼の虜（沙陀）で年齢と容貌が類似している者を使い、人を欺いて「克用はここに生きている」と言ったのである。当時、（沙陀は、長安の）上流の人々を籠絡しており、詐りが膠のように固まり、長安の内外が詐りに呼応し、これによって既に死んだはずの虜（＝沙陀の李克用）が国家を脅かしたのである。支謨は（李克用は死んだと）何度

も上奏したが、ついに信用されなかった。乾符六年（八七九）夏に、（沙陀側の人物である）任遵暮が入朝して上奏し、固く「李克用は生きている」と主張し、朝廷において大口をたたいた。遂に（支謨は）蔚・朔・雲三州節度使に除せられることになった。（後略）

この事件に関しては、異なる年次・内容をもつ四系統の史料が存在する。史料A『旧唐書』本紀（七〇二頁）は、乾符五年（八七八）の一二月に、河東節度使崔季康と昭義節度使李鈞が岢嵐軍の洪谷で李克用と戦い、唐側が敗北して李鈞が戦死したと伝える。史料A″の『唐末三朝見聞録』は、一二月一九日に崔季康が岢嵐軍に向かい、一方で李鈞は本道の兵馬を率いて代州に至ったところで軍変に遭い、代州の百姓の殺戮にあって殆ど殺され、李鈞は捉えられたとする。これらを考え合わせると、史料A′の『通鑑』は、『唐末三朝見聞録』の詳細な情報を、『旧唐書』が示す話の流れに合致するよう書き換えたものであろう。この他、『新唐書』巻九、僖宗本紀、乾符五年一二月条（二六八頁）にも記録が残されているが、内容からすると『旧唐書』の記事を短くしているに過ぎない。

また、『旧唐書』巻一五八、鄭従讜伝（四一七一頁）では李鈞の戦死を二年ずらして広明元年（八八〇）としているため、史料Bの『実録』はこれを引き継ぐと考えられる。

史料Cの薛居正『旧五代史』（三三四頁）は、乾符六年（八七九）春として詳しい情報を残し、文章の構成も『旧唐書』や『通鑑』とは異なる。武皇紀の一節であるため、『後唐太祖紀年録』に基づくものである。『新唐書』沙陀伝（六一五七頁）にも簡略化された同内容の記事があり、同系統の史料である。この史料は、前後二つの部分に分かれており、前半は史料Dの墓誌の記載に、後半は史料Aなどの記録に対応している。すなわち、前半部分の乾符五年の冬に党項と戦って窮した李国昌を李克用が迎えにいき、雲州に帰ろうとしたが城に入ることができず、そこで雲・朔の地を略して三千人を得て神武川の新城に駐屯した、とする部分（傍線部）は、史料Dに見える「李克用が雲州に向かい、地を略して帰って行った……（墓主は）追撃を命じ、その私荘に至った」という部分に対応すると考えられる。定襄の神武川は、李克用の祖父である朱邪執宜以来、沙陀の朱邪氏が保っていた場所で、神武川の新城は李克用の生誕地である。

後半は、乾符六年（八七九）春、克用は遮虜城で李鈞と対戦し、李鈞は敗れて代州に戻り、そこで流矢に当たって死んだ、とする（傍線部）。この部分は、史料A の記録に対応する。遮虜城は洪谷の東北に位置し、岢嵐軍↓洪谷↓遮虜軍↓朔州という道筋に位置し、一〇里程度の至近距離である[38]。

ところで、史料C の前半部分には、上述の記事の直後に墓誌と相反する記載が出てくる（傍線部）。つまり、雲州に入ろうとして果たせずに新城に籠もる所までは一致するが、その後の展開では、史料C が李克用兄弟の活躍によって危機が回避されたとするのに対し、史料D の墓誌では、墓主の活躍によって李克用は叢弧（弓の一斉射撃）によって胸を射抜かれて死亡したと述べるのである。さらに克用は、墓主によって「輿尸」されて沙陀族の目前に死体を晒され、沙陀側は大混乱に陥り、影武者を立て李克用が生きているふりを装ったという。

「支謨墓誌銘」では、支謨は李克用を殺害したという立場をとる。墓誌中に見える記録では、沙陀は李克用生存説を主張し、沙陀と内通している朝廷側の高官を使って信用させようと躍起になっている。そして、支謨側は朝廷に対して「李克用は死んでおります」と主張するが、結局聞き入れてもらえずに、ついに沙陀側の人物とおぼしき任遵暮が入朝し、李克用は生きていると偽の証言をしたために、そういうことになってしまった、とする。この違いは大きい。墓誌は、なぜこのように記しているのであろうか。

ここで注目したいのは、各種史料はこの事件について、李鈞の生死を中心にした記録しか残しておらず、またもや張昭遠の執筆に係る『旧唐書』と、張昭遠が残した史料に基づいて書かれた『旧五代史』において、李鈞死亡の年次と経緯について複数の説が示され、事件の輪郭が曖昧になっていることである。もし、ここでも非沙陀系史料である『唐末三朝見聞録』の記録が信用できるとすれば、李鈞は乾符五年（八七八）一二月に死亡しており、沙陀との戦闘とは直接の関係はない。ここでことさらに李鈞のみに注目し、記録の混乱を起こしているとすれば、この部分に、『旧唐書』の編纂者にとって隠すべき事実が存在していたと考えても、あながち穿ちすぎではあるまい。

しかし、李克用はその後も生きて活躍しているのであるから、この時に支謨によって殺害されたはずはない。とすると、三つの可能性が考えられる。即ち、(1)支謨が殺害したと主張したものが初めから影武者だった、(2)これ以降活躍する李克用は偽物である、(3)本墓誌はあくまで支謨の功績をたたえるものであるため、李克用を倒したという功績を誇張するあまり、そもそも墓誌が嘘を記している、というものである。これらの史料だけでは確定が困難であるため、現段階では、朝廷において李克用の生死を巡る疑惑が生じるほどの沙陀にとって危機的な事態が生じ、沙陀が何らかの方法でこの危機を切り抜けたものと考えておきたい。しかし、沙陀系史料においては、まさに墓誌が問題の記述をしている場面で、沙陀側に不都合な事実を削除し、書き換えている可能性は高いのである。沙陀による編纂史料は、こういった記述を排除しつつ、李克用の活躍を強調する。このような事例は、沙陀による史料書き換えの有様を改めて示すものと考えられよう。

（四）吐谷渾・唐朝・沙陀、そして隣鎮との関係

沙陀が勢力を伸ばした唐末の代北地区には、多数の遊牧民が居住していた。唐の極末期になると、これらの遊牧民は李克用を首領とする沙陀の下に鳩合されていくが、乾符年間には、李克用はまだこれらの遊牧民を支配下に置いていない。次に記す墓誌や『通鑑』の記載を見ると、代北地区の遊牧民のみならず、沙陀三部落さえも掌握していなか

ったと考えられる。

・「支謨墓誌」第三二行〔傍線部ⓓ〕

赫連鐸の弟兄を激勧し、其の礼秩を優とし、厚く吐谷渾部落を撫し、彼を腹心に寘《おさ》む。孤軍浸く安らぎ、隣鎮は皆な協《あわせ》る。

唐王朝側が、当時の代北地域で力を持っていた吐谷渾を味方に付けていたことは、編纂史料にも記録が見られる。例えば、『通鑑』巻二五三、乾符五年一〇月条〔八二〇九頁〕には、

冬、十月、昭義節度使李鈞・幽州節度使李可挙と吐谷渾酋長赫連鐸・白義誠、沙陀酋長、安慶、薩葛酋長米海万に詔して、兵を合して李国昌父子を蔚州に討たしむ。

とみえ、墓誌に書かれた頃に、吐谷渾や沙陀三部落を動員して李国昌・李克用父子を討伐していたという。

この討伐に関する各史料の記事にも混乱がみられる。『旧唐書』では『通鑑』の記事と同じ文が乾符四年（八七七）一〇月条に掛けられ〔七〇〇頁〕、『旧五代史』巻二三〔三三四頁〕では乾符五年とし、『新五代史』巻四〔三二頁〕では時期が明示されていない。これも李克用の活動開始時期に関する史料混乱のひとつで、『通鑑』と墓誌の記載によって、時期を確定すべきである。いずれの史料も、吐谷渾の協力が唐朝にとって不可欠であったことでは一致している。（三）でみた史料Cでは、神武川の新城におしよせた軍を「吐渾」と記していることからすると、あるいは支謨の管制下にあった軍が、特に吐谷渾との関係が深かったのかもしれない。

また、墓誌には乾符五年（八七八）に李克用を討伐した際には、「（墓主は）南は常山（成徳軍節度使）と結び、東は燕薊（幽州の盧龍節度使）と通じ」〔傍線部Ⅳ〕たとも述べる。現存の史料では、成徳軍節度使は当該時期の沙陀討伐には関係していないが、何らかの関わりを持った可能性もある。

（五）　三軍九姓の士

・「支謨墓誌」第三八―三九行〔傍線部(e)〕

是に於いて、三軍九姓の士、闇に排びて雲集し、面を仆《ふ》して拊膺して云へらく「国昌父子、当軍の勤王にして、渠《かれ》をして其の志を得ざら俾《し》むを怨む。今、朝廷、已に赤子を将て犲虎に委ぬ。常侍、寧ぞ我輩の性命を弃て、一官の寵栄を徇《もと》むるを忍びんや」と。公、憫みて之を諭し、信宿して方《はじ》めて解けんとするも、居ること数日にして、籌策を反覆し、其の適き帰らんことを求む。

墓誌の記述は、墓主が雲蔚朔三州節度使から司農卿に転じ、大同から離れようとした時のことである。「三軍九姓之士」が蝟集して墓主を引き留めようとしており、墓主の説得で唐側についている。ここで問題となるのは「三軍九姓の士」についてである。

「三軍」とは全軍を意味しており、この場合、具体的には節度使の全軍を指すと考えられる。「九姓」とは、様々な解釈が可能な語であるが、この場合は、直前の「三」に対応する数として使われている可能性が高く、三軍の中に存在する様々な民族出身の兵士と考えられる。無論こういった解釈だけではなく、唐代における「九姓」であれば、昭武九姓や九姓鉄勒である可能性もある。しかし、墓誌において一語だけ出てくる「九姓」のみでは語の意味を確定するのは困難なため、可能性を指摘するに留め、判断を保留したい。

墓誌の記載からは、この時期の節度使配下には多数の民族が包含されていたことが改めて示されたといえよう。一方で、節度使配下だけではなく、節度使自身も様々な民族出身者がいたと考えられることに注意したい。墓誌に、墓主を抜擢する伯楽の役割を果たしたと記される乾符五年（八七八）当時の河東節度使であった曹翔〔傍線部(Ⅲ)〕や、乾符六年（八七九）から広明元年（八八〇）にかけて河東節度使であった康伝圭[39]は、ソグド姓を称している。また、墓主自身も月支の後裔なのである。誌文中にも、墓主の死亡を伝える記事に続けて、「河右の羌胡、校尉の柩に剺面す」（傍線部Ⅵ）と見え、顔面を傷つけて哀しみを表現する中央アジア伝来の風習が身近なものであったことを示唆している。当時の河東から代北にかけての地域は、沙陀側だけではなく唐側も含めた双方に、多数の遊牧系・ソグド系の集団が存在する状況であったと考えられよう。

おわりに

九世紀から一〇世紀にかけてのテュルク系沙陀族王朝を含む五代王朝の成立については、史料の僅少さと根本史料の混乱のため、研究が手薄なまま取り残されてきた。本章では、新出の「支謨墓誌銘」を用い、墓主と沙陀突厥の関係を検討し、従来知られていた漢籍史料の再整理を行うと共に、唐末の東アジアにおける沙陀勃興の歴史の復原を試み、以下の点を指摘した。

第一節では、墓誌銘の釈文を作成して史料の概況を紹介すると共に、墓主支謨の出身について考察した。墓主支謨は、後趙支雄の流れを汲むと自称する月支族の子孫である。しかし、墓誌中においては特に月支であることを記してはおらず、経済官僚としての職歴を積み、度支系統の官を昇遷していった経済官僚である。唐末の沙陀の叛乱は、唐朝の北辺財務体制を揺るがす大事件であったために、財務の専門家である墓主が沙陀に関わることになったと考えられる。

第二節では、沙陀の勢力伸長過程に関わる史料の混乱を整理した。その結果、沙陀にまつわる史料の混乱が、主に当時の政治的に重要な問題に限って生じていることを指摘した。特に、沙陀と唐王朝との間に起こった重要事件である、沙陀の李克用による唐王朝に対する叛乱が、各種史料の混乱にかかわらず、乾符五年（八七八）に起こった事実を文献学的に考証した。この事実に関する各史料の継承関係を検討する中で、沙陀勃興過程に関する史料に対して、五代の沙陀系王朝期、とりわけ後唐の明宗時期に、集中して複数の書き換えが施され、それが宋代の史料に継承されてきたことを指摘した。沙陀突厥は、五代の沙陀系王朝期の史料編纂を通して自らの歴史を意図的に作り上げ、後世の史料は、それを認識しないまま沙陀の手による記録を受け継いできた可能性も存在する。また、編纂時期が最も早いために通常ならば大きな重要性を認められて然るべき『旧唐書』の沙陀関係史料が、後唐期に書き換えられた官撰史料と同一系統に属しており、沙陀側の観点によって書かれた史料であることを明らかにし、史料の性格に対する問題提起を行った。一方、『通鑑』の編纂に当たっては、五代期に編纂された沙陀の残した史料ではなく、沙陀側の編纂を経ていない別系統の一次史料に依拠している可能性が高いことを指摘した。今後は、本章の論証結果に基づき、各史料の位置づけや文脈を捉え直すことが課題となろう。

ついで第三節では、上記の検討結果をふまえて、沙陀突厥史の復原を試みた。まず、墓主および唐末北辺財政と沙陀の李克用との関係を明らかにし、唐末の沙陀勃興の契機となる叛乱が、唐王朝の財務体制を支える水陸発運の要地の奪取を目的として起こされたことを指摘した。これによって、沙陀突厥は、当初から水運と陸運のもたらす利益を認識していたこと、そして武力と経済力を兼ね備えた新たな政権の樹立を目指していたことを、より具体的に理解することが可能となろう。五代沙陀系王朝の成立基盤という点からも、新たに考究しうる材料が提供されたと言える。

最後に、「支謨墓誌銘」に残された記録と現存する編纂史料を用いて、唐末沙陀史の具体的な様相を明らかにし、次の点を指摘した。すなわち、李克用が率いた部衆として登場する塩泊川の万戸は、沙陀とソグド人を中心とする集団であり、羈縻州と関係がある可能性がある。また、乾符五年の叛乱の時期の沙陀の勢力範囲については、編纂史料とは異なっており、唐は太原周辺しか保持しておらず、危機は編纂史料から窺えるよりも大きかったと考えられる。沙陀と唐の戦闘の経緯については、現存する編纂史料は李鈞に注目した残り方をしている。しかし、墓誌では李克用の負傷と生死不明の事態というより深刻な状態を伝えている。現存する編纂史料には複雑な操作が加えられており、沙陀に都合の悪い史料が削除された可能性も存在しており、沙陀側による史料書き換えのあり方を改めて示唆するものといえる。また、沙陀集団には多数のソグド系の勢力が入り込んでいたと考えられるが、この時期、唐王朝側にも多数の遊牧系の集団が取り込まれていた。河東節度使もまたソグド系の人物が含まれており、月支である墓主も含めて、双方に遊牧系・ソグド系が存在する状態だったと考えられる。

この時期の中央ユーラシア東部には、東から、大興安嶺方面の遼・契丹、そして山西省北部の沙陀・ソグド系の諸王朝、オルドスの西夏王国、さらには河西回廊方面の甘州ウイグル王国に至るまで、よく似たタイプの遊牧系諸王朝が帯状に連なっており、この時期に多数の征服王朝に分類できる王朝が成立したことが、森安孝夫氏によって指摘されている。また、石見清裕氏は、漢代から唐代にかけての当該地域における民族状況を分析して、北アジアに由来する遊牧勢力が、農業遊牧境域地帯に蓄積され、中原地方に進出する歴史的な構図を描いた。そういった意味において、沙陀系諸王朝の成立は、北魏や唐王朝の成立とも比肩しうる、東アジアの大事件であった。また、唐から宋に至る中国史の転換期を形作った王朝としても、極めて重要である。

沙陀は自らの歴史を自らの手で書き残したものの、その過程で、従来想定されていた以上に、沙陀にとって都合のよいように大幅に書き換えているのである。それ故、ここで扱った墓誌のように、沙陀による書き換えが行われていない史料こそ、沙陀および五代の歴史を復元するための重要な手がかりとなりえよう。本章で明らかにされた事実をふまえつつ、沙陀系王朝成立の構造的背景を探ることを、今後の課題としたい。

注

（1）沙陀に関する先行研究については、本書第一章を参照。本章では、論旨に直接関係のあるものを引用するにとどめる。

（2）森部豊・石見清裕「唐末沙陀李克用墓誌銘訳註・考察」『内陸アジア言語の研究』一八号、二〇〇三年、一七―一八頁。

（3）『旧五代史』は最新の研究成果に基づく新たな校訂本が二種類出版された。しかし、本章に関係する部分に関しては、大きな変更は見られない。陳尚君輯纂『旧五代史　新輯会証』復旦大学出版社、二〇〇五年。『旧五代史』点校本二十四史修訂本、中華書局、二〇一六年。

（4）森部豊「唐末五代の代北におけるソグド系突厥と沙陀」『東洋史研究』第六二巻第四号、二〇〇四年、六〇―九三頁（『ソグド人の東方活動と東ユーラシア世界の歴史的展開』関西大学出版部、二〇一〇年、一八三―二〇九頁に再録）。

（5）「唐代支謨及其家族墓誌研究」『洛陽大学学報』二〇〇六年第一期、一―一一頁（のちに趙振華『洛陽古代銘刻文献研究』三秦出版社、二〇〇九年、五〇四―五一六頁に再録）。

（6）釈文は、拓本を元に新たに作成した。最終的な釈文の確定には、北京大学・栄新江教授のご指導を賜った。

（7）桑原隲蔵「隋唐時代に支那に来往した西域人に就いて」『桑原隲蔵全集』第二巻、一九六八年、三四七頁（一九二六年初出）。張星烺『中西交通史料匯篇』第五冊、輔仁大学、一九三〇年、二四四―二四七頁。姚薇元『北朝胡姓考』科学出版社、一九五八年、三七八頁。共に、月支胡の子孫の例として、王世充を挙げる。隋唐以降の支氏については、馬小鶴・柏暁斌「隋唐時代洛陽華化月支胡初探」『中国文化研究集刊』第三輯、一九八六年、一四四―一六〇頁（馬小鶴『摩尼教与古代西域史研究』（西域歴史語言研究叢書）、二〇〇八年、三二三―三三七頁に再録）、栄新江「小月氏考」『中亜学刊』第三輯、一九九〇年、四七―六二頁参照。

（8）**表四**①の「支光墓誌」に、「其先琅邪人。後趙司空始安郡公曰雄七世孫也。永嘉之乱、衣冠違難、鱗萃江表、時則支氏浮

江南遷、其後派別脈分、因呉郡属邑曰嘉禾里。」とみえる。③の「支叔向墓誌」には、「其先琅邪人、居雲陽、晋末崩離、遁累葉於江表、後趙司空雄、正其来孫。」という。

（9）南宋の鄧名世『古今姓氏書弁証』巻三には、「〔支〕其先月支胡人、後為胡氏。石勒十八騎中有支屈六。唐有感化軍節度使支祥（「支祥」は、「支詳」の誤り）。宋有蘇州呉県人支詠」〔三八頁〕とみえ、同じく南宋の鄭樵『通志』氏族略二にも「石趙司空支雄伝云、其先月支胡也。実西域之国。」〔七四頁〕とみえる。

（10）前掲注（7）馬小鶴・柏暁斌論文、一五三―一五五頁。

（11）前掲注（7）馬小鶴・柏暁斌論文、一五二―一五三頁。

（12）支謨が咸通三年に司農寺丞・兼専知延資庫官事の官にあったことは、支謨の撰にかかる姉の「支煉師墓誌銘」に、墓誌の撰者として「希弟朝議郎権知司農寺丞度支延資庫給官謨纂」と見えることから確定できる（表四⑦）。さらに太府少卿・知度支左蔵庫出納官であった時期も、「支訢妻鄭氏墓誌銘」（表四⑧）に同官が見えることから、この時期である。これらの職は、いずれも度支系統の職と考えられる。

（13）注（12）参照。

（14）墓誌の訳註は本書第七章を参照。

（15）方積六『黄巣起義考』中国社会科学出版社、一九八三年、一―一七頁。方氏は濮州陥落の時期を五月か六月とされる。

（16）『五代会要』巻一八、脩国史、二三一頁。同巻、史館雑録、長興四年（九三三）条に途中経過報告の上奏がある。

（17）神田信夫・山根幸夫編『中国史籍解題辞典』燎原書店、一九八九年、六四頁。

（18）『東都事略』巻三〇、張昭伝、宋史資料萃編第一輯、文海出版社、四八七―四八八頁。

（19）『五代会要』巻一八、前代史、二二八―二三一頁。『冊府元亀』巻五五七、国史部採撰門、一五七七―一五七九頁に、上奏文の原文がある。『冊府元亀』の本巻は、明本と宋本で排列が異なる。

（20）韋保衡や裴贄が実録を編纂したという記事は、五代に入ってから記されたもので、唐代の史料には見えない。

（21）『宋史』巻二九一、宋敏求伝〔九七三六頁〕に「補唐武宗以下六世実録百四十八巻」と見える。

(22) 撰者は姓名を房凝と記す〔傍線部(ii)〕。『新唐書』巻七一下、宰相世系表房氏の条、二三九八頁に、房玄齢の六世孫として凝の名が見える。年代にも矛盾はないので、この人物の可能性もある。
(23) 森部・石見前掲注（2）論文、四〇―四六頁。
(24) 『新唐書』巻二一八、沙陀伝、六一五六頁。
(25) 本書で使う「北辺」の概念は、丸橋充拓氏の設定する概念に依拠する。すなわち、「国家財政により扶養される辺防軍の展開地域」で、行政区画で示せば、関内道および河東道（特にその中北部）を指す。丸橋充拓『唐代北辺財政の研究』岩波書店、二〇〇六年、三―五頁。
(26) 岡崎精郎『タングート古代史研究』東洋史研究会、一九七五年。周偉洲『早期党項史研究』中国社会科学出版社、二〇〇四年。
(27) 石見清裕『唐の北方問題と国際秩序』汲古書院、一九九八年、五二三―五二六頁。妹尾達彦『長安の都市計画』講談社選書メチエ、二〇〇一年、三〇―三四頁。森安孝夫『シルクロードと唐帝国』講談社、二〇〇七年、六一頁。
(28) 丸橋前掲注（25）書、一八―二四頁。
(29) 本書第二章参照。
(30) 『通鑑』巻二五三、乾符五年二月条、八一九八頁。
(31) 『通鑑』巻二五三、乾符五年夏四月条、八二九二頁。
(32) 本墓誌は度支司の機構変遷を示す絶好の史料でもある。左蔵庫と延資庫（中央財庫）が両方とも度支の管轄下に入っていることを示している。本書第七章の附論「度支延資庫について」を参照。
(33) 前掲森部注（4）論文、八一―八七頁。樊文礼『唐末五代的代北集団』中国文聯出版社、二〇〇〇年、四二―四九頁。
(34) 本書第二章第一節参照。
(35) 大庭脩「敦煌発見の張君義文書について」『ビブリア』二〇号、一九六一年、四頁。
(36) 『新唐書』巻四三下、羈縻州、隴右道、突厥条、「塩泊州都督府以胡禄屋闕部置。（中略）金満州都督府永徽五年以処月部

落置為州、隷輪台。龍朔二年、為府。（中略）沙陀州都督府。（中略）右隷北庭都護府」〔一一三〇頁〕。金満州都督は、通例として沙陀氏が担っていた。

(37) 本書第二章第二節第三項参照。契苾部は唐初に河西回廊の涼州・甘州の間に安置されて羈縻州である賀蘭州が置かれたが、唐末には賀蘭府の名を残しながら代北地域に移動した。後晋の代州付近には、鶏田府部落があったが、もとはテュルク系部族の阿跌（Adiz）に置かれた羈縻州の名である。森部豊「後晋安万金・何氏夫妻墓誌銘および何君政墓誌銘」『内陸アジア言語の研究』一六号、二〇〇一年、一―六九頁参照。

(38) 厳耕望『唐代交通図考』第五巻、中央研究歴史語言研究所、一九八六年、一四〇七―一四〇八頁。

(39) この二人がソグド人と考えられることについては、福島恵「唐代的粟特人与〝東亜海〟交流」『中国史研究』第四六輯、二〇〇七年、六九―七二頁（『東部ユーラシアのソグド人』汲古書院、二〇一七年、三〇四―三一九頁に再録）参照。

附・沙陀関係史料年表

〔凡例〕

・本年表は、龐勛の乱（八六八―八六九）から李克用死去までの沙陀突厥の動向に関する事項を、『資治通鑑』・『旧唐書』・『新唐書』沙陀伝・『旧五代史』・『新五代史』・『新唐書』という六種の史料から抽出したものである。尚、『旧五代史』は、『旧五代史新輯会証』に拠った。

・**網掛け**は、史料の混乱が見られる部分である。

年次（西暦）	月次	資治通鑑	旧唐書	新唐書　沙陀伝	旧五代史	新五代史（五代史記）	新唐書
咸通9（868）	11	**【龐勛の乱】**（868～869）沙陀三部落使**朱邪赤心**および吐谷渾・達靼・契苾酋長、**康承君**の下でおのおのその衆を率いて討伐に従う。8130頁	**【龐勛の乱】**（868～869）				
	12		将軍**戴可師**、沙陀・吐渾二万人を率いて淮南で賊と転戦す。664頁				
咸通10（869）	月次不記					**康承君**、**龐勛**を徐州に討ち、**朱邪赤心**を太原行営招討沙陀三部落使とする。功によって、単于大都護・振武軍節度使に拝し、**李国昌**の姓名を賜い、属籍に附す。31頁	
	1		**康承君**・**朱邪赤心**ら一八将をして徐州を攻めしむ。665頁				
	2	**康承君**、**朱邪赤心**をして沙陀三部落を率いて前鋒とさせる。8140頁					

年次（西暦）	資治通鑑	旧唐書	新唐書　沙陀伝	旧五代史	新五代史（五代史記）	新唐書
9	**龐勛**、兵二万騎を率いて石山の西より出ず。**康承君**、**朱邪赤心**をして数千騎を率いて前鋒とする。 8149頁					
10	**康承君**を河東節度使とする。雲州に大同軍を置き**朱邪赤心**を節度使とする。**李国昌**の姓名を賜う。 8150頁					
咸通11（870） 1		河東行営沙陀三部落羌渾諸部招討使・検校太子賓客・監察御史**李国昌**を検校工部尚書・単于大都護・振武節度使・麟勝等州観察等使とし、**李国昌**の姓名を賜う。 674—675頁				
咸通12（871）						
咸通13（872） 不記月					**李国昌**を雲州刺史・大同防御使に移さんとするも、病と称して命を拒む。 31頁 **李克用**、雲州守捉使たり。大同軍防禦使**段文楚**を殺害し雲州に拠る。盧簡方を振武節度使とするも、嵐州に至 32頁	

年次（西暦）	12	咸通14（873）月次不記	3	乾符1（874）月次不記	3
資治通鑑	振武節度使李国昌、長史を専殺す。国昌を大同軍防禦使に徙さんとするも、疾と称して赴かず。 8165頁			この年、濮州の人王仙芝、衆数千を集めて長垣に起つ。 8174頁	
旧唐書	振武節度使李国昌を検校右僕射・雲州刺史・大同軍防禦使とせんとするも、赴かず。 681頁 この月、李国昌の子の李克用、雲中防禦使段文楚を殺害して雲州に拠り、防御留後を自称す。 681頁		盧簡方を大同軍防禦使とするも、嵐州に至って卒す。これより沙陀、代北諸軍鎮を侵掠す。 682頁		竇澣を河東節度管内観察処置等
新唐書　沙陀伝					
旧五代史					
新五代史（五代史記）	って薨ず。軍潰え、沙陀、代北を侵掠す。	李鈞を霊武節度使・宣慰沙陀六州三部落使とする。克用を大同軍防禦使とする。李国昌、党項を討ち、赫連鐸、振武を討つ。赫連鐸を大同軍使とし、李鈞を代北招討使として沙陀を討つ。 32頁			
新唐書		沙陀、代北を寇す。 263頁		濮州の賊王仙芝、曹・濮二州を陥れる。 265頁	

年次（西暦）		乾符2（875）		乾符3（876）
	11	6	7	不記月次
資治通鑑		**【王仙芝・黄巣の乱】**（875～884）**王仙芝**濮州・曹州を陥れ、冤句の人、**黄巣**、数千人を率いて**王仙芝**に応じる。 8180頁		
旧唐書	使とする。**李鈞**を霊武節度使とする。**李国昌**父子、大同・振武に拠り、吐渾・契苾・幽州諸道の軍、これを攻めるも不利。 692頁		**王仙芝**、河南一五州を剽掠し、その衆数万。 696頁	
新唐書　沙陀伝				**段文楚**を代北水陸発運・雲州防禦使とする。**文楚**、用度を削り、下は皆恨む。辺校**程懐信**・**王行審**・**蓋寓**・**李存璋**・**薛鉄山**・**康君立**ら曹議し、**李克用**を立てる。**克用**、士、万人を得、雲州に趣り、闘鶏台に次り、城中、**文楚**を執えて殺す。**克用**を大同防禦留後とすることを乞うも 6156頁
旧五代史				**段文楚**を代北水陸発運・雲州防禦使とする。**王行審**・**蓋寓**・**李存璋**・**薛鉄山**・**康君立**等、**李克用**を擁して雲州に入る。城中、**文楚**を械して出し、外に応ず。諸将、以開して**李克用**に旌鉞を授けんことを請うも許さず。諸道の兵を徴してこれを討つ。 632頁
新五代史（五代史記）				
新唐書				

年次（西暦）	月次	資治通鑑	旧唐書	新唐書　沙陀伝	旧五代史	新五代史（五代史記）	新唐書
				許されず。**黄巣**、河を渡り、朝廷、制する能わず、**李国昌**を大同軍防禦使とする。**李国昌**命を受けず。河東節度使**崔彦昭**・幽州**趙公素**に詔してこれを討たせるも、功無し。			
乾符4（877）	9						沙陀、雲・朔二州を寇す。 267頁
	10		昭義節度**李鈞**・幽州**李可挙**・吐渾**赫連鐸**・**白義誠**、沙陀・安慶・薩葛部落、兵を合して**李国昌**父子を蔚州に討つ。 700頁				
乾符5（878）	不記月次					沙陀、遮虜軍を陥れ岢嵐軍を破り、益々盛んになる。北は蔚・朔に拠り、南は忻・代・嵐・石・大谷を侵す。 32頁	
	1	襄陽の沙陀五百騎、荊門で賊に遇い、これを破る。 8195頁	河東節度使**竇澣**を罷め、**曹翔**を河東節度使とし、**支謨**を河東節度副使とする。 701頁		**黄巣**、江を渡り、その勢、滋蔓す。天子、その事を悟り、**李克用**を大同軍節度使・検校工部尚書とする。 635頁		
		雲州沙陀兵馬使**李尽忠**、大同防禦使兼水陸発運 8196頁					

年次（西暦）	資治通鑑	旧唐書	新唐書　沙陀伝	旧五代史	新五代史（五代史記）	新唐書
2	使**段文楚**を執えて獄に繋ぐ。 沙陀副兵馬使**李克用**、**段文楚**を殺害す。　8196頁 **李国昌**、**克用**を大同防禦使とするよう上奏する。司農卿**支詳**を大同軍宣慰使とし、太僕卿**盧簡方**を大同防禦使とする。　8198頁					雲州守捉使**李克用**、大同防禦使**段文楚**を殺害。　267頁
4	前大同軍防禦使**盧簡方**を以て振武節度使とし、**李国昌**を大同節度使とする。　8202頁					
5	**李国昌**、制書を得るも従わず。**盧簡方**、嵐州に至って薨る。　8206頁					
6	河東節度使**竇澣**を不才とし、前昭義節度使**曹翔**を以て河東節度使とする。沙陀、唐林・崞県を焚し、忻州に入る。　8208頁					
7	**曹翔**、晋陽に至り、義成・忠武・昭義・河陽の兵を発して晋陽に会し沙陀を禦ぐ。　8208頁					
8	**曹翔**、兵を率いて忻州を救う。　8208頁	沙陀、崞嵐軍を陥れ、**曹翔**、軍を率いて忻州に赴く。**翔**、中風　702頁				大同軍節度使**李国昌**、崞嵐軍を陥る。　268頁

年次（西暦）	資治通鑑	旧唐書	新唐書　沙陀伝	旧五代史	新五代史（五代史記）	新唐書
9	**曹翔**、卒す。	にて卒す。				
10	昭義節度使**李鈞**、幽州節度使**李可挙**・吐谷渾酋長**赫連鐸**・**白義誠**・沙陀酋長**安慶**・薩葛酋長**米海万**、兵を合して李克用父子を蔚州に討つ。 8208頁			冬、**李国昌**（**献祖**）、党項を討ち、吐谷渾の**赫連鐸**に振武を陥れられる。吐渾、退走し、沙陀の軍勢また振るう。天子、**赫連鐸**を大同軍節度使とする。 638頁		昭義軍節度使**李鈞**・盧龍軍節度使**李可挙**、**李国昌**を討つ。 268頁
11	岢嵐軍、沙陀に応ず。河東宣慰使**崔季康**を河東節度・代北行営招討使とする。 8208頁	**崔季康**を河東節度使・代北行営招討使とする。 702頁				河東宣慰使**崔季康**を河東節度・代北行営招討使とする。 268頁
12	**崔季康**および昭義節度使**李鈞**、**李克用**と洪谷に戦い、両鎮の兵破れ、**鈞**、戦死す。 8208頁	**崔季康**・**李鈞**、沙陀の**李克用**と洪谷に戦い、王師大敗し、**鈞**、卒す。 702頁				**崔季康**・**李鈞**、**李克用**と洪谷で戦い、敗績。 268頁
乾符6（879） 3	河東軍の士卒、乱をなし、**崔季康**、殺害される。**李侃**を河東節度使とする。 8212頁	**李蔚**を河東節度使とする。 703頁		春、昭義節度使**李鈞**を北面招討使とし、**李可挙**・**赫連鐸**と共に蔚州を攻める。**李国昌**・**克用**これを禦ぎ、**李鈞**、戦死す。 639頁		
5	勅して河東の軍士に銀を賜う。牙将**賀公雅**、乱をなす。節度使**李侃**、自ら出て慰諭し、定まる。 8214頁					

年次（西暦）	7	8	閏10	11	月次不記
広明1（880）					
資治通鑑	**李侃**、病と称す。 8216頁	**李蔚**を河東節度使に充てる。	**李蔚**、疾にて薨る。 8218頁	河東行軍司馬・雁門関已来制置使**康伝圭**を河東節度使とする。**康伝圭**、代州より晋陽に赴く。 8218頁	
旧唐書		**李蔚**を河東節度使・代北行営招討供軍等使に充てる。 705頁		河東行軍司馬・雁門代北制置等使・石嶺鎮北兵馬・代北軍等使**康伝圭**を河東節度使に充てる。 705頁	
新唐書　沙陀伝					**李琢**を蔚・朔招討都統とし、代州に屯せしむ。 6157頁 **克用**、**傅文達**をして蔚・朔の兵を調せしめんとするも、朔州刺史**高文集**、縛して以て**琢**に送る。**李琢**、進みて蔚州を攻め、**国昌**、敗れ、**克用**と宗族を挙げて韃靼に奔る。**黄巣**の潼関を攻めるや、河東監軍**陳景思**をして代北軍を発せしむ。**李友金**、興唐軍に屯し、薩葛首領**米海** 6158頁
旧五代史					春、天子、元帥**李琢**に命じて代州に屯せしむ。朔州刺史**高文集**・薩葛・安慶等部将**傅文達**を縛して**李琢**に送る。**李国昌**、**李琢**と戦って不利、族を率いて達靼に奔る。 640頁
新五代史（五代史記）					元年、招討使**李琢**、幽州**李可挙**、雲州**赫連鐸**と沙陀を討つ。その叔父の**李友金**、蔚・朔を以て**琢**に降り、**克用**これを聞いて還る。**李可挙**・**李琢**、沙陀を破り、**克用**父子、達靼に入る。 32頁
新唐書		**李蔚**を河東節度使とする。 269頁		河東節度使**康伝圭**を代北行営招討使とする。 269頁	

年次（西暦）	資治通鑑	旧唐書	新唐書　沙陀伝	旧五代史	新五代史（五代史記）	新唐書
			万・安慶都督**史敬存**は感義軍に屯し、**克用**は塞下に客たりて、衆数千、属する所無し。**陳景思**、天子の西するを聞き、**友金**と衆五千を料して絳に至る。代州に帰り、士三万を得るも制する能わず。**克用**を許し、詔して代州刺史・忻代兵馬留後として賊を討たしむ。**克用**、達靼の士万人を募り、代州に赴き、太原に至る。河東節度使**鄭従讜**、石嶺関を塞ぎ、**克用**、進むを得ず、大略して代州に帰る。			
1	沙陀、雁門関より入り、忻・代を寇す。　8220頁	沙陀部落、雁門関を超え、忻州に逼る。　705頁				
2	沙陀二万人、晋陽に迫る。河東軍乱、乱兵西明門より入り**康伝圭**を殺す。　8220頁	沙陀、太原に逼り、大谷を陥れる。　705頁				沙陀、忻・代二州を寇す。河東軍乱、節度使**康伝圭**を殺す。**鄭従讜**を河東節度使・代北行営　269頁
		河東軍、乱し、**康伝圭**を殺す。この月、**鄭従讜**を河東節度使に　706頁				

年次（西暦）	資治通鑑	旧唐書	新唐書　沙陀伝	旧五代史	新五代史（五代史記）	新唐書
3	**鄭従讜**を河東節度使とする。 8222頁	充てる。				招討使とする。
5	**李琢**、沙陀二千来降せしを奏す。**琢**、兵万人を率いて代州に屯し、盧龍節度使**李可挙**・吐谷渾都督**赫連鐸**と共に沙陀を討つ。**高文集**・沙陀酋長**李友金**・薩葛都督**米海万**・安慶都督**史敬存**、**琢**に降る。 8226頁					
6		代北行営招討使**李琢**・幽州節度使**李可挙**・吐渾首領**赫連鐸**等の軍、**李克用**を雲州に討つ。時に**傅文達**は蔚州を守り、**高文集**は朔州を守る。吐渾**赫連鐸**、**高文集**を説きて帰国せしめ、**文集**と沙陀首領**李友金**・薩葛都督**米海万**・安慶都督**史敬存**、**李琢**に降る。 707頁				
7	**李可挙**、行軍司馬**韓玄紹**をして李克用を薬児嶺に邀えしめ、大破する。**李琢**・**赫連鐸**、 8231頁	**李友金**ら**琢**に降り、**克用**これを聞いて来援せんとするも、**李可挙**これを追い、薬児嶺において 707頁				**李可挙**、**李国昌**と薬児嶺で戦い、破る。 270頁

年次（西暦）	中和1（881）12	中和1（881）不記月次
資治通鑑	**李国昌**を蔚州に破る。部衆みな潰え、**李国昌・克用**および宗族、**達靼**に入る。**赫連鐸**を雲州刺史・大同軍防禦使に、吐谷渾**白義誠**を蔚州刺史に、薩葛**米海万**を朔州刺史とする。	河東節度使**鄭従讜**を行営招討使とし、黄巣鎮圧のため、沙陀酋長李友金・薩葛・安慶・吐谷渾諸部落を率いて京師に向かわせる。**李友金**・ 8248頁 8246頁
旧唐書	可挙に大敗す。**李琢**・赫連鐸、**蔚州**を撃破し、**克用**の部下、皆潰え、**李国昌**及び兄弟と共に達靼に入る。吐渾**赫連鐸**を雲州刺史・大同軍防禦使に、吐渾**白義誠**を蔚州刺史に、薩葛**米海万**を朔州刺史とする。	代北北面行営都監押**陳景思**、沙陀・薩葛・安慶等三部落と吐渾の衆三万を率いて関中に赴かんとし、絳州に次る。沙陀首領**翟稽**、絳州を掠し 710頁
新唐書　沙陀伝		
旧五代史	**李友金**ら、沙陀諸部五千を率いて京師に向かう。 642頁	**李友金・瞿稹**ら、代北に還って兵を募るも、制御できず。**李友金**、五百騎を発し達靼に詔をもたらし、**李克用**を迎える。**李克用**、達靼諸部万人を 642頁
新五代史（五代史記）		代北起軍使**陳景思**、**沙陀**・**吐渾**・**安慶**らを発して京師に向かうも、沙陀は絳州に至って軍乱を起こし、大掠して還る。**李克用**を達靼より迎え、代州刺史・雁門以北行営節度使となす。**李克用**、太原を大掠して還る。 33頁
新唐書		

年次（西暦）	中和2（882）					
	2	3	4	5	6	月次不記
資治通鑑	絳州刺史**瞿稹**、代北で兵を募るために引き返す。兵を募り、三万人を得るも制御できず、達靼から**李克用**を迎える。			**李克用**、詔を奉じて**黄巣**を討つとして晋陽に至る。**李克用**、晋陽において居民を剽略し、**鄭従讜**、振武節度使**契苾璋**に救援を求める。 8251頁	**李克用**、大雨に遇って北還し、代州に居を定める。 8253頁	
旧唐書	て還る。**景思**、用うべからざるを知り、行在に至り、**李克用**父子を赦すを請う。	**陳景思**、詔をもたらして達靼に至り、**李克用**を召して蔚州に屯せしむ。**克用**、雁門以北の軍鎮を掠す。 710頁	前大同防禦使**李克用**を以て検校工部尚書兼代州刺史・雁門已北行営兵馬節度等使とする。 710頁	**李克用**、代州に赴き、蕃漢の兵を率いて太原に至る。沙陀、太原を大掠し、**鄭従讜**、振武の**契苾璋**に救援を求める。沙陀、敗走す。この日、大風・大雨。 710頁	沙陀、退いて代州に還る。 710頁	
新唐書　沙陀伝						蔚州刺史**蘇祐**、**赫連鐸**と会して代州を攻め、**克用**、騎五百 6158頁
旧五代史	率いて雁門に趨る。			兵二万を整え、京師に向かう。太原城下で大雨に遭い、雁門に還る。 644頁		
新五代史（五代史記）						
新唐書				**李克用**、太原を寇し、振武節度使**契苾璋**、これを破る。 272頁	李克用、忻・代二州を陥れる。 272頁	

年次（西暦）	資治通鑑	旧唐書	新唐書　沙陀伝	旧五代史	新五代史（五代史記）	新唐書
			を率いて先に蔚州を討つ。**克用**、蔚州に入り、府庫を焼き、雁門に屯す。**李国昌**、達靼より兵を率いて代州に帰る。**克用**に詔して軍を朔州に還らしむ。義武節度使王**処存**・河中節度使**王重栄**、詔を伝えて**克用**を招き、共に**黄巣**を討たんとす。			
2	**李克用**、蔚州を寇す。8263頁					
3	振武節度使**契苾璋**、天徳・大同と共に**克用**を討つことを上奏す。8263頁	前蔚州刺史**蘇祐**、沙陀に破られ、鎮州に投じ、王**景崇**に殺される。712頁				
4	**赫連鐸**・**李可挙**、**李克用**と戦い、利あらず。8264頁					
8				**李国昌**、達靼より代州に帰る。645頁		
9	**李国昌**、達靼から代州に移る。**李克用**、しばしば降らんことを請う。墨勅をもって**李克用**を召し、**黄巣**を討たしむ。8276頁					
10				**李克用**、忻・代・蔚・朔・達靼の兵を率いて京師に赴かんとし、**鄭従讜**を討つ。**李克用**、南去す。645頁		

年次（西暦）	11	12	1	2	3	4
			中和3（883）			
資治通鑑	**李克用**、沙陀万七千を率いて河中に至る。 8277頁	**李克用を雁門節度使となす。** **李克用**、兵四万を率いて河中に至り、南山寺の僧を殺す。 8283頁	**李克用**、**黄揆**を破る。 8287頁	**李克用**、軍を乾阬に進め、大戦して**黄巣**の軍を破る。**黄巣**、華州に拠る。**李克用**、華州を囲む。 8288頁	**李克用**等、華州を抜き、**黄揆**は城を棄てて逃げる。 8291頁	**李克用**等、光泰門より京師に入る。 8293頁
旧唐書	沙陀**李克用**、監軍**陳景思**、部落の衆一万七千を率いて嵐石州から河中に赴く。 713頁		雁門節度使・検校工部尚書**李克用**、河中に至る。沙陀軍、沙苑の乾阬に屯す。 714頁	沙陀、華州を攻める。**李克用**を検校尚書左僕射・忻代雲蔚等州観察処置等使とする。 714頁	沙陀軍、**趙章**・**尚譲**と戦い、賊軍大敗す。 714頁	沙陀・忠武・義成・義武等の軍、 714頁
新唐書　沙陀伝						
旧五代史		**李克用**、河中に至る。 646頁	**李国昌、薨る。** 626頁	**李克用**、乾阬店に営し、**黄巣**を大破す。 646頁	**李克用**、華州を抜く。**雁門節度使・検校尚書左僕射を授けらる。** 647頁	
新五代史（五代史記）	**陳景思**・**李克用**、沙陀万七千を率いて河中に至る。 33頁		河中を出て乾阬に屯す。 33頁		**李克用**、賊を破り長安に入る。京師平らぎ、**李克用**の勲功第一。**李克用**を検校司空・同中書門下平章事・河東節度使に拝し、**李国昌**を雁門以北行営節度使とする。 33頁	
新唐書			雁門節度使**李克用**を京城東北面行営頭統とする。 274頁		**李克用**、黄巣を零口に破る。 274頁	

年次（西暦）	資治通鑑	旧唐書	新唐書　沙陀伝	旧五代史	新五代史（五代史記）	新唐書
5	**李克用**に同平章事を加える。**黄巣**を破り、長安を回復し、功績第一。 8295頁	長安に趨る。**李克用**、勝ちに乗じて追う。雁門已北行営節度・忻代蔚朔等州観察処置等使・検校左僕射・代州刺史**李克用**に検校司空・同平章事・太原尹、河東節度・管内観察処置等使を加える。 716頁				
6	**李克用**、雁門に帰還する。ついで**克用**を河東節度使とする。**鄭従讜**を行在に至らしむ。 8297頁					
7				**李克用**、金紫光禄大夫・検校左僕射・河東節度使を授けらる。 649頁		
8	**李克用**、晋陽に至る。**李国昌**を代北節度使とし、代州に鎮す。 8298頁	**李克用**、太原に赴く。前振武節度・検校司空・兼単于都護・御史大夫李国昌を検校司徒・代州刺史・雁門已北行営節度・蔚朔等州観察等使とする。 717頁		**李克用**、雁門より河東に赴く。 651頁		
10	**李克用**、**李克修**を遣わして昭義を討ち、潞州を取る 8299頁	**李国昌**、卒す。 717頁			**李国昌**、卒す。 33頁	**李克用**、潞州を陥れ、刺史**李殷鋭**、死す。 275頁
11				潞州を平らげ、弟の**李克脩**を昭 651頁	**李克脩**、昭義の**孟方立**を攻め、 33頁	

年次（西暦）	月次	資治通鑑	旧唐書	新唐書 沙陀伝	旧五代史	新五代史（五代史記）	新唐書
	12		河東の**李克用**に詔して陳・許に赴かしむ。 717頁		義節度使とする。**黄巣**の兵勢なお強く、**朱温**・**時溥**ら、**李克用**に協力を請う。 651頁	沢・潞を取る。	
中和4（884）	不記			**克用**、河東・代北の兵を率い、徐・汴の兵を合して**尚讓**を太康に破る。汴を過ぎり、**朱全忠**、これを迎え、上源館に入る。夜、帳に飲み、**全忠**、館を襲う。**李克用**を隴西郡王に封じる。 6159頁	春、**李克用**、五万の兵を率い、河中で渡河して南に向かう。 652頁		
	1	**黄巣**の兵なお強く、**時溥**・**朱全忠**ら、救援を李克用に求む。 8301頁					
	2	**李克用**、河中で黄河を渡って東に向かう。 8302頁	**李克用**、師を出して陳・許に赴こうとするも、河陽節度使**諸葛爽**、これをはばむ。 718頁				
	3		**李克用**、河中で渡河して洛陽に向かう。 718頁				
	4		沙陀、許州に次す。太康・西華の賊砦を攻め、**尚讓**・**黄鄴**、遁去す。 718頁			**李克用**、**黄巣**を破る。冤句まで追うも、及ばずして還る。 33頁	
	5	**李克用**、**黄巣**を冤句まで追い、破る。 8305頁	沙陀、**黄巣**を追って汴河に至る。冤句まで追うも、 718頁		**黄巣**、大敗す。**李克用**、冤句から曹州まで追う。 652頁	汴州を過ぎる。**朱全忠**、夜半に**李克用**を襲撃す 34頁	**李克用**、黄巣と冤句で戦い、これを破る。 275頁

年次（西暦）	月次	資治通鑑	旧唐書	新唐書　沙陀伝	旧五代史	新五代史（五代史記）	新唐書
		李克用、汴州に至る。入城し、上源駅にて**朱全忠**と酒宴す。夜半、**朱全忠**、**李克用**を襲撃す。 8306頁	食料・騎馬が足りず班師す。汴州に宿る。**朱全忠**、夜半に**李克用**を襲撃す。**克用**、逃れて許州に至り、本軍を率い太原に還る。		**李克用**、汴州に入城す。**朱温**、夜半に**李克用**を襲撃する。 653頁	る。	
	7	**李克用**、晋陽に戻り、甲兵を治める。 8312頁	**李克用**、屢々表して汴州を討つことを請う。李克用の階を特進に進め、隴西郡王に封じる。 719頁		**李克用**、太原に至る。**朱温**を朝廷に訴える。**李克用**に守太傅・同平章事・隴西郡王を加える。 655頁	**李克用**、太原に至る。兵を汴に加えんことを請うも、許さず。**克用**を隴西郡王に封ず。 34頁	
	8	**李克用**、麟州を河東に隷せしめ、弟の**李克脩**を昭義節度使とすることを請う。爵を隴西郡王に進める。 8313頁					
光啓1（885）	不記			幽州の**李可挙**、易州を攻める。易定節度使**王処存**、**李克用**に救援を求め、**克用**、自ら無極を救う。**処存**、復た易州を救う。 6159頁		**李克用**、**王重栄**を救援し、**朱玫**を討ち、京師に侵入し、大掠す。 34頁	
	2	義武節度使**王処存**、**李克用**と善し。幽州**李可挙**、易州を攻め、成徳節度使**王鎔**、無極を攻む。**王処存**、**李克用**に急 8321頁					

年次（西暦）	光啓2（886）						
月次	3	6	9	10	11	12	不記
資治通鑑	を告げ、**克用**、**康君立**を遣わして救援す。	**李克用**、自ら無極に赴いて成徳の軍を破り、**王処存**、易州を回復す。 8322頁		河中節度使**王重栄**、**李克用**に救援を求め、**李克用**、これに応じる。 8327頁		**王重栄**・**李克用**、長安に逼り、**僖宗**は鳳翔に幸す。 8328頁	**李克用**、河中に
旧唐書			**王重栄**、太原に救援を求める。 722頁	**李克用**、太原軍を率いて南の陰地関に出る。 722頁	河中・太原の師、沙苑で禁軍と対す。 722頁	官軍、沙陀と対戦し、沙陀に破られ、**朱玫**、邠州に趨る。沙陀、京師に逼り、**田令孜**、**僖宗**を奉じて鳳翔に出幸す。 722頁	**李克用**、河中に
新唐書　沙陀伝							
旧五代史	**李可挙**・鎮州の**王景崇**、定州を寇す。節度使**王処存**、**李克用**に救援を求める。**李克用**、**康君立**・**安老老**・**薛可敦啜**らを遣わす。 656頁	**李克用**、自ら兵を率いて無極に赴き、**王処存**は燕軍を易州に破る。 656頁			河中節度使**王重栄**、**李克用**に救援を求める。 657頁	**李克用**、**朱玫**と決戦し、大破す。**朱玫**、京師に入り、**僖宗**は鳳翔に幸す。**李克用**、河中に退く。 659頁	**李克用**、河中よ
新五代史（五代史記）							**孟方立**、死し、弟の孟遷、立つ。 35頁
新唐書					**李克用**、叛して**王重栄**に附し、**重栄**と**克用**、同州を寇す。 277頁	**朱玫**、**王重栄**・**李克用**と沙苑で戦い、敗績す。**李克用**、京師を侵す。 277頁	

年次（西暦）		資治通鑑	旧唐書	新唐書　沙陀伝	旧五代史	新五代史（五代史記）	新唐書
	1	軍を返し、**王重栄**と共に**僖宗**の長安帰還を上奏する。8329頁 **李克用**、太原に還る。8331頁	旋師し、**朱玫**・**王重栄**と共に上表し、鳳翔に駐蹕するを請う。723頁		り**僖宗**の長安帰還を上奏する。660頁		
	5	襄王**熅**を太原に遣わす。**李克用**、使者を囚える。8336頁	**王重栄**・**李克用**、**朱玫**をとらえて自ら贖うを請う。724頁				
	6	**王重栄**・**李克用**、**朱玫**を攻める。8336頁					
	9	**李克脩**、**孟方立**を攻める。**安金俊**を邢州刺史とする。8339頁			**李克用**、**孟方立**を邢州に攻める。**安金俊**を邢州刺史とし、降人を撫す。660頁		
	10	**李克脩**、邢州を攻める。8340頁			邢州を攻める。**李克脩**、班師。661頁		
光啓3（887）	1	代州節度使**李国昌**、薨る。8345頁					
	6				河中節度使**王重栄**、部将に殺害される。兄の**重盈**を節度使とする。661頁		
	7				**安金俊**を沢州刺史とする。661頁		
文徳1（888）	2	河陽節度使**李罕之**、沢州に奔り、**李克用**に救援を求める。8375頁			河陽節度使**李罕之**、**李克用**に救援を求める。**李存孝**・**薛阿檀**・**史儼児**・**安金俊**・**安休休**を遣わし、**李罕之**を河陽に送る。662頁		
	3	**李克用**、**康君立**を南面招討使とし、**李存孝**・**薛阿檀**・**史儼**・**安金俊**・**安休休**を督し、**李罕之**を助けて河陽を攻める。8377頁					

年次（西暦）	月次	資治通鑑	旧唐書	新唐書　沙陀伝	旧五代史	新五代史（五代史記）	新唐書
龍紀1（889）	5	**李克用**、兵を発し、**李罕之**・**李存孝**を遣わして昭義節度使**孟方立**を攻める。**李克用**、邢州を攻める。**孟方立**の弟**孟遷**、節度留後となる。 8387頁			**李罕之**・**李存孝**を遣わし、邢州に**孟方立**を攻める。		
	6		邢洺節度使**孟方立**、卒す。三軍、その弟の邢州刺史**遷**を推して留後とする。**李克用**、大軍を発して攻める。 738頁		**孟方立**の姪の**遷**、節度留後となる。 662頁		**李克用**、邢州を寇す。昭義節度使**孟方立**、卒す。弟**遷**、留後を称す。 284頁
	8						**孟遷**、叛して**李克用**に附す。 284頁
大順1（890）	不記月次			**李克用**、**赫連鐸**を雲州に攻め、東郛を抜く。幽州の**李匡威**、兵三万を以てこれを救い、その将**安金俊**を殺す。**克用**、走る。宰相**張濬**、**克用**の官爵・属籍を削る。**張濬**を兵馬招討・制置・宣慰使とし、京兆尹**孫揆**を副とす。**王鎔**を河東東面、**全忠**を南面、**李匡威**を北面行営招討使とす。 6160頁		**李克用**、**孟遷**を撃破す。**安金俊**を遣わして赫連鐸を攻める。**張濬**を太原四面行営兵馬頭統とする。 35頁	

年次（西暦）	資治通鑑	旧唐書	新唐書　沙陀伝	旧五代史	新五代史（五代史記）	新唐書
1	**孟遷**、**李克用**に降る。**安金俊**を邢洺団練使とする。 8392頁		る。	**孟遷**、**李克用**に降る。**安金俊**を邢洺団練使とする。 663頁		
2	**李克用**、雲州防禦使**赫連鐸**を攻める。**赫連鐸**、盧龍節度使**李匡威**に救援を求める。邢洺団練使**安金俊**、戦死。 8394頁	太原都将**安金俊**、邢州を攻めること歴年、城中食尽き、邢洺観察使**孟遷**、族を以て降る。**李克用**、大将**安建**を留後とする。 740頁				
3	**李克用**、潞州を巡り、供応が不十分であったために昭義節度使**李克脩**を笞つ。**李克脩**、薨る。弟の**李克恭**を昭義留後とする。 8394頁	昭義節度使**李克脩**、卒す。三軍、**克脩**の弟の**克恭**を推して知留後事とする。 740頁		昭義節度使**李克脩**、卒す。**李克恭**を昭義節度使とする。**李克用**、雲州を攻め、その東城を抜く。**赫連鐸**、幽州の**李匡威**に救援を求める。燕軍、大敗す。徐州の**時溥**が救援を求める。李克用、**石君和**を遣わす。 663頁		昭義節度使**李克脩**、卒す。**李克恭**、留後を自称す。 285頁
4	**赫連鐸**・**李匡威**・**朱全忠**、**李克用**を討つことを上表する。 8395頁	**李克用**、大将**安金俊**をして雲州を攻めしむ。**赫連鐸**、救援を幽州に求め、**李匡威**兵を出してこれを助け、蔚州 740頁				

年次（西暦）		5	6	7
資治通鑑		**李克用**の官爵・属籍を削る。8396頁 宰相**張濬**を河東行営都招討制置宣慰使とし、**朱全忠**を南面招討使とし、**李匡威**を北面招討使とし、**赫連鐸**を副とする。**李克恭**、死す。8398頁		
旧唐書	において戦い、太原軍、大敗す。燕軍、**安金俊**を捕らえて廟に献ず。**李匡威**・**赫連鐸**・**朱全忠**ら、上表して**李克用**を討つことを請う。天子、これに従う。	**張濬**を太原四面行営兵馬都統とする。宣武節度使**朱全忠**を太原党南面招討使に、成徳軍節度使**王鎔**を太原東南面招討使に、幽州の**李匡威**を太原北面招討使に、雲州防禦使**赫連鐸**を副とす。潞州軍乱、**李克恭**を殺し、首を朝に献ず。741頁	邢洺兵馬留後**安建**上表し、三州を以て帰順す。義昌軍節度使とする。**張濬**、諸軍を晋州に会せしむ。741頁	王師、陰地関に屯し、太原大将**康君立**、兵をもって拒戦。**康君立**、兵二万をも 742頁
新唐書　沙陀伝				
旧五代史		潞州軍乱、節度使**李克恭**を殺す。州人、**安居受**を推して節度留後とする。**李匡威**・**赫連鐸**が共謀し、太原に兵を加えんとし、宰相**張濬**も賛同する。664頁	**李克用**の官爵・属籍を削り、**張濬**を招討使、**汴帥**を南面招討使、**李匡威**を北面招討使とし、**赫連鐸**を副とす。665頁	
新五代史（五代史記）				
新唐書		宰相**張濬**を河東行営都招討制置宣慰使とし、**朱全忠**を南面招討使とし、**李匡威**を北面招討使とし、**赫連鐸**を副とし、李克用を討つ。285頁	河東の将**安知建**、邢・洺・磁三州を以て**朱全忠**に降る。286頁	**李克用**、昭義節度使**孫揆**を執える。286頁

年次（西暦）						大順2（891）			
	8	9	10	11	12	月次不記	2	3	4
資治通鑑		康君立を昭義留後、李存孝を汾州刺史とする。8404頁		張濬・朱全忠・赫連鐸・李匡威ら、李克用に大敗す。師徒失亡して殆ど尽く。8407頁			李克用に中書令を加え、李罕之の官爵を復す。張濬を繡州司馬に貶す。8412頁	李克用、邢洺節度使安知建を殺す。8413頁	
旧唐書	って潞州を攻める。	幽州・雲州の蕃漢兵、雁門を攻め、李存信・薛阿檀これを破る。康君立、上党に拠る。李克用、康君立を沢潞兵馬留後とする。742頁		李存孝、上表して帰朝するを願う。張濬、汴卒・禁軍万人と共に晋州にあり。李存信これを攻める。742頁	朔、張濬・韓建、遁去す。742頁		李克用を検校太師・中書令・太原尹・河東節度観察処置等使に復す。745頁		
新唐書　沙陀伝						李克用を復た検校太師・中書令・隴西郡王に拝す。6161頁			
旧五代史	新授昭義節度使孫揆を殺す。666頁	康君立を昭義留後、李存孝を汾州刺史とする。667頁	張濬の師、晋州に入る。張濬の師、出戦し、李存孝に破られる。668頁		張濬ら、含山路より遁去す。669頁	天子、尋いで李克用に中書令を加える。670頁		邢州節度使安知建、叛す。これを斬る。671頁	赫連鐸を雲州に討つ。671頁
新五代史（五代史記）				張濬、李克用と戦い、三戦三敗して遁去す。35頁			李克用を河東節度副使・隴西郡王に拝し、検校太師兼中書令を加える。35頁		赫連鐸を雲州に討つ。百余日に 35頁
新唐書		李克用、潞州を陥れる。286頁	李克用、邢・洺・磁三州を陥れる。286頁	李匡威、蔚州を陥れる。張濬、李克用と陰地に戦い、敗績。286頁	李克用、晋州を陥れる。286頁				

年次（西暦）				景福1（892）	
月次	6	7	8	10	未詳	1
資治通鑑	**李克用**、**赫連鐸**を討ち、雲州を囲む。 8416頁	**李克用**、雲州を攻め、**赫連鐸**、吐谷渾部に奔る。 8416頁		**李克用**、成徳節度使**王鎔**を攻める。盧龍節度使**李匡威**、**王鎔**を救う。 8420頁		**王鎔**・**李匡威**、兵を合して尭山を攻め、**李克用**、これを討って大破する。 8424頁
旧唐書	**王鎔**、軍を出して**李存孝**を助け、**李克用**、大挙して鎮州を討つ。 746頁	太原軍、井陘より出て常山鎮に屯す。 746頁	幽州の**李匡威**、歩騎を率いて**王鎔**を救援す。**李克用**、班師す。 746頁			
新唐書 沙陀伝					鎮州の**王鎔**、尭山を攻め、**克用**、**李嗣勲**をしてこれを攻めしむ。**赫連鐸**、天成軍を攻め、**李匡威**、雲州北郊に壁するも、**克用**、神堆より雲州に入り、これを走らす。 6161頁	
旧五代史		**赫連鐸**、吐谷渾部に奔る。**石善友**を大同防禦使とする。 672頁		**李克用**、鎮州の**王鎔**を攻める。**李匡威**、これを救援す。 672頁		**王鎔**、燕の援兵を恃んで尭山を攻め、**李克用**、これを破る。 675頁
新五代史（五代史記）	して、**鐸**、吐渾に奔る。		兵を太原より集め、邢州に至り、**王鎔**を攻める。**李匡威**、**王鎔**を救う。 35頁		**李存信**・**李嗣君**、**王鎔**を尭山に破る。 36頁	
新唐書						河東の将、**李存孝**、邢州を以て叛して**全忠**に附す。 288頁

年次（西暦）	月次	資治通鑑	旧唐書	新唐書　沙陀伝	旧五代史	新五代史（五代史記）	新唐書
	2		太原・易定の兵、勢を合わせて鎮州を討つ。**王鎔**、幽州に救援を求める。 748頁				
	3		**李克用・処存**、軍を集めて退く。 748頁		**李克用**、軍を進めて滹沱を渡り、欒城を攻める。 676頁		
	4	**李克用・王処存**、**王鎔**を攻め、天長鎮を抜く。詔して河東・鎮・定・幽四鎮を和解せしむ。 8428頁 **李匡威**、雲州・代州を攻める。 8429頁			燕軍、雲・代を寇す。**李克用**、班師す。 676頁		
	7		燕・趙の卒、邢州を援け、**李存信**これを尭山に拒む。**王鎔**、大敗す。 748頁				
	8	**李克用**、新城に入り、兵を黄花堆に伏せ、吐谷渾三百を擒える。**李匡威**を大破する。 8434頁			**赫連鐸**、**李匡威**の衆八万をもって雲州を攻め、州北に営す。**李克用**、雲州に入る。**李匡威**、遁去す。 676頁	**李匡威**、雲州を攻めるも、**李克用**反撃し、**匡威**敗走す。 36頁	
	10	邢洺磁留後**李存孝**、**李存信**と善からず。**李存孝**、密かに**王鎔・朱全忠**と結ぶ。 8436頁			邢州の**李存孝**、叛す。**李存信**これを搆える。 677頁	**李存孝**、邢州を以て叛す。 36頁	
	未詳					**李存孝**、**王鎔**に救援を求める。**王鎔**、懼れて**李克用**と通和す。 36頁	
景福2（893）	2	**李克用**、邢州を攻め、叱日嶺の	**李克用**、鎮州を攻め、師を井陘		春、大挙して**王鎔**を討つ。李存孝と通好したため。天長鎮を攻める。王鎔、兵三万を		

年次（西暦）	資治通鑑	旧唐書	新唐書　沙陀伝	旧五代史	新五代史（五代史記）	新唐書
乾寧1（894）	下で成徳節度使**王鎔**の軍を破る。**李克用**、軍を井陘に進める。**李存孝**、兵を率いて**王鎔**を救う。 8439頁	に出す。**王鎔**、懼れ、救いを幽州に求める。**李匡威**、来援し、太原軍、邢州に還る。 749頁		出して来援し、**李克用**、吐日嶺の下で逆戦す。**李存孝**の兵、密かに鎮州に入る。		
4	幽州の将**劉仁恭**、河東に奔り、**李克用**、これを厚遇す。 8439頁					
7	**王鎔**、**李克用**と共に邢州を討つ。 8445頁	**李克用**、鎮州を討つ。**王鎔**の軍を平山に破り、**王鎔**、懼れて盟を乞い、共に邢州を攻める。 750頁		**李克用**、**李存孝**を邢州に討つ。**王鎔**、**李克用**に修好を請い、これを許す。 679頁		
不記月次			**克用**、新城に次り、**赫連鐸**、膝行して軍門に至りて降る。**克用**これを鞭うちて放す。 6161頁			
3	邢州城中の食尽き、**李克用**、**李存孝**を囚え、晋陽で車裂に処す。**李克用**、視事せざること旬日。 8453頁	太原軍、邢州を攻め、これを陥れる。逆将**李存孝**を捕らえ、太原に檻送し、これを裂く。 751頁		**李存孝**、城を出て罪を請う。捕らえて太原に還り、轘にす。**馬師素**を邢州節度使とする。 679頁	**李存孝**を執え、殺す。 36頁	**李克用**、邢州を寇し、**李存孝**を執えて殺す。 290頁
6	**李克用**、吐谷渾を大破し、**赫連鐸**を殺し、**白義誠**を擒える。 8456頁	**李克用**、雲州を攻め、大同防禦使**赫連鐸**を執え、**薛志勤**をもって雲中を守らしむ。 751頁				大同軍防禦使**赫連鐸**、**李克用**と雲州で戦い、死す。 290頁
8	昭義節度使**康君立**、晋陽に至る。**李克用**、**存孝**を惜しむ。**君立**、旨に忤い、**克用** 8457頁					

年次（西暦）	月	資治通鑑	旧唐書	新唐書　沙陀伝	旧五代史	新五代史（五代史記）	新唐書
	9	これを斫る。**康君立**、死す。雲州刺史**薛志誠**を昭義留後とする。 8457頁 8458頁			潞州節度使**康君立**、酖によって死す。 680頁		**李克用**、潞州を陥れ、昭義節度使**康君立**、死す。 290頁
	10		**李克用**、太原の衆を以て幽州を攻める。 752頁		**李克用**、幽州の**李匡儔**を討つ。この時、雲州の吐渾の**赫連鐸**・**白義誠**、来帰し、これを咎って赦す。 680頁		
	11						**李克用**、武州を陥れる。 290頁
	12	**李克用**、盧龍節度使**李匡籌**を大破する。 8459頁	**李克用**、幽州を陥れ、**李匡威**の故将**劉仁恭**を幽州兵馬留後とする。 752頁		**李匡儔**、新州を救わんとし、**李克用**、逆戦す。燕軍、大敗す。滄帥**盧彦威**、**匡儔**を殺す。 681頁		盧龍節度使**李匡籌**、滄州に奔り、義昌軍節度使**盧彦威**、これを殺す。**李克用**、幽州を陥れる。 290頁
乾寧2（895）	月次不記			幽州、降り、**克用**、**劉仁恭**を以て留後と為し、旋す。 6161頁			
	1	**李克用**、幽州に入る。**李存審**・**劉仁恭**を遣わして巡属を定める。 8462頁	**李克用**、**王珂**を河中節度使とするよう上奏する。 753頁		**李克用**、幽州に在り。**李存信**・**劉仁恭**に命じて属郡を巡らせる。 682頁		
	2	**劉仁恭**を盧龍留後とする。 8465頁			**劉仁恭**を幽州留後とする。		
	5						**王行瑜**・**李茂貞**、京師を侵す。**李克用**、絳州を陥れる。 290頁
	6	**李克用**、河中に至る。**王珂**、路に迎える。 8470頁			**李克用**、蕃漢の兵を率いて**李茂貞**・**王行瑜**・**韓建**を討つ。 683頁		

年次（西暦）	資治通鑑	旧唐書	新唐書　沙陀伝	旧五代史	新五代史（五代史記）	新唐書
7	李克用、華州を攻める。 8473頁	李克用、河を渡り王行瑜・李茂貞・韓建らを討つ。河中に次る。 745頁		河中に次る。華州を討つ。 684頁	李克用、河中に至る。 36頁	李克用、河中に屯す。 290頁
8	邠寧節度使王行瑜の官爵を削る。李克用を邠寧四面行営都招討使とする。 8474頁	李克用を邠寧四面行営招討使とする。 755頁		王行瑜の官爵を削り、李克用を天下兵馬都招討使とする。	李克用、渭橋に至る。邠寧四面行営頭統とする。 36頁	李克用を邠寧四面行営都招討使とする。
10	魏国夫人陳氏を李克用に賜う。 8476頁					李克用、王行瑜を梨園に破る。 292頁
11	李克用、王行瑜を邠州に討つ。 8478頁 李克用、渭北に回る。 8479頁	王行瑜、部下に殺され、李克用、その首を京師に伝える。 756–757頁		李克用、王行瑜を邠州に討つ。李克用、渭北に回る。 688頁	克用、邠州を撃破し、王行瑜を殺す。忠正平難功臣に拝し、晋王に封じる。 36頁	李克用、王行瑜を龍泉に破る。王行瑜、誅に伏す。 292頁
12	李克用の爵を晋王に進める。掌書記李襲吉を遣わして恩を謝す。 8480頁	李克用を守太師・中書令とし、晋王に封じる。 757頁		李克用を忠貞平難功臣とし、爵を晋王に進める。李茂貞を討つことを上奏するも赦されず、班師す。 689頁		
乾寧3（896） 1		魏博の羅弘信、太原軍を莘県に撃破す。初め、兗・鄆、太原に救援を求め、李克用、李存信をして莘県に屯せしむ。魏人、常にその道を仮すも、存信、魏の民を侵す。羅弘信、怒りて太原軍を撃破す。これより、弘信、梁と結び、太原と絶す。 757–758頁		汴人、兗・鄆を攻め、朱瑄・朱瑾、救援を請う。道を魏州の羅弘信に借りる。		

年次（西暦）	月	資治通鑑	旧唐書	新唐書　沙陀伝	旧五代史	新五代史（五代史記）	新唐書
	閏2	**李克用**、**李存信**を遣わして魏博に道を借りる。**羅弘信**、**李存信**を討ち、これより河東と絶つ。 8482頁					
	4	**李克用**、魏博節度使**羅弘信**を討つ。 8485頁			**李克用**、魏州に侵攻す。 691頁		
	5				汴将、兵を率いて救援に赴く。 691頁		
	6	**李克用**の子、鉄林指揮使**落落**、擒えられ、殺害される。 8489頁	**李克用**、沙陀・并汾の兵を率いて魏州を攻める。莘の怨に報ゆ。 758頁		**李茂貞**、京師を侵す。 691頁		
	7				**李克用**の長子、鉄林指揮使**落落**、擒えられる。 691頁		
	9				**李存信**、魏州に進攻す。**李克用**、魏軍を白龍潭に破る。汴軍の救援が至り、**李克用**、還る。 691頁		
	10	**李克用**、自ら魏州を攻める。**朱全忠**、これを助けるために軍を出し、**李克用**、還る。 8495頁	幽州節度使**劉仁恭**、沙陀を安塞に撃破す。**李克用**、単騎を以て免れる。 763頁			魏を白龍潭に破る。**朱全忠**の救援が至り、**李克用**還る。 36頁	
	11				**李克用**、兵を幽・鎮・定三州から募るも、**劉仁恭**、契丹を理由に出さず。 692頁		
乾寧4（897）	月次不記					**劉仁恭**、晋に叛す。**克用**これを討つも、大敗す。 37頁	
	7				**李克用**、兵を幽州より取らんとするも、契丹の進入を理由に出さず。辞旨不遜。 693頁 693頁		

年次（西暦）			光化1（898）							
月次	8	9	不記	1	4	5	9	10		12
資治通鑑	**李克用**、兵を幽州より取らんとするも、**劉仁恭**、数ヶ月にわたり契丹の進入を理由に出さず。**李克用**、自ら兵を率いて**劉仁恭**を攻める。 8504頁	河東の兵、大敗す。 8508頁						**李克用**、**李嗣昭**・**周徳威**を遣わし、邢・洺・磁三州を回復せんとするも、失敗する。 8518頁	汴兵、河中を寇し、**王珂**、**李克用**に急を告げる。**李嗣昭**らを救援に遣わす。 8519頁	**李罕之**、**朱全忠**
旧唐書						汴将**葛従周**、**李克用**の邢・洺磁・州を攻め、陥れる。 764頁				
新唐書　沙陀伝			帝、京師に還り、**克用**に詔して**全忠**と仇を解かしめんとす。 6164頁							
旧五代史	**劉仁恭**を伐つ。	**李克用**の兵、大敗す。 693頁		**李茂貞**、和好を請い、これを許す。 694頁	汴、邢・洺・磁三州を陥れる。		**周徳威**・**李嗣昭**等を遣わし、邢・洺に迫る。汴将**葛従周**と戦い、大敗す。 694頁		河中の**王珂**、急を告ぐ。**李嗣昭**等を遣わす。 695頁	潞州刺史**薛志勤**、
新五代史（五代史記）			**朱全忠**、邢・洺・磁三州を攻める。克用、**周徳威**を遣すも大敗。 37頁							
新唐書										**李罕之**、潞州を

年次（西暦）	月次	資治通鑑	旧唐書	新唐書　沙陀伝	旧五代史	新五代史（五代史記）	新唐書
		に降る。 8520頁			卒す。**李罕之**、潞州に入り、叛す。 695頁		陥れ、節度留後を自称す。**李克用**、沢州を陥れる。 296頁
光化2（899）	1				**李罕之**、沁州を陥れる。 695頁		
	4		汴将**氏叔琮**、上党より軍を出して太原を攻めるも、退去す。 765頁				
	5	**李克用**、**李君慶**を遣わして**李罕之**を攻め、潞州を囲む。**朱全忠**、これを救い、河東の兵を大破する。 8525頁			**李君慶**を遣わして沢・潞を収めんとするも、汴の兵に敗れて還る。**李嗣昭**を都指揮使とし、潞州を攻める。 696頁		
	6		**李罕之**を河陽三城節度使とする。**朱全忠**の奏に従う。**李罕之**、卒す。 765頁				
	8				潞州、平らぐ。 696頁	秋、**李嗣昭**を遣わして復た沢・潞を取る。 37頁	**李克用**、沢・潞・懐州を陥れる。 296頁
	9	**李克用**、邠州刺史**孟遷**を昭義留後とする。 8527頁			**孟遷**を潞州節度使とする。 697頁		
光化3（900）	不記				汴軍、河朔に侵攻し、**劉仁恭**、救援を求める。 697頁	**李嗣昭**、洺州を取るも、汴兵至り、大敗す。 37頁	
	2	**李克用**、晋陽の城壁を修築す。 8529頁					
	7				**李嗣昭**、洺州を攻め、これを下す。 697頁		
	8		忠貞平難功臣・河東節度使**李克用**に食実封一百 768頁				**李克用**、洺州を陥れる。 298頁

年次（西暦）	資治通鑑	旧唐書	新唐書　沙陀伝	旧五代史	新五代史（五代史記）	新唐書
9		戸を加える。太原の**李嗣昭**、洺州を攻め、下す。		汴帥、洺州を囲み、**嗣昭**の軍・不利。 698頁		
天復1（901） 月次不記			**朱全忠**、晋・絳を取り、河中に逼る。**王珂**、急を告げるも、晋兵進むを得ず、**珂**を擒えらる。 6164頁			
1	**王珂**、**李克用**に救援を求めるも、汴兵が晋・絳に拠っているために兵を出さず。 8548頁	**朱全忠**、簒奪の謀あり。**李克用**の角逐を恐れる。河中節度使**王珂**を襲い、**王珂**、**李克用**に救援を求めるも、救援できず。 772頁		汴将、晋・絳を陥れる。**王珂**、**李克用**に救援を求めるも、兵を出さず。 699頁		
2	**李嗣昭**、沢州を攻め、これを抜く。 8548頁 **王珂**、**朱全忠**に降る。華州にて殺害。**李克用**、**朱全忠**に修好を請うも、許さず。 8549頁					
3	**朱全忠**、**李克用**を討つ。 8551頁			汴帥、河中に鎮す。これにより**李克用**は以降、京師を救援できず。 699頁	**朱全忠**、**李克用**を討つ。雨が多く、梁兵に疾多く、去る。 38頁	
4	晋陽城下に至る。汴軍の食料給せず、**全忠**、兵を 8552頁			汴軍、河東各地に進入するも、の食料給せず、 700頁		

年次（西暦）	資治通鑑	旧唐書	新唐書　沙陀伝	旧五代史	新五代史（五代史記）	新唐書
5	召して還る。			死者多し。汴軍、みな退く。 700頁		
6				**李克用**、汴に旧好を復するを願う。 701頁		李克用、汾・慈・隰三州を陥れる。 299頁
天復2（902） 1		**李克用**、大将**周徳威**を遣わして慈・隰・晋等州を攻める。**朱友寧**、太原軍を蒲県の西北に大敗させ、進んで太原を囲む。天子、全忠に諭して太原と通和させる。 774頁				
2	**李嗣昭**ら、慈・隰を下し、晋・絳に逼る。**朱全忠**、河中より赴き、晋州に至る。 8568頁			**李嗣昭**ら、慈・隰を下し、晋・絳に逼る。**朱全忠**、河中より赴き、晋州に至る。**氏叔琮・朱友寧**、**李嗣昭・周徳威**の営を討ち、**李嗣昭**ら、大敗す。**李嗣昭**と**周徳威**、慈・隰・汾三州を取る。 703頁		
3	**氏叔琮・朱友寧**、**李嗣昭・周徳威**の営を討ち、**李嗣昭**ら、大敗す。汴軍、晋祠に営し、晋陽の西門を攻める。 8568頁 **李嗣昭・周徳威**、余衆を集めて西山より帰還す。 8569頁 **朱全忠**、河中に還る。疫病が流行り、**氏叔琮**、兵を引いて還る。 8570頁 **李嗣昭**と**周徳威**、慈・隰・汾三州を取る。 8570頁					

年次（西暦）	月次	資治通鑑	旧唐書	新唐書　沙陀伝	旧五代史	新五代史（五代史記）	新唐書
天復3（903）	不記			**克用**、晋州を攻めるも、帝の鳳翔より還るを聞きて去る。雲州都将**王敬暉**、刺史**劉再立**を殺し、地を以て**劉仁恭**に与える。**李嗣昭**、これを伐ち、**劉仁恭**、**王敬暉**を取り、城を棄て去る。帝、東遷す。6165頁			
	1	**李克用**、晋州を攻めるも、車駕の東帰を聞いて罷める。8600頁			天子、鳳翔より帰京す。704頁		
	2	宦官、悉く殺害されるも、河東監軍**張承業**、幽州監軍**張居翰**らのみ匿われる。8601頁					
	5				雲州都将**王敬暉**、**劉仁恭**に帰す。**李克用**に叶盟同力功臣を授け、食邑三千戸、実封三百戸を加える。705頁		
天祐1（904）	不記					（天復）4年、唐都を洛陽に移し、天佑と改元す。**李克用**、天祐は唐の号にあらずとして続けて天復を称す。38頁	
	閏4				**汴帥**、天子に洛		

年次（西暦）	月次	資治通鑑	旧唐書	新唐書　沙陀伝	旧五代史	新五代史（五代史記）	新唐書
天祐2（905）	8	**李克用**、復た**張承業**を監軍とする。8636頁			陽に遷ることを逼る。705頁 **汴帥**、**昭宗**を洛陽宮に弑殺す。輝王、即位す。706頁		
					契丹の**阿保機**、盛んになり、**李克用**、これを召して雲州の東に会し、約して兄弟となる。706頁	（天復）5年、契丹の**阿保機**と雲州に会し、約して兄弟となる。38頁	
天祐3（906）	月次不記					（天復）6年、梁、滄州に侵入し、**劉仁恭**、救援を求める。燕のために兵を出し、潞州を攻める。38頁	
	1				魏博、師を請う。**李嗣昭**を遣わすも利あらず。707頁		
	9				**汴帥**、滄州に侵入し、幽州の劉仁恭、救援を求める。**周徳威**・**李嗣昭**、燕軍と共に沢・潞を攻める。707頁		
	12						**李克用**、潞州を陥れ、昭義節度使**丁会**、叛して克用に附す。305頁
	閏12		**李克用**、幽州の衆と共に潞州を攻める。**全忠**の守将**丁会**、沢・潞を以て太原に降る。808頁 **李克用**、その子				

年次（西暦）	月次	資治通鑑	旧唐書	新唐書　沙陀伝	旧五代史	新五代史（五代史記）	新唐書
天祐4（907）	不記		**嗣昭**を留後とする。			（天復）7年、梁兵、潞州を囲む。**周徳威**を遣わして潞州を攻める。 38頁	
	1				**汴帥**、潞州を失うを聞き、遁去す。 708頁		
	4				**天子**、**汴帥**に譲位す。開平と改元し、国号は大梁とす。 708頁		
	5				**梁祖**、潞州を囲む。		
天祐5（908）	1	**李克用**、卒す。 8688頁		明年、**李克用**卒す。 6166頁	**李克用**、晋陽に崩ず。年五三。 711頁	（天祐）5年正月辛卯、**克用**、卒す。 39頁	

第四章　唐後半華北諸藩鎮の鉄勒と党項――沙陀系王朝成立の背景――

はじめに

本章は、唐王朝後半期の建中年間（七八〇―七八三）に起こった朱泚の乱を手がかりに、唐後半期の中央政府および華北諸藩鎮における渾・契苾・阿跌という鉄勒系武人集団の活動を解明し、これが五代の沙陀系王朝成立の背景となることを論じる。本章で扱うオルドスから代北にかけての地域は、農業と遊牧が交錯する地帯であり、唐王朝はこの一帯を降附した遊牧民で満たし、その軍事力で辺境防衛を担わせていた[1]。本章で取り上げる鉄勒集団は、八世紀終わりから九世紀にかけて、中央政府と華北諸藩鎮の中で中心的な位置を占めつつ、鉄勒系・ソグド系・党項の集団の東遷という大きな流れを背景として次第に代北・河東地区に地歩を移し、そこから代北や河東、オルドスまで含む広い範囲に強い勢力を保持し、唐末に至って次第に沙陀に合流した。その結果として唐末時期に強大な沙陀が出現してくることになる。

筆者は本書第一章から第三章において、沙陀突厥の内部構造や経済基盤を論じ、沙陀集団が多数の遊牧民を統合した多重的な構造をもつことを指摘したが、その一方で第二章で論じた代北五部の他にどのような部族が沙陀集団を構成したのかという問題には十分な解答を示してこなかった。

本章で扱う契苾部と渾部については、栄新江氏[2]が夙に両部落の類似性を指摘している。本書第二章において「契苾通墓誌銘」に基づいて契苾部落の唐末の姿を詳論し、唐初以来の羈縻州であることと沙陀との関係を指摘した。これを受けて蘇航氏[3]は渾・阿跌・契苾という鉄勒系三部落の類似性を指摘しつつ特に阿跌部の功績を明らかにし、阿跌部が北辺蕃部落を統括していたことを指摘した。山下将司氏[4]は阿跌部の事績を更に詳細に検討し、阿跌が突厥阿史那氏と婚姻関係を結んでいることを指摘する。本章は、これらの業績を踏まえながら、八世紀末から九世紀にかけての中央政府による鉄勒・ソグドをはじめとする非漢族武将の重用が、その背後で進行しつつあった鉄勒部落やソグド・党項部落によるオルドスから代北への大規模な東遷と連動しており、このような鉄勒や党項をはじめとする遊牧部落の動向が次の沙陀の抬頭を準備することを、唐から五代に至るユーラシア東部の歴史の中に位置付けなおす。すでに大中年間（八四七—八五九）以降の代北五部と沙陀突厥の興起については検討を加えているため、本章では多数の鉄勒・ソグド等の参与が認められる朱泚の乱の状況から九世紀半ば頃までを扱う。なお、李抱真などのソグド系の軍将にも東遷と移動先での勢力拡大の動きが存在するが、割愛する。本章においては、契苾・沙陀三部落・吐谷渾を「代北五部」といい、外側にある鉄勒や党項部落、ソグド等も含めて「代北集団」と呼び、これが沙陀の麾下の集団に変質していく時代以降を「沙陀集団」と呼ぶ。鉄勒系部落の渾・阿跌が「代北五部」に含まれない理由は本章で論じる。

朱泚の乱については、すでに日野開三郎氏によって、安史の乱後の藩鎮跋扈の事例として検討されており[5]、また栗原益男氏はこの叛乱が両税法を施行した時に起こったことに触れ、連兵の点で藩鎮史を通じて最も規模が大きく、この叛乱勢力の強さが、河朔の旧事と呼ばれる藩鎮の半独立体制を伝統化したと指摘する[6]。堀敏一氏も藩鎮の性格という視点から建中二年（七八一）から貞元二年（七八六）年までの動乱を論じ、この戦乱の結果、藩鎮の特別な地位が承認されたとする[7]。任育才氏は朱泚の乱に関する史料を、正史や編年史料だけでなく文集や詔勅類に至るまで網羅的に収集し、史料ごとに異なる日時を校訂して「奉天定難日譜」として確定された[8]。上記は中国史の視点からのものだが、朱泚の乱において官軍側にも非漢族の関与が多いことが、陳寅恪氏や桑原隲蔵氏以来夙に指摘されている[9]。馬小鶴・柏暁斌氏らも朱泚の乱には叛軍側・官軍側も共に鉄勒人やソグド人、インド人まで加わっていることを指摘し、他にも官軍側で月支胡も加わっていることが明らかになっている[10]。また、畢波氏と中田美絵氏は八世紀後半の訳経事業を検討する中で神策軍の中に多数のソグド姓を称する人物がいることを指摘し[11]、新見まどか氏は朱泚の乱が勃発した当時の河北の情勢を明らかにするなど[12]、関連する研究が次々に現れている。本章では、こうした動きの背後に、当時の華北で進行しつつあった鉄勒系部落の移動との関連があることを明らかにし、唐朝内部に存在していた鉄勒系の遊牧集団と、九世紀初めに華北に移住し九世紀後半に台頭する沙陀突厥とがどのような関係にあったかを論じる。

本章の構成は以下の通りである。第一節では安史の乱後の非漢族の活動と朱泚の乱の概要を述べ、第二節では朱泚の乱に官軍側で参与した鉄勒系の諸族のうち、唐王朝の朝臣の筆頭であった宰相渾瑊を出した渾部と、代北五部の一部である契苾部とが姻戚関係にあることを明らかにする。そしてこの時期、渾部・阿跌部を含めた鉄勒系や党項の集団が河西回廊からオルドス、代北・河東に移住する動きが存在し、彼らが唐末に沙陀突厥と合流していくことを論じる。なお、本章では個別に鉄勒・ソグド・党項などを指す場合は個別の名称を用い、複数の部族を指す場合に「非漢族」という語を用いる。

第一節　朱泚の乱と華北諸藩鎮の鉄勒・ソグド集団

第一項　朱泚の乱とその背景

安史の乱の時に活躍した官軍側非漢族については、これまでの研究で安史の乱以後、安禄山と史思明がソグド人であったことから、唐朝内部でソグド人に対する反感が強まり、ソグド人の中からはソグド姓や西方を連想させる本貫を忌避する動きが広がったことが指摘されている(13)。その一方で、中央政府や神策軍だけでなく、昭義・河東・振武・夏州定難軍、天徳軍などの諸藩鎮においても、ソグド系だけでなく、鉄勒系や党項、契丹などの出身者が進出する動きは衰えていない。安史の乱後も、郭子儀の配下には多数の非漢族の蕃将が引き立てられ、郭子儀とともに安史軍と戦った李光弼（契丹）や李抱玉（ソグド）の他にも、僕固懐恩（鉄勒）・李懐光（靺鞨）・渾釈之（鉄勒）などがかぞえられ、辺防とともに河朔三鎮や安史の降将が安置された藩鎮への対応にあたっている。

朱泚の乱は、唐後半期に官軍側、特にオルドスや河東などの華北諸藩鎮に拡大する鉄勒・ソグド等諸族の様相を的確に映し出す事件である。この乱から見える華北諸藩鎮の鉄勒部落の動向を探り、後にどのように展開していくかを検討することで、唐末期の代北集団に含まれた遊牧軍団がどのように構成されたのかを探ることが可能になる。

朱泚の乱の首魁となった朱泚は幽州昌平の人で、大暦三年（七六八）に朱希彩が盧龍軍節度使になると、朱泚は朱希彩と同姓であったために信任されて頭角を現し、大暦七年（七七二）一〇月には幽州盧龍軍節度等使となる。

朱泚は河朔諸鎮の中で最も早く長安に入覲し、長安に留まることを望んだため、大暦九年をもって弟の朱滔が盧龍軍節度留後となった。ところが、建中三年（七八二）に朱滔が叛乱を企て、朱泚と密かに謀ろうとしたことが発覚したため、朱泚は長安に留め置かれる。ついで建中四年（七八三）一〇月には、涇原の兵が叛して朱泚を迎えて長安を占領し、徳宗（在位七七九―八〇四）が奉天（現在の陝西省乾県、長安の西北約七〇㎞）に逃れる事態が発生した。朱泚は涇原の軍と共に長安を占領すると大秦皇帝を自称して応天と改元し、朱滔を皇太弟に立てた。ここに、朱滔らによる河朔の連合軍と涇原軍を主力とする朱泚の勢力とが合流し、唐王朝を揺るがす大叛乱に発展していく[14]。乱の末期には、朝廷を助けて功績が高かった前朔方節度使で当時は河中節度使であった李懐光（靺鞨）が朱泚と通じて叛乱を起こし、河中に割拠した。唐朝廷はこれに対して中書令の渾瑊（鉄勒）、河東節度使馬燧、鉄勒系阿跌部の李光進兄弟、鎮国軍節度使の駱元光（ソグド）、昭義節度使の李抱真（ソグド）らを総動員して鎮圧する。

朱泚の乱は、建中四年に涇原藩鎮の兵が叛乱を起こして朱泚を擁立して長安を占拠してから、翌興元元年六月に朱泚が殺害され、七月に叛乱が鎮圧されて徳宗が長安に帰還するまで、複雑な様相を示している。今、『奉天録』や『通鑑』、任育才氏の「奉天定難日譜」によりつつ時系列順に概要を示すと、**表一**のようになる。本表を一覧して気づくのは、安史の乱の降将を中心とする叛軍側に非漢族が多いだけでなく、官軍側の軍将も、中核的役割を果たした人々に鉄勒・ソグド・吐蕃・靺鞨など非漢族の割合が高いことである。

第二項　華北諸藩鎮の鉄勒・ソグド集団

叛軍側の節度使が契丹・靺鞨・高麗といった出身であり、配下に多数のソグド人が存在することは、陳寅恪氏以来繰り返し指摘されている。陳氏は朱泚と朱滔は「胡化漢族」であり、非漢族と何ら変わりないと指摘しており[15]、近年は朱滔とウイグルの間に婚姻関係があったことも指摘されている[16]。叛軍側の節度使については、表を掲げるに留める（**表二**）。

表一　朱泚の乱の主な出来事（非漢族は**太字**で表示。下線は叛軍側の人物を示す）

年　月　日	事　項	出　典
建中4年10月2日 (783)	詔して涇原の兵を発し、東して**哥舒曜**の援に赴かしめんとす。	日、41頁
建中4年10月3日	涇原の兵、京師を過らんとして乱を作す。徳宗、出でて奉天に幸す。	日、44頁
建中4年10月4日	徳宗、奉天に至る。	日、47頁
	渾瑊、家僕数十騎と与に夾城より北門に入り、後殿と敢死の士を収集し、行在に奔る。	奉、23頁
	朱泚、反逆し、窃みてに長安に拠る。	日、48頁
建中4年10月5日	徳宗、**渾瑊**を行在都虞候と為し、戦備に力籌せしむ。	日、50頁
建中4年10月6日	朱泚、長安の城門を閉め、朝官の出入を許さず。	日、57頁
建中4年10月8日	朱泚、大秦皇帝を自称し、応天と改元す。	日、63頁
建中4年10月9日	**李希烈**、襄陽を陥れ、**哥舒曜**、洛陽に走る。	日、65頁・ 旧、337頁
建中4年10月10日	朱泚、自ら将に奉天に逼らんとす。	日、68頁
建中4年10月11日	**李懐光**、朔方の衆を帥いて長安に赴く。馬燧・李艽は兵を引きて河東・河陽に帰す。**李抱真**は臨洺に屯す。	日、69頁・ 鑑、7362頁
建中4年10月12日	**論惟明**・韓遊瑰、退きて奉天を守らんとす。	日、69頁
建中4年10月13日	朱泚、奉天に逼り、官軍と城下に交戦す。	日、72頁
建中4年10月19日	劉徳信、朱泚の衆と見子陵に戦い、これを敗る。進みて東渭橋に屯す。	日、79頁
建中4年11月2日	霊武留後の杜希全、塩州刺史の戴休顔、鄜坊節度使の李建徽ら、諸将、兵を合して入援せんとするや、賊の伏に遇い、潰え帰る。	日、90頁
建中4年11月11日	李晟、兵を東渭橋に宿せしむ。神策軍兵馬使の**尚可孤**、鎮国軍節度使の**駱元光**、入援す。河東節度使の馬燧、行軍司馬を遣わして中渭橋に鎮せしむ。	日、97-98頁・ 奉、42頁
建中4年11月20日	朔方節度使の**李懐光**、朱泚の兵を醴泉に敗る。賊、囲みを解きて去る。朱泚、卻きて長安を守る。	日、104-107頁・ 奉、39頁
興元元年1月1日 (784)	**李希烈**・**李納**・田悦・**王武俊**の官爵を以て初めの如くす。奉天扈従の将士は並びに「奉天定難功臣」の称号を賜う。	日、126頁・ 奉、47-48頁
	朱泚、国号を「大漢」に更え、「天皇」と改元す。	日、135頁
	李希烈、即位し、国号を「大楚」とし、「武成」と改元す。	日、135頁・ 鑑、7393頁
興元元年2月26日	**李懐光**反し、徳宗、梁洋に蒙塵す。	日、182頁
興元元年3月13日	**李懐光**と検校右僕射の李晟、咸陽附近に対峙す。この日、**李懐光**、営を焼き走りて河中に帰る。	日、190-192頁・ 奉、55頁
興元元年4月10日	**渾瑊**、吐蕃の将**論莽羅**と与に朱泚の軍を武功に破る。	日、210頁
興元元年5月6日	昭義節度使の**李抱真**・河東節度使の馬燧・成徳軍節度使の**王武俊**、朱滔を涇州に破る。朱滔、遁げて幽州に帰る。	日、229頁
興元元年5月28日	右僕射李晟、金商節度使の**尚可孤**、鎮国軍節度使の**駱元光**、神策制将の高秉哲、潼関大使の唐朝臣ら、東渭橋より終南山に至るまで、南北布兵す。李晟、苑の東北角より垣を壊して苑中に入る。	日、238頁・ 奉、70頁
	渾瑊、戴休顔と与に咸陽を克す。韓遊瑰、朱泚を涇州に追う。	日、246頁
興元元年6月5日	韓旻ら、朱泚を斬り、涇州に至りて降る。	日、249頁
興元元年7月13日	徳宗、長安に還る。	日、269頁

〔出典〕日：「奉天定難日譜」（任育才『唐徳宗奉天定難及其史料之研究』台湾商務印書館、1970年）、奉：『奉天録』、旧：『旧唐書』、鑑：『資治通鑑』。（日時および事項は「奉天定難日譜」に依拠し、非漢族の動向を追跡できる史料を補って作成）

表二　叛軍側節度使

	節度使	出身	姓名	在職年次	出典
1	盧龍節度使	—	朱泚	772-774	方 4、554 頁
		—	朱滔	774-785	方 4、554-556 頁
2	成徳節度使	奚	王武俊	782-801	方 4、579-582 頁
3	平盧節度使	高麗	李納	782-792	方 3、334-336 頁
4	淮西（淮寧）節度使	靺鞨	李希烈	779-786	方 8、1255-1256 頁

〔出典〕方：『唐方鎮年表』

表三　官軍側非漢族主要人物

	出身	姓名	官職	出典
1	渾	渾瑊	朔方左留後→振武節度使（779）→検校左僕射・同中書門下平章事・奉天行営兵馬副元帥、行在都知兵馬使、検校司徒・兼中書令（784）→朔方節度使・侍中（784）→河中節度使（784）→中書令（798）	旧 134、渾瑊伝
2	突騎施	哥舒曜	龍武大将軍→東都・汝州行営節度使（794）→河南尹→右驍衛上将軍	新 135、哥舒曜伝
3	ソグド	李抱真	昭義節度使（776-794）→検校左僕射・平章事（784）→贈太保（794）	旧 132、李抱真伝
4	靺鞨	李懐光	朔方節度使（780-784）・河中節度使（780-784）	旧 122、李懐光伝
5	ソグド	駱元光	鎮国軍副使→潼関防禦・鎮国軍節度使（784）→検校尚書右僕射（784）→右金吾衛上将軍（787）→隴右節度使（788）	旧 144、李元諒伝
6	吐蕃	論惟明	右金吾衛大将軍→鄜坊節度使（786）	陸贄集 9・元和姓纂 9
7	疏勒	裴玢	金吾将軍→忠義郡王（784）→（鄜坊）都虞候（786）→坊州刺史（785）→鄜州刺史・鄜坊節度使（804）→山南西道節度使（808）	旧 146、裴玢伝
8	契丹	張孝忠	成徳軍節度使（781）→義武軍節度使（782）→同平章事（784）	旧 141、張孝忠伝
9	ソグド	康日知	深趙都団練観察使（782）→奉誠軍節度使（784）	新 148、康日知伝
10	鮮卑	尚可孤	御史中丞（783）→検校工部尚書・神策京畿渭南商州節度使（784）→検校右僕射・馮翊郡王（784）→贈司徒（784）	旧 144、尚可狐伝
11	阿跌	李光進	不明→代州刺史（800）→振武節度使（810）→霊武節度使（813）	旧 161、李光進伝
12	阿跌	李光顔	不明→忠武軍節度使（814）→河東節度使・侍中（825）	旧 161、李光顔伝
13	舎利	舎利葛旃	不明→贈工部尚書	山 8・全 714、李光進碑

〔出典〕旧：『旧唐書』、新：『新唐書』、山：『山右石刻叢編』、全：『全唐文』

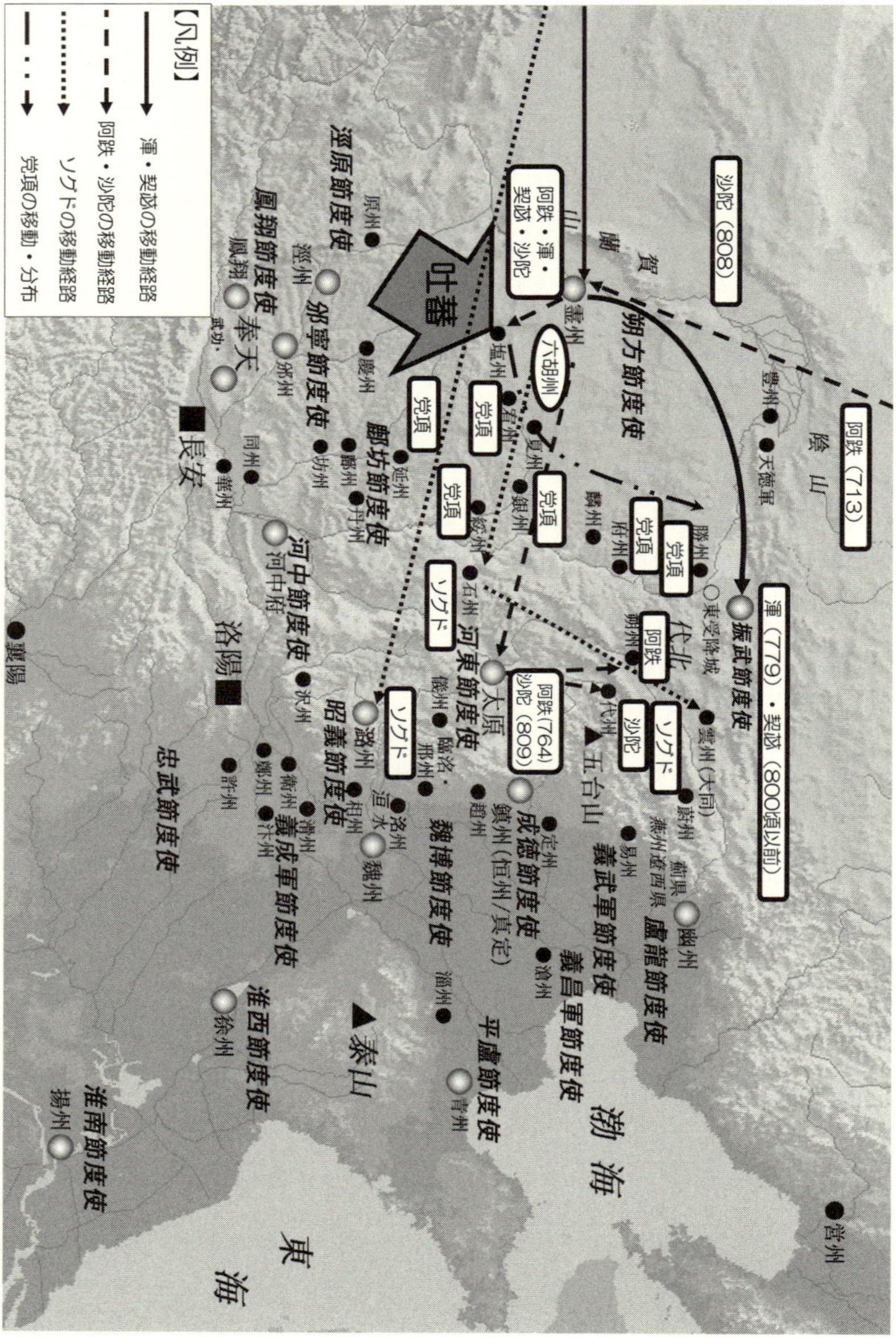

地図四　渾・契苾・阿跌・沙陀・党項・ソグドの移動

次に官軍側に見える非漢族の事例を示す。朱泚の乱では叛軍と官軍が頻繁に入れ替わる。例えば王武俊などは初め叛軍側であったが、建中四年には朝廷に帰属した。奉天の徳宗を救援して功績が高かった李懐光は、興元元年には河中をもって叛旗を翻した。ここでは全体像を摑むために主要人物のみを**表三**に提示する。

表三からは華北地域において多数の非漢族が節度使や州刺史・神策軍に進出していることが明らかである。その左右に侍す側近の多くがソグド人や北方遊牧系の人物だったという李懐光（朔方節度使・河中節度使）[17]や、ソグド人の駱元光（李元諒、鎮国軍節度使）、吐蕃の論弓仁の子孫である論惟明（鄜坊節度使）、疏勒王の子孫である裴玢（鄜坊節度使）、李宝臣に仕えた契丹出身の張孝忠やソグド人の康日知[18]、鮮卑系の尚可狐などが存在する。このうち、本章で扱う複数の遊牧部族が、後に沙陀と関わりを持つことになる。

表三のうち、皐蘭州都督を兼ねる渾瑊や雞田州部落の李光進・李光顔兄弟などは、唐初に設置された羈縻州に由来する人物である（第二章三節参照）。また、李抱真の家系は唐初の功臣であるソグド人の安興貴の末裔で、唐初から代々河西におり、「家業」の牧馬を以て唐に仕えていたことが指摘されている[19]。安史の乱後の唐王朝は、羈縻州系統の部落首領が多数起用される体制になっていたことを示しており、朱泚の乱はこのような羈縻州系統の部落首領を動員して鎮圧されたのであった。

こうした唐初に設置された羈縻州に由来する人物が中央政界や藩鎮の重鎮になっていた頃、彼らが生まれ育った所である羈縻州部落は、河西から移動して一時期霊武に本拠を置き、ついで河南と呼ばれた河曲部の北部を通り、阿跌部は七六四年頃[20]に、渾部は七七九年頃と、徐々に代北・河東に移動しつつあった。**地図四**はこうした非漢族のうち、本章で扱う鉄勒・ソグド・党項等の移動の経路と分布を図示したものである。

第三項　吐蕃の圧力と鉄勒・党項の東遷

これらの遊牧系部落とほぼ同時期に、同様の動きを見せる集団が存在する。それは、沙陀・契苾・吐谷渾などの「代北五部」である。このうち、少なくとも契苾部落は、皐蘭州や雞田州と同様に唐初に設置された羈縻州である賀蘭州の系譜をひく集団で、この時もなお賀蘭都督を世襲する契苾氏に率いられていた。契苾部と吐谷渾部は、霊武からオルドスを経由して、八〇〇年頃までに代北に移動する。(21) 沙陀突厥は吐蕃の影響下にあったが、元和四年（八〇九）に范希朝に従って河東節度使の下に移り、長期間にわたって阿跌部の李光顔の指揮を受ける。この他に、党項やソグド人にも同様の動きがあったことが、岡崎精郎・周偉洲両氏や森部豊氏によって指摘されている。(22) 則ち、鉄勒系・党項・ソグド系を含めた遊牧民の大移動が展開されていたのである。そして東遷した遊牧部族の中から台頭した沙陀突厥が、当該領域内に八世紀以来存在した鉄勒系・ソグド系・党項などの部落を内側に取り込み、九世紀の後半に政治的大勢力へ成長していく。

このような東遷が起こった直接の要因としては、吐蕃の侵入の激化を想定することができる。唐朝は朱泚の乱の鎮圧のために吐蕃の兵力も借りており、渾瑊が吐蕃と共に朱泚の軍を破った（表一）。しかしその後、吐蕃軍が党項の拠る夏州を攻撃し刺史であった党項の拓抜乾暉を追い、塩州・銀州を攻撃し、貞元三年（七八七）には霊武近郊の鳴沙を占拠しており、これに対して渾瑊・駱元光（李元諒）が経略に当っている。(23) 吐蕃の侵入は『旧唐書』巻一九六下、吐蕃下によると「蕃軍、頃年朱泚の衆を武功に破るも、未だ報償を獲ず、所以に来たるのみ」（五二五〇頁）といい、朱泚の乱鎮圧への援助に対する見返りを求めるものであった。このような塩州・銀州から霊武一帯の緊迫した情勢が、党項のみならず霊武に本拠を置いていた契苾部落や吐谷渾部落が東遷する直接の契機になった可能性が高い。この情勢に渾部落を率いる渾瑊やソグド人の駱元光らが一貫して対処しているのは、農業遊牧境域地帯に安置された遊牧勢力が唐朝の要請を受けて辺防に動員されたものと考えられる[24]。

周偉洲氏の研究によると、安史の乱後には既に内徙した党項の東遷が起こっており、至徳年間（七五六―七五八）から永泰元年（七六五）まで、およそ一〇年間にわたって、隴右にいた党項が慶州・塩州などに次々に遷っていく。唐王朝は、吐蕃が慶州・塩州の党項を離叛させるのを防ぐために、永泰元年（七六五）に党項部落をさらに銀州の北・夏州の西および綏州・延州などに遷したといい、吐蕃はこのような党項の本拠地を攻撃したのである。一方、岡崎精郎氏もまた、永泰初以来、党項が豊州・天徳・振武からオルドスの広い地域に散居していたことを明らかにされている[25]。振武（単于都護府）の党項・室韋に対しては、范希朝が振武節度使であった元和元年（八〇六）に対策を行っていたこと[26]、八四〇年のウイグル帝国崩壊によって烏介可汗がウイグルを率いて唐の北辺に至った時に、沙陀三部落・契苾・拓抜部落が唐側の軍事力として参戦していたことを指摘された。党項は、複雑な経緯を辿りながら東遷を繰り返し、九世紀半ばには、李徳裕の『会昌一品集』巻一六所収の「請先降使至党項屯集処状」（会昌六年）に、「党項は麟・府・鄜・坊より太原に至るまで、徧く河曲に居す」といい、振武節度使管轄下の麟州・府州から、鄜州・坊州を経て太原に至るあらゆる場所に屯集するようになっていった[27]。

第二節　八―九世紀の華北の鉄勒集団

第一項　沙陀の東遷と興起

沙陀は、貞観中に唐に帰属した後、七〇〇年頃には甘州方面に移動した[28]。貞元中（七八五―八〇五）には、吐蕃の勢

表四　河東移動後の沙陀の軍功

年　次	内　容	統　括　者
元和 5（810）	• 鎮州（王承宗）を討伐。**朱耶執宜**は軍七百を以て前鋒となり、鎮兵解けるや、**蔚州刺史**に進む。	李光顔軍
元和 8（813）	• 回鶻、磧南を過り、**朱耶執宜**に詔して**天徳**に屯せしむ。	不明
元和 9（814）	• 淮西の呉元済を討伐。**朱耶執宜**に詔して**李光顔**に隷せしむ。元済平ぐや、検校刑部尚書を授けられ、なお**光顔の軍**に隷す。	李光顔軍
長慶元（821）	• 鎮州を討伐。**沙陀**を動員して、易定の軍と掎角せしむ。**朱耶執宜**入朝し、宿衛に留め、金吾衛将軍に拝す。	李光顔軍
太和 4（830）	• 柳公綽、河東を領す。奏せらく、**陘北の沙陀**は素より九姓・六州の畏れる所となる。部人三千を料して北辺を禦ぎ、代北行営と号す。**朱耶執宜**に陰山府都督・代北行営招撫使を授け、**河東節度**に隷す。	河東節度使
開成 4（839）	• 回鶻が磧口を径て楡林塞に抵る。宰相掘羅勿は良馬三百を以て**朱耶赤心**に遺り、共に彰信可汗を攻めるを約す。	不明
会昌 2—3（842—843）	• **（河東）節度使劉沔、沙陀**を以て回鶻を殺胡山に撃つ。	河東節度使
会昌 4（844）	• **潞**を伐ち、劉稹を誅す。**朱耶赤心**に詔して代北騎軍三千を率いて**石雄**に隷して前軍と為す。潞州平ぐや、朔州刺史に遷り、**代北軍使**と為す。	石雄
大中元（847）	• 吐蕃、党項及び回鶻の残衆と合して河西を寇し、太原の王宰、代北諸軍を統べて進討す。沙陀、常に深く入り、諸軍に冠たり。**朱耶赤心**、蔚州刺史・雲州守捉使に遷す。	王宰
咸通 10（869）	• 龐勛の乱。**義成の康承訓**に詔して行営招討使と為し、**朱耶赤心**、突騎三千を以て従う。勛平ぐや、大同軍節度使に進む※。	義成節度使康承訓
咸通 10（869）	• 回鶻、楡林を襲撃し、霊・塩を擾す。**李国昌**に詔して鄜延節度使と為す。	
乾符元（874）	• 回鶻、又た**天徳**を寇す。**李国昌**を**振武節度使**に徙し、検校司徒に進む。	

〔出典〕『新唐書』巻 218、沙陀伝、6153—6156 頁　※大同節度使は 878 年に設置。防禦使か。

力伸長に伴って沙陀部七千帳が吐蕃に帰属したが、吐蕃は沙陀を甘州から河外に徙そうとしたため、これを嫌った沙陀は、沙陀尽忠と朱耶執宜が謀って烏徳鞬（オテュケン）山に逃げ、そこから吐蕃と戦いつつ霊州に至って唐朝に帰属し、塩州に安置された（八〇八）。その翌年には霊塩節度使范希朝が河東節度使に移鎮するのに伴って河東に移動する。范希朝はそのうち千二百騎を精選して沙陀軍と号し、その余衆は定襄川に置き、朱耶執宜は神武川の黄花堆を保って「陰山北沙陀」と号したという。河東に移った沙陀の元には、鳳翔（現在の陝西省宝鶏市）・興元（現在の四川省漢中市）・太原を経由して帰属した者も合流して大きな勢力となっていく。

『新唐書』巻二一八、沙陀伝の記述から判明するところでは、沙陀は、河東に移動した翌年からめざましい活躍を見せることになる。沙陀伝の記述から、范希朝とともに河東に移動した後の沙陀の動向を抽出したのが**表四**である。**表四**から判明する重要な点は、沙陀が河東に移動した八〇九年から八二一年の鎮州討伐まで、李光顔の管轄下にいるか、あるいはともに軍事行動を取っているということである。八三〇年には李光顔の軍ではなく河東節度使の下に置かれていることが明記されている（本章第三節参照）。八三〇年に朱耶執宜が代北行営招撫使に、八四四年に朱耶赤心が代北軍使となった沙陀は、龐勛の乱の鎮圧や黄巣の乱の鎮圧を足がかりに、唐末の大勢力へと成長していく。

この地域には、沙陀が移動してくる前に既に阿跌や渾部、契苾部など、重要な鉄勒系部落が多数存在しており、沙陀はそのただ中に移動してきたのである。そこで次に、沙陀とこれらの鉄勒系部落との関係を見てみたい。

第二項　振武の鉄勒渾部と契苾

渾瑊は、徳宗が奉天に蒙塵すると直ちに家僕数十騎を連れて奉天に至り、奉天の防衛に最も功績があった。興元元年には朱泚を追って涇州に至り、朱泚を討ってその首を献じるなど、朱泚の乱の鎮圧に最も功績のあった人物である。彼は『旧唐書』巻一三四、渾瑊伝〔三七〇三頁〕に、

渾瑊は、皐蘭州の人なり、本と鉄勒九姓部落の渾部なり。高祖の大俟利発、渾阿貪支は、貞観中に皐蘭州刺史たり。曽祖元慶、祖大寿、父釈之、皆な代よ皐蘭都督たり。

といい、『新唐書』巻七五下、宰相世系表〔三三七九頁〕[29]に、

渾氏……迴貴より瑊に至るまで、世よ皐蘭州都督を襲う。

という、鉄勒系の渾部に置かれた羈縻州である皋蘭州の出身であり、唐初の人物と考えられる高祖の迴貴から渾瑊に至るまで、代々皋蘭州都督を帯びていた。『旧唐書』巻一〇三、王君㚟伝〔三一九二頁〕および『新唐書』巻二一七上、回鶻伝〔六一二四頁〕の記載によると、武則天の時期には回紇・契苾・思結・渾の四部が、甘州・涼州の間に安置されていたという。(30)

『奉天録』巻一には渾瑊が「家僕数十騎」を連れて長安で「後殿と敢死の士を収集」〔一二三頁〕してから奉天の行在に駆けつけたことが記されている。この「家僕」は、『新唐書』巻一五五、渾瑊伝では「帝の奉天に狩するや、瑊、家人の子弟を率いて以て従う」〔四八九三頁〕(31)と記されており、騎馬の「家僕」や「家人子弟」は皋蘭州の部民である可能性が高い。

まず、渾部ともう一つの羈縻州である賀蘭州の契苾部との関係、そして渾部の所在を示すために、渾瑊の系譜を示してみよう。『新唐書』巻七五下、宰相世系表〔三三七九―三三八三頁〕および「渾瑊碑」(32)・「渾偘碑」(33)等によると、その大まかな世系は**系図三　渾氏系譜**のようになる。岑仲勉氏によると、渾潭の帯びた左玉鈐衛大将軍という職は隋代には存在せず、領軍衛が龍朔年間に戎衛とされ、光宅元年（六八四）に玉鈐衛とされ、神龍年間に再び領軍衛に戻されたものであり、迴貴の帯びた豹韜衛大将軍も同年に威衛から豹韜衛に変えられ、神龍年間に復されたものであるから、この二人は武則天時期の人であるという。(34)

渾瑊が率いる皋蘭州と、後に「代北五部」として沙陀集団の中核を担うことになる契苾部落とは、婚姻関係を通じて友好関係にあった。これを証明する墓誌が、近年寧夏回族自治区の青銅峡市で発見された「渾公夫人契苾氏墓誌銘」(35)である。以下に書き下しを示す。

大唐左屯衛将軍皋蘭州都督渾公夫人契苾氏墓誌銘并びに序

系図三　渾氏系譜

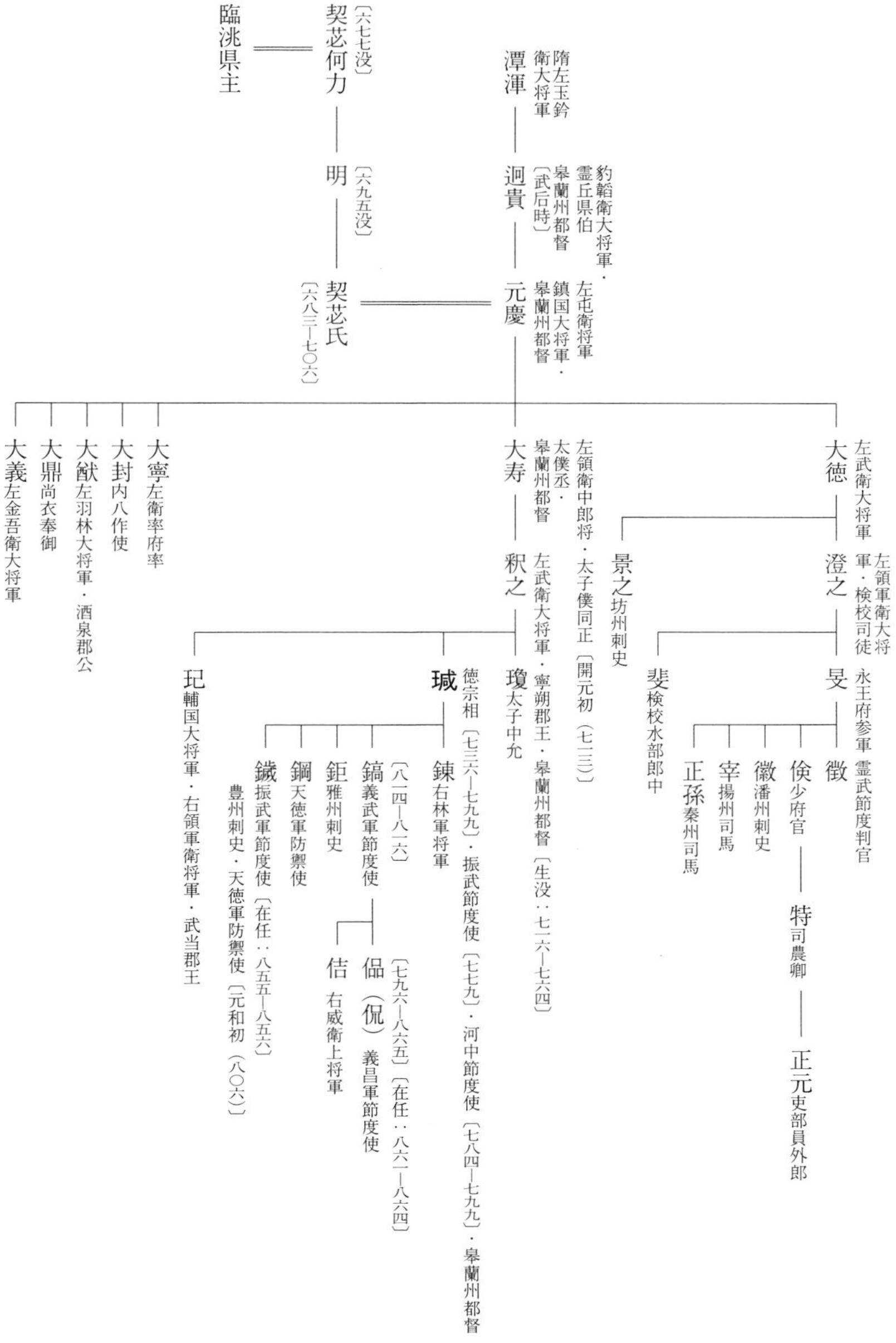

渾潭
隋左玉鈴衛大将軍
迴貴
豹韜衛大将軍・霊丘県伯
皐蘭州都督〔武后時〕
元慶
左屯衛将軍
鎮国大将軍・皐蘭州都督
契苾何力〔六七七没〕
臨洮県主
明〔六九五没〕
契苾氏〔六八三―七〇六〕
大徳
左武衛大将軍
澄之
左領軍衛大将軍・検校司徒
景之
坊州刺史
旻
永王府参軍
斐
検校水部郎中
徴
霊武節度判官
倹
少府官
特
司農卿
正元
吏部員外郎
徽
潘州刺史
宰
揚州司馬
正孫
秦州司馬
大寿
左領衛中郎将・太子僕同正〔開元初（七一三）〕
太僕丞・皐蘭州都督
釈之
左武衛大将軍・寧朔郡王・皐蘭州都督〔生没：七一六―七六四〕
瓊
太子中允
瑊
徳宗相〔七三六―七九九〕・振武節度使〔七七九〕・河中節度使〔七八四―七九九〕・皐蘭州都督
玘
輔国大将軍・右領軍衛将軍・武当郡王
錬
右林軍将軍
鎬
〔八一四―八一六〕
義武軍節度使
鉅
雅州刺史
鋼
天徳軍防禦使
鐬
振武軍節度使〔在任：八五五―八五六〕
豊州刺史・天徳軍防禦使〔元和初（八〇六）〕
偘（侃）
〔七九六―八六五〕〔在任：八六一―八六四〕
義昌軍節度使
佶
右威衛上将軍
大寧
左衛率府率
大封
内八作使
大猷
左羽林大将軍・酒泉郡公
大鼎
尚衣奉御
大義
左金吾衛大将軍

> 夫人、諱は□、姓は契苾氏、其の先は陰山の人なり……。曽祖抜は、隋の右武衛大将軍・賀蘭州都督なり。祖何力は、唐の輔国大将軍・右金吾衛将軍・駙馬都尉・賀蘭州都督・中国公なり。父明は、唐の鎮軍大将軍・行左屯衛将軍・賀蘭州都督・涼国公なり。……神龍二年十月廿六日、疾に遘いて皐蘭州の官舎に終る、春秋廿有四。粤に景雲二年四月九日、窆を賀蘭山の南原に遷し、先塋に祔す。礼なり。

墓主である渾公夫人の契苾氏は、唐初に李世民に仕えて蕃将として有名な契苾何力の孫である[36]。契苾夫人の夫である皐蘭州都督については記述がないが、契苾夫人の没年が七〇六年、渾釈之の生年が七一六年であることから、釈之より前の世代に当たる元慶か大寿のどちらかに限定される。そのうち、渾大寿については『旧唐書』巻一三五、渾瑊伝に開元初（七一三）に長安で左領衛中郎将（正四品下）・太子僕同正（従四品上）を歴任したことが記録されている〔三九〇三頁〕。一方で、墓誌銘には契苾夫人の夫である渾公は七一一年の時点でより高位の左屯衛将軍（従三品）であったことが明記されているため、契苾夫人の夫の皐蘭州都督は渾大寿ではなく渾元慶と推定できる。年齢を考えると渾大寿は契苾氏の所生とは考えにくいものの、系譜の上では契苾氏は渾瑊の曽祖母に当たる。契苾氏の家系は「契苾通墓誌銘」によって唐末まで賀蘭州都督を世襲していたことが判明しており、契苾夫人はその直系の生まれである。皐蘭州都督渾公との婚姻関係は、部落間の友好関係あるいは同盟関係を示すと見て間違いない。

墓誌が発見された寧夏回族自治区の青銅峡市は唐代の霊武の近傍に立地することから、神龍二年（七〇六）当時、皐蘭州が霊武附近に置かれていたことが判明する。

その後、渾釈之は天宝五載（七四六）に霊武で防秋に当たり、広徳中（七六三―七六四）に霊武で戦没していることから（『新唐書』巻一三四、渾瑊伝〔三七〇三頁〕）、少なくとも七六〇年代までは霊武にいたものと想定できる。渾瑊は一一歳で辺部に仕え、朔方軍の軍事活動に従いつつ霊州左司馬、邠州刺史を歴任した。この頃は「渾瑊碑」に「其の間、地を河曲に開き、以て九蕃を静む」というように、渾瑊と所部である皋蘭州は河曲（オルドス）で大きな勢力を持つようになっていた。

このような婚姻関係に基づく友好関係が、実際の軍事行動に表れた事例として、渾部と契苾部が共同で軍事行動に当たったことを示す「河西破蕃賊露布」（『文苑英華』巻六四八、三三三三頁）がある。これは開元二五年（七三七）に河西節度使の崔希逸が吐蕃を打破した戦役の露布であるが、この中で唐側の布陣を示す文章中に、

又た大将軍**渾大寧・契苾嘉賓**をして各の歩兵を領せしめ……三水の賊境において犄角を為さしむ。

と見える。渾大寧は前出の墓主契苾氏の夫である渾元慶の子であり（**系図三　渾氏系譜**）、契苾嘉賓は契苾通の祖父に当たる。[37] 墓主の契苾氏が若くして没してから既に三〇年を経ているが、渾部と契苾部はその友好関係を維持し、共に軍事行動に参加していたことが見て取れる。

契苾部については、本書第二章において、振武節度使「契苾通墓誌銘」および「契苾公妻何氏墓誌銘」の分析を通して、唐初に唐に帰附し、河西回廊に安置された契苾部落が、おおよそ八〇〇年頃までには、河西回廊から霊武を経て振武軍に移動していったこと（第一章二・三節参照）、契苾部落もソグド人とのつながりを持ち、吐谷渾・契苾・沙陀三部落は唐末において「五部」と総称されており、九〇〇年頃には吐谷渾とともに沙陀集団の中に取り込まれ、沙陀集団の中心勢力を形成したことを論じた。では、渾部はどのような経緯をたどったのであろうか。[38]

渾瑊は大暦一三年（七七八）に郭子儀の下で単于副都護・振武軍使となって回鶻（ウイグル）を防ぎ、大暦一四年（七七九）には朔方節度使の縮小と四分割に伴って、単于大都護・振武軍・中東二受降城・鎮北及綏銀麟勝等軍州節度営田使となり、振武節度使となった。[39] その後すぐに左金吾衛大将軍・左街使に充てられ、興元元年（七八四）三月には霊州都督、霊塩豊夏等州定遠西城天徳軍節度使を兼ね、朔方邠寧振武等道兼永平軍奉天行営兵馬副元帥に充てられ

表五　振武の鉄勒・ソグド系節度使

	年　次	姓　名	備　考
1	大暦 14 年（779）	渾瑊（渾）	
2	元和 5 年（810）—元和 8 年（813）	阿跌光進→李光進	旧紀 11 月甲戌、以代州刺史阿跌光進為単于大都護・振武麟勝節度支営田観察押蕃落使
3	会昌 6 年（846）—大中元年（847）	米暨（ソグド）	
4	大中元年（847）—大中 2 年（848）	史憲忠（奚、ソグド）	
5	大中 6 年（852）—大中 8 年（854）	契苾通（契苾）	
6	大中 9 年（855）—大中 10 年（856）	渾鐬（渾）	渾瑊の子
7	乾符元年（874）—乾符 5 年（878）	李国昌（沙陀）	
8	中和元年（881）—中和 4 年（884）	契苾璋（契苾）	
9	景福元年（889）—天復 3 年（903）	石善友（ソグド）	石善達と同輩か
10	天祐元年（904）—天祐 4 年（907）	李克寧（沙陀）	旧史、李克寧伝、「武皇之季弟也」

〔出典〕『唐方鎮年表』1、161—183 頁　旧紀：『旧唐書』本紀、旧史：『旧五代史』

ている。主に振武での軍事行動に当たっているのは、渾瑊の率いる皋蘭州の渾部がこの地域で勢力があったためであろう。蘇航氏も指摘するように、この頃には皋蘭州の部民は振武から代北に入っていったようである。渾部の移動の経緯については、渾瑊の孫にあたる渾偘の神道碑（「渾偘碑」）に述べられている。

公、諱は偘、字は復貴、その先は羌姓の後にして、漢《ママ》郡渾邪王の裔なり。始め峭北に居り、後に河南に遷り、今は代人と為り、山西の右族と為る。

渾偘は、碑文によると咸通六年（八六五）に六九歳で死去したので、生年は貞元一三年（七九七）である。渾偘自身は長安に葬られたが、渾氏は唐に降附した後に河南（河曲部、オルドス）に遷り、当時はすでに代人で山西の右族であったという。

今、朱泚の乱以降に振武節度使となった鉄勒・ソグド系武人を纏めると**表五**のようになる。**系図三　渾氏系譜**と合わせて見ると、渾瑊が大暦一四年（七七九）に振武節度使となった後、天徳軍防禦使となった渾鋼があり、大中九年（八五五）には二人目の振武節度使である渾鐬を出している。[40] 振武節度使は、渾瑊を嚆矢として、朱泚の乱に参与した阿跌部、さらにソグド人軍将、契苾部出身者、そして沙陀の李国昌や李克寧が次々に節度使となる、沙陀突厥揺籃の地であった。渾瑊・李（阿跌）光進の間は約三〇年開いているが、この間は契苾通が振武の都知兵馬使として在任した期間に当たる（第三節参照）。会昌年間以降は、米曁以降次々に非漢族の節度使が誕生していることを見ると、八四〇年に発生したウイグル帝国の崩壊に起因する烏介可汗を中心とするウイグルの南遷と、ウイグル対策に貢献した吐谷渾・契苾・沙陀三部落の功績が[41]、ソグド・契苾・沙陀らが節度使に進出する直接の契機となっていることが想定できる。換言すれば、唐初の功臣の子孫であり、唐王朝宗室の血も受け継ぎ、渾部とも姻戚関係にあった契苾部でも、唐王朝への殊勲がなければ節度使への進出は困難だったのだろう。

一方で、唐王朝に対する殊勲を挙げ得たということは、吐谷渾・契苾・沙陀三部落がこの地で既に確固とした地歩を築き、軍功を挙げうる武力集団になっていたということである。河東・代北において、あまたの鉄勒系の遊牧民が大きな力を持つ最初の基礎を形作ったのが、朱泚の乱で殊勲をあげた渾・阿跌といった勢力の節度使就任や、これと表裏をなす配下の鉄勒系羈縻州民の移動であった。渾氏が宰相を出すほどに勢力を得た背後には、華北諸藩鎮における鉄勒系羈縻州民の移動という趨勢が隠されており、ここで実力を蓄えた鉄勒系部落の羈縻州が後に沙陀突厥に統合されていく遊牧勢力の中に含まれていたのである。渾部が沙陀に吸収されていったことを示す記事が、『通鑑』巻二五五、中和二年（八八二）一二月条に附す『考異』巻二四所引の『後唐太祖紀年録』（一六九頁）に残されている（『四部叢刊』本による）。

　初め、克譲、潼関に於いて戦いて敗るるや、賊を南山に避けんとして、仏寺に隠れ、夜、山僧の害する所と為る。紀綱**渾進通**、刃を冒して免かるを獲、黄巣に帰す。

渾偘に遅れること二十数年後、すでに渾氏の人物が沙陀突厥と合流しているのが見て取れる。さらに、時代が下っ

て『旧五代史』巻九八、安重栄伝に収める後晋の天福年間（九三六—九四四）の上奏文〔一三〇二頁〕には、

続きて準るに、生吐渾并びに渾・葜苾・両突厥三部落、南北して沙陀・安慶・九府等を将い、各の部族の老小、并びに牛羊・車帳・甲馬を領し、七八路より化を慕いて帰奔し、倶に五台及び当府（成徳軍）の地界已来（地界のこちら側）に至りて安泊す。

という記事が見える。渾部は、この時期までも契苾部落と行動を共にしている。また、吐谷渾・沙陀部落や、沙陀三部落の一つでありソグド系部落とされる安慶なども見えることから、その後五代に至るまで沙陀集団がまとまって行動していたと想定できる。また、非漢族出身者で振武節度使となった噶矢が渾瑊であること、その後も渾氏の節度使が出ていることに鑑みると、渾氏とその配下の渾部に置かれた羈縻州である皐蘭州は、おそらくは渾瑊とともに代北に移動し、その後渾氏は「山西右族」となり、九世紀末には沙陀突厥と合流したと想定できる。

ここで一つの疑問が出てくる。渾部と阿跌部もまた、代北五部の一部である契苾部とよく似た性格を持っている。なぜ、渾部と阿跌部は唐王朝が把握する「代北五部」に含まれていないのだろうか。これについては、渾部と阿跌部は他の五部と異なり、中書令の渾瑊と侍中の李光顔を出した「宰相の家」であり、沙陀勃興前の早い時期から既に刺史や節度使として唐王朝の側から遊牧民の統御に関わっていたことを指摘したい。阿跌が沙陀を指揮する立場であったことは既に述べたが、渾部もまた、元和年間のこととして、「元和中、延州の沙陀部、辺吏の貪に苦しみ、震擾して安まらず。李絳建言すらく『宜しく才職の称う者を選びて刺史と為すべし』と。乃ち（渾）鎬を延州に任ず。[42]」という、沙陀を保護する立場であった[43]。

第三項　河東・代北の鉄勒阿跌部と沙陀

近年の蘇航氏と山下将司氏によって阿跌に関する研究が進められ、鉄勒系阿跌部に関する知見は大幅に増大した(44)。両氏の研究によると、阿跌部が漠北にいた貞観二一年（六四七）に羈縻州である雞田州部落が設置され、さらに開元元年（七一三）には霊州附近の回楽県に復置された。阿跌部の首領であった李良臣は朔方軍に隷しており、彼が宝応元年（七六二）に卒すると、その子である李光進と李光顔兄弟は、姉の夫である舎利葛旃が河東節度使に仕えたことによって広徳二年（七六四）には太原に移動したという。また、森部豊氏が紹介した後晋の鶏田府部落長史「何君政墓誌(45)」に見える鶏田府が、阿跌部の雞田州と同じものであることも、蘇氏の研究によって明らかになった。

八〇九年に范希朝に従って東遷した当初の沙陀部落は、河東節度使の管轄下にあったものの、現実的にはこの阿跌部の下で李光顔の指揮を受ける立場にあった。**表四**に示した沙陀の動向からは、河東に移動後の沙陀は一八年にわたって李光顔の軍の下に置かれたことが窺える。蘇航氏は、李光顔が河東を離れてもなお河東蕃部を統率する形が継続しており、阿跌部が河東蕃部を統率したのは戦時に限らず、李光進が代州刺史に任じられた際に石嶺鎮兵馬使・代北軍使も兼ねたことを指摘する。この年代について、山下氏は貞元一六年（八〇〇）頃としている(46)。

では、阿跌の李光進・李光顔兄弟は、平時はどのように沙陀を統率したのだろうか。その疑問を解く鍵となる、沙陀が河東に移動した後、沙陀部落を管した人物の名前が、李徳裕『会昌一品集』に残されている。『会昌一品集』巻一六所収の会昌四年（八四四）三月一四日の日付を持つ「奏晋州刺史李丕状　縁楊弁作乱時、李丕殺安義節之子」に、

　右、安義節、沙陀の兵馬を管すること三十余年、蕃人の心、最も讐怨を尚ぶに縁り、戦陣の際、固より堤防し難し(47)。

とある。これは、会昌三年に河東都知兵馬使であった楊弁が軍乱を起こして河東節度使の李石を逐った時、当時の忻州刺史であった李丕が、「蕃人」であり、三十余年にわたって沙陀の兵馬を管していた安義節というソグド姓の人物

の子を斬ったため、戦陣において沙陀を制御できなくなったと述べている。三十余年といえば沙陀が范希朝と共に河東に移動し、李光顔の指揮を受けていた時期から会昌四年（八四四）までの全期間にあたる。安義節が沙陀の兵馬を管した時の立場は不明だが、沙陀を統率する立場にあった雞田州の李光顔と関係する人物であった可能性が高く、また「蕃人」であることからソグド人である可能性が高い。この安義節については、長慶元年（八二一）七月に鎮州の成徳軍大将の王庭湊討伐に参与した将校五九人を列挙した「裴度等承天題記」（以下、「承天題記」と略称。『山右石刻叢編』巻八、四七—五三葉）にも、阿跌の李昌元や李季元と共に名前が見える（序列の［数字］と（ ）は筆者による）。

十有二月……書記元輿に命じて其の従行の府□□□将校、凡そ五十九人を録せしめ、承天軍西の石壁に列ぬ。

［1］鎮州四面行営都招討・河東節度観察処置・押北山諸蕃等使・太原尹・北都留守・司空兼門下侍郎平章事・晋国公、裴度…（中略）…［15］次軍都知兵馬使・儀州刺史兼御史中丞、**李昌元**（李光進の嗣子）…（中略）…［17］右武略軍使兼監察御史、**李季元**（李光顔の長子）…（中略）…［27］右軍兵馬使□太子詹事、**安義節**。（後略）

『新唐書』巻二一八、沙陀伝［六一五五頁］によれば、長慶元年に行われた鎮州討伐には、沙陀も動員されており（**表四**）、朱耶執宜が李光顔と共に獅子奮迅の活躍をしたことが見えるが、「承天題記」には朱耶姓の人物は見えない。「承天題記」には名前を確認できない人物が六名おり、ここに含まれる可能性もあるが、安義節が「沙陀を管し」ていたのであれば、この安義節の配下に置かれていた可能性が高い。とすれば、阿跌による沙陀の統御は必ずしも直接統率下に置くのではなく、このようなソグド系の武人が介在していた可能性が高い。そして、他部落である沙陀の統率に関与していることや、阿跌李氏より下位ではあるとはいえ同様に「承天題記」に列挙されていることから、このようなソグド系の武人は、安義節一人ではなく、有力な武力集団として存在していたと考えるべきであろう。(48)

李光進は元和四年（八〇九）から元和六年（八一一）まで代州刺史・代北軍使の官職を帯びていた。その後、李光進は霊武節度使を拝し（在任：八一三―八一六）、任地で没した。その後、李光顔が忠武軍節度使から河東節度使に移った（在任：八二五―八二六）[49]。一方の沙陀は、朱耶執宜が長慶元年（八二一）に宿衛に入ったものの、大和四年（八三〇）に代北行営招撫使となり、河東節度使に隷することとなった。この間の沙陀に関する情報は限られるが、大和四年時点ですでに陘北（陘嶺、句注山の北）で畏れられていたとすれば（**表四**）、長慶四年以降も代北にあって阿跌の李光顔の統御を受けていた蓋然性が高い。とすれば、李光顔は河東節度使のまま没したため、李光顔の晩年には河東節度使の指揮を受けていたことになり、唐王朝側がその形を追認したものといえる。次いで会昌年間（八四一―八四六）には朱耶赤心が代北軍使となった。この後、沙陀の朱耶氏は後々まで代州を本拠地とし、李克用の墓も代州に存在する[50]。李光顔の死去後の阿跌の根拠地については確かなことは不明であるが、森部豊氏は後晋時期に鶏田府部落が存在した場所を雲・朔の間とし[51]、蘇航氏は李光進・李光顔の時代に代州に移動したとする[52]。おそらく、沙陀と阿跌は、阿跌が沙陀を統御した時期から五代時期まで、長期にわたって近接する地点に住み続けていたのであろう。このような関係から、沙陀が代北で勢力をつけてくると李光進・李光顔の時代とは形を変えて沙陀と共に行動するようになり、前述の後晋の天福年間に代州で歿した鶏田州部落長史の墓誌は、その結果として残されたと考えられる[53]。

代北における阿跌部の具体的な状況については、李光顔の第四子の李誠元を朔州刺史に除する制から明らかになる。杜牧『樊川文集』巻一八「李誠元除朔州刺史制」[54]に、

勅す。銀青光禄大夫・検校国子祭酒・前使持節都督勝州諸軍事兼勝州刺史・御史中丞・充本州押蕃落及義勇軍等使・上柱国、李誠元。……長慶より已降、制置を怠り、西北の守帥、多く其の人に非ず、種落を侵虐し、厚く自ら封殖し、忿鷙の性をして、欺奪の苦しみに甘んぜざらしむるに至る。近者聚りて内寇を為し、乃ち天下を騒動するに至る。……僉な曰く、誠元、家、本と北辺にあり、志気は慷慨、将軍の子にして、頗る父の業を伝う。

表六　朔州刺史

	年時	氏名	出身	出典
1	会昌 2-3 年（842-843）	石雄	—	新書、本伝
2	会昌 4—大中 3 年（844-849）	李国昌	沙陀	新書、沙陀伝
3	大中 5 年（851）頃	李誠元	阿跌	杜牧「李誠元除朔州刺史制」
4	大中 12 年（858）	段威	—	旧書、宣宗紀
5	咸通 10 年（869）	李克修	沙陀	旧五代史、本伝
6	広明元年（880）	高文集	—	旧五代史、唐武皇紀上
7	広明元年（880）	米海万	ソグド	旧書、僖宗紀

〔出典〕『唐刺史考全編』巻 96、河東道　朔州、1354-1355 頁　新書：『新唐書』、旧書：『旧唐書』

……深く国士たらんと期し、家声を頽す無かれ。検校国子祭酒・使持節朔州諸軍事兼朔州刺史・御史中丞たるべし、散官・勲は故の如し。

これは使持節都督勝州諸軍事兼勝州刺史・充本州蕃落及び義勇軍等使であった阿跌部の李誠元が大中五年（八五一）頃に朔州刺史を拝した際の制書である。(55)李誠元は、李光顔が河東節度使在任中に没した宝暦二年（八二六）時は朔州司馬で、朔州と縁が深い。

勝州刺史から検討しよう。実は勝州刺史の歴代の就任者はよくわかっていない。「契苾通墓誌銘」の記録によれば、通の父である契苾潞は「皇持節都督勝州諸軍事・勝州刺史・充本州押蕃落義勇軍等使兼侍御史・贈鴻臚卿」であり、郁賢皓氏によればこれは元和中（八〇六—八二〇）のことという。次に勝州刺史になったことが判明するのはやはり契苾氏出身の契苾通（開成末（八四〇）頃）(56)で、さらに一〇年を経て勝州刺史となったのが阿跌の李誠元である。とすれば、これは当時の阿跌は契苾部とほぼ同等の勢力を有しており、李誠元が朔州刺史に就任したことは、なお阿跌に勝州や朔州の遊牧部落を統率する力があったことを示しているに他ならない。

次に、李誠元の前後に朔州刺史になった人物を挙げてみよう。表六によると、李誠元は代北軍使も兼ねる沙陀の李国昌の後に朔州刺史となっている。李誠元が朔州刺史を拝するとほぼ同時に、契苾通は振武節度使に昇任した。この時期の代北は振武の契苾、朔州の阿跌、蔚州の沙陀という配置になっており、当時は契苾部を筆頭に、鉄勒系・沙陀系部落がいずれも強い勢力を保持していたことを示している。当時の阿跌部は、沙陀と拮抗する勢力として、代州・朔州付近で遊牧し、沙陀とも近い関係を保っていたのであろう(57)。

では、振武節度使に進出する前は、契苾部は代北でどのような地位にあったのであろうか。鉄勒部落が州刺史レベルの地位にある時期の実力を示す事例として検討してみよう。代北に移って間もない元和中（八〇六―八二〇）に契苾通の父の契苾漪が既に勝州刺史・押蕃落使となっているだけでなく、「契苾公妻何氏墓誌銘」の誌文中に「始めその家に至るや、契苾公は乃ち振武の都頭（都知兵馬使）たり、権は万余の兵を握る」（第一〇行）といい、「伉儷たりてより四十余年」とあることから、何氏夫人が嫁した八〇〇年より少し後には、既に振武の大勢力であったことがわかる。この時期について、契苾通墓誌銘では「都押衙・馬歩都知兵馬使」と見え、東受降城使に移るまで長期にわたってこの地位にあった。つまり、范希朝が節度使であった八〇〇年頃から阿跌の節度使時代を歴て、長期にわたって節度使のすぐ下で振武軍の軍務を統括していたのが契苾通であり、若年で任官したことを考えると、契苾部は渾部と共に既に相当の勢力を持っていたと想定できる。振武節度使となった契苾通が大中八年（八五四）に七〇歳で卒すると、次いで渾瑊の子の渾鐬が振武節度使となる（大中九―一〇年）。渾鐬は元和初年（八〇六）には既に豊州刺史に任官していたことからも当時既に高齢であり、契苾通と同年配と考えられる。契苾部と渾部で立て続けに振武節度使となっていることは、渾部と契苾部の繋がりを示すと共に、代北地域での鉄勒系部落の強さを示している。すでに指摘されているように、後半期の唐王朝はその時々の領内に勢力を有する遊牧集団に統御を委ねる形で北辺を維持していた(58)。唐王朝は、こうした遊牧部落を統御する力を持ち、「任使已に熟す(59)」と思われた蕃将を各地に配することで、東遷を続ける鉄勒系や党項部落を統御し、北辺を維持しようとしたのである。

第四項　河東・代北の鉄勒部落出身者の任官地

代北へと移動した渾部や契苾部は、拠点を代北に移しても、その勢力は代北に限られない。各地の部落を統御していた当時の遊牧首領にとっては、子息を各地に配置し、自らも各地で任官したことは、部落の勢力を反映するだけでなく、更に強化する効果があっただろう。山下将司氏は、沙陀や阿跌、突厥の例を取り上げて、『新唐書』巻二一八、沙陀伝〔六一五五頁〕にある「之を頃くして、（范）希朝、太原に鎮すれば、因りて沙陀に詔して軍を挙げて之に従わしむ。希朝、乃ち其の勁騎千二百を料り、沙陀軍と号し、軍使を置き、余衆を定襄川に置く。執宜、乃ち神武川の黄花堆を保つ。」という記録に基づき、「部落自体は河東北部に安置されて遊牧形態を維持する一方、選出された騎馬兵が首領に率いられて河東軍や忠武軍に従軍」していたことを指摘された[60]。また、**表四**を仔細に検討すると、辺防への動員には二つのパターンがあることが判る。すなわち、部落を動員して別の人物の統率下で征伐へ従軍させる場合と、酋帥自身を軍使や州刺史または節度使に拝することによって、所部を率いさせて辺防に動員する場合とである[61]。とりわけ後者は、史料上はあたかも酋帥だけが任地に赴いたように書かれる。例えば、元和八年（八一三）には、回鶻が磧南を過ぎると朱耶執宜を天徳に屯せしめており、咸通一〇年（八六九）には回鶻が楡林を襲撃し、霊・塩を擾したことによって李国昌を鄜延節度使に任じている。乾符元年（八七四）には、回鶻が天徳を寇したために李国昌を振武節度使に徙したという。これらの事例は明らかに沙陀の兵力によって回鶻に反撃することが目的であり、少なくとも沙陀の騎馬軍を率いていなければならず、実際は任地または別地からの動員かを問わず、所部以外の遊牧部落をも統御する必要があっただろう。つまり、従軍だけではなく各地への任官にも辺防上の意義があり、沙陀や阿跌部だけでなく、類似の性格を持つ渾部や契苾部もまた任官に際して選出された騎馬兵を率いたと想定する必要がある。

渾瑊は振武節度使・朔方節度使を経て河中節度使へ移鎮した。彼は、河中節度使であった李懐光が興元元年（七八四）に叛したため、霊州大都督・朔方節度使・邠寧振武永平奉天行営副元帥[62]として李懐光を討伐し、その後河中節度使に遷り、一六年間にわたって在任する（七八四―七九九）。李懐光の叛乱を武力で鎮圧した直後であり、統治機能の回復や治安維持の必要という観点からも、渾部の騎馬兵が従っていたと考えるべきである。渾瑊はこの後も各地の行軍や吐蕃討伐に活躍しており、これも渾部の従軍がなければ困難である。さらに、渾瑊の子の渾鋼は天徳軍防禦使、渾鐬は元和初（八〇六）に豊州刺史・天徳軍防禦使となり、最後に振武節度使となる。渾鎬は元和年間には延州刺史となり、その後義武軍（易定）節度使、その子の渾偘は義昌軍（横海軍、滄州）節度使となる。義武軍節度使については、管内に北方遊牧民の侵入経路にあたる太行山脈越えの要衝である飛狐口を抱えていたため、常にモンゴル高原方面を監視していたらしいことが、新見まどか氏によって指摘されている[63]。そうであれば、渾鎬はその武力を期待されて義武軍節度使に任ぜられたとみるべきであり、これらの場合も、単身での任官ではなく渾部の騎馬兵を率いていると考えるべきであろう。特に延州刺史への就任時は沙陀の統御という目的があったことに鑑みて、渾の出身というだけでは不足であり、渾部の騎馬兵力が必要であった。

阿跌の李光進は上述のように振武節度使から霊州（朔方）節度使に遷り、三年目に没した。李光顔は忠武軍節度使から長慶元年（八二一）には一時的に義昌軍節度使も兼ね、さらに義成軍節度使・邠寧節度使を経て河東節度使に遷移した。彼らの子が河東節度使の下で任官するのは、本部の所在地に近いという他に、李光顔が河東節度使在任時に没したことと関連するであろう。李光進の次子が忠武軍節度押衙となるのは、当時は李光顔が忠武軍節度使であったことと関連する。李誠元が若年時から本部の所在地に近い朔州で任官する他、李建元が「前河東節度右都押衙」、李播元が「前河東節度押衙左門□兵馬使」と河東節度使下の高位の武官となるのは、李光顔が河東節度使であったため

表七　阿跌李光進・李光顔の子の官歴

	父	名	官職	年次
1	李光進	季元（嗣子）	河東衙前兵馬使・検校太子賓客・兼監察御史→右武略軍使	815→821
2	李光進	燧元	陳許（忠武）節度押衙・検校太子賓客・兼監察御史	815
3	李光進	毅元		815
4	李光進	綬元	宣義郎行太原府太原県尉	815
5	李光進	宗元		815
6	李光進	吉元		815
7	李光顔	昌元	検校戸部尚書・兼御史大夫・上柱国→通議大夫・使持節都督儀州諸軍事・儀州刺史・兼御史中丞・上柱国→御史大夫→羽林統軍→鄜坊丹延等州節度観察処置等使・検校戸部尚書・兼御史大夫	826→821→？→840～843
8	李光顔	扶元	守左龍武軍大将軍・知軍事・兼御史中丞	826
9	李光顔	継元	前太常寺主簿	826
10	李光顔	誠元	守朔州司馬・兼監察御史→勝州刺史→朔州刺史	826→～851?→851
11	李光顔	建元	前河東節度右都押衙・検校国子祭酒・兼殿中侍御史	826
12	李光顔	興元	前守衢王友・兼監察御史	826
13	李光顔	栄元	守右羽林軍統軍・検校左散騎常侍・兼御史大夫	826
14	李光顔	奉元	前行太原府清源県丞	826
15	李光顔	播元	前河東節度押衙左門□兵馬使・兼監察御史	826
16	李光顔	安元	右軍先鋒兵馬使・守右驍衛将軍→右金吾衛大将軍→夏州刺史・朔方等節度使	826→865→869

〔出典〕『旧唐書』巻19、『唐方鎮年表』巻1（以上、中華書局）、「李光進碑」（『山右石刻叢編』巻8、33-40葉。『全唐文』543、山西教育出版社、3259-3260頁）、「李光顔碑」（『山右石刻叢編』巻9、16-25葉。『全唐文』632、山西教育出版社、3771-3772頁）、『白氏長慶集』巻53、「裴度等承天題記」（『山右石刻叢編』巻8、47-53葉）

であり、他は禁衛の将軍職や中央・地方の文官職を占める（**表七**）。一方で李光顔の長子の李昌元は開成四年（八三九）から会昌三年（八四三）まで鄜坊丹延等州節度観察処置等使となり、末子の李安元は、李宴元の名で咸通六年（八六五）に夏州刺史・朔方等節度使となっていることが指摘されており、[64] 阿跌部が唐末までなお広範囲に勢力を維持していたことが窺える。

契苾通は勝州刺史在任時に本州蕃落使を兼ねており、明らかに所部以外の蕃部落を統括しているだけでなく、

表八　契苾通の子の任官

何氏墓誌	官　職	年次	契苾通墓誌	官　職	年次
慶郎	没				大中8(854)
公度	没				
公文	□賀□□□□□兼節度押衙	大中元(847)	公文	鄂王府司馬	大中8(854)
公応	河東節度押衙□兵馬使	大中元(847)	公応	河東節度押衙左驍雄兵馬使	大中8(854)
公廉	□州節度□□兵馬使	大中元(847)			
			公瑜	霊武節度押衙決勝六将都知兵馬使	大中8(854)
	公廡已下五人幼少未不仕	大中元(847)			
			公武	滄州節度押衙	大中8(854)
			公約	邠寧節度押衙	大中8(854)
			公綏	河中衙前兵馬使	大中8(854)
			公廙		

〔出典〕「契苾公妻何氏墓誌銘」、「契苾通墓誌銘」

蔚州刺史在任時もウイグル討伐にあたって所部以外の部落を指揮できたことが指摘されており(65)、振武節度使当時も所部以外の蕃部落を統括している。とすれば、各地の刺史として任官する際は、先に指摘した渾鎬が延州刺史として沙陀を統御した例から考えても、儀・丹州刺史への赴任においても少なくとも契苾部の騎馬兵を伴っていると考えるべきであろう。契苾通の墓誌に見える七人の子は、七人中六名が河東節度使・霊武節度使・滄州（義昌）節度使・邠寧節度使・河中節度使下の武官として任官した（表八）。八五四年に文官として任官している嗣子の公文も、母である何氏の墓誌銘では節度使麾下の武官で、「契苾通墓誌銘」にも公文が契苾通の下で「嘗て公に副たりて命を銜む」とあることから、契苾通の副官として武官の経験を積んだ人物である。このうち霊武は渾瑊や李光進も赴任した重要地点であり、代北集団の勢力が代北に限らないことを明示している。滄州（義昌節度使）での任官は、直後に渾偘が義昌節度使になることとも関係するかもしれない。邠寧節度使は李光顔が、河中節度使は渾瑊が長く在任した所である。

類似の事例として、契苾通と共にウイグル討伐に参画したソグド人何清朝の存在も指摘しておきたい。何清朝は契苾通夫人何氏の親族と想定される。(66) 何氏の実家は代々単于府に奉職する武門の家柄であるが、その出身と思われる何清朝は、会昌二年（八四二）には銀州刺史・充本州押蕃落使として蔚州刺史の契苾通と共に南走派ウイグルの討伐軍を率い、会昌五年に朔方節度使（在任：八四五―八四六）となる。代北に入った鉄勒系やソグド系等の遊牧部落は、代北にとどまらず河東・河中、邠寧・銀州・天徳・霊武、東は義武軍（易定）、義昌軍（滄州）という、もと住んでいたオルドスから、河北に至るまで広範囲に及ぶ勢力を保持していたことが窺える。これらは、後の沙陀突厥の勢力範囲と重なる部分も多い。渾・契苾や阿跌などの鉄勒系遊牧民は、徐々に東方に根拠地を移しつつ、オルドスにも勢力を維持し、八世紀末は渾部が最大勢力を誇り、九世紀に入るとその地位は阿跌に遷り、九世紀半ばには契苾・渾が武力集団の筆頭である振武節度使の地位を占め、その集大成として、九世紀後半からは沙陀が代北集団を統合して最大勢力となったと考えられよう。

第三節　振武の党項、府州折氏と真定のソグド人――宋王朝への展望――

ここまで朱泚の乱に参与した鉄勒系・ソグド系の人々から、沙陀の興隆と関係を持つ集団を取り出して論じてきた。最後に、これらの鉄勒系・ソグド系の諸勢力とともに振武・代北の地に存在し、沙陀集団を構成した勢力の一つである党項（タングート）に触れておく。彼らは朱泚の乱には現れないが、乱の直後の貞元二年（七八六）には、吐蕃が夏州・銀州・麟州に入寇して夏州刺史であった党項の拓抜乾暉を追うという事件が起こったため、渾瑊・駱元光（李元諒）らが経略にあたっており、(67) 既に当地の重要な勢力であったことが判明する。(68) 渾瑊・駱元光らが拓抜乾暉の援助に当たったのは、代北に移動後の渾部の勢力や駱元光麾下の武人集団が、この一帯で吐蕃に対抗しうる軍事力を有していたためであろう。

本章第一節第三項で述べたように、九世紀半ばには、党項は南流する黄河の東西に広く分布していた。このうち、振武節度使の管轄内である麟州（中和四年（八八四）に振武から河東に移管）[69]にあった党項は、唐末に折嗣倫が麟州刺史となって以来、[70]府州の名族として勢力を蓄え、五代の沙陀系王朝の中で高官を歴任する家系になっていく。彼らは後唐時期には屢々馬を貢献しており、[71]後晋の開運元年（九四四）に契丹と決裂して後晋に降り、後晋・後漢・後周の高官を歴任しつつ、宋代にまで勢力を維持したようである。なお、この折氏は、もともとは党項ではなく鮮卑であり、党項と雑居するうちに次第に党項化しつつ、安史の乱前後には吐蕃の勢力に押されて北上し、代々代北の著姓になっていたという。[72]

時間は前後するが、この党項折氏がソグド人と密接な関係を維持しつつ高い地位を保持したことを示す事例が存在する。それが、『楡林碑石』に収める「折文彦妻曹氏墓誌」[73]である。行論に必要な部分のみ、ここに引用する。

> 宋故譙国夫人曹氏墓誌銘并びに序。宣和癸卯歳（一一二三）八月庚午、折文彦の妻曹氏、蓐中に疾に縁りて卒す。（中略）吾が父の命を奉り、亦た府州西天平山の祖塋の次に附す。実に庚戌歳（一一三〇）十月癸酉なり。曹氏は、慈聖光憲皇后の姪孫にして、益王佾の曽孫、知忻州（曹）普の女、（折）文彦の姑の長女なり。

と見える。姪孫は「己の兄弟の孫」の意であるため、この「慈聖光憲皇后」は北宋の曹姓の皇后ということになる。ところが北宋には「慈聖光憲皇后」はおらず、曹氏の皇后となると、仁宗（趙禎）の「慈聖光献皇后」曹氏しかいないため、これは慈聖光献皇后の誤りであろう。そこで、仁宗の曹皇后の出自の方面から考えてみたい。

曹皇后は『宋史』巻二四二、后妃伝によると「慈聖光献曹皇后は、真定の人なり。枢密使・周武恵王彬の孫なり」

〔八六二〇頁〕という。曹皇后の祖父である曹彬は、『宋史』巻二五八、曹彬伝によると真定霊寿の人で、後漢に成徳軍牙将となり、後周が成立すると京師に召されて世宗（柴栄）の下に置かれた。曹彬の父の芸は成徳軍節度都知兵馬使であり、後周太祖（郭威）の貴妃張氏は曹彬の従母（母の姉妹、おば）といい、五代政権と関係が深い。

曹皇后の祖父である曹彬については、次のような記録もある。後周世宗の顕徳三年（九五六）に晋州兵馬都監となった時に、隣道から来た使者が曹彬を示されても信用せず、「豈に国戚近臣にして、弋綈の袍を衣て、素なる（粗末な）胡床に坐する者あらんや」と言ったという。(74) この発言からは、曹彬が「胡床に坐る」という習慣を持っていたことが判明する。

次に、折文彦夫人曹氏の「譙国夫人」という称号に注意してみたい。唐代においては、「譙」の出身とする曹姓の人物はソグド人である可能性が高いことは、既に福島恵氏が指摘されている。(75) 婚姻関係を見てみると、折文彦の属した府州の折氏は、周偉洲氏が指摘するように、唐代以来府州に住んでいた党項である。府州折氏との婚姻は、「ソグド人以外の非漢族と通婚」していたことを示している。なお、墓誌に「文彦の姑（父の姉妹）の長女なり」というからには、折文彦と曹氏は従兄妹同士の婚姻であり、二代にわたって婚姻関係が結ばれていたことになる。

唐代のソグド人を判定する基準については、福島恵氏、斎藤達也氏、栄新江氏らが、新出墓誌の分析を通して詳細に論じている。(76) 今、その条件を援用しつつ、北宋仁宗の曹皇后および親族である「折文彦妻曹氏墓誌銘」を検討してみると、この曹氏は、（一）譙郡の曹氏であること、（二）ソグド人が集住する真定の出身であること、（三）成徳軍に仕えた職業軍人の家柄であること、（四）ソグド人以外の胡姓（党項）と通婚していること、（五）胡人の文化を持っていることなど、ソグド人であることを示す複数の要素を備えていることが判明する。このように考えてよいとすれば、この曹氏一族はソグド人である可能性が極めて高く、北宋の曹皇后についても、父の成徳軍節度兵馬使、曹彬自身の成徳軍牙将などの経歴、ソグド人が集住する真定[77]の出身という事実を踏まえると、曹皇后はソグド人の後裔である可能性が高いといえる。[78]

なお、折氏は唐代中期にも、曹明照というソグド人女性との通婚があることが判明している。[79] このように考えていくと、党項もまた、唐代からソグド人との婚姻関係を維持しつつ、唐末・五代には沙陀集団の中に取り込まれていき、ソグド人と婚姻関係を結びつつ高位を保持し、宋代まで存続していたと見なしていくことができよう。

おわりに

筆者は第二章において、契苾・吐谷渾・沙陀三部落が唐王朝から「代北五部」として把握され、唐末には代北五部に北辺財政権が移行し、これらの遊牧部落が長い時間をかけて沙陀に統合されていくことを論じた。本章では、これに加えて、沙陀突厥を構成した鉄勒系や党項部落を広く「代北集団」と捉えた。そして、彼らが唐後半の華北地域で徐々に東遷しつつ、代北・河東地域に入っていき、唐代の著名な「蕃将」を輩出しつつ、代北だけでなく、河東道やオルドスまで含む広い範囲に勢力を維持し、唐末の沙陀突厥に繋がることを、鉄勒系の羈縻州である皐蘭州が置かれた渾部、賀蘭州が置かれた契苾部、雞田州が置かれた阿跌部、そして党項の府州折氏の関係を通して論じた。

唐王朝は、しばしば指摘されるように北辺防衛を羈縻州の形態を維持した遊牧系の集団に依存しており、その上に乗っている王朝であった。[80] しかしこれは「任使已に熟す」と見なされた遊牧民の意志に依存する体制にならざるを得ない。これらの諸族が唐王朝を支える理由を失って沙陀の下に吸収され、さらに河朔三鎮や盧龍管内に残っていた東北諸族やソグド人らが沙陀突厥の下に糾合されていった時、唐王朝は北辺防衛に関わる戦力を失うとともに、王朝の存立基盤をも一挙に喪失することになったであろう。こうした動きは、すでに唐後半期における鉄勒系部落の動向の中にその萌芽を見いだせるのである。

唐末から五代に沙陀突厥による政権が建立された背景には、唐王朝自体が広く遊牧系諸族を取り込んでいたという事実がある。それらの諸族は唐後半期に次々と河東や代北に移動していき、これらの諸族が沙陀を受け入れる役割を果たしていったことが、沙陀突厥の興隆の構造的背景にあると考えられるのである。

注

(1) 本書第一章および第一章注（1）（3）参照。
(2) 栄新江「唐代河西地区鉄勒部落的入居及其消亡」費孝通編『中華民族研究新探索』中国社会科学出版社、一九九一年、二八一―三〇四頁、一九九一年。
(3) 蘇航「唐後期河東北部的鉄勒勢力――従鶏田州的変遷説起」栄新江主編『唐研究』第一六巻、北京大学、二〇一〇年、二六一―二七七頁。
(4) 山下将司「唐の「元和中興」におけるテュルク軍団」『東洋史研究』第七二巻第四号、二〇一四年、一―三五頁。
(5) 日野開三郎「支那中世の軍閥」『日野開三郎著作集』第一巻、三一書房、一九八〇年、二一―一七一頁。特に第三章「藩鎮の跋扈」、九〇頁―一一〇頁を参照。
(6) 栗原益男「安史の乱と藩鎮体制の展開」『岩波講座世界歴史六・古代六』岩波書店、一九七一年、一六八頁。
(7) 堀敏一「唐末諸叛乱の性格」『唐末五代変革期の政治と経済』汲古書院、二〇〇二年、二八五―二九七頁。
(8) 任育才『唐徳宗奉天定難及其史料之研究』台湾商務印書館、一九七〇年。
(9) 陳寅恪『唐代政治史述論稿』中央研究院歴史語言研究所特刊之三、陳寅恪先生論集、一九七一年、一〇七―一二〇頁、一

二四—一三八頁（初出は一九四三年）。桑原隲蔵「隋唐時代に支那に来往した西域人に就いて」『桑原隲蔵全集』第二巻、岩波書店、一九六八年、二八二—二八三頁。

(10) 馬小鶴・柏暁斌「隋唐時代洛陽華化月支胡初探」『中国文化研究集刊』三、一九八六年、一五二頁。（馬小鶴『摩尼教与古代西域史研究』西域歴史語言研究叢書、中国人民大学出版社、二〇〇九年、三三〇頁に再録）。本書第三章。趙振華『洛陽古代銘刻文献研究』三秦出版社、二〇一〇年、五〇四—五一六頁。

(11) 畢波「隋唐宮廷内外的胡人——隋唐国際性的表徴——」『中古中国的粟特胡人——以長安為中心』中国人民大学出版社、二〇一一年、一四九—一六一頁。中田美絵「八紀後半における中央ユーラシアの動向と長安仏教界——徳宗期『大乗理趣六波羅蜜多経』翻訳参加者の分析より——」『関西大学東西学術研究所紀要』第四四輯、二〇一一年、一五三—一八九頁。

(12) 新見まどか「唐代河北藩鎮に対する公主降嫁とウイグル」『待兼山論叢史学編』第四七号、二〇一三年、二五—五一頁。

(13) 栄新江「安史之乱後粟特胡人的動向」『暨南史学』第二輯、暨南大学出版社、二〇〇三年、一〇四—一〇六頁。張説「河西節度副大使安公碑銘並序」『張説之文集』巻一六、一〇二—一〇三頁（『四部叢刊』本）。『文苑英華』巻九一七、四八二八頁）。安興貴の曽孫にあたる安忠敬の碑銘で、安忠敬の子が安重璋（李抱玉）、李抱玉の従父弟が李抱臣と李抱真である。唐代において、ソグド人について特定の家族を一族として捉えて重用する動きについては、福島恵氏が指摘されている。「東アジアの海を渡る唐代のソグド人」『東部ユーラシアのソグド人』、汲古書院、二〇一七年、三〇四—三一九頁。

(14) 本書第三章参照。

(15) 陳寅恪、前掲注（9）論文、一三三—一三四頁。森部豊『ソグド人の東方活動と東ユーラシア世界の歴史的展開』関西大学出版部、二〇一〇年、一二三—一八一頁。章群『唐代蕃将研究』聯経出版事業公司、一九八六年、一九三頁、六〇八頁も参照。王武俊と張孝忠の出身については、吉本道雅「遼史世表疏証」『京都大学文学部研究紀要』第五〇号、二〇一一年、八八頁、注（49）参照。

(16) 新見前掲注（12）論文、四一—四四頁。

(17) 『通鑑』興元元年七月条には「李懐光左右多胡人」（七四四一頁）と見え、『旧唐書』巻一二〇、李懐光伝には「懐光左右皆胡虜」〔三四九四頁〕と見える。

（18）王武俊とともに李宝臣に仕え、建中三年、朝廷に帰順した。『通鑑』巻二二七、建中三年正月条「惟岳之将康日知、以趙州帰国。」〔七三一七頁〕。息子の康志睦は平盧節度使（八二五—八三一年）、孫の康承訓は龐勛の乱の鎮圧に沙陀を率いて殊功をあげて河東節度使（八六九—八七〇）となる（**表四**）。曽孫の康伝業は鄜坊節度使（八七四—八七八年）である。

（19）前掲注（13）参照。『旧唐書』巻一三二、李抱玉伝に「武徳功臣安興貴之裔。代居河西、善養名馬、為時所称。」〔三六四五頁〕と見える。武威安氏が河西や固原で牧馬を家業としたことは山下将司「唐の監牧制と中国在住ソグド人の牧馬」『東洋史研究』第六六巻第四号、二〇〇八年、一—三〇頁参照。唐初から五代までの武威安氏の家系は福島恵「「安元寿墓誌」（唐・光宅元年）訳注」森安孝夫編『ソグドからウイグルへ』汲古書院、二〇一一年、一六〇—一六三頁（福島前掲注（13）書、一二七—一六三頁に再録）を参照。穆員撰「相国義陽郡王李抱真墓誌銘」『文苑英華』巻九三七、四九二六—四九二八頁。昭義節度使の管区からは続々とソグド人墓誌が出土している。

（20）蘇航前掲注（3）論文、二六六頁。

（21）このうち契苾部については、酋長である契苾通が、夫人何氏が嫁いできた二〇歳頃に既に振武の都押衙馬歩都知兵馬使になっており、それより前に既に「始効職単于府」であったというから、八世紀末には既に代北にいたはずで、渾部とほぼ同時に移動した可能性が高い。本章第二節第二項を参照。

（22）岡崎精郎『タングート古代史研究』東洋史研究会、一九七二年、四五—五一頁。周偉洲『早期党項研究』中国社会科学出版社、二〇〇四年、四—八九頁。森部豊「唐末五代の代北におけるソグド系突厥と沙陀」『東洋史研究』第六二巻四号、二〇〇四年、六〇—九三頁（森部前掲注（15）書、一八三—二〇九頁に再録）。森部前掲注（15）書参照。

（23）『旧唐書』巻一九六、吐蕃下「興元元年（七八四）二月……時吐蕃款塞請以兵助平国難、故遣使焉。四月……、是月、渾瑊与吐蕃論莽羅率衆大破朱泚将韓旻、張廷芝、宋帰朝等於武功之武亭川、斬首万余級。貞元二年（七八六）……八月、吐蕃寇涇・隴・邠・寧数道、掠人畜、取禾稼、西境騒然。諸道節度及軍鎮咸閉壁自守而已。京師戒厳。上遣左金吾将軍張献甫与神策将李昇曇・蘇清沔等統兵屯於咸陽、召河中節度駱元光率衆戍咸陽以援之。十一月、吐蕃陥塩州。初、賊之来也、刺史杜彦光使以牛酒犒之。吐蕃謂曰、「我欲州城居之、聴爾率其人而去。」彦光乃悉衆奔鄜州。十二月、陥夏州、刺史拓抜乾暉率衆而去、復拠其城。又寇銀州、素無城壁、人皆奔散。……又蕃軍頃年破朱泚衆於武功、未獲報償、所以来耳。」（五二四九頁）。拓抜乾暉が党項であることは、『元和姓纂』巻一〇、拓跋条、一五七七―一五七八頁及び周偉洲前掲注（22）書、六四頁を参照。

(24) 当時の国際・国内情勢に応じて主に吐蕃・回鶻対策や党項対策、唐末になると内地の叛乱鎮圧や沙陀対策なども要請されたと考えられる。

(25) 周偉洲前掲注（22）書、五四―八九頁。岡崎精郎『タングート古代史研究』東洋史研究会、一九七二年、四五―五一頁。

(26) 『唐会要』巻七三、「単于都護府」条、一五五二頁。

(27) 傅璇琮・周建国校箋『李徳裕文集校箋』河北教育出版社、二〇〇〇年、三一六頁。なお、黄河の西に散居した党項に対する唐王朝側からの討伐については、村井恭子「河西と代北：九世紀前半の唐北辺藩鎮と遊牧兵」『東洋史研究』第七四巻二号、二〇一五年、四七―八二頁を参照。

(28) 本書第一章参照。

(29) 渾氏の世系の初期と末期には混乱がある。趙超編著『新唐書宰相世系表集校』巻五、渾氏条、中華書局、一九九八年、八四四頁。

(30) 『新唐書』巻二一七上、回鶻上「武后時、突厥默啜方彊、取鉄勒故地、故回紇与契苾・思結・渾三部度磧、徙甘・涼間、然唐常取其壮騎佐赤水軍云。」（六一一四頁）。

(31) 『旧唐書』巻一二、徳宗本紀、建中四年、冬十月丙午条では「渾瑊以子弟家属至」（三三七頁）と記される。

(32) 「故朔方・河中・晋・絳・邠・寧・慶等州兵馬副元帥、河中絳邠節度・度支営田観察処置等使、元従、奉天定難功臣、開府儀同三司、検校司徒、兼中書令、河中尹、上柱国、咸寧郡王、贈太師、忠武渾公神道碑銘」『文苑英華』巻八八六、四六六八―四六六九頁。

(33) 「義昌軍節度使渾公神道碑」『文苑英華』巻九一六、四八二三―四八二五頁。

(34) 岑仲勉『唐史余瀋』巻四（『岑仲勉著作集』六、中華書局、二〇〇四年）二二七—二二九頁。

(35) 余軍・衛忠「唐皐蘭州都督契苾夫人墓誌考釈」『寧夏考古文集』寧夏人民出版社、一九九六年、一五七—一六二頁。『全唐文補遺』第七輯、三五〇頁。

(36) 契苾氏の先塋は咸陽にあるため、ここで渾公夫人契苾氏が埋葬されたのは渾氏の先塋である。

(37) 本書第二章の「契苾氏系図」参照。

(38) 「契苾通墓誌銘」の拓本写真は『隋唐五代墓誌滙編』陝西巻第四冊、一三七頁、釈文は『全唐文補遺』第一輯、三五八頁に収められる。「契苾公妻何氏墓誌銘」は『陶斎蔵石記』巻三三、第二葉aおよび『唐代墓誌彙編』下、大中〇一二に釈文を収める。本書第二章参照。

(39) 『旧唐書』巻一二、徳宗本紀、三二〇頁。李鴻賓『唐朝朔方軍研究——兼論唐廷与西北諸族的関係及其演変』吉林人民出版社、二〇〇〇年、三四九頁。

(40) 『新唐書』巻七五下、宰相世系五下、渾氏条、三三七九—三三八三頁。『唐方鎮年表』巻一、振武、一七六頁。

(41) 吐谷渾・契苾・沙陀三部落が烏介可汗を中心とする南走派ウイグル討伐に実戦部隊として参与したことは、『通鑑』巻二四六、会昌二年九月条「李思忠請与契苾・沙陀・吐谷渾六千騎合勢撃回鶻。」（七九六七頁）や巻二四七、会昌三年春正月条「回鶻烏介可汗帥衆侵逼振武、劉沔遣麟州刺史石雄、都知兵馬使王逢帥沙陀朱邪赤心三部及契苾、拓跋三千騎襲其牙帳」（七九七一頁）等、多数の記録が残っている。特に会昌三年正月は、烏介可汗を撃破し、太和公主を奪還する戦闘の主力部隊として大きな功績があった。『考異』巻二一、一四九頁（『四部叢刊』本）参照。本書第一章第三節、本書第六章も参照。

(42) 『新唐書』巻一五五、渾鎬伝、四八九五頁。

(43) もう一つの可能性として、渾瑊の次子で義武軍節度使となった渾鎬の時期に、成徳軍節度使であったウイグル出身の王承宗と戦って大敗を喫し、渾鎬ばかりか家人まで襲撃を受けた事件（八一六）が影響した可能性を指摘できる。この時、渾鎬は義武軍節度使から韶州刺史に貶され、ついで代州刺史の韓重華によって供軍銭横領を摘発され再び循州刺史に貶されている。これによって渾部の勢力が大幅に削がれた可能性が高い。『旧唐書』巻一三四、渾鎬伝、三七一〇頁。『通鑑』巻二三九、憲宗元和一一年（八一六）条、七七二七頁。但し後に渾鎬の弟の渾鐬が振武軍節度使になっていることを考え合わせると、勢力が削がれたとしても一時のことであろう。なお、渾鎬が義武軍に在任していた当時麾下にいた人物に、ソグド系武人の石默啜の存在が指摘できる。石默啜は、その突厥風の名前からも突厥化したソグド人であることが指摘されている。ここでも渾部がソグド人と極めて近い関わりがあったことを指摘できるだけでなく、テュルク系言語を用いた意思疎通が容易であったであろうことも予想できる。栄新江「石默啜墓誌（八一六、易県）」『従薩馬爾罕到長安』中国国家図書館、二〇〇四年、一五六頁。尤李「唐「石默啜墓誌」考釈」李鴻賓編『中古墓誌胡漢問題研究』寧夏人民出版社、二〇一三年、二九八―三〇八頁。

(44) 本書第一章参照。蘇航前掲注（3）論文、二六三―二六八頁。山下前掲注（4）論文、一〇―一一頁。「舎利鉄石墓誌銘」については、森部豊・斉藤茂雄「舎利石鉄墓誌の研究」『関西大学東西学術研究』第四六輯、一―二〇頁。

(45) 森部豊「後晋安万金・何氏夫妻墓誌銘および何君政墓誌銘」『内陸アジア史研究』一六号、二〇〇一年、一―七〇頁。

(46) 蘇航前掲注（3）論文、二六七頁。山下将司前掲注（4）論文、一〇頁。

(47) 傅璇琮・周建国校箋『李徳裕文集校箋』、一九九頁。

(48) 阿跌部にソグド人が含まれていたらしい痕跡は他にも存在する。例えば、開成五年（八四〇）に建立された「李光顔碑」の末尾には「汝南の翟文剬刻す」と記されている。翟氏はソグド人に多く見られる姓であるため、この人物もソグド人である可能性を否定できない。「李光顔碑」『山右石刻叢編』巻九、第一六葉a―第一九葉a。また、後晋の天福年間の鶏田府部落長史の何君政の存在も、阿跌部落にソグド人が含まれていたことを示唆する。

(49) 李光顔が忠武軍節度使に長く在任した理由は、河南省の南境、特に唐州や鄧州等の地域に唐王朝が突厥降民を安置しており、農耕を嫌ったその後裔が山野に狩猟して生活していたことや、ウイグル遺民もこの地に安置されるなど、遊牧諸族が多数存在する地域であったためであろう。新見前掲注（12）論文、四七頁、注（17）参照。この点については宮崎市定『東洋に於ける素朴主義の民族と文明主義の社会（東洋文庫五〇八）』平凡社、一九八九年、一一八―一二六頁に夙に指摘がある。

(50) 本書第五章参照。

(51) 森部前掲注（15）書、二〇五頁。

(52) 蘇航前掲注（3）論文、二六八頁。

(53) 何君政が帯びた職は「鶏田府部落長史」である。墓誌には「公、部落を首領す」と書かれているが、「長史」は鶏田州刺史や鶏田府都督といった酋帥を示す職ではなく、ソグド人の部落長史・何君政の存在は、雞田州が後晋時期にいたってなお阿跌部落である可能性を排除しない。雞田州の中には唐代から多数のソグド人が存在し、その中の長史クラスの墓誌が残ったと考えるべきではあるまいか。

(54) 『四部叢刊』本、一五二―一五三頁。

(55) 郁賢皓『唐刺史考全編』巻九六、河東道、朔州、安徽大学出版社、二〇〇〇年、一三五五頁。押蕃使については村井恭子「押蕃使の設置について――唐玄宗期における対異民族政策の転換」『東洋学報』第八四巻四号、二〇〇三年、四二一―四五二頁参照。

(56) 郁賢皓『唐刺史考全編』巻二四、関内道、勝州、三八一―三八二頁。

(57) 山下将司氏は阿跌部の事績を検討する中で、阿跌氏と突厥阿史那氏との間の二代にわたる婚姻関係、さらには七四九年に唐に降った舎利葛旃の舎利氏との婚姻関係を指摘し、これが鉄勒阿跌氏と突厥第二可汗国崩壊後に唐領内に新たに唐に降った突厥遺民の結合の結果であるとした。そして、李光進・李光顔兄弟が阿史那・舎利両氏に代表される突厥遺民集団を背後勢力として有していたことが、阿跌部抬頭の原動力であり、数十年後の契苾部の抬頭も突厥遺民の招撫に成功したためと考えるべきであるとする。山下将司前掲注（4）論文、〔二一―二四頁〕。筆者は、八世紀半ばにおいて唐に降った突厥が一定の存在感を持っていたことには同意するが、突厥の勢力が九世紀まで持続し、突厥遺民の招撫が契苾部の興隆の原動力とする点には同意できない。これらの諸点は、墓誌の解釈と共に、本章で明らかにした鉄勒諸部や党項・ソグドの動向、さらには当時の華北の情勢とも併せて再検討すべき課題である。なお、代北に突厥阿史那氏が存在していたことを示す証左は他にも存在する。例えば、たびたび渾瑊と共に活躍するソグド人の李元諒（駱元光）の夫人は突厥阿史那氏の出身であり、「李元諒墓誌」に「夫人河南阿史那氏、北海郡夫人、代北著姓也。」という。李元諒が率いた軍団は突厥阿史那氏との結びつきも考慮する必要がある。この河南はオルドス北部のことで、北海郡は契苾通と同じ郡望である。また、九世紀初めに天文学を以て唐王朝に仕えた波斯人李素の夫人で、長慶二年（八二二）に卒した卑失氏もまた突厥であることが指摘されている。突厥は阿跌だけでなく様々な部族と結びついていたはずで、こうした事例も検討する必要がある。また、村井恭子氏も神策軍の軍将に突厥人がいることを指摘する。村井前掲注（27）論文、五八頁。「李元諒墓誌」の拓本は周紹良・趙超編『隋唐五代墓誌滙編』陝西巻第四冊、五六頁。釈文は周紹良・趙超編『唐代墓誌彙編続集』貞元〇三〇、上海古籍出版社、二〇〇一年、七五四―七五五頁に収める。李素夫人卑失氏については、栄新江『中古中国与外来文明』生活・読書・新知三聯書店、二〇〇一年、二三八―二五七頁を参照。

(58)　蘇航前掲注（3）論文、二六九―二七〇頁。山下前掲注（4）論文、二八頁。

(59)　「請何清朝等分領李思忠下蕃兵状」、傅璇琮・周建国校箋『李徳裕文集校箋』巻一四、二六六頁。

(60)　山下前掲注（4）論文、二四頁。

(61)　この二者では、臨時の動員で十分か、もしくは長期的な勢力基盤が必要かにおいて、さらに酋帥の持ちうる裁量幅においても大きな違いが出てくる可能性が高い。

(62)　『新唐書』巻一五五、渾瑊伝、四八九三頁。

(63)　新見前掲注（7）論文、四〇―四一頁。

(64)　『旧唐書』巻一九上、懿宗記、咸通六年五月条「以右金吾大将軍李宴元為夏州刺史・朔方節度等使。」（六五九頁）。李宴元が李安元である可能性は、夙に清の胡聘之が「李光顔碑」に附した詳細な按語の中で指摘している。『山右石刻叢編』巻九、第二五葉a。

(65)　蘇航前掲注（3）論文、二七四―二七五頁。

(66)　本書第二章注（39）。

(67)　『新唐書』巻二一六、吐蕃下、六〇九四―六〇九五頁。『通鑑』巻二三二、貞元二年一二月条、七四七五頁。

(68)　黄河西岸の「河西」と呼ばれる地域に住む党項部落については、村井前掲注（27）論文、四七―八二頁を参照。同論文で村井氏は河西・代北に散居する部落民の間に討伐対象か否かで格差が生じていたとする。党項に限らず、王朝に対抗する存在と見なされれば討伐対象となることは、後に沙陀突厥の李克用も唐王朝から討伐されている事例からも明らかである。

(69)『通鑑』巻二五六、中和四年八月条に「李克用奏請割麟州隷河東」(八三一三頁)とみえる。

(70)郁賢皓『唐刺史考全編』五、麟州条、三三九六頁。

(71)周偉洲前掲注(22)書、一一七―一一八頁に後唐期の党項朝貢表を載せる。一七回の党項の朝貢の内、七回は党項折氏からの朝貢である。

(72)周偉洲前掲注(22)書、一四三―一五〇頁。

(73)康蘭英等編『楡林碑石』三秦出版社、二〇〇三年、図九一、録文二六四―二六五頁。

(74)『宋史』巻二五八・曹彬伝、八九七八頁。

(75)福島恵「唐代ソグド姓墓誌の基礎的考察」『学習院史学』四三号、二〇〇五年、一五四―一五六頁(福島前掲注(13)書一一―六二頁に再録)を参照。

(76)福島前掲注(75)論文。斎藤達也「北朝・隋唐史料に見えるソグド姓の成立について」『史学雑誌』第一一八編第一二号、二〇〇九年、三八―六三頁。栄新江著(森部豊訳)「新出石刻史料から見たソグド人研究の動向」『関西大学東西学術研究所紀要』第四四輯、二〇一一年、一二一―一五一頁。

(77)真定は成徳軍節度使の治所で、唐代では鎮州(常山)といい、現在の河北省正定県にあたる。多数のソグド人寄進者の名前が刻まれた開元寺石柱が出土したほか、県城内に今なお成徳軍節度使の李宝臣碑が立っており、碑陰に多数のソグド人軍将の名前が刻されている。五代の成徳軍節度使安重栄碑の残骸が出土するなど、ソグド人との関係が深い土地である。(清)沈濤『常山貞石志』巻一〇、「李宝臣碑」。栄新江『中古中国与外来文明』生活・読書・新知三聯書店、二〇〇一年、一〇二―一〇三頁。森部豊「唐代河北地域におけるソグド系住民――開元寺三門楼石柱題名及び房山石経題記を中心に――」『史境』四五号、二〇〇二年、二〇―三七頁(森部前掲注(15)書、三九―四四頁に改訂再録)。郭玲娣・樊瑞平「正定出土五代巨亀碑座及残碑」『文物』二〇〇三―八、六七―七六、二〇〇三年、六七―七六頁。森部前掲注(15)書、一二九―一五一頁。

(78) ここに「北宋にソグド人の皇后が存在する」という可能性が提示されることになる。北宋のソグド系の后妃の存在はこれ以外にも確認でき、宗室から沙陀突厥出身者またはソグド人に降嫁した公主も存在する。宗室を取り巻く婚姻関係を考えると、北宋に対する認識は改める必要がある。北宋のソグド人については、鄧小南「論五代宋初〝胡／漢〟語境的消解」『文史哲』二〇〇五年第五期、二〇〇五年、五七―六四頁に専論がある。森部前掲書（15）、二〇七頁にも言及がある。

(79) 『唐代墓誌彙編』下、開元一八三、「曹氏譙郡君夫人（明照）墓誌銘并序」。栄新江編『従撒馬爾干到長安――粟特人在中国的文化遺迹』二〇〇四年、北京図書館出版社、一四二―一四三頁。

(80) 山下将司「唐のテュルク人蕃兵」『歴史学研究』八八一号、二〇一一年、一〇頁。

[補記]

本稿は、二〇一二年度に提出された筆者の学位論文の一部を元に、二〇一四年七月一一日に開催された「二〇一四年度内陸アジア出土古文献研究会第二回例会」および二〇一四年八月一三―一五日に中国・銀川で開催された『粟特人在中国――考古発見与出土史料的新印証』国際学術シンポジウムで全文を公表し、両学会会場で得た指摘を元に修訂して刊行したものを、再録にあたってさらに増補したものである。

第二部　史料編

第五章　晋王墓群——山西省代県所在の沙陀墓葬群——

はじめに

本章では、唐末五代の沙陀突厥に関する史料収集の一環として、文献史料・考古資料および現地調査に基づき、山西省代県に現在まで残る沙陀突厥の遺跡・遺物について、地理的情報に注意しつつ総括する。

第一部で論じてきたように、九世紀から一〇世紀のユーラシア東部世界の政治世界に多大な影響を与えた沙陀突厥であるが、第三章で論じた後唐時期（九二三―九三六）に行われた史料の改竄のため、墓葬から出土する墓誌などの直接史料を除いてその実態を窺うのは極めて困難である。その沙陀突厥のリーダーであった李克用らの一族は、唐末に至って大同盆地から山を隔てて南側にある水草豊かな小型盆地である代州鴈門県（現在の山西省代県）一帯を故郷とし、この地に一族の墓葬地を営んでいた。そのため、この地に残された遺物は今後の唐末五代史の研究に極めて大きな意義を持っている。

二〇〇六年九月から一〇月にかけて、筆者は山西省代県において遺跡調査を行い、当地において、沙陀突厥に関係する遺跡が今なお散在しているのを実見しえた。この遺跡群を「晋王墓群」という。代県に現在も残っている沙陀突厥の遺物としては、後唐の実質的な建国者である李克用の墓から出土した墓誌が最も著名である。本墓誌については、森部豊・石見清裕両氏が詳細な研究をなされている(1)。一方で、墓誌の出土状況や、付近に散在する沙陀突厥にまつわる遺跡などについては、これまであまり明らかにされていない。しかし、こうした遺跡の情報もまた、地理的情報と文献史料を併せ読むことによってさらなる情報を引き出すことも可能になるため、極めて重要な意義を有している。

そこで本章では、現地調査で得られた成果とともに、筆者が行った地理的分析なども含めて、現在知り得る情報を収集・整理しておきたい。本章で扱われる情報を契機に、今後代県で調査すべきことや、今後得られる情報を随時付け加えていく基礎を構築することができれば、本章の目的は果たされたことになる。

本章の構成を以下にまとめる。まず第一節では李克用とその一族の墓葬地の形成と、李氏の墓葬地が後唐期において皇帝陵として扱われていった経緯を述べる。次いで第二節では、先に後唐滅亡後の李克用墓に関する文献史料を概観し、ついで李克用墓と代県所在の墓葬群に関する現代の報告類を収集し、それらが相互に異なりつつも信憑性の高い情報を提供していることを指摘する。ついで第三節では考古学的発掘の成果と遺跡の現況を総括する。第四節では現地調査の成果を提示し、これらを受けて最後に第五節で代県の墓葬群や寺院遺址について現在判明する地理的情報をまとめ、今後の展望を述べる。

第一節　李克用および沙陀李氏墓葬地

第一項　李克用の薨去と埋葬

晋王李克用は、『旧五代史』巻二六、武皇紀によると、天祐四年（九〇七）一〇月に病に倒れ、翌天祐五年（九〇八）正月に世を去ったという〔三六二頁〕。天祐四年四月には唐王朝が滅亡して後梁が成立しており、李克用もまた河北をめぐる朱全忠との戦闘の最中に晋陽で病に倒れたのであった。薄葬を遺令し、喪を発してから二七日で除服させたといい、『旧五代史』巻二六、武皇紀には、続けて「陵は鴈門に在り」(三六二頁)と記録される。

李克用の墓誌は、一九八九年に山西省代県から発見され、『隋唐五代墓誌滙編』山西巻(天津古籍出版社、一九九一年)や、『全唐文補遺』第七輯(三秦出版社、二〇〇一年)に収録され、二〇〇三年には森部豊・石見清裕両氏によって現地調査に基づいた録文が新たに作成されて公表された。墓誌によると、李克用は「天祐五年正月戊申二十日」に亡くなり、翌年にあたる己巳年(九〇九)に「代州鴈門県里仁郷常山里の先塋」に祔されたという。(2) これが、現在発見されている李克用の墓の埋葬当時の地名である。

後唐建国前の李克用の墓については、その後それほど記載があるわけではない。ごく僅かに、『旧五代史』巻二八、荘宗紀二、天祐一一年(九一四)条(三八三―三八四頁)に、天祐一〇年に幽州の劉仁恭を破った記事に続いて、

史料一 (春正月)壬子(一五日)、晋陽に至り、組を以て(劉)仁恭・(劉)守光を繫ぎ、号令して入らしむ。是の日、(劉)守光を誅す。大将李存霸を遣わして(劉)仁恭を代州に拘送し、其の心血を刺して武皇陵に奠告し、然る後に之を斬る。

とみえ、また『旧五代史』巻一三五、劉守光伝(一八〇六頁)にも、

史料二 (天祐)十一年正月、晋陽に至る。(中略)副使盧汝弼・李存霸をして(劉)仁恭を拘送して代州に至らしめ、武皇陵前において心血を刺して以て祭り、鴈門山の下に誅す。(永楽大典巻九千九百九)。

とみえ、実質的な建国の祖として、武皇陵(当時は追尊されていないので晋王李克用墓)において献俘されており、その位置付けが判る。

第二項　後唐建国後の皇帝陵

李克用の長子李存勗によって後唐（九二三―九三六）が建国されると、実質的な建国者である李克用らは直ちに皇帝位を追尊される。ただし、こうした追尊は王朝の必要性によって、李存勗の父祖に対する追尊と、明宗李嗣源の父祖に対する追尊の二回に分けて行われており、『五代会要』巻一、追謚皇帝（一〇―一一頁）に次のように見える。

史料三

a. **後唐の懿祖昭烈皇帝諱は執宜、**沙陀府都督抜野の六代孫なり。同光元年（九二三）閏四月、昭烈皇帝と追尊し、廟号を懿祖とし、**永興陵に葬る。代州鴈門県に在り。献祖文景皇帝諱は国昌、**昭烈皇帝の長子なり、母は昭烈皇后崔氏と曰う。同光元年閏四月、文景皇帝と追尊し、廟号を献祖とし、**長寧陵に葬る。代州鴈門県に在り。太祖武皇帝諱は克用、**文皇帝の第一子なり、母は文景皇后秦氏と曰う。同光元年閏四月、武皇帝と追尊し、廟号を太祖とし、**建極陵に葬る。**

右已上、後唐荘宗朝三廟を追尊す。唐高祖・太宗・懿宗・昭宗と并せて共に七廟を立つ。

b. **恵祖孝恭皇帝諱は聿、**天成二年（九二七）十二月、孝恭皇帝と追尊し、廟号を恵祖とし、**遂陵に葬る。応州金城県に在り。毅祖孝質皇帝諱は教、**孝恭皇帝の長子なり、母は昭皇后崔氏と曰う。天成二年十二月、孝質皇帝と追尊し、廟号は毅祖とし、**衍陵に葬る。応州金城県に在り。烈祖孝靖皇帝諱は琰、**孝質皇帝の長子なり、母は順皇后張氏と曰う。天成二年十二月、孝靖皇帝と追尊し、廟号を烈祖とし、**奕陵に葬る。応州金城県に在り。徳祖孝成皇帝諱は霓、**孝靖皇帝の長子なり、母は穆皇后何氏と曰う。天成二年十二月、孝成皇帝を追尊し、廟号を徳祖とし、**慶陵に葬る。応州金城県に在り。**

右已上、後唐明宗朝四廟を追尊す。

ここで注意すべきなのは、史料三a．である。同光元年（九二三）四月、李存勗が即位して後唐が成立すると、翌閏四月には、実質的な建国者であり後唐建国の基礎を作った李克用、及びその父である沙陀首領の李国昌、祖父の朱邪執宜の計三代がそれぞれ太祖武皇帝、献祖文景皇帝、懿祖昭烈皇帝に追尊され、唐王朝の高祖・太宗・懿宗・昭宗と共に七廟とされ、後唐は唐王朝の後継者としての形式を整えていく（系図四）。

史料三a．からは、朱邪執宜・李国昌・李克用が葬られた墓がいずれも代州雁門県にあり、それぞれ永興陵・長寧陵・建極陵と改称されたことがわかる。立地と時期からして既存の墳墓を改称したと思われる(3)。また『旧五代史』巻二九、荘宗紀三、同光元年閏四月条〔四〇四頁〕には、懿祖・献祖・太祖を追謚した記事と共に、「詔して晋陽に宗廟

系図四　唐・後唐系図

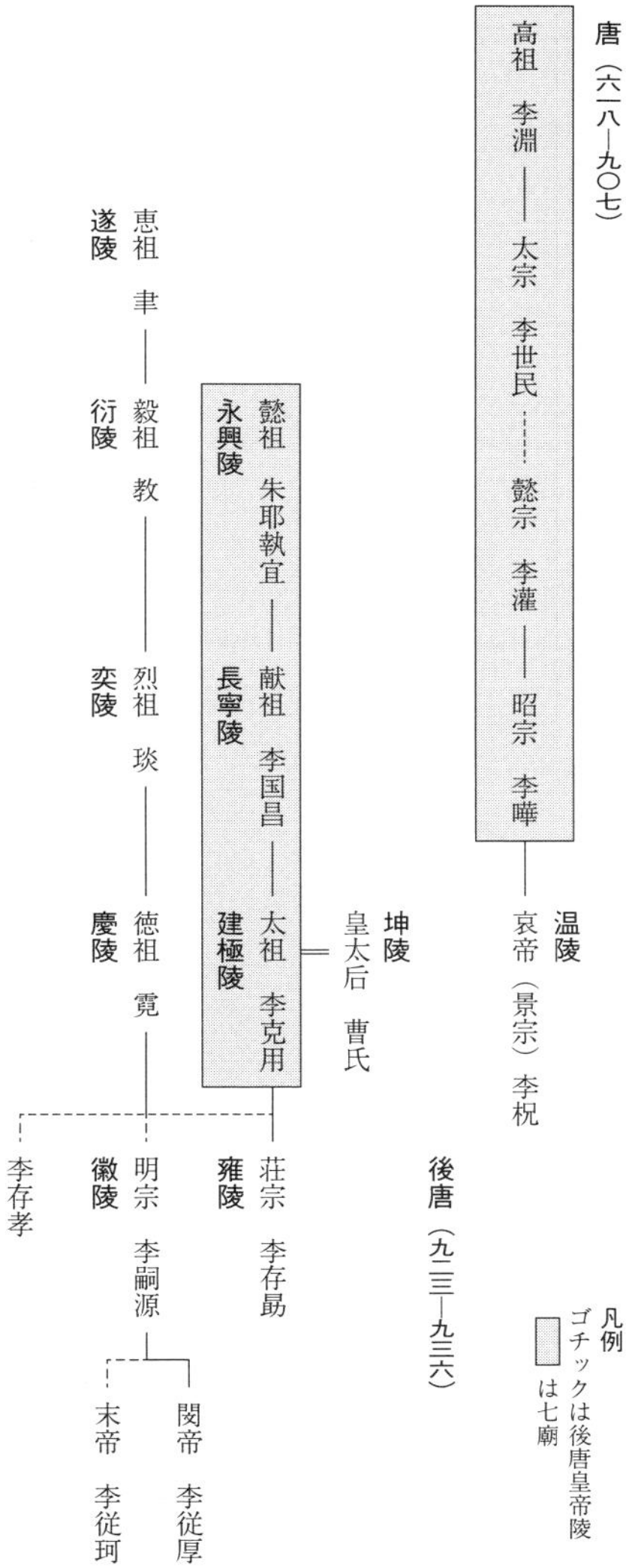

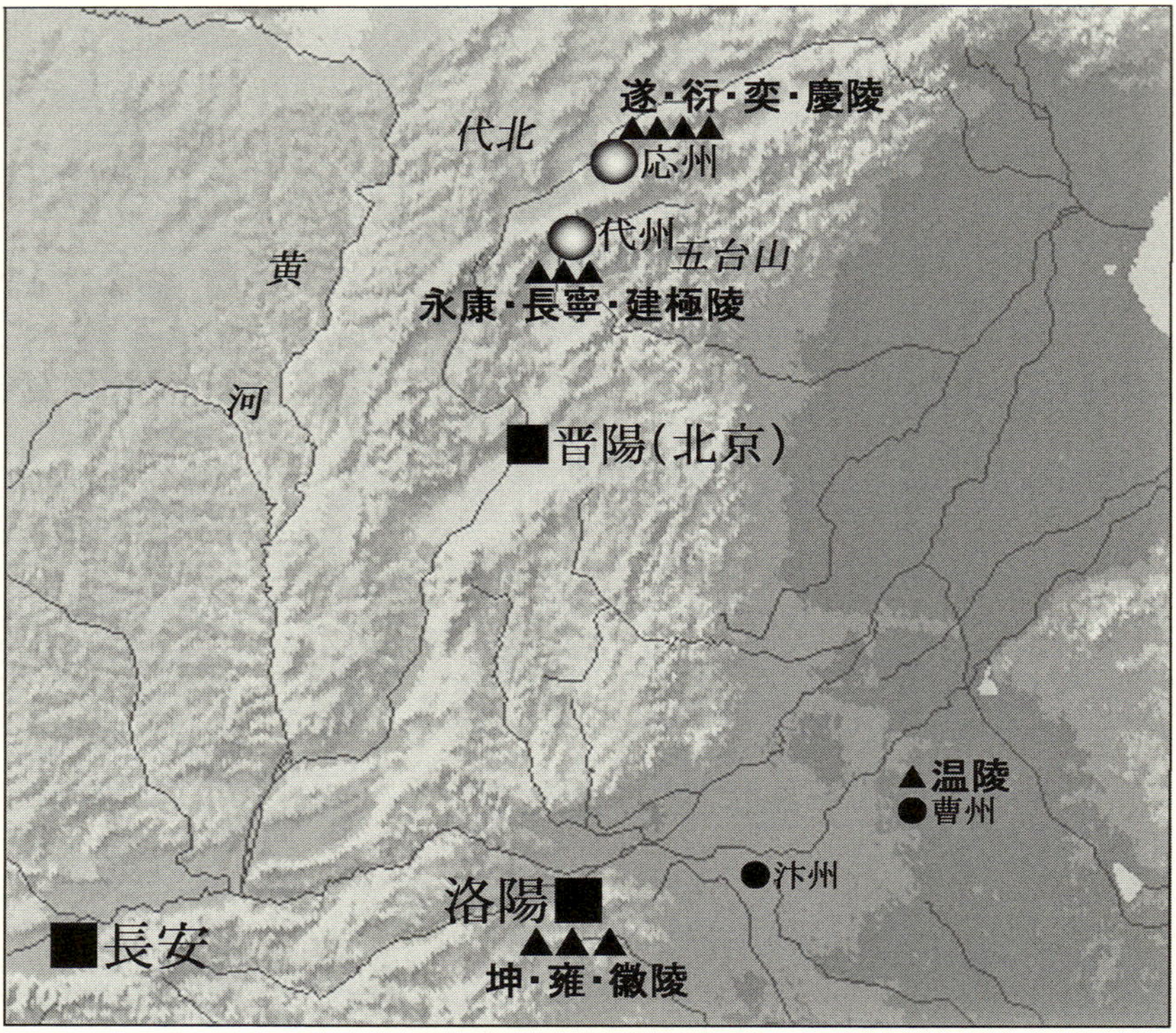

地図五　後唐皇帝陵の分布

Microsoft Encarta World Atlas を元に『中国歴史地図集』第５冊によって作成

を立てしむ」と見え、代州にあった沙陀李氏の墓が皇帝陵に改められると同時に、晋陽（太原）に宗廟が建立され、七廟の神位が安置された。b．の明宗朝における追謚は李克用の仮子であった明宗李嗣源の即位後に李嗣源の祖先に追謚したものである。ここでは後唐の皇帝陵が応州にも存在したことを確認しておきたい（地図五）[4]。

では、これらの追尊された皇帝たちは、後唐時期にはどのように扱われたのであろうか。まず、李存勗が洛陽に入り、後唐政権の都が晋陽（太原）から洛陽に移された時の事として、次のような記事が見える。『旧五代史』巻三二、荘宗紀六、同光二年六月丁丑条（四三七頁）には、

史料四　有司上言せらく、「洛陽已に宗

廟を建つ。其れ北京の太廟は停めんことを請う」と。之に従う。

と見え、晋陽に建立された太廟は一年あまりで停止されたことがわかる。これより半年先んじて、『旧五代史』巻三一、荘宗紀五、同光二年春正月癸丑条（四二六―四二七頁）には、

史料五　有司奏す。「郊祀の前二日、迎えて高祖・太宗・懿祖・献祖・太祖の神主を太廟に祔す。議者以えらく、唐祚を中興すれば、宜く追封の祖を以て有国の君と雑せて以て昭穆と為すべからず。懿祖より已下は、**宜く別に廟を代州に立て、**後漢の南陽の故事の如くすべきは可なり」と。

と見え、建国前の祖先と建国後に実際に即位した人物とを峻別し、代州には別廟を立てるべきという意見があったことが書かれている。この条にはこれに従ったことを示す記述はなく、懿祖（朱邪執宜）、献祖（李国昌）、太祖（李克用）は後唐の太廟から外されていない。但し、陵墓の扱いは建国前後で異なる。『旧五代史』巻三三、荘宗紀七同光三年秋七月壬寅（一一日）条には、李克用の三人目の夫人であり、李存勗の母である皇太后曹氏の崩御と皇太后の陵墓について、次のように記している（四五三―四五八頁）。

史料六　**壬寅、皇太后、長寿宮に崩じ、**帝、喪を内に執り、遺令を出して以て外に示す。（中略）冬十月庚申朔、宰臣及び文武の三品以上の官、長寿宮に赴き、大行皇太后に諡を上りて貞簡皇太后と曰う。（中略）辛酉（二日）、甘泉に幸し、遂に寿安陵に幸す。（中略）丁卯（八日）、皇太后の尊諡宝冊を奉じて西宮の霊座に赴き、宰臣豆盧革、太尉を摂して冊文を読み、吏部尚書李琪、宝文を読み、百官は素服して長寿宮門外に班して奉慰す。淮南楊溥、使を遣わして慰礼を進む。己巳（一〇日）、中書上言せらく、**「貞簡太后の陵は、請うらくは坤陵を以て名と為さんことを」と。之に従う。初め山陵を卜せんとするや、帝、代州の武皇陵に祔せんと欲す。奏議せらく、「天子は四海を以て家と為す。当に其れ南北に分かつべからず」と。乃ち寿安県の界に別に是の陵を卜す。**

この条は、同内容の史料が『五代会要』巻四、皇后陵〔六〇頁〕にも収録されている。

史料七 後唐同光三年十月、貞簡皇太后を坤陵に葬る。始め、上、代州の太宗の園陵に祔せんと欲するも、**中書門下奏議して曰く、「伏して以えらく、人君は四海を以て家と為す、当に其れ南北に分異すべからず。洛陽は是れ帝王の宅にして、四時朝拝し、理として須らく便近なるべし、遠く代州に幸する能わず。**且つ漢朝の諸陵は、皆な秦雍に近く、国朝の陵寝も、京畿に布列す。後魏の文帝も代より洛に遷るの後は、園陵は皆な河南に在り、兼ねて応に勲臣の家に敕して、北葬するを許さざるべし。今、魏氏の諸陵も尚お京畿に在り、代州に祔葬するは、理として未だ允たらず」と。之に従う。

これらの史料では、後唐建国後の同光三年に李克用の夫人曹氏が亡くなった後、実子である後唐の荘宗李存勗は母を父の陵墓である武皇陵（建極陵）に合葬することを望んだが、「帝王の陵墓を南北に分かつべきではない」ことと、四時朝拝を行うためには陵墓は近くにあるべきで、遠く代州まで行幸することはできない、という理由から、曹皇太后の陵墓は寿安県内（現在の河南省洛陽市近郊の宜陽県）に坤陵を営むことになったという。

李克用の夫人であり李存勗の母である皇太后曹氏は李克用と別に葬られ、李克用の墓は代州から動かされることはなかった。では、実質的な建国者である李克用の陵墓に対してはどの官衙が主体となって儀礼を行っていたのであろうか。『五代会要』巻四、公卿巡陵〔五九頁〕に、後唐末の清泰元年（九三四）のこととして次のように見える。

史料八 後唐清泰二年（九三四）正月、宗正寺奏せらく、「**北京の永康・長寧・建極の三陵、応州の遂・衍・奕の三陵は、曹州の温陵の例に準じ、本州の府官に下して朝拝せしめよ。雍・坤・和・徽の四陵は、太常・宗正卿をして朝拝せしめよ**」と。之に従う(5)。

永康・長寧・建極の各陵と応州の各陵は、曹州の温陵の例に倣って所在地の州の府官が朝拝し、洛陽近郊にある四陵は太常卿・宗正卿が朝拝を行ったという。なお、ここでいう永康陵は、史料三aに見える朱邪執宜を埋葬した永興陵であろう。

ところで、ここにみえる李克用らの埋葬地は「北京」となっている。北京といえば、唐代から五代にかけては一般的には晋陽のことだが、「北京永康（興）・長寧・建極三陵」という書き方から、三陵は動きようがないので、この北京は代州を指していると思われる。なお譚其驤氏の『中国歴史地図集』第五冊、85「五代十国　唐」では変わらず太原府に北都（北京）が置かれ、代州の扱いに変化はない。保留としておきたい。

『旧五代史』巻一五〇、郡県志には、「開元十道図」を手本に五代の改制を収録したという[6]「郡県志」が復原されているが、残念なことに代州や応州の部分は欠落して現存せず、近年改めて輯纂された陳尚君氏の『旧五代史新輯会証』巻一五〇にも復原されていない。一方、『五代会要』巻二〇、州県望（三二五―三二六頁）には、

史料九 応州金城県、鴈門県、混源県、寰清県。後唐天成四年九月勅す。「応州を升して望州と為し、金城・鴈門を望県と為し、混源を上県と為し、寰清を次県と為せ。」明宗の潜龍の郷里の故を以てなり。

曹州済陰県。後唐天成四年十一月、升して次赤と為し、景宗の陵を奉ずるを以てす。

とみえ、曹州は唐の哀帝李柷（当時の廟号は景宗）の陵墓である景宗陵があることによって次赤として格上に扱われる。応州が上位に来るのは、荘宗が逐われ明宗が即位した直後であったためであるが、沙陀の故地は特殊な扱いを受けていたことが見て取れる。応州と代州鴈門県は「明宗の潜龍郷里」とのみ書かれるが、補足する史料として『旧五代史』巻四〇、明宗紀六（五五四頁）に、

史料一〇（天成四年（九二九））九月丁卯（一日）、中書奏せらく、「宗正寺の申べるに拠れば、懿祖の永興陵・献祖の長寧陵・太祖の建極陵は並びに代州鴈門県に在り、皇帝の追尊せし四廟は応州金城県に在り」と。詔す。「応州は

表一　後唐陵墓所在地一覧（年代順に排列）【略称】旧：『旧五代史』

No.	陵名	被葬者（廟号）	所在地	追尊／没年	出典
1	温陵	李柷（景宗、唐哀帝）	曹州	天成三年（九二八）追諡	旧一四三、礼志、追尊定諡〔一九一六―一九一八頁〕
2	永興陵	朱耶執宜（後唐懿祖）	代州	同光元年（九二三）追諡	五代会要一、追諡皇帝〔一〇―一一頁〕
3	長寧陵	李国昌（後唐献祖）	代州	同光元年（九二三）追諡	五代会要一、追諡皇帝〔一〇―一一頁〕
4	建極陵	李克用（後唐太祖）	代州	同光元年（九二三）追諡	五代会要一、追諡皇帝〔一〇―一一頁〕
5	坤陵	皇太后曹氏（李克用妃）	洛京寿安県	同光三年（九二五）崩	旧三三、荘宗紀七〔四五八頁〕
6	雍陵	李存勗（荘宗）	洛京新安県	同光四年（九二六）崩	五代会要一、帝号〔三頁〕
7	遂陵	孝恭皇帝聿（後唐恵祖）	応州金城県	天成二年（九二七）追諡	五代会要一、追諡皇帝〔一〇―一一頁〕
8	衍陵	孝質皇帝教（後唐毅祖）	応州金城県	天成二年（九二七）追諡	五代会要一、追諡皇帝〔一〇―一一頁〕
9	奕陵	孝靖皇帝琰（後唐烈祖）	応州金城県	天成二年（九二七）追諡	五代会要一、追諡皇帝〔一〇―一一頁〕
10	慶陵	孝成皇帝霓（後唐徳祖）	応州金城県	天成二年（九二七）追諡	五代会要一、追諡皇帝〔一〇―一一頁〕
11	和陵	不明	不明	不明	五代会要四、公卿巡陵〔五九頁〕
12	徽陵	李嗣源（明宗）	洛京洛陽県	長興四年（九三三）崩	五代会要一、帝号〔四頁〕

升して望州と為し、金城・鴈門は並に升して望県と為せ」と。

とみえ、これから諸陵が代州鴈門県にあることが明示され、明宗期の追尊に伴って昇格されたことが判る。ここでは、史料に錯綜があるものの、この地が沙陀の故郷であり追尊皇帝たちの陵墓所在地であったことを確認しておきたい。

第二節　山西省忻州市代県の晋王墓群

後唐（九二三―九三六）は足かけ一四年という極端に短い王朝であったため、建国後に陵墓にどれほど手を入れられたかは定かではない。これらの陵墓は、史料三で示した『五代会要』巻一、追謚皇帝条に示すように代州に存在しており、後唐末まで改葬などで移動することはなかった。代州は現在の山西省忻州市代県に当たり、この地には現在でも当時の沙陀突厥関係の墓葬が少数ながら残っており、明清時代に作成された金石碑文の記録などからもその痕跡を伺うことができる。

特に李克用墓（建極陵）は現在でもよく残っており、一九八九年に発掘されている。しかし最近になって発掘を行った李有成氏が報告を公表するまで、長期にわたって発掘報告書が公にされることはなく、様々な情報が散在していた。

現在までに、沙陀関係の墓葬について報告したものとしては、李国昌らの神道碑に関して、主に明末から清代に書かれた記録が存在する。また、二〇〇〇年に「李克用墓誌」の釈文が『全唐文補遺』第七輯（三秦出版社、一六四―一六六頁）および『全唐文新編』巻八一九（吉林文史出版社、一〇一七八―一〇一七九頁）に収録されて公刊され、これを受けて森部・石見両氏によって李克用墓誌の実見調査を経た上での墓誌銘の解読が行われており[7]、その冒頭部分に墓は「代県七里鋪村」に存在することが報告されている。また、二〇〇六年に刊行された『中国文物地図集　山西分冊（上）』所収の「代県文物図（中部）」（二五二―二五三頁）と同『山西分冊（中）』（六〇一頁）にも晋王李克用墓の存在が報告されている。より詳細な情報としては、山西省代県政協文史資料研究委員会の編纂にかかる『代県名勝古跡』[8]があり、李克用墓の発掘に関する代県博物館（代県文廟）の展示も存在するが、『中国文物地図集』を除いて外部からのアクセスが困難である。また、発掘の成果についてはさらに情報が少ない。

そこで本節では、筆者が実見できた代県における情報と、李克用墓の実地調査結果、さらに明清までに記録された文献史料なども合わせながら、現時点で判明する代県の沙陀関係墓葬について総括し、今後の調査の進展に備えることとする。

第一項　文献史料

（一）石刻

李克用墓の存在は現地ではよく知られており、清代始めの顧炎武『金石文字記』巻五「晋王墓二残碑」〔二八葉b—二九葉b〕など複数の記録が残されている。(9) 「晋王墓二残碑」に引用された朱彝尊の跋には次のように記録されている。

史料一一 代州柏林寺の東、晋王李克用墓の断碑二。其の一に曰く、「唐故左龍武軍統軍検校司徒贈太保隴西李公神道之碑」。文に曰く、「公、諱は国昌、字は徳興、今は隴西沙陀の人たり。偉なる姿容にして、騎射を善くす」。蓋し克用の父、朱耶赤心なり。其の一に曰く、「唐故使持節代州諸軍事代州刺史李公神道之碑」。文に曰く、「公は即ち太保の次子なり」。其の名は「克」字のみ僅かに存し、余に識す可き者は「公前躍馬彎及徐方」等の数字有り。（後略）

といい、李克用の父の李国昌の神道碑と、李克用の兄弟のうちの一人の神道碑である。(10) また、葉奕苞『金石録補』巻二三所収の「唐代州刺史李公碑」跋尾〔三葉b—四葉b〕では、朱彝尊の跋の後に「土人相伝うるに、旧と碑十三有り、今、十一は已に亡し。其の二の存するは、又た散りて土中に埋まる。」と伝え、本来は十三基の碑があったものの一一は既に失伝したという。残った二碑も土中に埋まっており、この記述に続いて好学の士が土中から掘り出して柏林寺に置いたと記録されている。

（二）編纂史料

晋王墓については、石刻碑文の他に盗掘に関する伝承が残されている。清代に覚羅石麟等によって編纂された雍正版の『山西通志』には、明代以来の史料も援用しつつ、現代には伝わらない様々な史跡を記録しており、唐末・五代の沙陀に関する史跡や伝承も収録する。主なものとしては、①柏林寺の僧侶がみた李克用の夢、②柏林寺に残された李克用の肖像についてである。

『山西通志』巻一七四、陵墓三、代州条（二一葉a）には、李克用が亡くなってから一五〇年近く経過した金の天眷初（一一三八年）のこととして、盗掘の記録を伝える。

史料一二　五代の唐晋王李克用墓は州の西八里の柏林寺の側に在り。（中略）金の天眷初（一一三八）、盗、王墓を発く。守墳の僧、郡守に言う。守、王を夢みて曰く、「吾が墓の中に酒盗有り、吾が酒を飲む者は、唇歯尽く黒し、此を験ずれば之を捕うべし」と。明日盗を獲るに王の夢中の言の如し。

これは、金の天眷初に李克用の墓が盗掘されたことを伝えるもので、柏林寺の僧侶の夢に李克用が出てきて、「自分の墓の中に酒泥棒がいる」といい、その酒を飲んでいる者の特徴を伝えた。そこで翌日盗賊を捕まえたところ、李克用が言ったとおりの姿をしていたという。

また、同書巻六〇、古蹟四（一二葉a—b）には、柏林寺に李克用らの肖像の模本が残されていたことを伝える。

史料一三　李晋王像、柏林寺中に在り。唐の同光三年、荘宗、寺を建つ。院内の遺像一軸、共に七人なり。王は緋袍を衣て胡牀に踞り、其の右の王冠を冠り黄を衣る者は亜子なり。其の左の虎冠を冠りて青を衣る者は存孝なり。其二は東向して侍し、其二は西向して侍るも誰為るかを知る莫し。王は矢を挾みて之を睨視す。蓋し王一目を眇めて独眼龍と号すも、画筆、王の為めに之を諱むなり。明の武宗、代を過り像を持ちて去る。今、像を摹して寺中に留む。

こちらは柏林寺に李克用とその子たちの肖像が残されていることを伝えている。緋袍を着た李克用が胡床に座り手にした矢を見つめており、その右に「亜子」、即ち李存勗が、左には李存孝がおり、その他はわからないという。本物は明の武宗正徳帝〔在位一五〇五—一五二一〕が持ち去り、当時寺に残っていたのは模本だったという。

この晋王像摹本は、更に代替わりしつつ現在にまで伝わっていることが最近明らかになった。その経緯は絵の上部に書かれた題に記されている。釈文は第三節に提示する。

第二項　晋王墓群（李克用墓・李存孝墓・柏林寺）の報告

現在、代県に存在が知られている沙陀関係の墓葬はごく僅かで、李克用墓とその義子である李存孝の墓のみである。本項ではまずこの二基の墓葬について各資料の記述を紹介し、次節以降、考古発掘の状況と現況を総括する。

李克用墓については、現在も非常によく残っているだけあって、資料が多い。李存孝墓は出土品などの報告はなく、「李存孝墓と伝承されている」、というのが実態である。以下、二基の墓葬について現存の資料を纏める。

『中国文物地図集　山西分冊』（中）〔六〇一頁〕

【解説】本書は、山西省各地の遺跡・遺構を知るための最も基本的な書籍であるが、多数の文物を収録するために、その記述は簡略である。本書の「忻州市・代県」には次のように記されている。

69—B_6　李克用墓〔陽明堡鎮七里鋪村・五代後唐・県文物保護単位〕李克用〔八五六—九〇八〕、隴西成紀〔今甘粛省秦安県西北）人、唐乾寧二年（八九五）封爵晋王、天祐五年（九〇八）卒後葬鴈門。新旧『五代史』均有伝。一九七五年封土夷平、墓室呈円角方形、石券穹隆頂。墓壁有彩絵石雕門窓、墓内砌須弥座棺床。出土有石雕十二生肖像・怪獣・開元通宝銭及墓誌一方。誌文記述墓主平生。清光緒『山西通志』載、「後唐太祖晋王陵、在代州西柏林寺。」当指此。

77—B14　七里鋪墓葬（陽明堡鎮**七里鋪村**・時代不詳・県文物保護単位）　伝為五代後唐李存孝墓。李存孝、本名安敬思、唐末飛狐（今山西省霊丘県）人、李克用収為養子並賜姓李。以驍勇善射而名、官至邢州留後。面積不詳。地表現存方錐形封土一座、残高一米。(a)明万暦十四年（一五八六）重修並立碑、二〇世紀六〇年代毀。

［地図］　これに対応する地図は同じく『中国文物地図集　山西分冊』（上）〔一五二頁〕に掲載されており、代県・滹沱河・中解河の位置関係から見る限り、ほぼ正しい位置に表示されているように見える。ただし、『中国文物地図集』は正確な情報と不正確な情報が入り交じっており、判断が困難であるため、自ら確認できる場所をチェックしてその正確性を判定する必要がある。上記二件では、代県県城の南側を東西に走る国道一〇八号線（京原公路）の南方、一〇八号線と平行して走る鉄道線路（京原鉄路）の南側に表示されているが、後に述べるように衛星写真から判断する限り、李克用墓の墓道はこの鉄道の線路によって破壊されていることから、墓の位置は線路直近の北側が正しい。地図では李存孝墓は李克用墓の北約五〇〇mの位置に表示されているが、この位置はちょうど李克用墓の位置に該当する。李存孝墓は一kmほど離れた五里村の西南にあり、当該位置には存在しない。

また、波線(a)で示した部分は、次で紹介する『代県名勝古跡』の「古墓葬」に見える「李存孝墓」の記録（波線(a)）、及び第三節で紹介する『代県――歴史文化名城――』所収の画像とともに、現状を伝えている。

『代県名勝古跡』（一九九三年序）

本書は先述のように山西省代県政協文史資料研究委員会編と記されているが、出版年次等は未詳である。ただし、一九九三年という序文の日付からおおよその時期が推測できる。現地で配布するために出版されたものであったらしく、現時点では日本国内の大学には配架されていない(11)。本書は代県に現存する遺跡を報告するとともに、初めて晋王墓群の考古発掘に関する報告を公表したものである。ここでは、古建築・遺跡及び古墓葬の概略的な報告をまとめ、発掘報告などは次節でまとめて紹介する。

本書では以下のような分類で文物を紹介しており（解説は筆者）、このうち「古建築遺址」と「古墓葬」に唐末・五代の沙陀集団に関連する遺構・墓葬が収録され、「文物・名勝・史料集萃」の2．及び3．に発掘記録が収録されている。

・「現存古建築」：現存する歴史的建築。衙門・寺廟等。
・「古建築遺址」：1．部分的に現存する遺跡、2．名前しか伝わっていないが価値ある遺跡。
・「古文化遺址」：1．石器時代の遺跡、2．前漢～北魏孝明帝時期の広武故城。
・「古墓葬」：秦から清代までの歴代著名人の墓葬。
・「摩崖石刻石雕」：摩崖石刻・碑文。
・「革命記念地」。
・「文物・名勝・史料集萃」：1．名勝概貌、2．文物史話、3．文物拾遺、4．文史研究、文史考証、5．民間伝説、6．名勝紀游、7．詠代詩抄。

・「古建築遺址」

柏林寺　〔五三―五四頁〕

柏林寺、位于代県城西七里的七里鋪村西。山門南向、寺院座北向南。院内有前殿、大殿蔵経閣及西院僧宿八間。蔵経閣二層単檐懸山頂、面寛五間、閣下西北画有達磨巨像、屋頂青灰筒板瓦覆蓋。大殿単檐歇山頂・面寛三間・進深三間・平面近正方形、施四鋪作単昂斗拱。前殿鋪間施斜拱、昂形斜下、似真昂但無後尾、具有金・元建築手法。只有大梁以上的構造全部易新。

拠(b)「晋王碑」載、寺創建于後唐同光三年（九二五年）。元至正十三年（一三五三年）重修。寺東有李克用墓。寺傍還有東西花園。晋王墓碑記亦称、寺于後唐同光三年、李存勗于墓側建柏林寺。

「柏林寺」の項目は［古建築遺址］の項目に入っており、寺院は現存しない。李克用墓には二碑が残っていた記録があるが、波線(b)の「晋王碑」の内容は前項で示した石刻や次の「晋王李克用墓」にみえる波線(b')(b'')等の記録に残る碑刻の記載内容と一致しない。後世の重修についての記録も含まれているため、柏林寺にあった別の「晋王碑」であろう。

・古墓葬

李存孝墓　〔六二―六三頁〕

李存孝墓、位于代県城西七里〔筆者注：約三・五㎞〕京原公路北側。

李存孝、唐末飛狐人。本姓安、名敬思、驍勇善戦、被李克用収為義子、改名李存孝。後因李存信進讒言、被李克用車裂、死後葬于五里村西南・七里鋪北辺。現墓已毀、只残丘。

(a')墓于明代万暦十四年（一五八〇年《ママ》）〔一五八六年〕重整立碑。原墓堆高十米、周長四十五米。墓室為石砌、四周為石雕倣木結構。現為県級重点文物保護単位。

晋王李克用墓　〔六三頁〕

　晋王墓位于城西南七里鋪柏林寺東側。晋王李克用、沙佗〔ママ。沙陀〕列部人。唐末天祐五年卒、葬于此地。後唐同光三年、李存勗于墓側建柏林寺。金天眷年間（一一三八―一一四〇）、墓被盗発。元至元十三年（一二七六）重修。民国十七年、修築墳垣南北二百米、東西一百米。墓全部以石条砌成。墓室底円径十米深九米。腰部周囲均為倣木結構石雕斗拱門窓、檐上立有獣面人身石雕。晋王墓原有石碑十三通、其中両碑能看清文字。[12] [b']一碑是、「唐故左龍虎軍検校司徒贈太保隴西李公神道之碑」。碑文説、「公諱国昌、字徳興、世為隴西沙陀人、偉姿容、善騎射、蓋克用之父朱耶赤心、所謂赤馬将軍生頭上者也」。[b'']二碑説、「唐故使持節代州諸軍事代州刺史李公神道碑」。碑文説、「公即太保之次子也、其名克譲、公前躍飛彎弓及除方……」史実記載、「自克用称兵雲中……克譲与僕従十数騎彎弧躍馬、突出帰鴈門……」[13]。

　一九五八年農田建設在墓南挖開墓道、発現人骨数具。一九七五年拆毀墓頂、挖出馬骨一具、墓室四周均露石雕。一九八九年発掘整理、対此墓認可。

第三節　考古発掘と遺跡の状況

　前節第二項で紹介した李克用墓（晋王墓）は、一九八九年に正式な発掘が行われた。その報告は長く公表されることはなかったが、崔有良氏（代県文管所所長）[14]による「晋王墳清理始末」（前掲『代県名勝古跡』〔一二〇―一二四頁〕）によって初めて明らかになった。本報告は、発掘に従事した崔有良氏が詳細かつ信頼性の高い情報を提供するもので、後掲の李有成氏による報告書と共に重要性が極めて高い。長文のため全文の引用はできないが、以下に李克用墓の状況や発掘品等について概括する。概括に当たっては、最終的には内容の把握のために考古学調査記録の標準であるCore Data Standard for Archaeological Sites and Monuments[15]に準拠したデータを作成する。公開された情報のみでは困難なため、崔氏の記録に基づいて可能な限り近い形で書き出し、第五節で他のデータも統合した地図を試作し、現在の到達状況を確認する。

崔有良報告による李克用墓のデータ

名称：晋王李克用墓。

位置（住所）：代県七里鋪村北。

位置（緯度経度）：——

変更事由：平田整地挖掘露天。

開始時期：一九七五年。

終了時期：一九八九年九月二八日（満一四年）。

発生後状況：風雨の浸食に任せる。

遺構内状況：草木叢生、家畜死骸・廃棄物の投棄、土石浸入。

堆積物状況：高さ二m、泥土。

変更事由：発掘。

開始時期：一九八九年九月二八日。

終了時期：一〇月三〇日（約一ヶ月）。

発掘者：忻州地区文物管理所、代県博物館。

発掘従事者：

［技術指導］文管所技術人員。

［作業従事者］古城村にて農民工を雇用。

［備考］迷信があり、七里鋪村の住民は発掘に参加したがらない。

記録者：崔有良（［一九八九年］代県博物館館長）。

記録作成時期：一九八九年？

墓葬基礎データ：

［墳丘］ 元々は高さ一〇m、周囲六〇mの墳丘。

［墓室］ 直径：九・七m、深さ五・五六m、円角方形石券穹隆頂結構。

発掘経過（1）：

［墓道］

1．墓道から発掘開始。

2．二尺（約六六cm）ほどの軟らかい土の下に磚石・瓦礫が混在。

3．一mほど下で墓道両側の磚雕房屋建築が次第に露出。封門も同時に出現。現地の人の証言によると、封門石は七五年当時に既に掘り出されていたが、その後土が崩れて埋もれてしまい、再度深く掘ることはなかった。墓道両側の磚雕房屋・門窓は始めて出現した。当時は目標もなく掘ったため、（磚雕房屋の）屋脊・排山瓦などが損壊した。山花以下は完全に残っている。

4．一週間ほどで墓門から南に約三・八m延びる墓道の清理を完了。

5．墓門は三枚の巨大な石板が両側の枠にはめ込まれている。

出土品（1）：

［墓道］

1．——

2．猫頭・縄文方磚・長形条磚・脊獣。

3．墓道両側に磚雕房屋建築、封門の巨石（一トンほど）。

4．上から下にかけて、磚雕の排山勾滴・斗拱構件、梁架及び下部の窓などの倣木結構建築。失伝した翼形拱、方格窓および拱眼壁間の彩絵花卉図案は紅・黒・黄・白・蘭などで彩られ、唐末五代の芸術の様子を伝える。一〇〇〇年以上埋められていたため、出土時は色彩も鮮やかであった。収集した房屋構件を分析したところ、墓道の上方にも他の建築（磚雕）があったと思われるが、破壊されていて復原は不可能。

5．墓門の石板一枚及び墓門をはめ込む両脇の石槽。一枚一トン程度と推測。

発掘経過（2）：

［墓室］

1．室内の泥土除去（二回に分けて搬出）。

2．一〇月一一日、棺床のおおよその位置を確定。

3．一〇月一六日、墓室東南方から墓誌銘一点出土。

4．これらの発掘中に人骨・馬骨・牛骨・鶏骨等の動物の死骸が出土。随葬物も出土。

5．最下層の棺床下に朽ちた棺材の痕跡が残る。紫褐色の漆皮の残片が残る。棺板の棺釘は長期間水に浸かっていたため傷んでいる。
6. 一〇月二五日、墓室の清理完了。
7. 一〇月二九日、墓室図面の作成完了。
8. 一〇月三〇日、墓誌銘を墓室から吊り上げ、石像・磚・雑物など、移動可能な文物は全て博物館に搬入。同日、清理作業完了。

出土品：

1. ――
2. ――
3. 墓誌銘：誌蓋には篆書で「晋王墓誌」と記される。誌蓋は盗掘時に開かれたらしく、斜めに立て掛けてあった。墓誌銘は正方形で、一辺〇・九三m、厚さ〇・二一m。
4. 人骨・馬骨・牛骨・鶏骨等。方向・位置は不揃い。骨簪・骨飾・衣飾・器物飾・箭簇・銅銭、甕罐の欠片。大豆・西瓜の種など。金属飾件。
5. 棺材に塗られた紫褐色の漆の残片。棺釘残片。
6. ――
7. ――

その他の出土品：［**甬道**］洞壁東西に「出行図」及び「儀仗図」あり。

墓葬の構造：

［全体構造］ 墓道から入り、墓門を通って甬道を抜け、墓室に入る。

［墓道］ 始めに清理した墓道は長さ四m弱だったものの、全長は約三〇mあり、現在では墓道の上に民家が建っている。

［甬道］ 石券洞式で墓室と連続しており、長さ六・七m、幅二・六m、高さ三・六一m、洞壁の東西に「出行図」と「儀仗図」がある。

［墓室］ 甬道を通過すると墓室に入る。中央に棺を安置する棺床があり、棺床は束腰須弥座式、東西六・七m、南北三・三七m、高さ〇・五六m。墓室内の四周には十二生肖の石雕官服人像一一尊が立ち[16]、それぞれ表情が異なる。墓室の北・東・西の三面には浮き彫りの直欞窓・方格窓・門戸が彫られ、門を守る男女侍従像が立っている。十本の方椿（四角い柱）の上には忍冬花紋の浮き彫りがあり、その上は斗拱（枡形。柱の上に設けられた棟木を受けるための方形または矩形の木）があり、斗拱の上にはそれぞれ獰猛な面持ちの石雕の怪獣が彫られている。

［盗掘］ 作業期間中、墓葬の破壊の状況や随葬物および遺骸の分析から、この墓葬は墓主の死後ほどなく盗掘されており、その後も再三の盗掘被害を被っていることが判明した。盗掘者は異なる角度から墓室内に入っている。明らかな盗掘坑が墓室の東西に各一箇所あり、墓の前にも一箇所ある。棺を安置する棺床も三尺（約一m）ほど掘られており、墓室の鋪底石（敷石）にも数箇所の掘り起こした痕跡がある。内部の随葬物は略奪され、遺体は散乱し、価値のある器物は持ち去られ、持ち運べない大きな磁器などは粉砕されている。小さな象嵌細工や器物の飾件（装飾）などはうち捨てられたままになっており、今回の発掘の大きな収穫となった。

出土品所蔵機関：代県博物館。

発掘後状況：——
附属施設：後唐同光三年（九二五）創建の柏林寺。
遺構との関係：李克用墓の西一〇〇m地点。
建築時期：後唐同光三年（九二五）創建。
現況：現存せず。

本報告は、李克用墓の発掘状況を知ることができる数少ない記録のひとつである。本報告の記録に「運搬できる遺物は運搬した」とあることから、運搬できないものは現場に遺されていることが窺えるが、発掘において収集した遺物も多いことが判明する。また、後唐期に建立された柏林寺と李克用墓の関係も明らかにしているため、重要性が高い。本報告が掲載された『代県名勝古跡』はほとんど入手不可能な本であるが、李克用墓の重要性に鑑みて広く紹介されるべき成果である。

「代県李克用墓発掘報告」（『李有成考古論文集』[17] 中国文史出版社、二〇〇九年〔一八八—一九八頁〕）

晋王墓群に関する報告書として最近出版されたのが、発掘を主導された李有成氏による「代県李克用墓発掘報告」、「李克用墓誌考釈」、「晋王像　柏林寺」の三本からなる一連の報告書で、いずれも二〇〇九年に出版された『李有成考古論文集』に収録されている。以下に「李克用墓発掘報告」の概要を紹介する。本報告は短いが、発掘前の当該墓葬の状況を含め、重要な情報が数多く含まれている。

一、発掘前の状況

晋王李克用墓は、山西省代県陽明堡鎮七里鋪村の北側にあり、元々の封土が大きかったため、五〇年代にはなお高さ七ｍあったという。一九六二年に代県の南側を走る原平鉄道を建設した際に、墓門が開けられたが、その後埋め戻された。一九七五年秋、「農業は大寨に学べ」運動の最中に農民が農地を整備したために再び掘り起こされた。墓室の穹隆頂は建築時から地表より上にあり封土によって守られていたが、この時に穹隆頂は全て取り除かれた。当時墓室内には水が溜まっており、水深一・五ｍほどあり、農民が水に飛び込んでいたという。大隊幹部が代県文化部門に報告し、直ちに搶救清理小組が組織されてポンプを使って排水を行った。墓室の底は泥土となって排水することはできなかったが、長靴をはいて手探りで探索した結果、馬の骨、犬の骨、人骨と石雕怪獣像が発見された。

一九七五年に緊急発掘を行った後、埋め戻しは行われず、墓室は穴が開いたままになり、ゴミが投げ入れられる状態になっていた。一九八九年の発掘によって「晋王墓誌」が出土し、この墓が李克用墓であることが確定した。

墓葬の概況：墓地の周辺には漢代の瓦や唐・宋・元時期の瓦の断片、宋代の窯跡がある。李克用の一族の墓葬については、詳細は不明である。乾隆四九年の『直隷代州志』巻一、輿地、陵墓条〔七三葉ｂ〕には、以下の記載が残っている。

晋王墓、王即李克用也。以平黄巣功封晋王。卒葬州西八里柏林寺側。……其弟克権、子嗣昭墓、倶在寺東北。正統己巳、盗発嗣昭墓。内鑿石為壙、有日月星斗象。……柏林寺在七里鋪、晋王墓側。後唐同光三年荘宗建、以奉王香火。

柏林寺は七里鋪村の北にあり、寺は文革期に破壊されたが、寺院跡が現存する。

晋王墓の西北一㎞の地点に李存勗《ママ》墓があり、封土は直径約五〇ｍ、高さは三ｍある。文革期に村民が墓室を開いて発掘した。当時墓室に入った者が言うには、墓室は行甃石券で、頂部には日月星辰象があったという。代県県委員会の知るところとなり、ただちに埋め戻された。発掘した当時も、晋王墓の北五〇ｍの地点に井戸を掘ろうとしたところ古墓葬を掘り当てたが、発掘せずに埋め戻したという。七里鋪村の村民が言うには、晋王墓地には、五世代七人が埋葬されているというが、その分布状況は明らかではない。

二、墓葬の構造および装具

李克用墓の墓室は方形円角の石室で、南北の長さは九四五cm、東西の幅は九六五cm、墓道の長さは約三〇ｍ、墓室の高さは不明だが、七六〇cm程度と推定される。積みあげている石の大きさは不揃いだが、長さ一〇〇cm、幅四五cm、厚さ二〇cm程度のものが多い。石を積みあげ、間を漆喰で固めており、唐・五代時期に忻州で最も流行した手法を用いている。痕跡から見て、墓室内の穹隆頂の下は朱色で塗られている。

墓室内には石作りの棺床が置かれ、棺床の長さは六九〇cm、幅は三四三cm、高さは五〇cmである。墓室内では、三つの頭骨が発見された。鑑定の結果、男性一人と女性二人で、男性の頭蓋骨の額部分には直径一〇㎜ほどの円形の傷跡があった。これが李克用の頭蓋骨と推定される。

三、随葬器物

李克用墓は何度も盗掘されており、墓室の東西両壁に盗掘坑が一つずつある。金の天眷年間（一一三八―一一四〇）には既に盗掘されていた。一九八九年の発掘時にも、甬道内でよく揃った下肢の骨が発掘された。これによって、遺体が腐敗する前に既に盗掘されていたものと推定される。一九六二年の京原鉄路修築と一九七四年の「大寨に学べ運動」によって門が開かれ、穹隆頂が取り去られ、墓室内の随葬品は失われた。発掘に際しては、それでもなおごく少数の出土物があった。漆木器上の装飾小銅飾、豆青瓦罐一件、十二生肖石雕像一一尊、「晋王墓誌」一組、開元通宝銅銭、骨簪、骨佩、骨器などである。墓室の南と陽堂の西には馬骨一つ、西北角には犬の骨、鶏の骨、東には羊の骨があった。これら動物の骨は棺床と甬道の間にあり、中央の地面に青石板を用いて直径一mほどの輻射状に配置されており、葬送の際の祭奠と関係すると考えられている。

四、建築雕刻

(一)　墓室建築雕刻

墓室の北壁には、竪方形抹楞が四柱あり、三間の殿宇のようになっている。方形の柱は一二cm張りだしている。本来は紅の彩色が施されていたと考えられる。中央には大門の雕刻が彫られ、門の両脇には一男一女の侍従がおり、左右に侍立している。東西両壁は北壁と基本的に同じだが、異なる部分も存在する。

(二)　墓道磚雕建築

墓門の両脇には、各一座の磚雕歇山頂建築がある。

(三)　人物石雕像

人物の彫像は四種類ある。一、十二生肖（欠鼠）。二、東・西・北門両脇の侍従。三、甬道内墓門両脇の翁仲。四、甬道両壁の「出行図」・「儀仗図」、である。

十二生肖。十二生肖は墓室の底部四周に置かれ、壁を背にして侍立する。北から時計回りに一周する。牛・虎・兎・龍・蛇・馬・羊・猿・鶏・犬・猪（欠鼠）がある。高さは七〇cm、幅は三〇cm、厚さは一三cm程度である。正面に官人像を彫りだし、両手を胸の前に置いて笏を持ち、恭しく侍っている。大袍を纏い、腰部に帯を締め、袖は幅広である。官靴を履き、頭には官冠を被り、官冠の前に十二生肖の動物像が彫られている。一一尊の官人像の表情はいずれも現している動物の個性を表現している。

墓室東・西・北門両脇に線雕の一男一女の侍従像がある。北壁の侍従は女左男右で、女侍従の身長は一一九cm、男侍従の身長は一二〇cmである。東壁の侍従は男左女右で、両脇に分かれて立っている。西壁の侍従は一男一女で、男左女右で、両脇に侍立している。男の侍従は身長一五九cm、女の侍従は身長一七四cmある。

甬道内墓門両壁の翁仲はいずれも男性で、身長一三二cm、体型や着衣は同一である。

（四）　甬道両壁「出行図」、「儀仗図」

「出行図」は高さ二〇五cm、幅四七五cmで、画面には馳せる五頭の駿馬と五人の騎士が描かれ、後ろにははためく纛旗があり、五頭の馬のうち前方と中央の三頭の胸には円形の護板がある。「儀仗図」は高さ三七〇cm、幅三五〇cmで、上下二列に武士を画く。鎧をまとい、鉄冑をかぶり、長筒靴を履き、行進している様子を示す。両手は腰に置き、手には纛旗を執る。前列の武士は五名、後列は四名いるが、彫刻は未完成である。

（五）　怪獣石雕像

墓室の斗供耍頭の上にあった奇怪な形状の石雕像九尊。残存する痕跡から、本来は彩色が施されていたと考えられる。石雕像の造型は人にも怪獣にも見え、人身獣首である。出土した時にはいずれも斗供耍頭の上に置かれ、頭は檐から乗りだし、足は耍頭を踏みつけていたという。墓室の状況からみて本来は一〇尊であったと考えられる。

「代県晋王墓」（『代県——中国歴史文化名城——』山西画報社、年次不詳、一二—一三頁）

先述の崔有良氏による李克用墓発掘報告である「晋王墳清理始末」には、写真等は附されていない。ここで紹介する『代県——中国歴史文化名城——』所収の「代県晋王墓」は見開きのカラー図版頁で、写真からは李克用墓および付属施設の柏林寺、さらに李存孝墓に関する情報が多数読み取れ、上述の『中国文物地図集　山西分冊』や『代県名勝古跡』を補うところが大きい。

このページには合計七枚の写真が掲載されている。表題のみ以下に提示する。(番号および〔　〕は筆者による)。

1. 晋王李克用墓
2. 晋王墓誌誌蓋拓本
3. 李存孝墓遺址〔西南から撮影した模様。正面に碑文が立つ〕
4. 柏林寺蔵晋王画像
5. 〔李克用〕墓内石雕像
6. 〔李克用墓〕甬道磚雕門窓〔模写〕
7. 〔李克用墓〕考古発掘現場〔邢生明撮〕

1. は墳丘を削られる前の李克用墓の外観、2. は李克用墓誌の誌蓋である。「代県晋王墓」に掲載された写真の内、最も価値が高いのは3.「李存孝墓遺址」と4. 乾隆二八年の紀年を持つ「柏林寺蔵晋王画像」であろう。

李存孝墓は『中国文物地図集』に「七里鋪墓葬」の名で収録され、「万暦一四年に重修して碑を建てたが、一九六〇年代に壊した」とあり、『代県名勝古跡』「古墓葬」の李存孝墓の項では、万暦一四年に重修して碑を建てたという記述に続き、墳丘の高さや周囲の長さ、墓室の構造を記録する(本章第二節二項)。これに、3. を合わせて見ると、墳丘は削られているが、正面には碑が立ち、現在もよく保存されている様子が見て取れる。『代県名勝古跡』の記録は信憑性が高いようである。李存孝は元の名を安敬思という。沙陀政権中枢に存在したソグド人の墓葬が現代まで残った事例であり、貴重である。

次の4.「柏林寺蔵晋王画像」（以下、「晋王画像」）は、史料一三に出てきた李克用らの肖像の模本である。史料一三は明代の模本であったが、「晋王画像」には乾隆二八年の紀年があり、胡床に座った李克用が矢を見つめている所は変わらないが、左右の李存孝と李存勗は細部が異なる。これは明代の模本の模本である（第二節第一項参照）。「晋王画像」の存在は柏林寺所蔵の沙陀関係の遺物がなお現存することを示している。

絵の上部には款題が記されており（本章第三節二項参照）、釈文は李有成氏によって公刊されている。[18] 残存している晋王像の由来など、詳細な記録になっているため、以下に釈文を再録する。

款題。晋王像其伝於今、凡三易矣。有大小二軸、自正徳武皇帝西幸経代、已将大者持去、即小者亦出後人臨筆。王正坐端箭、荘明二宗居後。左右立虎冠衷鎧、存孝侍傍、此臨之始也。嘉靖三十年（一五五一）歳次辛亥九月望日、通義大夫・都察院右副都御史、奉敕巡撫山西地方兼提督雁門等関、霊宝黙斎許公諱論過此、命王重幕一大幅一小幅、而像乃両易。及隆慶四年（一五七〇）、信官陳君祥儒曰、「与其装軸画像、不若建祠以塑形、願施己資営建」。信果代人喜崇、奉有地最称極盛之挙、然未修其像也、嗣後、康熙己未（五四年、一七一五）三月、分守雁平道、山西布政使司参議彭城張公名道祥、再命善手更為摹仿。経此三易、而王之像、乃克以伝。夫王之威霊写於像、誠不若建祠、塑形之為顕赫。然塑之於形或未必即肖其像、且以像之大軸不存、僅得臨其小者而綿綿延延以迄於今、蓋亦珍之至矣。謂建祠以後、可一旦輙棄其像、恐大非許張二公之本意、故塑形断不可不写像。予観夫古来有功徳於民、而後世祠之者、求其遺像、百不得一焉。独晋三像得伝於今、令人追思其集兵沙陀、平黄巣大勲、并疾篤時、以三矢賜亜子、復仇偉績英風躍躍紙上生気迥出也。余至柏林寺、僧人寂悟、復以王像毀落告予、予即携至官署中、時有劉君名煒者、予囑其摹写成此。仍以附僧人守之。蓋王像三易以来、至此而神色鬚眉愈精彩。其与望之於形者、不相得益彰耶。予故曰塑形与写像不可以一廃一也、後之好古者、体前人之遺意、与予之斯挙。再伝再臨之、以至於不朽斯、則予之厚望也。夫道光二十二年（一八四二）歳次壬寅菊月、山西直隷代州辛卯恩科挙人、馨舫仙洲李蘅臨書。乾隆二十八年（一七六三）歳次癸未菊月、山西直隷代県糧捕水利分州古檀雯原武甲登記。

第四節　晋王墓群踏査および関連資料調査

（一）代県博物館――代県文廟――

筆者は二〇〇六年九月に代県博物館を訪れ、一九八九年に行われた李克用墓の発掘成果に関する展示を参観した。以下に展示内容を報告する。

展示には、二つの大きなパネルがあり、一つ目のパネルでは「在代州建鴈門軍」として李克用の事跡をまとめるほか、一九七五年以前の李克用墓の外観、往時の柏林寺の写真、さらに晋王墓群の分布を提示しており、李克用墓および李存孝墓や付近に点在する墓葬も描かれる。

第二のパネルには「墓葬の考古発掘」、「各級領導による発掘地視察」、「出土遺物」と題して発掘の記録写真が多数展示される。第一と第二のパネルの間には李克用墓誌の拓本が置かれ、室内には「晋王墓誌」と「陳再興墓誌銘」が展示される。また、李克用墓の墓室内を再現した模型も展示されており、墓室から出土した遺物である十二生肖の一尊も展示されている。展示された多数の写真からは、発掘が豊富な成果を上げたことが見て取れる。

博物館に展示された発掘時の記録写真と写真に附された解説から、発掘において測量等を実施したのが、第三節で提示した考古の報告書をまとめた代県文管処処長の李有成氏と代県博物館館長の崔有良氏であったことが判る。

図一　李克用墓の現状　東北から撮影

図二　李克用墓の穹隆頂

（二）現地調査――二〇〇六年一〇月――

代県博物館において発掘の展示を見学後、代県県城内から郊外の七里鋪村に赴き、李克用墓及び柏林寺を参観した。七里鋪村の村民によると、柏林寺は既に存在せず、李克用墓は壁で囲って保護しているという。

二〇〇六年当時の李克用墓は、崔氏の報告にある通り博物館に展示されていた写真に見える墳丘は削られ、墓室の穹隆部分に穴が開いており、そのため雨が降れば浸水する状態であった。保護のために穴の上部にコンクリート板を被せて雨水の浸入を防いでいたが、墓室の直径に足りない板であったため、墓室の天井が板の重さに耐えられず、墓室内に落ちていた。七里鋪村の住民によると、墓室は危険だが墓道には入れるそうで、墓門に降りる道に案内された。

墓道に立つと、まずそこに今なお彩色のレリーフや壁画が残っており、彩色もよく保存されていた。これは、崔氏の報告にある「墓道内磚雕房屋建築」または「磚雕門窓」と呼ばれているもので、博物館に展示してある写真と比較すると退色が進んでいるが、細部まで色彩が残る。封門の石は横組みで三枚あり、現状では最下層の一枚は土に埋もれて見えない。封門の隙間から墓室内を見ることができる。墓室内は樹木が生い茂っているが、棺床の浮き彫り、墓室内の石柱と石柱に施された浮き彫り、斗拱の浮き彫りなどがよく残っていることが見て取れる。侍従像などの浮き彫りもなお保存されている。墓室入り口部分の甬道にある「出行図」と「儀仗図」の浮き彫りも保存されているはずだが、角度の関係で見られない。墓室内にあった十二生肖は博物館で展示されており、墓室の穹隆頂は李克用墓北側の地上に残されている（図一・二は筆者の撮影）。

（三）「陳再興墓誌銘」――代北集団の墓葬地――

代県博物館で展示されている「晋王（李克用）墓誌」の傍らに、小さな墓誌がひっそりと置かれている。この墓誌銘には展示用の解説は施されておらず、出土地なども不明であるが、博物館内での展示位置や誌文から李克用墓の近くから出土したと推測される。本墓誌は大型の墓誌集類に収録されていないが、現地の雑誌には李克用墓誌と共に発表されており(19)、李克用の側近くに仕えた人物のものである。墓主の来歴と本章で扱う墓葬地に関する部分のみ引用しておく。

誌蓋には「陳府君辞」と書かれ、墓主は陳再興という人物で、経歴からして李克用の親信である。

史料一四……公諱再興、字知遠、彭城人也。……従軍歳久、武略生知、立奇功於細柳営中、継善射於穿楊葉後、白玉無玷、青松自寒、起火鑽煙、眠砂臥磧、以忠貞奉主、潔自成家、直比觸槐、義兼吞炭。元戎奨念、同列咸賓、職拝班員、憲遷品秩。

中和三年、上台太師隴西王、翦黄巣、盪清寰宇、其秋換鉞、移鎮太原。公早栄極、綿歴歳寒、以公為知宅都雑作軍使。……台楷承奉、三十余年、使宅重難、十有七載、……去天復元年閏六月十二日、薨於乾陽門新宅、年卌五。

……其年閏六月廿九日、扶護於代州西南鴈門県界、地接大塋。即以七月六日安厝創塋、礼也。

墓主は彭城の人、陳再興というが、この名前は文献史料には見えない。しかし、幼少期から長きにわたって李克用に従い、武略を以て功績を上げ、忠貞を以て主に仕え、「元戎」であったと述べられる。中和三年（八八三）、李克用が河東節度使となるに従って太原に移り、天復元年（九〇一）、李克用に先立つこと数年で世を去り、傍線部に示すように、その年の六月に「代州西南鴈門県境」に扶護せられた。「地は大塋に接し」ており、七月六日にその地の塋に埋葬されたという。

代北李氏の墓葬で現存するものとしては李克用と李存孝の墓しか知られていないが、この墓誌は別の重要な情報を提供している。それはつまり、代北李氏の墓の周辺には、その身辺に仕えた人々の墓葬も存在するということである。

第五節　晋王墓群の現況

最後に、これまでの成果を受けて現在まで残る李克用墓を含む晋王墓群の所在地について考察する。代県博物館では、李克用墓を含む晋王墓群分布図（以下、分布図）を実見する機会を得た。また、李克用墓にも自ら赴くことができた。ただし、分布図は李克用墓周辺に限られ、現地では十分な情報量の地図を入手できなかったため、七里鋪村がどこにあるのかも把握が困難であり、代県県城とどのような関係にあるのかも不明であった。今回、晋王墓群に関する資料を整理する上でGoogle Earthの衛星写真と当時の記録を照合した結果、李克用墓と李存孝墓、さらに柏林寺を含む晋王墓群のおおよその位置を知ることができた。そこで現段階で入手できた情報を基に墓葬の分布状況を以下に示す（地図六）。

後唐時代に建極陵と呼ばれた李克用墓は、国道一〇八号線の南側、滹沱河のすぐ北、東北の七里河と西南の古城河に挟まれた一角に存在する（地図上では▲で示す）。柏林寺は、崔有良氏の報告によれば李克用墓の西一〇〇ｍに位置

地図六　晋王墓群現況図（Google Earth の衛星画像を底図に作成）

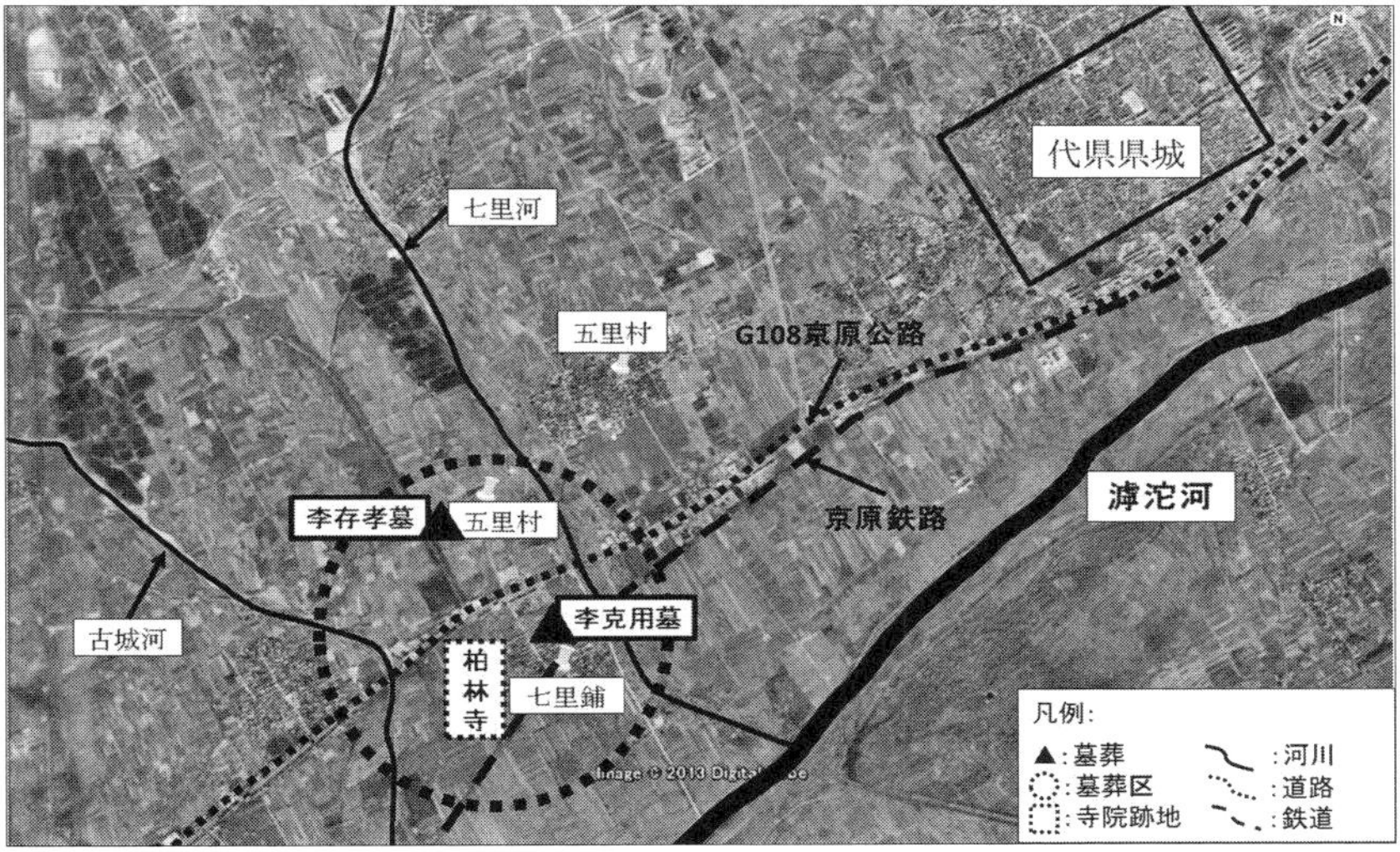

する。ところが李克用墓の西一〇〇mの地点は、ちょうど七里鋪村の所在地に重なっており、それらしい建物は見えない。分布図では柏林寺は李克用墓から一kmほど離れた古城河寄りの場所に置かれており、これだけでは所在が確定できない。古城河に近い位置であれば、衛星写真を見る限りは畑になっている。

李存孝墓は主に分布図が示す位置から推定した。衛星写真上でも五里村の西南に該当しそうな場所が確認できるが、確定は困難である。また、この他にも特に李克用墓の周辺には複数の墓葬が散在しており、いずれも七里河と古城河の間にある。これらの墓域の場所は破線の丸で示した。

現在の代県県城は、北魏の孝明帝の時期から代州（鴈門郡）の治所として用いられており、唐末五代は代州治が置かれ、位置は現在まで変わっていない。これを見ると、代県所在の晋王墓群は代州の州治西南に営まれた李氏一族の塋域として造られ、後唐建国後もその形を留めたまま皇帝陵として扱われたように見え、李克用墓誌に見える「代州鴈門県里仁郷常山里の先塋」の様子を留めている。

柏林寺にあったという「晋王碑」によれば、柏林寺の建立時期は同光三年（九二五）といい（本章第二節）、史料四でみた「北京太廟」が停止され、史料五のように「代州別廟」の建立が建議された翌年に当たる。柏林寺に保管されていたという碑や晋王李克用に関する遺物は現存する可能性もあるため、今後何らかの史料が出てくることもあり得る。今後の調査の進展を待ちたい。

おわりに

本章では、山西省代県に残る晋王墓群、特に李克用墓・李存孝墓・柏林寺の来歴と保存状況という問題に対して、第一節では編纂史料に見られる記述をまとめ、後唐における李克用墓の位置付け、後唐期における他の陵墓との関係を示した。第二節では次に後唐以後の李克用墓にまつわる状況について、墓葬に残された石刻史料や伝承、絵画史料などの存在を総括した上で、李克用が葬られた晋王墓群に関する現代の各種報告をまとめた。

第三節以降では、現代資料群を併用することで、李克用墓を含む晋王墓群の現況、そして柏林寺伝来遺物について考察し、（1）李克用墓が現在もよく保存されていること、（2）李存孝墓は現存すること、（3）柏林寺には石刻史料に残されている以外の「晋王碑」が存在し、柏林寺の来歴や歴代重修について記録されていること、（4）柏林寺伝来の李克用肖像が現存すること、（5）晋王墓群の近傍には李克用の親信も葬られており、代北集団を構成した人々が他にも埋葬されている可能性があること、などを指摘し、最後に現代の報告から知られる晋王墓群の現況について、今後の調査の可能性も含めて図示した。なお、こればかりではなく、李克用墓の周辺には、他にも多数の沙陀突厥の墓葬群がなお眠っている可能性が高い。

本章では、代県に残される晋王墓群の位置付けを明らかにした上で、その現況を明らかにした。今後は、本章で明らかになった現況を踏まえつつ、唐末・五代について考察するための典拠となる史料・資料を徐々に増やしていくことを課題としたい。

注

（1）森部豊・石見清裕「唐末沙陀「李克用墓誌」訳注・考察」『内陸アジア言語の研究』一八号、二〇〇三年、一七―五二頁。李有成「晋王墓誌考釈」『李有成史学論文集』二〇〇九年、中国文史出版社、一九九―二〇四頁。

（2）「王以己巳歳二月十八日、帰窆于代州鴈門県里仁郷常山里、祔于先塋、礼也。」『全唐文補遺』第七輯、三秦出版社、二〇〇一年、一六四―一六六頁。

（3）『旧五代史』巻三一、同光二年（九二四）三月丁巳条に「中書門下奏、「懿祖陵請以永興為名、献祖陵請以長寧為名、太祖陵請以建極為名。」従之。」（四三二頁）とあることからも確認できる。

（4）b. に見られる明宗朝における追尊は、唐の後継者としての形式を整えていく過程における措置の一環であろう。明宗朝において唐王朝と沙陀の祖先の関係ついて集中的な史料記述の改竄を加えたことは本書第三章でも論じたが、本条b. の史料もまたその文脈の中で解釈されるべきものである。

（5）『旧五代史』巻四七、末帝紀中にも簡略ながらほぼ同文の記録が見える。「（清泰二年春正月）戊申、宗正寺奏、「北京・応州・曹州諸陵、望差本州府長官朝拝。雍・坤・和・徽四陵、差太常宗正卿朝拝。」従之。」（六四四頁）。

（6）『旧五代史』巻一五〇、郡県志に附された案語による。『旧五代史』復原の際に用いられた『永楽大典』には薛居正の記した原文が載っていたが、省略が疑われる。『永楽大典』から収録された目録部分には応州の記載が見える（二〇一一―二〇一二頁）。

（7）前掲注（1）論文。

（8）中表紙の題名は『代県名勝古跡専輯』となっている。この本には奥付がないため出版年は不明だが、序文には一九九三年四月二〇日の日付が書かれている。

（9）他に武億『金石三跋』巻一や葉奕苞『金石録補』巻二三などにも同一の碑が収録されている。

（10）二番目の神道碑について、朱彝尊は李克譲としており、葉奕苞『金石録補』巻二三所収の「唐代州刺史李公碑」跋尾、三葉b―四葉bもこれに従う。武億『金石三跋』巻一所収の跋文、三葉b―五葉bでは李克用の兄弟について各史料で食い違っていることが指摘されるが個人を特定していない。

（11）CiNiiBooks, http://ci.nii.ac.jp/books/, 二〇一七年九月二八日最終確認。

（12）本章第二節第二項参照。

（13）『旧五代史』巻五〇、李克譲伝に、李克用が雲中で挙兵した時の事として、「天子詔巡使王処存夜囲親仁坊捕克譲。詰旦兵合、克譲与紀綱何相温・安文寛・石的歴十余騎彎弧躍馬、突囲而出、官軍数千人追之、比至渭橋、死者数百。克譲自夏陽掠船而済、帰於鴈門。」〔六八一頁〕と見える記事に対応すると考えられる。

（14）崔有良氏の身分については二〇〇六年当時の代県博物館の展示解説による。

（15）Core Data Standard for Archaeological Sites and Monumentsは、以下のページで概要を閲覧できる。http://archives.icom.museum/objectid/heritage/standards.html

（16）本来一二尊のはずだが、現在博物館に展示されている十二生肖像も一一尊である。

（17）李有成氏による発掘報告の存在は、山西省考古研究所所長の張慶捷氏のご教示によって知り得た。著者の李有成氏は、二〇一三年に物故されたという。

（18）李有成「晋王像　柏林寺」『李有成考古論文集』中国文史出版社、二〇〇九年、二〇五―二〇六頁。

（19）崔有良「晋王李克用及陳再興墓誌銘考介」『雁門関』掲載頁・年次未詳。本論文の存在は明治大学の気賀沢保規教授にご教示いただいた。

第六章　「契苾通墓誌銘」及び「契苾公妻何氏墓誌銘」訳注と考察

はじめに

「契苾通墓誌銘」の訳注は、本書第二章の附編として執筆したものである。

本墓誌の内容は多岐にわたるため、第二章の執筆にあたって、墓誌の内容を分析するためには、基礎となる情報の整理が必要であった。その一つが本墓誌の訳注であり、もう一つが本墓誌に含まれる重要な情報である、八四〇年のウイグル帝国の崩壊とそれに伴う烏介可汗およびウイグル余衆の南遷に関する基礎的情報の総括である。

南走派ウイグルに関する研究については、羽田亨氏や岑仲勉氏[1]が先駆的な研究をされたほか、山田信夫氏[2]や中島琢美氏によって詳細な研究が展開されており[3]、近年では Michael R. Drompp 氏が南走派ウイグルの出現や唐王朝による対策について、『李衛公会昌一品集』所掲の漢文史料に基づいて詳細に論じた書籍を刊行された[4]。また村井恭子氏も同様の視点から唐王朝と北辺の関係に注目して南走派ウイグルの問題を論じられており[5]、これらを合わせることである程度理解することが可能になってきている[6]。

一方、第二章で論じたように、「契苾通墓誌銘」からは唐初に設置された羈縻州部落の唐末における姿と、五代王朝を切り開く沙陀突厥との重要な関連を読み取ることができる。しかし、この唐末における羈縻州部落と南走派ウイグルがどのように関わったかについては、第二章では必ずしも十分に論じることはできなかった。そこで、本章では、墓誌銘の釈読と共にこの点について論じていきたい。

本墓誌の出土地、ならびに出土の年月は、ともに不明である。墓石は、もとは陝西省咸陽市双泉村の村民の家の中にあったというから、石材として再利用されていたと考えられるが、現在は陝西省咸陽市博物館が所蔵する。原石は正方形で、縦、横ともに八二㎝ある。全文は三二行で、墓誌題が四五文字あるのを除くと、一行あたり三五文字である。墓石拓本写真は『隋唐五代墓誌滙編』陝西巻第四冊（一三七頁）においてはじめて公表された。釈文は、後に『全唐文補遺』第一輯、柳喜の条（三五八頁）及び『新中国出土墓誌』陝西壱（図版一三三頁、釈文一四〇—一四一頁）に載せられた。本章は、『隋唐五代墓誌滙編』の拓本写真を底本とし、『新中国出土墓誌』陝西壱の釈文を参照した。墓誌銘の字体については釈文では旧字体に統一し、それ以外では通行字に改めた。

第一節　「契苾通墓誌銘」釈文・訓読・試訳・語釈

第一項　釈文

1　唐故銀青光禄大夫・檢校左散騎常侍、兼安北都護・御史大夫、充振武麟勝等軍州節度觀察處置蕃落兼權

2　充度支河東振武營田等使・上柱國・北海縣開國侯・食邑五百戸契苾府君墓誌銘幷序

3　朝散大夫・守京兆尹・上柱國・賜紫金魚袋柳喜撰

4　公諱通、字周物、姓契苾氏。其族系源流、載在國史。五代祖諱何力、在貞觀初、髫齒尙幼、率部落

5　千餘帳、效款内附。 太宗嘉之、授左領軍將軍。後以征討有勞、尙臨洮縣主、爲葱嶺道行軍副大

6　總管。忠烈義勇、存乎本傳。時有司修蓬萊宮、樹以白楊。 烈公吟古詩以諷、主事者喩其旨、立

7　命伐去之。其敏識精裁、爲時所推。曾祖諱峯、皇雲麾將軍・左武衛大將軍、襲武威郡公、贈
8　武威郡太守。　祖諱嘉賓、皇雲麾將軍・左金吾衛大將軍兼廬州郡太守、襲涼國公、食邑三
9　千戸、贈涼州都督。　　父諱漪、皇持節・都督勝州諸軍事、勝州刺史、充本州押蕃落義勇軍等
10　使、兼侍御史、贈鴻臚卿。　　公少習韜鈐、閑練軍志、以氣義自任、而濟之以沖和、推
11　誠於人、有善不伐。始效職於單于府、卽居上介。仍檢校秘書監兼監察御史、都督賀蘭府事。後
12　以榮勳著、遷都押衙馬歩都知兵馬使、官兼殿中、封北海郡開國侯、食邑五百戸。次授東受降
13　城使、加國子祭酒。後歷勝・蔚・儀・丹四郡守。所至千里、大布六條、皆襦袴之謠、無謝龔黄之理。
14　其卹隱求瘼之心、勤勤然如不及。曁昇　朝序、因拜右衛將軍兼御史中丞、　宣諭
15　突厥使。時部落攜貳、不安土疆。邊帥莫能懷柔、　朝庭慮其侵軼。　上命　公以招撫
16　之、至則　公喩以　朝旨、制其野心、如風之偃草、身之使臂。火未改木、虜還故居。功成
17　上聞、授左金吾衛將軍。未幾、又以突厥驚擾、重令　宣喩。復命之日、　上念勤勞忠盡、
18　當報以好□、用示　寵光。乃授左貂、仍加大憲、遽轉大將軍充街使。分宵警夜、嚴衛　皇居。
19　統騎執金、榮當環列。　上以　公備詳邊事、盡得戎心、遂授振武・麟・勝等州節度觀察處
20　置等使、仍加度支河東振武營田使。　寵遇旣隆、委寄斯極。　公撫綏士馬、葺理疲羸、對食
21　忘喰、當宵忘寢、不使己以害物、毎推公以律人。時稱邊甿、亦旣蘇息。無何、腠理生疾、風燭興悲。
22　以大中八年八月九日奄捐官舍、春秋七十。嗚呼哀哉。　公娶廬江何氏。夫人之世、累服纓冕、
23　先　公就世、凡九年。長男公文、任銀青光祿大夫・前鄂王府司馬兼監察御史。次男公應、前
24　河東節度押衙左驍雄兵馬使・銀青光祿大夫・檢校太子賓客兼監察御史。次男公瑜、前靈武

25 節度押衙・決勝六將都知兵馬使・銀青光祿大夫・檢校太子賓客。次男公武、前滄州節度押衙・
26 銀青光祿大夫・檢校太子賓客。次男公約、前邠寧節度押衙・銀青光祿大夫・檢校太子賓客。次
27 男公綬、前河中衙前兵馬使・銀青光祿大夫・檢校太子賓客。次男公廙。皆習武尙義、不墜弓裘、
28 行孝謙恭、必紹堂構。女六人、幷已從人、盡獲良配。公文以喜嘗副　公銜
29 命、熟　公望實、以日月有期、須有銘誌、泣血觸地、來請撰文。辭旣不從、乃爲銘曰、
30 忠臣良胄、命代茂器。閲禮敦詩、戴仁抱義。累服戎職、屢佩郡符。昇　朝鳴玉、受
31 詔銜□。暨擁旌幢、遠綏邊鄙。七萃旣和、百姓方理。昊天不惠、梁木遽毀。隙駟莫留、妖鵩斯止。陰
32 山色愁、戍鼔聲死。井邑輟舂、旗亭罷市。蒼蒼新植、鬱鬱新阡。　公居于是、永矣千年。
33 　度支推官、徵事郎、試大理評事李袞書

第二項　訓読

唐の故銀青光禄大夫・検校左散騎常侍、兼安北都護・御史大夫、充振武麟勝等軍州節度観察処置蕃落兼権充度支河東振武営田等使・上柱国・北海県開国侯・食邑五百戸、契苾府君墓誌銘并びに序

朝散大夫・守京兆尹・上柱国・賜紫金魚袋柳喜撰

公、諱は通、字は周物、姓は契苾氏なり。其の族系源流は、載せて国史に在り。五代の祖、諱は何力、貞観の初めに在りて、髪歯尚お幼くして、部落千余帳を率いて、款を効して内附す。　太宗、これを嘉し、左領軍将軍を授く。後、征討労有るを以って、臨洮県主を尚り、葱嶺道行軍副大総管と為る。忠烈義勇は、本伝に存す。時に有司、蓬莱宮を修め、樹うるに白楊を以てす。烈公、古詩を吟じて以て諷すや、主事者、其の旨を喩《さと》り、立ちに命じて之

を伐去せしむ。其の敏識精裁は、時の推す所と為る。曽祖諱は峯、皇雲麾将軍・左武衛大将軍、武威郡公を襲い、武威郡太守を贈らる。　祖諱は嘉賓、皇雲麾将軍・左金吾衛大将軍、兼廬州郡太守、涼国公を襲し、食邑三千戸、涼州都督を贈らる。　父諱は漪、皇持節都督勝州諸軍事、勝州刺史、充本州押蕃落義勇軍等使、兼侍御史、鴻臚卿を贈らる。

公、少くして韜鈐を習ひ、軍志に閑練し、気義を以って自任し、之を済いるに沖和を以てし、誠を人に推し、善有らば伐たず。始め単于府に効職し、即ち上介に居る。仍お検校秘書監兼監察御史にして、賀蘭府の事を都督す。後に栄勲著しきを以て、都押衙・馬歩都知兵馬使に遷る。官は殿中を兼ね、北海郡開国侯に封ぜられ、食邑五百戸たり。次いで東受降城使を授けられ、国子祭酒を加えらる。後に勝・蔚・儀・丹四郡守を歴す。至る所千里、大いに六条を布き、皆な襦袴の謡ありて、襲黄に謝するの理無し。其の卹隠求瘼の心、勤勤然として及ばざるが如し。　朝序に昇るに曁び、因りて右衛将軍兼御史中丞、宣諭突厥使に拝せらる。時に部落貳を攜え、土疆に安んぜず。辺帥懐柔する能わず、　朝庭其の侵軼を慮る。　上　公に命じて以て之を招撫せしめ、至れば則ち　公、喩すに　朝旨を以てす。其の野心を制すること、風の草を偃し、身の臂を使うが如し。火未だ木を改めずして、虜、故居に還る。功成りて上聞し、左金吾衛将軍を授けらる。未だ幾ばくならずして、又た突厥驚擾するを以て、重ねて　宣喩せしむ。復命の日、　上、勤労忠尽なるを念い、当に報ゆるに好□を以てし、用て　寵光を示さんとし、乃ち左貂を授け、仍ねて大憲を加う。遽かに大将軍に転じ街使に充てらる。宵を分かち夜を警《いまし》め、厳に　皇居を衛す。騎を統じて執金し、栄は環列に当る。　上　公の辺事に備詳し、尽く戎心を得るを以て、遂に振武・麟勝等州節度観察処置等使を授け、仍ねて度支河東振武営田使を加う。　寵遇既に隆んにして、委寄、斯に極まる。公、士馬を撫綏し、疲羸を葺理し、食に対しては喰うを忘れ、宵に当りて寝を忘れ、己をして以て物を害せしめず、毎に公を推し以て人を律す。時に辺甿に称せられ、亦た既に蘇息す。無何にして、腠理疾を生じ、風燭悲を興す。大中八年八月九日を以て奄に官舎を捐つ。春秋は七十なり。嗚呼哀しい哉。公、廬江何氏を娶る。夫人の世、累りに纓冕を服す、　公に先んじて就世すること、凡そ九年なり。長男公文は、銀青光禄大夫・前鄂王府司馬兼監察御史に任ぜらる。次男公応は、前河東節度押衙左驍雄兵馬使・銀青光禄大夫・検校太子賓客兼監察御史なり。次男公瑜、前霊武節度押衙・決勝六将都知兵馬使・銀青光禄大夫・検校太子賓客なり。次男公武、前滄州節度押衙・銀青光禄大夫・検校太子賓客なり。次男公約は、前邠寧節度押衙・銀青光禄大夫・検校太子賓客なり。次男公綬は、前河中衙前兵馬使・銀青光禄大夫・検校太子賓客なり。次男公廙なり。皆武を習い義を尚び、弓裘を墜さず、行孝謙恭にして、必ず堂構を紹ぐ。女は六人、并びに已に人に従い、尽く良配を獲。公文、喜びを以て嘗て公に副いて命を銜み、公の望実に熟す。日月期有り、須らく銘誌有るべきを以て、泣血して地に觸れなんとするも、来たりて撰文を請う。辞は既に従はざるも、乃ち銘を為りて曰く、

忠臣良冑、命代茂器。礼を閲し詩に敦く、仁を戴き義を抱く。累りに戎職に服し、屢しば郡符を佩す。朝に昇りて玉を鳴らし、詔を受けて銜…す。旌幢を擁するに曁び、遠く辺鄙を綏す。七萃既に和し、百姓方《はじ》めて理《おさ》まる。昊天恵まず、梁木遽に毀たる。隙駟、留まること莫く、妖鵩、斯に止まる。陰山の色、愁にして、戍鼓の声死す。井邑春を輟め、旗亭市を罷む。蒼蒼たる新植、鬱鬱たる新阡。公ここに居す、永きこと千年ならんことを。

度支推官、徴事郎、試大理評事李袞書

第三項　試訳

唐の故銀青光禄大夫・検校左散騎常侍、兼安北都護、御史大夫、充振武麟勝等軍州節度観察処置蕃落、兼権充度支河東振武営田等使・上柱国・北海県開国侯食邑五百戸、契苾府君の墓誌銘并びに序

朝散大夫・守京兆尹・上柱国・賜紫金魚袋柳喜撰

公は諱は通、字は周物といい、姓は契苾氏である。その家系の本源は、国史に載せられている。五代の祖は諱を何力といい、貞観の初めに、身体もまだ幼かったときに、部落千余帳を率いて、よしみを通じて内附してきたのである。太宗はこの行いを嘉して、左領軍将軍を授けた。後に征討において功労があったために、臨洮県主を娶り、葱嶺道行軍副大総管となった。忠烈にして義勇であったことは、本伝に記されている。時に有司は蓬莱宮を修築し、庭園に白楊の木を樹えた。烈公が古詩を吟じて遠まわしに言うと、その責任者はその意味をさとり、ただちに命じて白楊を抜き去らせたのである。公の敏識と判断力は、時の人に推されるところとなった。曽祖は諱を峯といい、皇朝の雲麾将軍、左武衛大将軍であり、武威郡公を襲爵し、武威郡太守を追贈された。祖は諱を嘉賓といい、皇朝の雲麾将軍、左金吾衛大将軍であり、廬州郡太守を兼ね、涼国公を襲爵し、食邑三千戸であり、涼州都督を追贈された。父は諱を漪といい、皇朝の持節都督勝州諸軍事、勝州刺史、本州押蕃落・義勇軍等使に充てられ、侍御史を兼ね、鴻臚卿を追贈された。公は若くして兵法を習い、軍人が心すべきことに熟達しており、気節を以て自任し、これを行うにあたっては穏やかに和らいでいた。誠実であることを人に推め、善いことがある者は伐たなかった。始め単于府に奉職し、単于府の副官を務めた。さらに検校秘書監兼監察御史となり、賀蘭府の事を都督した。後に、栄勳が著しかったため、都押衙・馬歩都知兵馬使に昇遷し、官は殿中監を兼ね、北海郡開国侯に封ぜられ、食邑五百戸となった。次いで東受降城使を授けられ、国子祭酒を加えられた。後に勝・蔚・儀・丹四郡の太守を歴任し、自ら至る所は千里にもなり、六条（詔書）に基く統治を大いに行ったところ、どこでも皆な仁政によって生活が豊かになったことをたたえて襦袴の謡がうたわれるほどになったのであり、かの漢の龔遂や黄覇に恥じる理由はないほどであった。公は民の労苦を憐れみ民間の疾苦を訪求する心は、つつしみぶかくまるで及ばないところがあるかのようであった。朝廷の官僚になると、右衛将軍兼御史中丞・宣諭突厥使に拝せられた。その時、（ウイグル）部落は貳心をもち、自らの領土に安んじようとしなかった。唐の辺帥もその部落を懐柔することができず、朝廷はその侵入を憂えていた。そこで皇帝陛下は公に命じてその部落を招撫させたのである。その場に至ると公は朝廷の意向に沿って部落を説得し、その野心を制することは、あたかも風が草を倒すようであり、自分の腕を使うように自在に指図した。火は未だに木を改めていないというのに（?）、北虜（ウイグル）は故居に還っていった。功成って上聞すると、左金吾衛将軍を授けられた。間もなく、また突厥（ウイグル）が驚擾したので、上は重ねて公に宣喩せしめた。復命した日、上は公の勤労著しく、忠義の心が厚いことを思い、公に好□をもって報い、光輝くような恩寵を示そうとされた。そこで左貂の冠の飾りをつける左散騎常侍（正三品）に任じ、さらに大憲（御史大夫）を加え、遽に大将軍に転じて街使に充てられたのである。公は時間ごとに夜警し、厳格に皇居に宿衛した。騎兵を統べて巡警し、栄誉が連なった。上は公が辺境の軍事に熟知しており、尽く北辺の遊牧民の心を掌握しているために、遂に振武・麟勝等州節度観察処置等使を授け、そのうえ度支河東振武営田使を加えた。寵遇は既に隆んであり、委任することはここに極まった。公は士馬を安撫し、疲れ弱ったものを修理し、食に対しては食することを忘れ、夜になれば寝ることを忘れ、自分に物を害することを許さず、毎に公正を推して人を律した。時に辺境の民に称せられ、亦た既に辺境の民は蘇生安息したのである。ほどなくして、皮膚の隙間に疾を生じ、風前の灯火のようにはかなく悲しいことになってしまった。公は大中八年八月九日ににわかに亡くなってしまったのである。享年は七十であった。ああ、なんと哀しいことか。公は廬江郡の何氏を娶った。夫人の世系は、たびたび纓冕をまとう高位高官の家系であった。夫人は公に先んじること九年で亡くなった。長男の公文は、銀青光禄大夫・前鄂王府司馬兼監察御史に任ぜられた。次の息子の公応は、前河東節度押衙左驍雄兵馬使・銀青光禄大夫・検校太子賓客兼監察御史である。次の息子の公瑜は、前霊武節度押衙・決勝六将都知兵馬使・銀青光禄大夫・検校太子賓客である。次の息子の公武は、前滄州節度押衙・銀青光禄大夫・検校太子賓客である。次の息子の公約は、前邠寧節度押衙、銀青光禄大夫、検校太子賓客である。次の息子の公綬は、前河中衙前兵馬使・銀青光禄大夫・検校太子賓客である。次の息子は公廙である。みな武芸を習い義をたっとび、父祖伝来の家業を墜とすことなく習い孝行にはげみ慎み深く、父祖の業を継承している。娘は六人おり、みな既に人に嫁しており、尽く良き配偶者を得ている。公文は嘗て公が君命を奉じた際に喜んで副官を務めたために、公の声望と実力を熟知している。日月には期限があり、みな銘誌があるべきであるので、血の涙が出るほどに泣いて地に触れるほどであったが、はるばる撰文を願ってやってきた。辞《ことば》は既に思うようにいかないが、銘を作って言うことには、

忠臣の良き血筋であり、当世の著名な人材である。礼記をよく読み詩経に敦く、仁を戴き義を抱いていた。何度も軍務に就き戦場に出て、何度も地方長官を務めた。朝廷に昇って佩玉を帯びる高官となり、詔を受けて君命を奉じた。旌《はた》を立てるほど高貴な身分になると、遠い辺境を安んじた。天子の軍隊は既に和し、百姓はよくおさまった。しかし天は恵みを垂れ賜わず、聖賢はついに亡くなってしまったのである。駟馬が隙を馳せるように過ぎ去って留まることはなく、妖しげで不吉なフクロウだけがここに止まっている。陰山は愁にみちた色をたたえ、戍鼓の音も鳴らなくなってしまった。井邑は臼で穀物をつくことをやめ、酒楼は商いをやめた。蒼蒼とした新しい木、鬱鬱たる新しい墓道。公はここに居す、永きこと千年にもならんことを。

度支推官・徴事郎・試大理評事李袞書

第四項　語釈

1-1-1　検校左散騎常侍……兼……御史大夫：それぞれ検校官、兼官。また、李衰の帯びた「試大理評事」の肩書きは試官で、本来は品階を持たない使職とその僚佐が帯びたものである。安史の乱以降、財政難から勲爵位階を濫発し、臣下の功に報いようとする風が生じ、また、各種の使職が発達するにつれ、職事官の官階化の傾向が急速に進んだ。特に地方の節度使・観察使の府中では完全に官階化していた。しかし、検校官・兼官・試官は無秩序に官名を帯びたわけではなく、令外の官である使職自体は品階を有さないため、検校官・兼官・試官の官位を以てその地位と昇遷の経歴をあらわした。左散騎常侍は、唐初の制では従三品であったが、広徳元年（七六三）五月に正三品とされている。(7) 御史台の官を憲官というが、外官が御史台の官を帯びたときには、「兼」の字を附した。使職の帯びた兼官は寄禄の官に過ぎない。張国剛氏の研究によれば、幕職官で御史の銜を帯びたものは、命を受けて州県の地方官を糾挙することができ、部分的に御史の職能を行使することができたため「外台」の称があった。(8)

1-1-2　安北都護：唐の辺境統治機関である六都護府（安北・単于・安西・北庭・安東・安南）の一つ。歴代王朝の外族統治あるいは辺防政策上最も重要な対象の一つとなってきたのは、常に北方遊牧民族である。唐では北方に安北都護府、単于都護府の二府が設置され、本来は前者が漠北を、後者が漠南を管轄した。(9) この両都護府は、安北府が北方遊牧勢力の内部に生ずる複雑な動向に対処するために、設置以降確認されるだけでも九ヶ所に置き直されているのに対し、単于府は一貫してフフホト方面に存在して、唐の北方辺境政策上の重要拠点として機能したものと思われる。(10) しかし、安史の乱後は、両府は名額を存しているとはいえ、実質的な機能を失い、虚設と化していた。安北都護府は安史の乱の最中の至徳二載（七五七）に鎮北都護府と名を変えて天徳軍の置かれた大同県に治し、さらに会昌五年

（八四五）に至って、李徳裕の上奏により、振武節度使の治所に置かれていた単于都護府を安北都護府と改めた[11]。故に、ここで言うところの安北都護は、単于都護から改称されたばかりの安北都護である。

単于都護府は、麟徳元年（六六四）に突厥遺民や、彼らの故地を統治下においた定襄・雲中・桑乾・呼延四都督府を統べる最高機関として設置されたが、突厥の復興による国際環境の変化を受けて聖暦元年（六九八）に安北都護府と改称される形で廃された。しかし、復興突厥第二代の黙啜《カプガン》可汗が四方遠征に勢力を注ぎ、陰山地方の経営が手薄になったために唐に単于都護府復活の気運が起こり、開元八年（七二〇）に復置された。ただし、復置単于都護府はもはや羈縻州の監督官署ではなく、単于都護府には振武節度使がおかれ、以降単于都護府は振武節度使の治所として機能した。その遺址は、現在の内蒙古自治区フフホト市の南方約四〇kmに位置する土城子である。

1―1―3　充振武麟勝等軍州節度観察処置蕃落兼権充度支河東振武営田等使：本書第二章参照。

1―2―1　北海県開国侯（北海郡開国侯）食邑五百戸：ほぼ同時代の人である李涪の『李涪刊誤』下（六八頁）[12]、封爵条によると、封爵は「凡そ封ずる所の邑は、必ず得姓の地を取る」という。唐の前半期における契苾部落の酋長は武威郡公、もしくは涼国公に封ぜられている。契苾通は北海県開国侯（郡開国侯）に封ぜられていることから、何故武威から変わったのか、問題が残る。

次の大きな問題は、封爵として記された「北海**郡**開国侯」である。墓誌の表題では「北海**県**開国侯」（第一行）となっているにもかかわらず、誌文中においては「北海**郡**開国侯」（第一二行）となっている。本墓誌は、墓主の長男が「来たりて撰文を請う」（第二九行）と記してあるように、墓主と行動を共にしていた長男が長安にやってきて、彼のもたらした情報と中央に残されていた記録をもとに、長安において当時の京兆尹が撰し、度支推官の李衰が書したものである（第三節参照）。墓主が度支使を兼ねていたことを考えれば、李衰もまた墓主にかなり近い人物ということに

表一　郡侯受封者一覧

	姓名	年　月	封　爵	出　典
①	夏侯孜	咸通初（860）→咸通10（869）	**譙郡侯→**譙郡公	旧伝177／p.4604、新伝182／p.5374
②	王徽	中和4（884）	**琅琊郡侯**	旧伝178／p.4643、新伝185／p.5409
③	孫儲	光化3年（900）	**楽安郡侯→**（?）楽安郡公	新表73下／p.2959
④	王茂元	太和9年（835）	**濮陽郡侯**	新伝170／p.5173
⑤	鄭畋	乾符3年（876）→中和1（881）	**滎陽郡侯→滎**陽郡公	新伝185／p.5402

なる。周知のように、唐の封爵の制では、親王・郡王・国公・開国郡公・開国県公・開国県侯・開国県伯・開国県子・開国県男と九等の爵が設けられており、開国郡侯なる封爵の存在を伝えてはいない。ところが正史だけを見ても、懿宗の咸通年間（八六〇—八七三）に夏侯孜が譙郡侯に封ぜられ、僖宗の中和年間（八八一—八八四）に王徽が琅琊郡侯に封ぜられるなど、幾つかの例を見出すことができる。とすれば、正史に一再ならずあらわれる以上は唐朝の封爵制度の中で運用されていたと想定しなければなるまい。ただし、「郡侯」の爵が見えるのはすべて唐末に偏っていることは注意すべきであろう。つまり、「郡侯」爵は唐末にいたってあらわれ、『唐六典』に記される制度とは異なる爵号が行用されていた可能性が認められる。

では、唐の封爵制度の中で、「郡侯」とはどこに位置するのであろうか。この点については、受封者その後の爵位の昇遷や封爵一覧（後掲**表二**）と照らし合わせることによって、うかがい知ることが可能である。**表一**郡侯受封者一覧にあげた封爵を見てみると、夏侯孜・鄭畋の例において、郡侯の用例が、郡公の前に来ることから、郡侯から郡公へと昇遷しているように見える。孫緒に関しては、年代が確定できないので不明である。

このように見てくると、郡侯の位置としては二通りに考えられるようである。すなわち、例①⑤はともに郡侯から郡公へ昇遷していることから、郡侯は県公と同品階のもの、もしくは県公を言い換えたものと見るか、開国県公の下に開国郡侯という別の爵号が設置されていたと見るかである。唐代においては、正史から抽出できる史料は限られており、『唐六典』に見えない郡侯の位置を探るのは困難であるが、唐代における封爵については、墓誌史料を丹念に見ていくことによって解決の糸口を見つけられるかもしれない。

ここで有力な傍証となるのが、『通典』巻一九、職官一に見える晋の封爵である。晋代では、「晋亦有王・公・侯・伯・子・男、又有開国郡公、県公、**郡侯**、県侯、伯、子、男及郷亭、関内等侯、凡十五等」（四八七頁）といい、県公の下に郡侯がおかれていた。

本墓誌および唐代の史料では、郡侯から郡公へは昇遷と思われることから郡侯は郡公の下と判断し、公と侯の上下を勘案して、暫定的に県公の下、県侯の上に当たると推定しておく。

1-3-1　朝散大夫守京兆尹賜紫金魚袋柳喜：朝散大夫は従五品下の分散官。京兆尹は従三品。唐代に「柳喜」は二名確認できる。①玄宗柳婕妤の兄、睦州刺史斉物(13)の子で、官職は不詳。河東の大姓柳氏の出身。②大中九（八五五）年に京兆尹に見任せられていた柳憙(14)。ここで該当するのは②である。なお、「憙」は「喜」の書き換え字である。また、「憙」はしばしば「熹」とも書かれる(15)。柳憙の前任者である孫景商が、大中八年（八五四）中に刑部侍郎に遷っているので、柳憙は同年中には京兆尹に拝されていたであろう。彼に関しては、両唐書に立伝されておらず、情報も僅少なため、大中一〇年（八五六）に邠寧節度使に遷り、翌大中一一年（八五七）には検校礼部尚書、河南尹に拝されたことしかわからない(16)。従って、墓主と撰者の関係も不明である。

表二　封爵一覧

品階	爵
正一品	王
従一品	嗣王・郡王・国公
正二品	開国郡公
従二品	開国県公
正三品	**開国郡侯？**
従三品	開国県侯
正四品上	開国県伯
正四品下	
従四品上	
従四品下	
正五品上	開国県子
正五品下	
従五品上	開国県男

1-4-1　其族系源流、載在国史……忠烈義勇、存乎本伝：『旧唐書』巻一〇九〔三二九一―三二九四頁〕、『新唐書』巻一一〇〔四一一七―四一二〇頁〕に契苾何力伝がおさめられている。これによれば、契苾何力は貞観六年（六三二）、部落を率いて内附し、部落は甘・涼の間に安置され、何力は長安に至って左領軍将軍を授けられた。貞観七年（六三三）、吐谷渾を討って功績著しく、臨洮県主を尚り、貞観一四年（六四〇）には、葱山道副大総管として高昌を討った。この行軍の呼称は、両唐書には葱**山**道行軍となっているが、本墓誌に記す葱**嶺**道の方が意味の通りもよく、本来は「葱嶺道」であったと思われる。

1-6-1　時有司修蓬萊宮……立命伐去之：蓬萊宮は大明宮の異称。貞観八年（六三四）、禁苑の東偏に永安宮を置き、次年、大明宮と改め太上皇の清暑に備えた。龍朔二年（六六二）、高宗は風痺を病み、太極宮が湫溼（土地が低くて湿気が多い）であるので、司農少卿梁孝仁に命じて大明宮を修繕させ、蓬萊宮と改めた。本墓誌に記すエピソードは、劉餗『隋唐嘉話』中、〔二九―三〇頁〕に、「司稼卿梁孝仁、高宗の時蓬萊宮を造り、諸の庭院は白楊を列ね樹う。将軍契苾何力、鉄勒の渠率なり。宮中に於いて縦に観る。孝仁、白楊を指して曰く、『此の木は長じ易ければ、三数年の間に宮中陰映を得るべし』と。何力、一として応ずる所無く、古詩を誦して曰く、『白楊悲風多く、蕭蕭として人を愁殺す』と。意は此れ是れ塚墓の間の木にして、宮中の宜しく種うるべき所に非ざるを謂うなり。孝仁、遽かに抜去せしめ、更えて梧桐を樹うるなり。」と見え、当時からよく知られていたエピソードであったことがうかがえる。引用された古詩は、『文選』巻二九、雑詩上、古詩一九首の第一四首に見える。[17]「去る者は日《ひび》に以て疎く、来る者は日《ひび》に以て親しむ。郭門を出て直視すれば、但だ丘と墳とを見るのみ。古墓は犂《す》かれて田と為り、松柏は摧《くだ》かれて薪《たきぎ》と為る。白楊悲風多く、蕭蕭として人を愁殺す。故《もと》の里閭に還らんことを思い、帰らんと欲するも道因る無し。」

1-7-1　曾祖諱峯……襲武威郡公：契苾峯なるものは他の史料に見出すことはできない。契苾何力には明・光・

貞の三子がおり、賀蘭都督を継いだ明には嵸・嵩・崇の三子がいることが確認できる[18]。明の子が名に山偏を共有しているところから、峯はここに位置するものと考えておきたい（本書第二章、系図一参照）。

1-8-1　祖諱嘉賓：『文苑英華』巻六四八「河西破蕃賊露布一首」（三三三三頁）に、「大将軍渾大寧、契苾嘉賓をして、各のおの歩兵を領せしむ。」とある。

1-8-2　兼廬州郡太守：廬州は長江下流の北岸に置かれた州。現在の安徽省合肥市にあたる。天宝元年（七四二）、州を郡とし、廬州は廬江郡となった。至徳二載（七五七）、旧に復す[19]。

1-9-1　父諱漪：契苾漪の名は、管見の限り他の編纂史料・石刻史料ともに見出すことはできない。郁賢皓氏は契苾漪の勝州刺史任官時を元和中と推測される[20]。

1-9-2　持節都督勝州諸軍事、勝州刺史：勝州はオルドスの東北偏、黄河の南岸に置かれた州。現在の内蒙古自治区から陝西省にかけての地域。刺史は唐制では本来一州の民政を司る長官であったが、安史の乱以降、有事に備えて地方の州刺史は「使持節都督某州諸軍事」の肩書きを帯びて軍政をも掌握した。「使持節」の号は、古く魏晋期から見られる。

1-9-3　充本州押蕃落（使）：押蕃落使は、安史の乱以降に出現し、西北方面や北辺諸州の刺史・防禦使・節度使等が帯び、管下の諸州に安置された異民族を管轄する[21]。

1-9-4　義勇軍使：「義勇軍」は、唐代の関内道に関するものとしては以下の二つが存在する。①『新唐書』巻三七、関内採訪使の勝州の条に「勝州楡林郡、下都督府。（中略）義勇軍有り。」と見える勝州に置かれた義勇軍、②会昌年間に南走してきたウイグルから唐に降った嗢没斯特勤《オルムズドテギン》の部落三〇〇〇帳に対して置かれた義勇軍、の二つである。ここは墓主の父の事跡であるため、①の勝州に置かれた義勇軍を指す。本記事により、義勇軍使は勝州刺史の兼任であったことが判明する。

1-10-1　韜鈐：「韜」は兵法書の『六韜』のこと。「鈐」は同じく『玉鈐篇』のこと。古の兵法書にこの二書のあることから、転じて兵法のことをいう。韜鈐の語は唐代に多く用いられた。

1-10-2　閑練：「閑」はならう、なれること。「練」は習熟すること。熟達していること。

1-10-3　軍志：軍隊のことを記している書物。

1-10-4　沖和：ととのう。やわらぐこと。「沖和」は、天地の間の調和した元気のこと。『老子』第四二章に、「道は一を生じ、一は二を生じ、二は三を生じ、三は万物を生ず。万物は陰を負いて陽を抱き、沖気は以て和を為《つく》る」とある。転じてやわらぎやすらいでいること。ここでは、兵法の書に通じ、義を以て任じている上に和らいでおり、バランスの取れていることをいう。

1-11-1　単于府：単于府については前記注1-1-2を参照のこと。単于府は振武節度使の治所。

1-11-2　即居上介：上介は高級僚佐、あるいは副官。単于府に奉職し、その高級僚佐あるいは副官であったことを示す。

1-11-3　検校秘書監兼監察御史：「秘書監」は検校官、「監察御史」は兼官。それぞれ官階はそれぞれ従三品、正八品上。検校官・兼官については前記注1-1-1。

1-11-4　都督賀蘭府事：「賀蘭府」は、貞観六年（六三二）、部落六〇〇〇帳を率いて内附した契苾何力の部落に置かれた羈縻州。賀蘭州都督府。契苾部落の酋長は代々賀蘭州都督を世襲した。本書第二章参照。

1-12-1　遷都押衙馬歩都知兵馬使：渡辺孝氏の研究によると、「都押衙」は押衙に比べて比較的新しい名号であり、概ね藩鎮時代に入ってから普及したと思われるという。(22)　都押衙は、押衙が濫授されて散官化・吏職化の傾向を強めてからもなお一定の地位を保持し、藩内の軍規取り締まりと非違検括を事とする都虞侯や、軍事方面の最高指揮官職たる都知兵馬使と共に藩軍の最高幹部を形成していた。その職任は、軍事・行政を問わずあらゆる部門に関与した。

1-12-2　東受降城使：東受降城は、景雲二年（七一一）に朔方道行軍大総管張仁愿が、突厥の侵入に対抗するために黄河の北岸に築いた三受降城のひとつで、振武節度使の管下に置かれた。景雲年間に築かれた城は勝州の東北数里に位置して黄河に臨んでいたが、宝暦元年（八二五）、城壁が摧壊したことを理由に綏遠烽の南、金河の付近に移された[23]。

1-13-1　後歴勝・蔚・儀・丹四郡守：勝州は前掲の1-9-2を参照。蔚州は河東道の東北部、桑乾河をまたいで置かれた州。現在の山西省東北部から河北省西北部に位置する。振武・河東方面から幽州（現在の北京の付近）に向かう際の交通路に当たる。儀州は同じく河東道の中西部、太原府の南に位置し、現在の山西省左権県附近に位置する。蔚・儀両州は河東節度使の管下に置かれた州である。丹州は南流黄河の右岸に置かれた州で、鄜坊節度使の管下に置かれており、現在の陝西省宜川県附近に位置する。それぞれの任官時期は、蔚州刺史に任ぜられたのが会昌二（八四二）年頃のことと思われ[24]、勝州刺史任官はそれ以前である。この記事から、契苾通もまた勝州に置かれた義勇軍使を兼任しており、義勇軍にいた北辺蕃部落を指揮できる立場にあったと推定できる。丹州刺史は、夫人の何氏が会昌六（八四六）年に丹州で没していることから、この時期であり、儀州刺史は会昌二年（八四二）以降会昌六年（八四六）以前ということになろう。「郡守」とあるのは、雅称である。

1-13-2　大布六条：「六条」は六条詔書のこと。漢代、刺史が郡国の統治状況を省察するため用いた。六条詔書に基づく政治を行ったことを指す。

1-13-3　皆襦袴之謡：「襦袴」は、はだぎとはかまのこと。「襦袴歌」は仁政によって生活が豊かになったのを頌する歌。その語源は、後漢時代に蜀郡太守として成都に赴任した廉范が、成都では夜間に火を使うことができずに百姓が不便を託っていたので先令を撤廃し、百姓がこの仁政によって豊かになったと歌ったことに由来する。『後漢書』巻三一、廉范伝〔一一〇三頁〕に、「成都、民・物豊盛にして、邑宇側に逼る。旧制、民の夜作を禁じ、以て火災を防がんとす。而れども更ごも相隠蔽し、焼する者、日び属《つらな》る。范乃ち先令を毀削し、但だ厳に水を儲えしむるのみ。百姓便と為し、乃ち之を歌いて曰く、『廉叔度、来りて何暮ならん。火を禁ぜず、民安んじて作す。平生襦無きも今五袴あり。』」とある。ここでは、刺史として赴いた州ではどこでも仁政を行い、百姓は潤ったことを指す。

1-13-4　無謝龔黄之理：「龔黄」とは、漢の循吏、龔遂と黄覇のこと。(25) 龔遂は盗賊の并起する渤海郡に太守として赴いて大いに治績があり、黄覇は潁川太守となって吏民の心を得、戸口は歳ごとに増え、治は天下第一を称された。龔遂と黄覇を並べて、郡守として善政を行うことを言う。「謝」は恥じる。龔遂と黄覇の政治に対しても恥じることは何もないほどであったことを指す。

1-14-1　其衈隠求瘼之心、勤勤然如不及：「衈隠」は民の憂苦を憐れむこと。「求瘼」は民間の疾苦を訪求すること。「勤勤然」はつとめ、誠意を尽くすさま。民の憂苦を憐れみ、民間の疾苦を訪求する心は誠意をつくしており、まるで自分に及ばないところがあると思っているようであった。

1-14-2　宣諭突厥使：ここでいう「突厥」は、所謂突厥のことではなく、ウイグル〔回鶻・回紇〕のこと。「宣諭使」は、唐後半期に設けられた使職のひとつ。唐代における職掌は詳らかではないが、宋代に整備された宣諭使の職掌は、「徳意を宣諭」することであり、「皆軍政を預かり、その権任は殆ど宣撫〔使〕に亜《つ》ぐ」という。(27) 宣撫使の職掌は、「威霊を宣布し、辺境を撫綏し、及び将帥を統護し、軍旅の事を督視す(28)」といい、共に不常置の官である。

1-15-1　時部落携貳、不安土疆。辺師莫能懐柔、朝庭慮其侵軼：「時部落携貳、不安土疆」は、ウイグルが唐の北辺に来たことを指す。「土疆に安んぜず」は「自らの領地・領土で安んじていなかった」。西暦八―九世紀にかけての約一〇〇年間、モンゴリアの地に存在した遊牧国家ウイグルは、八三九年（唐・開成四）年に顕在化した支配者間の権力闘争の結果、外からキルギス（黠戛斯）の大軍が侵攻したため、ついに滅亡した。そしてキルギスの支配から脱しようとした国人たち約二〇万もの人々が難を逃れて亡命し、西方ジュンガリアの彼方、あるいは天山山脈方面へ、また南方の河西地方へ、さらには東南方の唐北辺、東方は興安嶺方面へと四散した。[29] このうち、唐の北辺には、開成五年（八四〇）秋九月に西受降城・天徳軍に姿を現している。[30] 予期せぬウイグル人大集団の出現に辺境住民は驚き恐れ、[31] 唐朝廷は振武節度使劉沔を雲迦関に屯駐せしめてこれに備え、一方で天徳軍の防備の増強に努めた。しかし、この集団は翌会昌元年（八四一）にはいったん北に引き上げている。これは同年二月に即位した烏介可汗の動向に関係していたと思われる。その後同年八月までは特に目立った事件も起こっていない。なお、南下したウイグルは嗢沒斯特勤のグループと烏介可汗のグループに分かれており、先に南下した嗢沒斯特勤のグループがまず唐朝と接触を保った。この時、嗢沒斯特勤のグループは烏介可汗に対して不即不離の関係を保っていた。唐は同年中は、ウイグルに嫁していた太和公主の行方を探り、嗢沒斯特勤の態度を見極めようとしている。一一月には烏介可汗と太和公主の使節が初めて朝廷に至り、可汗と公主のために振武城を借りたいという要求を伝えてきた。朝廷はその要求を拒否し、糧食を贈ると共に北帰を促した。唐は翌会昌二年（八四二）三月には冊命可汗使を遣わしたが、途中まで行って引き返してしまう。この頃にはウイグルの軍兵が天徳軍や振武節度使の管下だけではなく、雲州や朔州まで剽略するようになっていた。嗢沒斯特勤のグループの中で内訌があり、幽州に向けて逃走した一派を烏介可汗が追い、この地域を寇掠したのである。四月、ウイグルの侵軼に業を煮やした天徳軍使田牟が朝旨を待たずに可汗の配下にいたウイグルを攻撃した。「辺帥能く懐柔する莫く、朝庭其の侵軼を慮る」というのは、三受降城の防備・兵員の不足などから応援に不安があったにもかかわらずウイグルを攻撃した、天徳軍使田牟の行動を指している。朝廷はこの事態に衝撃を受け、事態収拾のために嗢沒斯特勤の降附を受け入れてこれに帰義軍を置いた。その後も烏介可汗は雲州・朔州近辺の寇掠を続け、この頃から唐朝廷は可汗に北帰を促す従来の方針を転換して、ウイグル討伐に向けて動き出すのである。

1-16-1　制其野心、如風之偃草：墓主がウイグルの討伐に関わったのは、会昌二年（八四二）九月と、翌会昌三年（八四三）一月である。本墓誌には、「宣諭」に関わる記事が二ヶ所あり、一回目のこの文言は、会昌二年九月に関わるものであろう。『通鑑』巻二四六、会昌二年九月条（七九六七頁）に、「李思忠（嗢沒斯特勤）、契苾・沙陀・吐谷渾六千騎と勢を合して回鶻を討たんことを請う。乙巳（一四日）、銀州刺史何清朝・蔚州刺史契苾通を以て河東の蕃兵を分将して振武に詣らしめ、李思忠の指揮を受けしむ。」とある。ウイグルの（城に拠って唐の領内に足場を築こうという）野心を制することは、風が草をたおすかの如くであった。

1-16-2　使臂：「臂」はうで。自由自在にものを使う。転じて、腕を使うように自由に人を使うこと。『漢書』巻四八、賈誼伝（二二三七頁）に、「天下の治安を欲すれば、衆く諸侯を建て其の力を少くするに若くは莫し。力少なければ則ち使うに義を以てし易く、国小なれば則ち邪心亡ぶ。海内の勢をして身の臂を使うが如く、臂の指を使うが如くせしむれば、制従せざるは莫く、諸侯の君、敢えては異心有らず。」とあることによる。

1-16-3　火未改木、虜還故居：「火未改木」の意味するところは不明。季節も変わらないほど短い期間の内に、ということか。「虜還故居」は、ウイグルが一時期引いたことを指す。この事項は会昌二年（八四二）九月にかかる。

契苾通はウイグル討伐の最も重要な局面に関わっていた。本章第三節参照。

1-17-1　左金吾衛将軍：二員。従三品。金吾衛は南衙一二衛のひとつである。金吾衛の官司は、京城の左右街にひとつずつあり、左街の永興坊（H3）に左金吾衛、右街の布政坊（C4）に右金吾衛と、皇城を挟んで置かれた。(32)これは、『唐六典』巻二五に、「左右金吾衛大将軍・将軍の職は宮中及び京城の昼夜巡警の法を掌り、以て非違を執禦す。」（六二八頁）とある如く、宮城及び京城の警察を司ったためである。この他、「凡そ車駕の出入することあらば、則ち其の属を率い、清遊隊を以て白沢旗・朱雀旗を建て以て先駆し、玄武隊を以て玄武旗を建て以て後殿し、余は鹵簿の法に依る。」（六二八頁）とあるように儀仗も司った。1-18-3「街使」の項参照。

1-17-2　未幾、又以突厥驚擾、重令宣喩：会昌三年（八四三）春正月、唐軍は烏介可汗の本営を振武城近傍において討った。すでに前年冬から河東節度使劉沔に、朝廷の進止を待たずに自らの判断で軍を動かすべく詔を下し(33)、年が明けるのを待っていた。この時中心となったのは振武にいた石雄であり、その配下で中心的役割を果たしたのが沙陀・契苾・拓跋部落であった。本章第三節参照。

1-18-1　左貂：墓主が左散騎常侍（正三品）に拝されたことを指す。『旧唐書』巻四三、職官志二（一八四四頁）に、「門下省左散騎常侍二人。従三品。（中略）武徳初め、以て加官と為す。貞観初め、常侍二人を置き、門下省に隷せしむ。明慶《ママ》二年、又た二員を置き、中書省に隷せしめ、始めて左右の号有り。並に金蟬珥貂なり。左常侍と侍中とは左貂にして、右常侍と中書令は右貂にして、これを八貂と謂う。」といい、『新唐書』巻四七、百官志（一二〇六頁）に「（散騎常侍は）左右に分かち、門下・中書省に隷す。皆な金蟬・珥貂にして、左散騎と侍中とを左貂と為し、右散騎と中書令とを右貂と為し、これを八貂と謂う。」とある。

1-18-2　「大憲」：憲官のことか。本墓誌銘の一行目に、左散騎常侍と共に御史大夫を兼ねていることから推すと、御史大夫（正三品）のことであろう。御史大夫は八四二年に牛僧孺の奏請によって従三品から正三品に改められた。(34)御史大夫は大司憲とも呼ばれる。

1―18―3　遷転大将軍充街使～統騎執金、栄当環列：大将軍は、街使との兼任とすれば左金吾衛大将軍のこと。室永芳三氏の研究によると、[35]京城の警察を司ったのは金吾衛であったが、唐初の制では、専ら京城内の巡警に出動していたのは折衝府官である翊府の中郎将であったという。玄宗時代に入り、長安城内の居民の膨張化が進むと街坊も乱れ、これに対応して中郎将府に新たに設置された使職が左右街使であった。しかし、遅くとも元和（八〇六―八一九）の初めには街使は左右金吾衛大将軍の兼任となり、[36]これにより金吾衛は京城の警察を本務とするようになった。街使の下には副使・判官が置かれ、その下には将校（都知）・街吏と呼ばれた属吏がおり、また、街使は街路侵占の舎屋の取り締まり、街路の並木に対する管理、橋梁の修理の監督にも当たったという。但し、本章第三節第二項にも見る通り、墓主は左衛大将軍であった時期もある。

1―20―1　撫綏士馬、葺理疲羸：「撫綏」は撫で安んずる。鎮めて安泰にする。『書経』商書、太甲上に、「天厥《そ》の徳を監《み》て、用て大命を集め、万方を撫綏せしむ」（四一六頁）とあるに因る。「葺理」は修理。ここでは労り安んずること。「疲羸」は疲れ弱ること。士馬を安んじ、疲れ弱った者を労り安んじた。

1―20―2　対食忘喰、当宵忘寝：「食に対しては喰うを忘れ、宵に当たりては寝るを忘る」。食事に向かっても食べるのを忘れ、夜も寝るのを忘れるほど職務に熱心であった。

1―21―1　時称辺甿、亦既蘇息：「甿」は民、農夫。「辺甿」は辺境の民。「蘇息」は憩い休むこと。辺境の民に称えられ、辺境の民は憩い安んじていた。

1―21―2　腠理生疾、風燭興悲：「腠理」とは、肌のきめ、皮膚の隙間。「風燭」は風前の灯。人生の儚いことの喩え。契苾通が皮膚に生じた何らかの疾患によって亡くなったことを示す。

1―22―1　公娶盧江何氏：契苾通の夫人何氏については、本書第二章第二節を参照。

1－22－2　累服纓冕：「纓」は冠の紐、飾り紐。「冕」は冠。纓冕をつける貴人の家柄であるということ。

1－23－1　先公就世、凡九年：契苾通の夫人、何氏の墓誌は夙に端方の『陶斎蔵石記』巻三三で紹介され、その存在は早くから知られていた。「契苾公妻何氏墓誌銘」（以下「何氏墓誌銘」と略称）には夫の名を記さないが、下に述べるように、墓誌に見られる子の名が一致することから夫が契苾通であることは明らかである。「何氏墓誌銘」によると夫人は会昌六年（八四六）に没している。契苾通は大中八年（八五四）に没しているから、その差は九年になる。

1－23－2　長男公文：本墓誌には契苾通の息子の名が都合七名記されており、「何氏墓誌銘」には六名の名が記されている（幼少の子の名は省略）。夫妻の墓誌銘に見える子の名と肩書きは、第四章の**表八**を参照。

1－24－1　前河東節度押衙：河東節度使は北都太原府を会府として、石・嵐・汾・沂・遼・忻・代七州を領した。唐末に沙陀の李克用は河東節度使を帯び、ここを基盤として伸張していった。

1－24－2　前霊武節度押衙：霊武は朔方節度使の治所。霊武節度は即ち朔方節度使のこと。押衙は唐代藩鎮体制下における軍職の職号[37]。押衙には藩軍内における地位を示す位階・加号と、軍政の庶務に関する吏職的側面を持った職号という二系統の用例があったという。この場合、前霊武節度押衙であった契苾公瑜の実任は、決勝六将都知兵馬使の方であろうから、加号としての用法であると思われる。

1－25－1　前滄州節度押衙：滄州節度使は義昌軍節度使のこと。滄州は横海軍節度使の治所であった。太和三年（八二九）に斉徳節度使（同年中に斉滄徳節度使）と改められ、太和五年（八三一）に義昌軍の軍号を賜った。しかし、その後も史料上滄州節度使と称されることがある。

1－26－1　前邠寧節度押衙：邠寧節度使は、涇水とその支流に沿って置かれ、邠・寧・慶三州を領する。京師を含む同州防禦使の西北に当たる。乾元二年（七五九）に朔方節度使より析置され、一時廃されたが、大暦一四年（七七九）に復置された。

1-27-3　皆習武尚義、不墜弓裘：「習武」は兵事を習う、武事を訓練すること。「尚義」は義を尚ぶ。「弓裘」は弓を作ることと裘を作ること。転じて父祖伝来の家業。ここでは、契苾通の子が武事を習い、父祖伝来の家業を継いだということ。

1-28-1　必紹堂構：「堂構」は父の設計を受け継いで子が堂基を起こし、屋を構えること。『書経』周書、大誥に「若《も》し考《ちち》室を作らんとして、既に法を底《さだ》めしに、厥《そ》の子は乃ち堂するを肯んせず、矧《いわ》んや構するを肯んぜざれば、厥《そ》の考《ちち》其れ肯えて『予に後有り、基を棄てず』と曰わんや」〔一八四頁〕とあるのに由来する。

1-28-2　公文以喜嘗副公銜命、熟公望実……来請撰文：この部分によると、公文は契苾通の副官をつとめており、そのため父の事跡に詳しかったという。本墓誌の作成にあたっては契苾公文がもたらした父の事跡に基づいて行文が作成されて長安の記録がアップデートされ、墓誌の撰述にも用いられたと考えられる。本章第三節参照。

1-30-1　累服戎職、屢佩郡符：「戎」はいくさ。「戎職」は戦に関わる職。具体的には、墓主が軍職を歴任してきたことを指している。「郡符」は郡太守である印の符璽。ここでは州刺史のこと。なお、唐末には刺史も「都督某州諸軍事」の肩書きを帯びて軍政も握っていた。

1-30-2　昇朝鳴玉、受詔銜□：「鳴玉」は佩玉のこと。朝廷に出仕して佩玉を帯びる高官となり、詔を受けて君命を奉じた。

1-30-3　暨擁旌幢、遠綏辺鄙：「旌幢」は、はた。旗を立てるほど貴い身分。高位高官。「辺鄙」は国土の果て。高位高官となるに及んでは、遠い辺境を撫で安んじた。

1-31-1　七萃既和、百姓方理：「七萃」は周代の禁衛軍のこと。ここでは、墓主が率いた兵を指していると思われる。軍もみな和らぎ、百姓もきちんと治められている。

1-31-2　昊天不恵、梁木遽毀：「昊天」は天のこと。「梁木」は梁《はり》の木。天は恵みを垂れたまわず、梁木の如き墓主がにわかに死んでしまったことを表す。

1-31-3　隙駟莫留、妖鵬斯止：「隙駟」は駟馬（四頭立ての速い馬車）が馳せて隙を過ぎること、速やかなこと。「鵬」はミミズク（フクロウの一種）。不吉な鳥、妖鳥とされる。（墓主は）駟馬が馳せるように過ぎ去って行き、鵬だけがここに止まっている。

1-32-1　井邑輟舂、旗亭罷市：「井邑」は集落のこと。『周礼』地官、小司徒に「九夫を井と為し、四井を邑と為す」（三一六頁）とあるのに基く。「舂」は臼で穀物をつくこと。「旗亭」は料理店、酒楼。旗を門外に掲げて標識とする。人里では臼をつくことも止めてしまい、旗亭も商売をやめてしまった。

1-32-2　蒼蒼新植、鬱鬱新阡：「蒼蒼」は月の青白いさま。「鬱鬱」は樹木のこんもりと茂っているさま、盛んなさま。「新阡」は新しい墓道。

1-33-1　度支推官：度支推官は度支使の下におかれた上級僚佐のひとつ。具体的な職掌は不明。

1-33-4　李衮：唐代において、李衮は二名確認できる。①趙郡李氏、東祖房に属し、唐末に秘書郎となった李衮(38)。②開成四年（八三九）に卒した河中府永楽県丞韋敏の夫人、李氏の父李衮(39)。しかし②は時代が合わず、①も度支推官への任官の有無は確認できないため、本墓誌の書者と断定はできない。しかし、度支の僚佐である人物が本墓誌の文字を書いていることは、墓主が度支系の使職の代北水運使をおびていたことを反映している。

第二節　「契苾公妻何氏墓誌銘」釈文・訓読・試訳

本墓誌は、西安から出土したということが判るだけで、契苾通墓誌銘と同じく、出土年月は不明である。墓石は一時端方の所有に帰していたらしく、『陶斎蔵石記』巻三三に収められているが、現在の所在は不明である。誌石はほぼ正方形で、各辺五〇㎝である。

本墓誌については、『北京図書館蔵中国歴代石刻拓本滙編』第三二冊（一五頁）、ならびに『隋唐五代墓誌滙編』北京大学巻第二冊（一一三頁）に拓本写真が収められている。拓本写真は不鮮明で読みとることはできないが、行数は判別可能（二五行）で、行末部分がかすれてしまっているものの、行頭部分はおぼろげな字の形を見分けることができるため、改行箇所も決定できる。釈文は上述の『陶斎蔵石記』に収められているほか、『唐代墓誌彙編』下冊、大中〇一二（二二六〇頁）、『全唐文補遺』第四輯（一八〇―一八一頁）にも収められている。墓誌銘の字体は釈文では旧字体に統一し、それ以外では通用字に改めた。

第一項　釈文

1　唐左衛大將軍御史中丞契苾公妻何氏墓誌幷序
2　鄜坊丹延等州節度掌書記監察御史裏行韋遇撰
3　夫人何氏、望在廬江郡。曾皇不仕、祖蘇州法曹參軍、諱源、
4　考單于府兵曹參軍、諱仁甫、其先皆有功勞、代爲將家、門傳

武略、威名馳振、人皆慕焉。以是夫人嫁得良壻。有從
順之德、惠和之性、明逾片玉、芳越幽蘭、動有威儀、克彰婦道、用
茲厥美、合於詩禮、故致其家肥焉。夫人乃璣妹也、自爲
伉儷、四十餘年、合心齊禮、臻於和睦、閨門之內、入則嘻嘻、笑語
怡怡、梁妻是儔、冀婦何遠。始至其家、
契苾公爲振武都頭、權握萬餘兵、致名最盛。往來賢
士、多遊其門、飲食必精、霑賚必厚、雖由於大賢特達、抃
繇內成美也。從良夫歷數郡、治家承奉之心、未嘗暫替。以會
昌六年十二月廿四日歿於丹州、享年五十八。有子十人、孟曰慶郎、年始十
二、因戲不覚墜井而亡。仲曰公度、歿于節度押衙兼殿中侍御史。季曰公文、
□賀□□□□□兼節度押衙。次曰公應、見任河東節度押衙
□兵馬使。弟公廉、□州節度□□兵馬使。公廡已下五人、幼小未不仕、不可
列名、皆成器。時公將赴闕、遣子護喪歸葬。押衙公
文以大中元年丁卯歲十月癸巳朔二日庚午□□□□之、□
泣血之痛、恨胡越之地、隔死生之別離、權葬于振武軍□□□□
原之邑也。至堅者石、不朽者文、銘曰、
顯顯令儀、　昭昭明德、　懿範端莊、　温柔充塞。
生既稱賢、　婦道乃全、　百行咸備、　四德克宣。

23　徽音外暢、　惠淑中堅、　既將比玉、　俄成逝川。
24　夜臺凝月、　壠樹含煙、　倏爲昔事、　萬古千年。

第二項　訓読

唐左衛大将軍・御史中丞、契苾公の妻何氏墓誌并びに序

鄜・坊・丹・延等州節度掌書記・監察御史裏行、韋遇撰す

夫人何氏、望は廬江郡に在り。曽皇は仕えず、祖は蘇州法曹参軍、諱は源なり。考は単于府兵曹参軍、諱は仁甫なり。其の先は皆功労有りて、代々将家為り、門は武略を伝え、威名馳せ振い、人皆焉を慕う。是を以て夫人嫁して良壻を得。従順の徳、恵和の性有り、明なること片玉を逾え、芳ばしきこと幽蘭を越え、動かば威儀有り、克く婦道を彰らかにし、茲厥の美しきこと、詩・礼に合するを用て、故に其の家に肥ゆるを致す。夫人は乃ち璣妹也、伉儷と為りて自り、四十余年、心を合して礼に斉しからんとして、和睦に臻り、閨門の内、入らば則ち嘻嘻たり、笑語して怡怡たり、梁の妻は是れ儔にして、冀婦も何ぞ遠からん。始めて其の家に至るや、契苾公、振武の都頭為り、権は万余兵を握し、名の最も盛んなるを致す。往来の賢士、多く其の門に遊び、飲食は必ず精にして、霑賚必ず厚なるは、大賢特達なるに由ると雖も、并びに内繇《よ》り美を成す也。良夫に従ひて数郡を歴、治家承奉の心、未だ嘗て暫替せず。会昌六年十二月廿四日を以て丹州に歿る。享年五十八。子十人有り、孟は慶郎と曰い、年始めて十二なるに、戯れて覚えずして井に墜つるに因りて亡ず。仲は公度と曰い、節度押衙兼殿中侍御史に歿る。季は公文と曰い、□賀□□□□兼節度押衙なり。次は公応と曰い、河東節度押衙□兵馬使に任ぜらる。弟は公廉、□州節度□□□兵馬使なり。公廡已下五人は、幼小にして未だ仕えず、名を列すべからざるも、皆成器なり。時に公、将に闕に赴かんとし、子をし

て喪を護して帰葬せしむ。押衙公文、大中元年丁卯歳十月癸巳朔二日庚午を以て之を□□□□、泣血の痛を□、胡越の地、死生を隔つる別離を恨むも、権りに振武軍□□□□原の邑に葬る也。至堅なる者は石、不朽なる者は文なれば、銘して曰く、

顯顯たる令儀、昭昭たる明徳、懿範端荘にして、温柔塞に充つ。生れながらにして既に賢を称せられ、婦道乃ち全く、百行咸な備はり、四徳克く宣ぶ。徽音外に暢び、恵淑中に堅く、既に将に玉に比せんとするも、俄かに逝川と成る。夜台は月を凝し、壠樹は煙を含み、倏《たちま》ち昔事と為り、万古千年なれ。

第三項　試訳

唐の左衛大将軍・御史中丞、契苾公の妻何氏の墓誌并びに序

鄜・坊・丹・延等州節度掌書記・監察御史裏行、韋遇が撰す。

夫人は姓は何氏といい、廬江郡の郡望である。曽祖父は仕官しなかったが、祖父は蘇州の法曹参軍となり、諱は源といった。亡き父は単于府の兵曹参軍であり、諱は仁甫といった。その先祖は皆功労があり、代々将家となったのである。家門は武略を伝え、威名は馳せ振るい、人は皆これを慕っていた。そのために夫人は立派な壻に嫁ぐことができたのである。夫人は従順の徳があり、恵み深く和らいだ性質を持っており、聡明なことは片玉を逾え、芳ばしきこと蘭の花を越え、動けば挙措には威儀があり、よく婦道を彰らかにし、その美しきことは、『詩経』や『礼記』にかなっており、そのためにその家に栄えをもたらしたのである。夫人は玉のような婦人で契苾公と夫婦となってから、四十余年、心を合わせて礼に斉しくあろうとして、和らぎ睦まじくなり、家庭の内では、入ればすなわち楽しみ笑い、笑い語らって和らぎ喜んでいた。斉の大夫杞梁の妻はともがらであり、後漢の梁冀の婦とは何と遠いことであろうか。

始めてその家に至ったとき、契苾公は振武の都頭であり、その権は万余の兵を掌握し、名声が最も盛んであった。公は賢士と往来し、賢士も多くその門に遊んでいたのであるが、飲食が必ず精巧であり、受けとる賞賜が必ず厚かったのは、公が大賢であり、特別に衆にぬきんでた人物であったのにもよるとはいえ、それと並んで夫人が内側から善きことをなさしめていたのにもよる。夫に従って数郡をめぐり、家を治め、人の意を受け仕える心は、未だ嘗て変わったことがなかった。会昌六年、十二月二十四日に丹州で亡くなった。享年は五十八であった。子は十人おり、長男は慶郎と曰い、年が十二になったときに、遊んでいてふとした隙に井戸に落ちて死んでしまった。次男は公度と曰い、節度押衙兼殿中侍御史で亡くなった。末の子は公文と曰い、…賀…………兼節度押衙である。次の息子は公応と曰い、河東節度押衙□兵馬使に任ぜられた。その次の息子は公廉といい、…州節度……兵馬使である。公廡以下の五人は、未だ幼小であるので仕官しておらず、名を列すべきではないけれども、皆立派な器を持った人物である。時に公は今まさに朝廷に赴かんとしており、子をして喪を統べて故郷に帰葬させたのである。押衙の公文は大中元年（八四七）丁卯歳十月癸巳朔二日庚午を以てこれを…………、血の涙が出るほど嘆き悲しみ…、胡越の地ほども離れ、死生を隔てる別離を恨みながらも、葬儀を振武軍…………原の邑で執り行った。至堅なる者は石であり、不朽なる者は文章であるので、銘して言うことには、

明らかな立派な威儀、輝ける美徳、美しい模範は厳かであり、温厚さと柔順さは辺塞に充ち溢れるほどである。生れながらにして賢をたたえられ、婦道は完全であり、あらゆる行いがみな備わり、婦人の四徳をよく示した。令聞は外に広まり、素直でしとやかでありながら中には筋が通っており、既に玉に比べようとしているほどであったのに、俄かに行き過ぎて帰らないこととなってしまった。墳墓には月が集まり、墓に植える木は煙を含んだように霞んでいる。たちまちにして昔の事となり、未来永劫千年にもなるように。

第三節　考察――「契苾通墓誌銘」に書かれた南走派ウイグル――

第一項　墓主契苾通について

本書第二章に見たとおり、契苾通はテュルク系の契苾部落の出身で、契苾部酋帥の系譜に連なる（四―一一行）。五代祖は契苾何力であるとする記載も、『通鑑』巻二四六、会昌二年（八四二）九月条に見える「通、何力の五世の孫なり」という記事と一致する。契苾部は、もとは漠北のテュルク種であるが、唐初の貞観年間には河西回廊の甘涼の間に安置され、霊武を経て九世紀初め頃には代北に移動した（本書第一章・二章参照）。その経緯は伝世の文献史料からは殆ど明らかにできなかったが、本墓誌の出現によって明らかにできるようになった。

まず、唐王朝の立場から見た墓主の契苾通について明らかにするために、正史や『通鑑』に残る墓主に関する記録を見てみたい。墓主に関しては、合計五条の記録が残っている。

史料A　『旧唐書』巻一八上、武宗本紀、会昌二年（八四二）八月条〔五九三頁〕

太原に詔し、室韋・沙陀三部落・吐渾諸部を起たしめ、石雄に委ねて前鋒と為す。易定の兵千人をして大同軍を守らしめ、(a)契苾通・何清朝をして沙陀・吐渾六千騎を領して天徳に趨かしめ、李思忠をして回紇・党項の師を率いて保大柵に屯せしむ。

史料B　『旧唐書』巻一九、僖宗本紀下、広明二年（八八一）五月条〔七一〇頁〕

（李）李克用、代州に赴き、遂に蕃・漢の兵万人を率いて南して石嶺関に出で、詔に準じて長安に赴難すと称う。丁巳（一〇日）、沙陀の軍、太原に至り、鄭従讜、糧料を供給す。辛酉（一四日）、沙陀、発軍賞銭を求め、（鄭）

従讜、銭千貫・米千石を与う。（李）克用怒り、兵を縦ちて大掠す。（鄭）従讜、援を振武に求め、契苾通自ら兵を率いて来赴し、沙陀と晋王嶺に戦う。

史料C 『新唐書』巻一六五、鄭従讜伝〔五〇六三頁〕

会《たまた》ま黄巣、京師を犯す。（中略）而して李克用は太原の乗ず可きを謂い、沙陀の兵を以て奄ち其の地に入り、汾東に壁し、釈して賊を討つと言い、須索すること繁仍たり。従讜、醪《にごりざけ》を餽《おく》りて以て軍を犒い、克用、隃して謂いて曰わく、「我且に引きて南せんとす。公と面約せんと欲す」と。従讜、城に登り、開きて感概に勉め、功を立てて天子の厚恩に報いせしめんとすれば、克用、辞窮まりて、再拝して去る。然れども陰かにその下を縦ちて肆に掠し、以て人心を撼ましむ。従讜、（論）安を追いて、将の王蟾・高辨等と踵撃せしめ、亦た会ま振武の契苾通至り、沙陀と戦い、沙陀、大敗して引きて還る。

史料D 『新唐書』巻二一七下、回鶻伝〔六一三二頁〕

是に於いて、劉沔に詔して回鶻南面招撫使、張仲武を東面招撫使と為し、（李）思忠を河西党項都将・西南面招討使と為し、沔は雁門に営す。(b)又た銀州刺史何清朝・蔚州刺史契苾通に詔し、蕃・渾の兵を以て振武に出で、（劉）沔・（張）仲武と合して、稍《ようや》く回鶻に逼らしむ。

史料E 『通鑑』巻二四六、武宗会昌二年（八四二）〔七九六七頁〕

(c)李思忠、契苾・沙陀・吐谷渾六千騎と勢を合して回鶻を撃たんことを請う。（九月）乙巳（一三日）、(d)銀州刺史何清朝・蔚州刺史契苾通を以て河東の蕃兵を分将して振武に詣り、李思忠の指揮を受けしむ。通、何力の五世の孫なり。

上記の史料のうち、史料Bと史料Cには、二重線で示したように、契苾通の名が現れるが、これらは、中和元年

（八八一）以降、李克用が唐王朝からの黄巣の乱鎮圧の要請にかこつけて河東・代北を略奪して回った時の記録であるため、大中八年（八五四）に既に亡くなっていた契苾通のことではない。この時期の代北で実力を振るっていたのは、同じく契苾部の出身で振武節度使であった契苾璋であるため、契苾通と契苾璋を取り違えたものと考えられる。なお、契苾璋はおそらくは契苾通の孫に当たると推定される（本書第二章所掲の**系図一**　契苾氏系譜を参照）。史料B と史料C を除いた、史料A 史料D 史料E の三条の史料は、いずれも契苾通が南走派ウイグルの討伐で重要な役割を果たしたことを記録するものである。史料B と史料C はなぜ契苾通の名前が出現するのか解釈し難いが、唐末時期の史料が混乱した状況を慮ると、唐王朝を救援する契苾通の印象が何らかの影響を及ぼした可能性もある。(40)

では、史料A 史料D 史料E の史料の来源はどこにあるのだろうか。契苾通については、正史以外にも李徳裕の文集に多数の記録が残っており、その中に正史の記録に対応する箇所が見受けられる。『会昌一品集』巻一四に収める「請契苾通等分領沙陀退渾馬軍共六千人状」（二六二頁）には、

> 右、(c')宣旨を奉るに、「思忠、前件の馬軍と勢を合わせんことを請う。商量し奏し来らしめよ」と。臣等商量すらく、(d')劉沔をして幽州・振武・天徳と勢を合わせて大軍を出して営柵を置かしめ、漸く向前に逼蹙せしを移さしめ、即ち思忠をして蕃渾の馬軍を領して深く入らしめん。計るに思忠の兵勢相い及べば、可汗の牙帳、自ずから変有らん。兼ねて其の降る者を招かしむれば、即ち成功し易からん。其の蕃兵は分かちて両廂と為し、各の蕃将をして押領せしむれば、至りて穏便為らん。(d')何清朝・契苾通は是れ蕃人なれば、各の一廂を管せしめれば、冀う所は虜情を暗識し、指使を為すに易からん。如し允許を蒙れば、其れ何清朝の行李を計るに未だ遠からず、
> 望むらくは便に中書門下の帖を以て追わしめんことを。未審。会昌二年九月十三日。

と記されており、下線部(c')(d')の内容は史料E の傍線部(c)(d)と一致していることから、この史料が引き継がれたもの

表三　会昌二年九月～十月、契苾通・何清朝を含むウイグル討伐部隊に関する文書

No.	巻数	題　名	年　月　日	頁　数
1	巻三	「授劉沔招撫回鶻使制」	会昌二年(842)九月上旬	三六頁
2	巻三	「授張仲武東面招撫回鶻使制」	会昌二年(842)九月上旬	三八頁
3	巻五	「賜思忠詔書」	会昌二年(842)九月中旬	七七頁
4	巻八	「授何清朝左衛将軍兼分領蕃渾兵馬制」	会昌二年(842)九月中旬	一三七頁
5	巻一四	「請市蕃馬状」	会昌二年(842)九月十一日	二六一頁
6	巻一四	「請契苾通等分領沙陀退渾馬軍共六千人状」	会昌二年(842)九月十三日	二六二頁
7	巻一四	「李思忠下蕃騎状」	会昌二年(842)九月二十七日	二六三頁
8	巻一四	「河東奏請留沙陀馬軍状」	会昌二年(842)十月五日	二六五頁
9	巻一四	「請何清朝等分領李思忠下番兵状」	会昌二年(842)十月八日	二六五頁

〔出典〕傅璇琮・周建国校箋『李徳裕文集校箋』(河北教育出版社、二〇〇〇年)

推定できる。史料Aの傍線部(a)にも契苾通と何清朝に六千騎を率いさせることが見え、この部分も史料の来源は共通と思われる。この状には会昌二年九月一三日の日付が書かれているが、その前後の日付を持つ詔や上状を『会昌一品集』から抽出すると、表三のようになる。

表三と史料A史料D史料Eを比較すると、例えば史料Dの波線部に示した劉沔を回鶻南面招撫使、張仲武を東面招撫使とする詔は、表三、1と2の「授劉沔招撫回鶻使制」と「授張仲武東面招撫回鶻使制」に見える。3「賜思忠詔書」は李思忠（嗢没斯特勤《オルムズドテギン》）の奏請した退渾・沙陀と軍勢を合流させてウイグルを討つことを許可したことを述べ、何清朝・契苾通を配下に置くことを伝達したもので、史料Aと一部内容が重なる。4の「授何清朝左衛将軍兼分領蕃渾兵馬制」は何清朝に河東道の蕃渾兵馬を分領して振武の界に赴いて李思忠の指揮を受けるよう指示したものであり、史料A史料D史料Eはこれらの李徳裕が撰述した詔勅や上状を総合して書かれたと考えられる。

すなわち、唐王朝の視点から見た墓主契苾通は、南走派ウイグルの討伐でウイグル討伐の主要部隊を率いた、北辺蕃部落を押領して唐王朝のために奮戦した人物として記憶される人物であった。

次に、これら伝世史料と「契苾通墓誌銘」との関係を見るために、墓誌

銘撰述の経緯を見てみよう。墓誌の第二八～二九行目には、次のような墓誌銘撰述の経緯が述べられている。

公文……嘗て公に副たりて命を銜み、公の望実に熟す。日月は期有り、須からく銘誌有るべきを以て、泣血の地に触れなんとするも、来りて撰文を請う。

すなわち、本墓誌は契苾通の嗣子であり副官として通の側に仕えた契苾公文が長安に来て撰文を願ったものである。つまり長安において唐王朝の視点で撰述されたもので、実際の撰文には当時京兆尹の職にあった柳喜が当たっている。墓主のような立場の高位高官が死去した場合には、唐朝廷の規定に則って史館に記録が残されることが規定されている。『唐会要』巻六三、諸司応送史館事例〔一二八六頁〕によると、「刺史・都督・都護及び行軍副大総管已下の薨」は史館に送って記録を残すことが定められており、「本州・本軍に、由歴の状を責《もと》め、便使に附して送る」と規定されており、この行状が墓誌と史館の記録に反映され、やがて正史に反映されることが、石見清裕氏によって指摘されている(41)。墓主の副官を務め「公の望実に熟」していたという子息の契苾公文は、墓主の一生の事跡を記した由歴の状を作成し、その人物や来歴を述べるのに最も適した人物であろう。嗣子契苾公文は、単に墓誌の撰述を願ってきたのではなく、本軍から派遣された使者として長安に行状を届けてきた上で、同時に墓誌の撰述も願ってきた可能性が高い。そしてその行状が、墓誌と朝廷の記録の双方に反映されたと考えられる。また、墓誌が咸陽で発見されている点を考え併せると、契苾通の棺もこのときと相前後して帰葬され、咸陽にある唐初以来の契苾氏の先塋に葬られたのであろう。残念ながら正史に残る墓主の事跡は、上述の如く李徳裕撰述にかかる詔勅類から直接取られているため、墓誌との関連は明らかにし得ない。しかし、このような経緯のもとで選述された本墓誌の記述は唐朝廷の記録と相矛盾しないものになっている可能性が高いだろう。

第二項　墓主の官歴と南走派ウイグル討伐の関係

次に、南走派ウイグルと本墓誌の関係を述べる。ところが本墓誌には、当時南走派ウイグルを指す際に用いられた「回鶻」という文字が見えない。まずは契苾通が南走派ウイグル討伐に関わった蔚州刺史であった時期を含め、墓誌の官職の昇遷に関する部分を用いて、南走派ウイグル討伐がどのように記録されているか論じていきたい。

まず、蔚州刺史であった会昌二年（八四二）の時期を含む墓主の官歴を示す部分を抽出すると、史料F[42]のようになる。

史料F　「契苾通墓誌銘」（墓誌第一二行〜一九行）（（　）・（　）・太字・傍線は筆者による）

（始め単于府に効職し……後に栄勲の著しきを以て都押衙・馬歩都知兵馬使に遷る。……次いで東受降城使を授けらる。）……(A)**後に勝・蔚・儀・丹四郡守を歴す。**……(B)朝序に昇るに曁び、因りて**右衛将軍兼御史中丞**、①**宣諭突厥使**に拝せらる。時に部落貳を携え、土疆に安んぜず。辺帥懐柔する能わず、朝庭其の侵軼を慮る。上、公に命じて以て之を招撫せしめ、至れは則ち公喩すに朝旨を以てす。其の野心を制すること、風の草を偃し、身の臂を使うが如し。火未だ木を改めずして、虜、故居に還る。功成りて上聞し、**左金吾衛将軍**を授けらる。②**未だ幾ばくならずして、又た突厥驚擾するを以て、重ねて宣諭せしむ。**……乃ち左貂を授け、仍ねて大憲を加え、**遽かに大将軍に転じ街使に充てらる。**……上、公の辺事に備詳し、尽く戎心を得るを以て、遂に**振武・麟勝等州節度観察処置等使を授け、仍ねて度支河東振武営田使を加う。**

ここには当時南走派ウイグルを指す際に用いられた「回鶻」という文字が見えないが、「部落」・「虜」・「突厥」がこれに当たることは以下の検証から明らかである。

(A)の部分は、「後に」として歴任した州刺史の名が四つまとめて時期不詳のまま書かれており、(B)の部分も必ずしも年次が明らかでないことから、便宜上(A)と(B)の二つの流れを設定する必要が出てくる。

ここに見える官歴を列挙すると、以下のようになる。

(A)　勝州刺史→蔚州刺史（八四二）→儀州刺史→丹州刺史（八四六）

(B)　**①右衛将軍［従三品］・御史中丞［正五品上］・宣諭突厥使（八四二）**→左金吾衛将軍［従三品］→宣諭突厥→左貂〔左散騎常侍［正三品］〕・大憲（御史大夫［正三品］）→**②大将軍［正三品］・街使（八四六）**→振武節度使（八五二）

本墓誌に提示される墓主の官歴と南走派ウイグルの討伐の関係を解釈するには、(A)と(B)の官にあった時期を特定することが必要になる。

まず、(A)の内、在任していた時期が判明するのは、蔚州刺史として南走派ウイグルの討伐に関わったのが会昌二年（八四二）、後述するように、丹州刺史であったのが会昌六年という二点である。

次に(B)について検討する。一つめは、右衛将軍（従三品）である蓋然性が高い時期を考えてみたい。手がかりとなるのは、墓主と同ランクの将軍として南走派ウイグル討伐にあたった何清朝の官歴である。**表三**、4に見える「授何清朝左衛将軍兼分領蕃渾兵馬制（会昌二年九月中旬）」（『会昌一品集』巻八〔一三七頁〕）に、

勅す。新授金紫光録大夫・検校太子賓客・使持節都督銀州諸軍事・兼銀州刺史・充本州押蕃落使及び度支銀州監牧馬副兵馬使何清朝。……**左衛将軍**・侍御史たるべし、散官は故の如し。仍お河東道の蕃渾兵馬を分領して振武の界に趣き、思忠の旨揮を取れ。

とみえ、銀州刺史を務めていた折に、契苾通と共にウイグル討伐することとなり、左衛将軍（従三品）・侍御史（従六品下）を授けられている。とすれば、共に討伐に当たる墓主に同時に右衛将軍・御史中丞（正五品上）を授けられたと

推定できる。墓主と何清朝は同クラスの州刺史であり、左衛将軍・銀州刺史何清朝と同クラスならば、「右衛将軍・宣諭突厥使」[43]・蔚州刺史は相応しいであろう。何清朝が墓主より先に挙されるのは、若干地位が上だったためと推定できる。即ち、右衛将軍に拝されたのはこの時と推定しておく。

ついで、禁衛の将軍（従三品）から大将軍（正三品）に昇遷した時期である。墓誌には時期を記載しないが、墓主の夫人である何氏の墓誌銘には次のような記載がある。

史料G「契苾公妻何氏墓誌銘」

唐**左衛大将軍**（**正三品**）・御史中丞契苾公妻何氏墓誌并びに序……会昌六年十二月廿四日を以て丹州に歿る。……時に公、将に闕に赴かんとし、子をして喪を護して帰葬せしむ。押衙公文……。

夫人何氏は会昌六年（八四六）一二月二四日に丹州で没しており、この時点で墓主が丹州刺史であったらしいことは、陳根遠氏の指摘する通りである[44]。このとき、墓主はいままさに長安に赴こうとしており、故に長男の契苾公文が母の棺を守って振武への帰葬を執り行ったという。とすれば、丹州刺史から左衛大将軍に拝せられて長安に赴こうとしていたと考えられる。故に、大将軍に昇遷した時期は会昌六年（八四六）一二月、遅くとも翌年一〇月二日の埋葬の時期まで絞り込むことが可能になる。即ち、(A)と(B)に関しては、時間軸が平行しており、(A)地方官、(B)中央官と中央から任命された使職、という構造になっていると考えるべきである。

最後に、唐王朝による南走派ウイグル討伐の経過と、本墓誌に二回「宣諭突厥」という表現が出てくることの関係を述べておきたい。まず、墓主が「宣諭突厥使」に任命されてこれを招撫し、ついで史料F②に見えるように、「未だ幾ばくならずして」、「故居」に還ったはずの虜が再び北辺を騒がせたために、重ねて宣諭したという。

では、唐王朝による南走派ウイグル討伐の過程において、このような条件に合致する事態が発生しているのであろうか。上掲の墓主に関する『通鑑』の記録である史料Eは会昌二年九月一三日に懸けられており、史料Dには日付がないが、同内容の記録が『新唐書』巻八、武宗本紀にあり、会昌二年九月に掲げられている（二四二頁）。史料Aは九月という月次が脱落したため八月に懸けられたものである。

この時、唐王朝はウイグル討伐の準備を全て整えて満を持して討伐に向かったのかというと、実はそうではない。九月が過ぎ、一一月に至ってもウイグル討伐の詔は下されなかった。当時は未だ太和公主の行方も知れず、そのため討伐に踏み切るには機が熟していなかった。史料D回鶻伝に見えるように、「稍《ようや》く回鶻に逼らし」めただけなのである。

『通鑑』巻二四六、会昌二年一一月条によると、一一月に朝廷は公主に冬衣を賜い、冬支度を始める（七九六八頁）。厳冬で何もかもが凍り付く冬期には、騎馬の決戦は行われていない。これが「虜、故居に還る」と表現されたのであろう。

契苾部落が再びウイグル討伐に動員されたのは、会昌三年（八四三）正月である。『通鑑』巻二四六、会昌三年正月条（七九七一頁）には、次のように見える。

> 春、正月、回鶻の烏介可汗、衆を帥いて振武に侵逼し、劉沔、麟州刺史石雄・都知兵馬使王逢を遣わして沙陀朱邪赤心三部及び契苾・拓跋三千騎を帥いて其の牙帳を襲わしめ、（劉）沔は自ら大軍を以て之に継ぐ。（石）雄、振武に至り、城に登りて回鶻の衆寡を望み、氈車数十乗、従者は皆な朱碧を衣、華人に類するを見る。諜をして之を問わしめば、曰く、「公主の帳なり」と。（石）雄、諜をして之に告げしめて曰く、「公主此に至る、家なり、当に帰路を求むべし。今将に兵を出して可汗を撃たんとす、請うらくは公主、潜みて侍従と与に相い保ち、駐車して動く勿れ」と。（石）雄、乃ち城を鑿ちて十余穴を為り、兵を引きて夜出で、直に可汗の牙帳を攻

めんとし、其の帳下に至る。虜、乃ち之を覚ゆ。可汗、大驚し、為す所を知らず、輜重を棄てて走り、（石）雄、之を追撃す。庚子（一一日）、回鶻を殺胡山に大破し、可汗は瘡せられ、数百騎と与に遁去し、（石）雄は太和公主を迎えて以て帰る。万級を斬首し、其の部落二万余人を降す。丙午（一七日）、劉沔の捷奏至る。

『旧唐書』巻一六一、石雄伝〔四二三五―四二三六頁〕もまた、この経緯をやや詳しく述べている。

（会昌）三年（八四三）、回鶻、雲・朔の北辺を大掠し、五原に牙す。（劉）沔、太原の師を以て雲州に屯す。沔、（石）雄に謂いて曰く、『黠虜離散せば、駆除するに足らず。国家、公主の故を以て急に攻めるを欲せず。今その為す所を観るに、気は我が輩を凌ぐ。若し朝旨を稟《う》ければ、或いは依違とならんことを恐る。我輩辺を捍ぎ、但だ能く患を除けば、之を専らにするも可なり。公、驍健を選び、其の不意に乗じ、径《ただ》ちに虜帳に趨くべし。彼の疾雷の勢を以てし、枝梧の暇あらざれば、必ず公主を棄てて亡竄せん。事、苟も捷《か》たざるも、吾、自ら継いで進まば、亦た患い無からん』と。（石）雄、教を受け、自ら勁騎を選び、沙陀の李国昌の三部落を得、契苾・拓抜雑虜三千騎を兼ぬ。月暗の夜、馬邑を発し、径《ただ》ちに烏介の牙に趨く。時に虜帳、振武に逼る。雄、既に城に入るや、堞に登りて其の衆寡を視て、氈車数十を見る。従者は皆な朱碧を衣い、華人の服飾に類す。雄、諜者をして之に訊ねしむ。『此れ何れの大人なるか』と。虜曰く、『此れ公主の帳なり』と。雄、其の人に喩して曰く、『国家の兵馬は可汗を取らんことを欲す。公主の此に至るは、家国なり、須く帰路を謀るべし。兵合するの時を候ち、帳幕を動かすを得ず』と。雄、乃ち大いに城内の牛馬・雑畜、及び大鼓を率い、夜城を穴ちて十余門を為る。遅明、城上に旗幟・炬火を立て、乃ち諸門より其の牛畜を縦ちて、鼓譟もて之に従い、直ちに烏介の牙帳を犯す。炬火は天を燭《て》らし、鼓譟は地を動し、可汗は惶駭して測る莫く、騎を率いて奔る。雄、勁騎を率いて追いて殺胡山に至り、急に之を撃ち、斬首すること万級、生擒すること五千、羊馬車帳は皆な之に委ねて去らしむ。遂に公主を迎えて太原に還る。

即ち契苾部落は麟州刺史の石雄の下で烏介可汗率いる軍団の本体を撃滅した主力部隊のひとつであり、太和公主を保護し、無事に奪還した部隊でもあった。この時の戦いでは、ウイグルの死者は万を以て数え、二万人以上が幽州に至って降附したという。さらに『通鑑』巻七四七、会昌三年正月の条〔七九七三頁〕に、「烏介可汗は走して黒車子の族を保ち、其の潰兵は多く幽州に詣りて降る」といい、会昌三年正月の戦いこそが、ウイグル討伐における最も大きな戦いであった。「重ねて宣諭せしむ」の実態はこの戦闘であったと推定できるのである。

以上のように、本墓誌は墓主の官歴を二系統の同時並列として読み解くことで、現存する史料と整合性のある解釈が可能になると考えられる。

おわりに

本墓誌は、唐後半期の華北藩鎮において強大な勢力を持った鉄勒部落である契苾部酋帥の墓誌であり、唐後半期の政治・経済および唐末・五代における華北地域の歴史の流れを理解するにあたって重要な意義を持つ史料である。本墓誌が長安において撰述され、墓主は咸陽にある唐初以来の契苾氏の先塋に葬られた点も、唐後半期における羈縻州のあり方を考える上で重要な点となろう。

筆者の本墓誌の解釈から始まった唐後半華北における羈縻州系統の遊牧勢力の研究は、次第に様々な研究者の手で行われるようになっている。今後も唐末北辺における羈縻州民の動向は本墓誌によって論じられる可能性が高い。ここに筆者の解釈を掲示する所以である。

注

（1）羽田亨「唐代回紇史の研究」『羽田博士史学論文集』上、東洋史研究会、一九五七年（一九七五年再版、同朋舎出版部）、二三八頁―二三九頁。岑仲勉「李徳裕『会昌伐叛集』編證上」（『史学専刊』第二巻第一期、一九三七年初出、『岑仲勉史学論文集』中華書局、一九九〇年に再録）は畿輔叢書に収める『会昌一品集』を底本として明刊本と併せて校定し、ウイグル関係の史料の年代を特定する。傅璇琮・周建国校箋『李徳裕文集校箋』（河北教育出版社、二〇〇〇年、以下『校箋』）は、岑仲勉氏の成果の上に更に校訂を重ね、文集に含まれる詔勅や状の年代はほぼ確定した。

（2）山田信夫「九世紀ウイグル亡命移住者集団の崩壊」『史窓』四二号、一九八九年、一―二二頁（『東アジア遊牧民族史研究』東京大学出版社、一九八九年に再録）。

（3）中島琢美「南走派ウイグルについて」『史游』創刊号、一九八〇年、一―一三頁。同「南走派ウイグルについて」『史游』第二号、一九八〇年、一―二八頁。同「補訂新旧唐書ウイグル伝：南走派ウイグルの条に関して」『史游』第三号、一九八一年、九―一八頁。同「五代に於ける甘州ウイグルの朝貢路について」『史游』第四号、一九八一年、二九―三六頁。同「南走派ウイグル衰滅に関する一試論」『史游』第五号、一九八一年、一―一二頁。同「『会昌一品集』内ウイグル関係史料跋」『史游』第六号、一九八一年、一五―二四頁。同「〈K31・32・33〉史料の検討」『史游』第七号、一九八二年、一八―二〇頁。同「九―十世紀に於ける突厥についての覚書」『史游』第八号、一九八二年、一―六頁。同「岑仲勉著「李徳裕会昌跋叛集編證上」について」『史游』第九号、一九八二年、五―一〇頁。同「会昌年間におけるキルギス使節団の到来について」『史游』第一〇号、一九八三年、五―一六頁。同「唐会昌外族処遇考」『史游』第一一号、一九八三年、一九―二八頁。同「南走派ウイグルの研究」『史游』第一二号、一九八三年、一九―三三頁。同「『会昌一品集』引用文一覧表」『史游』第一三号、一九八四年、八＋一―九頁。同「南走派ウイグル期におけるキルギスの動向について」『史游』第一五号、一九八四年、三七―五一頁。同「南走派ウイグル史に於けるキルギス：特にその冊立について」『史游』第一六号、一九八五年、一―八頁。

（4）Drompp, Michael Robert, *Tang China and the collapse of the Uighur Empire: A Documentary History*, Brill's Inner Asian Library, vol. 13, Leiden/Boston: Brill, 2005. 本書は南走派ウイグルに関する現段階における最高峰の成果である。本書も『会昌一品集』に含まれる南走派ウイグルに関連する詔勅や状の前後関係を検討しておられる。しかし時間的に近接したため『校箋』の成果が十分に参照されていない憾みがある。

（5）村井恭子「九世紀ウイグル可汗国崩壊時期における唐の北辺政策」『東洋学報』第九〇巻第一号、二〇〇八年、三三―六七頁。

（6）一方で、例えば斉藤茂雄氏が精力的に進められている唐代北周辺地域の歴史地理的問題とも密接に関連しており、漢文史料読解の成果と併せた総括が課題として残されている。

（7）『旧唐書』巻四三、職官志二、一八四四頁。

（8）張国剛『唐代官制』三秦出版社、一九八七年、一七〇頁。

（9）石見清裕「単于都護府と土城子遺跡」唐代史研究会編『中国の都市と農村』汲古書院、一九九二年、三九一頁。厳耕望「唐代安北単于両都護府考」『唐代交通図考』一巻、中央研究院歴史語言研究所、一九八五年、三二三―三四〇頁参照。

（10）石見前掲注（9）論文、三九二頁。

（11）李徳裕『李徳裕文集校箋』巻一一「請改単于大都護状」に、「右、訪聞塞北諸蕃、皆云振武是単于右故地、不可存其名号、以啓戎心。臣等謹詳国史、武徳平突厥後、於振武置雲州都督、麟徳三年（六六六）改為単于大都督、聖暦元年（六九八）改為安北都護、開元八年（七二〇）復為単于都護。其安北都護本在天徳、自貞観二十一年（六四七）以来、移在甘州、遷徙不定。今単于都護望改為安北都護。如此制置、稍循故事。未審可否。会昌五年（八四五）七月。」（二〇三頁）とあり、『唐会要』巻七三、安北都護府の条にもほぼ同文が載っている。単于都護府については、斉藤茂雄「唐代単于都護府考――その所在地と成立背景について――」『東方学』第一一八輯、二〇〇九年、二二―三九頁を参照。

（12）『李涪刊誤』『叢書集成新編』第二八冊、六六―七一頁。

(13)『因話録』巻一、宮部「玄宗柳婕妤……乃尚書右丞範之女、睦州刺史斉物之妹也。」(六八頁)。
(14)『東観奏記』巻下「前進士柳翰、京兆尹柳憙之子也。」(一一五頁)。
(15)張栄芳『唐代京兆尹研究』学生書局、一九八七年、二〇五頁、三二八頁。
(16)『旧唐書』巻一八下、宣宗紀、大中一一年四月条、六三八頁。
(17)釈読は内田泉之助、網祐次『新釈漢文体系一五　文選　詩編　下』明治書院、一九六六年、五六七―五六八頁。
(18)「契苾明碑」『金石萃編』巻七〇、第二葉a―第四葉b。岑仲勉「突厥部人列伝碑誌校注」『突厥集史(下)』中華書局、二〇〇四年(初版は一九五八年)、八〇一―八〇九頁。「契苾嵩墓誌銘」『唐代墓誌彙編』下、開元三一四、一三七四―一三七五頁。岑仲勉前掲論文、八二五―八二七頁。
(19)『通鑑』巻二二〇、粛宗至徳二載(七五七)一二月戊午条、七〇四四頁。
(20)郁賢皓『唐刺史考全編』巻二四、勝州(楡林郡)、三八一頁。
(21)『旧唐書』巻一六三、盧簡求伝に、「(大中)九(八五五)年、党項叛、以簡求為四鎮北庭行軍・涇州刺史・涇原渭武節度押蕃落等使。」(四二七二頁)とあり、党項の叛乱を鎮圧することと、押蕃落使に充てられたことが連動している。押蕃落使については、村井恭子「押蕃使の設置について――唐玄宗期における対異民族政策の転換」『東洋学報』第八四巻第四号、二〇〇三年、四二一―四五二頁参照。
(22)藩鎮時代の都押衙については、渡辺孝「唐・五代の藩鎮における押衙について(下)」『社会文化史学』三〇号、一〇九―一一三頁。「押衙」については下記の1-24-2参照。
(23)三受降城に関しては、『元和郡県図志』巻四、天徳軍条、一一五―一一七頁および『唐会要』巻七三、一三一〇―一三一一頁を参照。東受降城については、斉藤前掲注(11)論文、一―一八頁に詳しい。
(24)『通鑑』巻二四六、武宗会昌二年(八四二)九月乙巳条に「蔚州刺史契苾通、分将河東蕃兵詣振武。」(七九六七頁)とある。
(25)『漢書』巻八九、龔遂伝、三六三七―三六四一頁および黄覇伝、三六二七―三六三五頁を参照。

(26)『白居易集』巻一八（中国古典文学基本叢書）、中華書局、一九七九年、三七八―三七九頁。
(27)『宋史』巻一六七、職官志、宣諭使、三九五六頁。
(28)『宋史』巻一六七、職官志、宣撫使、三九五七頁。
(29) 山田前掲注（2）論文、村井前掲注（5）論文。唐朝廷と南走派ウイグルの間の関係については、Drompp 前掲注（4）書が『会昌一品集』に収める詔勅や上奏文、具体的な施策を論じた上状などをもとに詳細に論じている。
(30)『通鑑』巻二四六、会昌元年（八四一）秋八月条、七九五二―七九五三頁。
(31)『通鑑』巻二四六、開成五年（八四〇）冬一〇月条、七九四七頁。
(32)『長安志』巻八、永興坊、一二九葉bおよび巻一〇、布政坊、一五一葉a。徐松『唐両京城坊考』巻三、五二頁および巻四、一〇四頁。
(33)「請賜劉沔詔状」『李徳裕文集校箋』巻一四、河北教育出版社、二〇〇〇年、二六七頁。
(34)『旧唐書』職官志三、御史台条、一八六一頁。張国剛『唐代官制』三秦出版社、一九八七年、七八―八〇頁。
(35) 室永芳三「唐都長安城の坊制と治安維持機構（下）」『九州大学東洋史論集』四号、一九七五年、九―一三頁。
(36) 例えば、『旧唐書』巻一二〇、郭釗伝に「元和初、為左金吾衛大将軍充左街使。」〔三四七一頁〕とみえ、弟の郭鏦伝に、「穆宗即位、鏦為叔舅。改右金吾衛大将軍兼御史大夫充右街使。」〔三四七二―三四七三頁〕とあるように、街使の職が左右金吾衛将軍の兼任となっている。
(37) 唐・五代の藩鎮体制下における押衙の職については、渡辺孝「唐・五代の藩鎮における押衙について（上）」『社会文化史学』二八号、一九九一年、三三―五五頁および同氏前掲注（22）論文、一〇三―一一八頁を参照。
(38)『新唐書』巻七二上、宰相世系二上、趙郡李氏条、二五八〇頁。
(39)『唐代墓誌彙編』下、会昌〇四一、二二四〇―二二四一頁。
(40) 本書第三章で扱った沙陀による史料書き換えの一例の可能性もあるが、後考に俟ちたい。
(41) 石見清裕「唐代墓誌史料の概観：前半期の官撰墓誌・規格・行状との関係」『唐代史研究』第一〇号、二〇〇七年、三―

二六頁。この論文は唐前半期を扱っているが、唐後半期においても、墓誌と行状が残っている場合は双方に反映されている。

(42)　史料Fの(A)と(B)について、山下将司氏は「突厥」に対する招撫・宣諭は会昌二年から大中六年の間とされ、契苾通は会昌六年に丹州刺史であったため、二度の「突厥」に対する宣諭はいずれも会昌年間より後のことであり、南走派ウイグル壊滅後のこととされる。山下将司「唐の「元和中興」におけるテュルク軍団」『東洋史研究』第七二巻第四号、二〇一四年、二一頁、三二頁、注(68)。その場合、墓誌銘に南走派ウイグルについて記述されない積極的理由が必要になるであろう。

(43)　ウイグルを「突厥」という例としては、陳子昂「上西蕃辺州安危事」の第二条に、甘州に安置された鉄勒諸部(廻紇・思結・契苾・渾)を「突厥」と記す例がある。栄新江「唐代河西地区鉄勒部落的入居及其消亡」費孝通編『中華民族研究新探索』中国社会科学出版社、一九九一年、二八七―二八九頁。突厥を「匈奴」と書くように、前の時代の遊牧勢力に例える可能性もある。しかし、同時代の史料としては、李思忠(嗢沒斯特勤)を長安まで伴った内官李敬実の墓誌では「北虜」「戎狄」(「李敬実墓誌銘」『唐代墓誌彙編続集』大中〇七八、一〇二八―一〇二九頁)といい、「獯鬻」(「李俊素墓誌銘」『全唐文補遺』千唐誌斎新蔵専集、三七五―三七六頁)と記すケースもある。太和公主の元に使いに行った苗縝の墓誌では「回鶻、北狄」(「苗縝墓誌銘」『唐代墓誌彙編』会昌〇二一、二二三二―二二三三頁)といい、ウイグル討伐に当たった王宰墓誌でも「回鶻」というように、ウイグルの名称や北虜・北狄などを使う方が例として多い。

(44)　陳根遠「唐「契苾通墓誌」及相関問題」『碑林集刊』六集、陝西人民美術出版社、二〇〇〇年、一〇〇―一〇六頁。

第七章　「支謨墓誌銘」訳注と考察

はじめに

本墓誌は、二〇〇四年に洛陽北郊の邙山で出土した。縦七六cm、横七六cmの正方形で、厚さ一三cmあり、四方には十二生肖のレリーフが施されている。一行六〇文字、全五六行あり、本論中に述べたように、唐末の沙陀突厥史を復原する上で大きな価値をもつ墓誌である。

本墓誌については、趙振華氏と洛陽大学副校長の董延寿氏が簡体字による釈文を発表し、さらに既発表の支氏墓誌を併せて用いて、一家の家族関係について明らかにしている[1]。ここに示す釈文は、筆者が二〇〇五年に実見した墓誌拓本にもとづいて書き起こしたものである。すでに本文中で提示しているが、史料編では、本編中に収録できなかった訳注を収めることを目的とし、閲覧の便に供するために再録する。墓誌本文の釈読は難解をきわめ、なお完全に通読できたとはいえない。

釈文および試訳の作成は、以下の原則に則って行う。

（1）釈文の文字は、墓誌と同じように起こす。ただし、異体字は正字に改める。
（2）訓読および試訳・語釈には常用漢字を用いる。

第一節　釈文

1 唐故大同軍都防禦・營田・供軍等使、朝請大夫・檢校右散騎常侍・使持節・都督雲州諸軍事・雲州刺史・御史中
丞・柱國・賜紫金魚袋・贈工部尚書瑯耶
2 支公墓誌銘并序　　　　　朝議郎・守尚書膳部郎中・
柱國・賜緋魚袋房　凝　譔
3 蓋聞感精象緯、鑄才子於積善之門、効祉山河、誕藎臣於興王之國、莫不始乎孝友、竟以忠貞。兼文武以居中、不
左不右、體寒暄而一貫、無盛無衰。當官必行、
4 遇節斯立。近則欽承堂構、外則固護士風、足以光史氏之縑緗、動人倫之觀聽。況復澆波滅頂、獨立以拯湮淪、頽
風靡林、勁挺而同山岳、訐指鹿獻蒲之狀、抗
5 迴天轉日之權、孤軍克全、朝聽免惑。不有君子、其能國乎。載於古者尚稀、見於今也惟一、即我大同軍使支公其
人也。若其因生賜姓之原、隨地立望之本、列諸
6 先誌、可得而言。東晉沃洲、緇中麟鳳、後趙光禄、将家孫呉。當風吼雲烝、龍虵起陸、及天清海晏、珪組盈門。
保玉裕於春坊、耀金章於公府。尓後子孫擇土、著族
7 瑯邪。遂爲郡人、弈葉無替。高祖元亨、普安郡司馬。曾祖平、江州潯陽丞。並以卿校之材、屈於州縣、位未充量、
德終不孤。祖成、太子少詹事、贈殿中監。賛輔訓之
8 規、宮僚允穆、毘隱練之政、儲德昭宣。治官而道重兩宮、追寵而聲光六局。父竦、歷郡守王官、分司告老、以鴻

臚卿致仕、累贈司空。爰在弱齡、早揚令問、洎乎結
9 綬、即播能名、操刀而盤錯自分、披牘而絲毫畢見、常克己以復禮、有事君之小心。方丈盈前弥味、莫先於氷蘗、
高衢騁力崇班、止願於魚符。蓋以恵政所施、随
10 少多而及物、清節苟立、可蒲盧而化人。累刺五州、風移俗易、率是心也。天其捨諸、故能功積于齊民、慶流于後
嗣。有令子八、並允文允武、入孝出忠、追琢其章、
11 黻藻其行。慕山東之士子、務大門閭、鄙江介之儒生、空勤文藻。由是里爲冠蓋、籍甚縉紳、且公且侯、有典有則
矣。諱謨、字子玄、即司空之第三子也。垂髫学歩、
12 因心之愛遽萌、毀齒能言、好善之機自發。初公生、孩而早失慈親汝南太君譚夫人、洎勝衣就傅讀孝經感應章、涕
泗歔欷、主庠序者異之。既歸訊于保母曰、
13 「生我者誰」。姆指継嫡崔夫人示之曰、「此生尓也」。亦既聞之、肅然兢喜。由是倍加孺慕、動出常情、始卒不渝。
兼之友悌与次弟詳、塤篪笙磬、合契同規。致魯國太
14 夫人、視之若一、家肥姻睦、見美士林。王休徵至行絶倫、感深方變。周伯仁推恩積紀、理極乃孚。曷若我率性自
然、上慈下順。年十八擧明經、一試而捷、前後三
15 場考覈、無一義不通、無一字非様。春闈裴公、嗟賞以勵羣儒。明年貢六節判、特爲考官高元經所標牓、朝中顯薦
者接其跡。適属歳多敲敵、以初擧見遺、尋爲外
16 叔祖将作監崔公奏署内作使判官、有　制授家令寺主簿、充職三宮營繕、惣領百工大匠、殊尤全因小□、減省撙截、
允得其宜、官長胥徒、悉皆歎伏。月限滿、
17 轉家令丞。太府卿竇澣、以茂用英姿、典護國帑、出納財賦。其屬數員、唯備邊一司異額、別躬宰執、專判度支通

管、受斯委寄。時以爲難、乃奏授司農寺丞・兼専
18 知延資庫官事。量入爲出、覩劇識閑、瞻候鴈之可期、法尸鳩之均養。至於估定等級、貴賤罔差、給付程期、遐邇
合度。宰相夏侯公、嘗對朝賢奨激、詞意倶深。其
19 大農本司、銭穀蠹蝎、佝姧則利、獨潔則危。公斟酌兩端、周捨雙妙、去其尤甚、許以自新。曽未及朞、十正六七。
惟月書其懿績、考以殊尤、繁星挹此嘉聲、増之粉
20 澤。属塞垣多事、雜虜爲虞。詔以左金吾衛大将軍蘇弘靖爲天徳軍使。副車之選、僉属良籌、即除公侍御史・内供
奉、賜緋魚袋充倅。邊上諸軍常艱饋運、駈之
21 戰也、固敵是求、置之閑焉、惟食爲切。充國破羌之策、半在屯田、牽招養士之基、全資水利。因勧誘諸軍将士、
重浚古渠、擘出黄腴、漑田幾百万畝。昔之米價、絹
22 易一科。今日絹價、疋平五石。故計相曹公、悦我奇効、賁之寵章、加檢校庫部郎中・兼御史中丞・賜紫金魚袋。
久之、拜太府少卿・知度支左蔵庫出納。官雖新命、
23 人實曩賢。庶務諳詳吏慣習、莫不竹迎刃解、妖値鏡亡。亞三珪九棘之班、藹然問望、當小蔵上供之貳、密尓寵栄。
咸通末、方病淮夷、仍虞草寇、海岱河碣、犲狼
24 晝行。巖廊軫懐、慎擇廉牧、以公爲濮州刺史。中謝之日、對揚惟明。天顔俯怡、清問多及。非唯盡頒宣條化之
旨、抑亦叙兄弟皇華之事。言切意懇、至于霑纓。
25 宸衷允諧、悉許宣下。特示殊渥、加秘書少監・怙御史中丞、同時剖符、莫与爲比。下車旬朔、痌瘝頓蘇、視事周
星、貪饕漸革。明年丁内憂、見星而馳、聚君有洛。念
26 陔蘭之永遠、痛風樹之長往、勺溢纔属、欒棘難辨。窀穸禮畢、攀號愈切。遂獨留塋壟、盡力栽倍（培）、過人之

志、詎唯一等、訖于服闋、猶在邙山。時宰有聞、累書招公、
27 至拜右金吾衛大将軍・知街事。仗衛崇嚴、翊居於紫禁、街坊浩穰、詰姧慝於皇都。訛偽積年、一朝丕變。漢主因
觀細柳、知亞夫之可委急難、魏相暫適昆池、譽
28 蘇綽之堪充軌範。三事已下、毎与公語、未有不欽味殷勤。于時沙陀恃帶微功、常難姑息、逞其驕暴、肆毒北方。
朱耶克用、屠防禦使一門、率鹽泊川万戸。其父
29 但謀家計、靡顧國章、嘯聚犬羊、虔劉邊鄙、太原屢陳警急、鴈門不足隄防。公遂守本官、加檢校左散騎常侍、充
河東節度副使、仍便指揮制置。從途逮半、節□
30 馳歸、軍府空虚、凡百無序。於是權其宜而設其備、聲其武而曄其文、羽檄媲魯連之書、犒師侔鄭賈之計。人謀鬼
佐、陰閉陽開。狂狄驚疑、稍相引退。緬惟并部、
31 王業攸基。命帥匪良、久孤人望、息肩之寄、咸謂緊公。那期晉政多門、曹翔作伯。移　公於大同宣諭。尋有後
勑、討除二兇。時也俘剽剿僇之餘、公私懸罄。遂
32 彌縫整緝、瘞死毉傷。激勸赫連鐸弟兄、優其礼秩、厚撫吐谷渾部落、寘彼腹心、孤軍寖安、隣鎮皆恊。克用桀逆
有素、獨頑叵当、統乎日逐之師、欲爲天柱之擧、
33 輕騎詭道、次于平陽。北都巨防、莫敢支礙。公乗間得廣糧繕甲、訓勵貔貅、南結常山、東通燕薊、冀因機便、一
展神奇。而朝廷熒或邪謀、竟無接助、直至年支常
34 賜。亦所在駐程、頼天誘其衷、罪人斯得。五年十二月、克用乗圖南之氣、迴薄雲中、虎搏鷹揚、摩壘挑戰。公示
之以怯、悄若無人。賊乃略地、言旋不爲後慮。公即
35 命鐵馬尾襲、抵其私莊。叢弧射之、洞臆而斃。克用虓勇工騎射、國昌号之万人敵、恃此陸梁。曁茲輿尸、闔族喪

氣。恐四方乗虚深入、乃取一瞎虜年貌相類者、

36 詐人云、「克用存焉」。時寵賂上流、詭譎膠固。内外叶附、持此死虜、以脅　國家。公、前後奏陳、終不聽信。六

年夏、任遵蓍入奏固稱、克用身在、大言于朝。遂除蔚・朔・

37 雲三州節度使。輦轂喧駭、華夷震驚。但穹蒼轉高、閽閈邃密、雲州噍類、悉隷兇殘。冤號動天、何路聞達。仍轉

　公左散騎常侍・司農卿。蕃錫寵徴、欲以魏郡之

38 人、甘心于狄。於是、三軍九姓之士、排闥雲集、仆面拊膺、云、「國昌父子、怨當軍勤王、俾渠不得其志。今朝

廷已将赤子委犲虎。常侍寧忍弃我輩性命、徇一官寵

39 榮」。公憫而諭之、信宿方解、居數日、反覆籌策、求其適歸。嘗獨言曰、「去則違衆、犯水火之怒、止則招謗、

貽骨肉之憂、既不能作李矩之背同盟、又不能如馬超

40 之捐百口。秖茲入地、即是昇仙」。十一月下旬告疾、十二月一日薨位。享年五十一。自衙庭營幕、街衢市肆、慟

哭相弔、哀聲四合。遼東義勇、陳祠於太僕之墳、河

41 右羌胡、剺面於校尉之柩、以今方古、諒彼不誣。幽州李司空、抗疏上論、請加旌異、有詔贈工部尚書。嗚呼、蘭

膏自消、楚老興歎、山木自寇、荘生格言、煞身爲仁、

42 見危授命、死且不朽、斯之謂歟。況乎孝友惇睦、根諸性恪、勤敏辨得之天、考叔不匱之心、姜肱共被之事、五常

懿行、所得者多。前夫人朱氏、呉郡學家。三世『開

43 元禮』入仕。先　公若干年卒。後夫人韋氏、京兆縣君、皐之孫。長子藻、右千牛備身、稍勝衣而見圭角矣。次子

杜九、長女楊十、次小十、倶在童蒙提抱之間。粤以

44 庚子歳七月十五日、葬于河南縣之杜翟村、祔于　先司空墦櫝之後。若夫琢珉廣陌、備遺闕於春秋、鐫琰玄扃、防

遷換於陵谷。彭門元戎、當今之悌弟也。感
45 深同氣、痛貫分形、希獲菁藻、庶揚丕烈。謂凝周旋門館之舊、習熟鴻鴈之間、式昭無愧之詞、少抒終天之恨。銘
曰、
46 偉哉盛族　肇興中古。有忠有孝　或文或武。處必瓌琦　仕皆簪組。根深原濬　弓良冶詡。八騎騰驤　二龍臨
御。出征入幹　外攘内序。
47 昌平開國　□空闢署。玉帳勲崇　金鉉道著。沂海渟瀯　鄆岱磐礴。絪緼秀潤　肸蠁興作。王既南徙　葛亦西
落。獨此一宗　冨斯天爵。
48 猗那鴻臚　遠紹其餘。白能受采　清可察魚。亟歴戎幕　連飛隼旟。惟仁是宅　非善何儲。徳必不孤　祚兮焉
往。厚禄眉壽　高名重奨。
49 報同荀淑　冑殊任昉。珠玉滿堂　烟霄齊上。莢莢大同　允執其中。繡茲鞶悦　俲彼雕蟲。政在色養　勤唯餝
躬。誰言科舉　雅有儒風。
50 廣内同工　備邊積貨。抝葺承旨　支収應課。務雑敏稽　吏蔵功過。一經提整　遂光參佐。紫塞作倅　黄流漑
田。濮陽分竹　凋瘵行痊。
51 □播謡詠　聲添管絃。逃珠復浦　陰鶴聞天。武候彤墀　羽儀緹綺。環衛圭表　雄班瑋噐。動鄙素食　静持白
賁。官業具舉　兵符荐至。
52 帝念雲代　驟罹狂胡。撫我遺人　仗尓全摸。疋馬来莅　危邦載蘇。進戦退耕　歳月其徂。運有險夷　謀有臧
否。如何昊天　反賊是受。
53 鎧仗在身　詔勅在手。一朝翻然　信義何有。兩族二軍　久結怨仇。使彼得志　此必盡劉。哀哀赤子　寄命君

侯。　死生不捨　欲去何由。

54 中旨不迴　奸謀孔聖。化假爲真　俾邪稱正。温原錫晉　清人刺鄭。爰加急徵　且有新命。烈挍冤訴　五營悲啼。豈能弃我　怏彼鯨鯢。

55 視己目慘　聽之心悽。許同存歿　僅免睽携。亦既深籌　遂臻極致。自我貽釁　無身何累。與夫變大難明　曷若捨小從義。幾吁天而謝生、

56 終飲氣而就死。嗚呼哀哉。呉沉伍子　秦殞三良。賢愚吐息　今古増傷。丹旐歸洛　青烏卜邙。千齡萬嗣休問無疆。

第二節　訓読

1 唐故大同軍防禦・営田・供軍等使、朝請大夫・検校右散騎常侍・使持節・都督雲州諸軍事・雲州刺史・御史中丞・柱国・賜紫金魚袋・贈工部尚書、瑯耶

2 支公墓誌銘并びに序

朝議郎・守尚書膳部郎中・柱国・賜緋魚袋房　凝　譔す。

3 蓋し聞くならく、精を象緯に感じて、才子を積善の門に鑄《い》、祉《さいわい》を山河に効《いた》し、藎臣を興王の国に誕《そだ》てるは、孝友に始まり、竟《おわ》るに忠貞を以てせざるは莫し。文武を兼ねて以て中に居せば、左せず右せず、寒暄を体して一貫せば、盛んなる無く衰うる無し。官に当らば必ず行い、

4 節に遇わば斯く立つ。近きにあれば則ち堂構を欽承し、外にあれば則ち固く士風を護らば、以て史氏の縑緗を光

かし、人倫の観聴を動かすに足る。況んや復た澆波の頂を滅するも、独り立ちて以て湮淪《えんりん》を拯《すく》い、頽風の林を靡《なび》
かすも、勁挺《けいてい》して山岳に同じく、指鹿献蒲の状を訐《あば》き、
5 回天転日の権に抗い、孤軍もて克全し、朝聴の惑うを免れるにおいてをや。君子を有《も》たざれば其れ能く国せんや。
古に載せる者は尚お稀にして、今に見るは唯一、即ち我が大同軍使支公その人なり。其の因生賜姓の原、随地立
望の本のごときは、諸を
6 先誌に列して得て言うべし。東晋の沃洲は、緇中の麟鳳にして、後趙の光禄は、将家の孫呉たり。風吼《ふ》き雲蒸《み》つ
るに当りて、龍蛇《りゅうち》陸より起ち、天清く海晏《うみやす》んずるに及びて、珪組《けいそ》門に盈つ。玉裕を春坊に保ち、金章を公府に耀
かす。尓後、子孫土を擇びて、
7 瑯邪に著族たり。遂に郡人と為り、弈葉替わる無し。高祖は元亨、普安郡司馬たり。曽祖は平、江州潯陽丞たり。
並びに卿校の材を以て、州県に屈し、位は未だ量を充たさざるも、徳は終に孤ならず。祖は成、太子少詹事にし
て、殿中監を贈らる。輔訓の
8 規を賛《たす》け、宮僚允穆す。隠練の政を毘け、儲徳昭宣す。治官して道、両宮に重んぜられ、追寵せられて、声、六
局に光く。父は竦《しょう》、郡守・王官を歴し、分司もて告老し、鴻臚卿を以て致仕し、司空を累贈せらる。爰に弱齢に
在りて早く令問を揚げ、
9 綬を結ぶに洎んで即ち能名を播せ、刀を操れば盤錯自ずから分かれ、牘を披けば絲毫にして畢《ことごと》く見、常に克己し
て以て復礼し、君に事うるの小心有り。方丈、前に珎味を盈たすも、氷蘖に先んずる莫く、高衢、力を崇班に騁《は》
せるも、止だ魚符を願うのみ。蓋し恵政の施す所、
10 少多に随いて物に及び、清節苟くも立たば、蒲盧して人を化すべきを以てなり。累《かさ》ねて五州に刺《し》たり。風移《うつ》ろい

俗易《かわ》るは、是の心に率《したが》うなり。天其れ諸《これ》を捨て、故に能く功もて斉民に積み、慶もて後嗣に流す。令子八有り、並びに允文允武、入りては孝、出ては忠にして、其の章を琟琢《たいたく》し、

11 其の行を黻藻す。山東の士子の、務めて門閭を大とするを慕い、江介の儒生の、空しく文藻に勤むるを鄙しむ。是に由りて里、冠蓋と為す。籍甚の縉紳、且つ公たり且つ侯たり、典有り則《のり》有り。諱は謨、字は子玄、即ち司空の第三子なり。垂髫にして歩を学び、

12 因心の愛、遽かに萌え、毀歯にして言を能くし、好善の機、自ずから発す。初め公生まるるや、孩にして早に慈親汝南太君譚夫人を失う。勝衣に洎び、傅に就きて孝経感応章を読み、涕泗歔欷し、庠序を主る者これを異とす。既に帰るや保母に訊いて曰く、

13 「我を生む者は誰か」と。姆、継嫡の崔夫人を指して之に示して曰く、「此れ尓を生むなり」と。亦た既に之を聞くや、粛然として兢喜す。是に由りて孺慕を倍加し、動もすれば常情を出し、始卒渝《かわ》らず。之に兼ねて次弟の詳と友悌たり。塤篪・笙磬、契を合わせ規を同じくす。魯国太

14 夫人に到るや、之を視ること一の若く、家肥《ゆた》かにして姻睦《むつ》み、美しき士林を見《あらわ》す。王休徴は、至行絶倫にして、感深まりて方《はじ》めて変ず。周伯仁は、推恩《すいおん》紀を積み、理極りて乃ち孚《はぐく》みたり。曷若《いかん》ぞ我が率性は自然にして、上は慈にして下は順たるにおいてをや。年十八にして明経に挙げられ、一試にして捷ち、前後三

15 場考覈《こうふく》するも、一義として通ぜざる無く、一字として様に非ざる無し。春闈の裴公、嗟賞して以て羣儒に勵《すす》む。明年、六節判を貢ず。特に考官高元経の標牓する所となり、朝中の顯薦する者、其の跡を接す。適ま歳、敲敵多きに属い、初挙を以て遺さる。尋《つ》いで外

16 叔祖・将作監崔公の為に内作使判官に奏署せらる。制有りて家令寺主簿を授けられ、職は三宮の営繕に充てらる。

百工大匠を物領し、殊に尤も全因小□、減省撙截し、允に其の宜しきを得、官長胥徒、悉く皆な歎伏す。月限満ち、

17 家令丞に転ず。太府卿竇泋、茂《さか》んに英姿を用いるを以て、国帑を典護し、財賦を出納す。其の属は数員たるも、唯だ備辺の一司のみ額を異にし、別に躬ら宰執《さいしつ》、専ら度支を判して通管し、其の委寄を受く。時に以て難しと為し、乃ち奏して司農寺丞・兼専

18 知延資庫官事を授く。入るを量り出すを為し、劇を覩て閑を識り、候鴈の期とす可きを瞻《み》、尸鳩の均しく養うに法る。估定の等級に至りては、貴賤、差罔《な》く、給付は期を程《はか》り、遐邇《かじ》は度に合う。宰相夏侯公、嘗て朝賢に対して奨激し、詞意は倶に深し。其れ

19 大農本司は、銭穀蠹蝎《とかつ》され、奸に徇《したが》えば則ち利にして、独り潔ければ則ち危し。公、両端を斟酌し、周捨は雙つながら妙にして、其の尤も甚しきを去り、許すに自新を以てす。曽て未だ朞《き》に及ばずして、十の六七を正す。惟だ月ごとに其の懿績《いせき》を書し、考するに殊尤なるを以て、繁星此の嘉聲《かせい》を掬《く》み、之に粉

20 沢を増す。塞垣多事にして、雑虜の虞を為すに属《あ》う。詔して左金吾衛大将軍蘇弘靖を以て天徳軍使と為す。副車の選、僉《み》な良籌《りょうちゅう》に属す。即ち公を侍御史・内供奉に除し、緋魚袋を賜い、倅《そえ》に充つ。辺上の諸軍、常に饋運に艱《くる》しみ、これを戦いに駈くれば、

21 固より敵を是れ求むるも、これを閑に置けば、惟だ食のみを切と為すなり。充国の羌を破るの策は、半ば屯田に在り。牽招の士を養うの基は、全く水利に資《よ》る。因りて諸軍の将士を勧誘し、重ねて古渠を浚い、黄腴を孽出《さくしゅつ》し、漑田すること幾百万畝たり。昔の米價は絹を

22 一科に易《か》う。今日の絹價は疋ごとに五石に平《ひと》し。故に計相曹公悦《よろこ》び、「我、効を奇とし、之に寵章を賁《かざ》らん」と。検校庫部郎中を加え、御史中丞を兼ね、紫金魚袋を賜う。之を久しうして、太府少卿・知度支左蔵庫出納に拝せ

23 らる。官は新命なりと
雖も、人は実に曩賢にして、務は吏の慣習を諳詳するに庶《ちか》し。竹の刃を迎えて解け、妖の鏡に値りて亡びざる莫
く、三珪九棘の班に亜《つ》ぎ、藹然として望を問う。小蔵・上供の貳《そえ》に当り、寵栄に密尓す。咸通の末、方に淮夷に
病み、仍お草寇を虞《うれ》い、海・岱・河・碣に犲狼
24 昼行す。巌廊軫懐し、慎みて廉牧を択び、公を以て濮州刺史と為す。中謝の日、対揚は惟れ明らかなり。天顔
俯し怡び、清問多く及ぶ。唯だ条化を頒宣《はんせん》するの旨を尽《つく》すのみに非ずして、抑《そもそも》亦《ま》た兄弟皇華の事を叙ぶ。言は
切、意は懇にして、纓を霑すに至る。
25 宸衷は允諧し、悉く宣下を許す。特に殊渥《しゅあく》を示し、秘書少監を加え、御史中丞を怙《したが》う。同時に剖符するは、与《とも》に
比を為す莫し。下車すること旬朔にして、痌瘝は頓《にわか》に蘇《よみがえ》り、視事すること周星にして、貪饕《たんとう》は漸く革む。明年
内憂に丁たり、星を見て馳せ、君を有洛に聚む。
26 陔蘭の永遠を念い、風樹の長往を痛み、勺溢《み》ちて纔かに属ぎ、欒棘《らんきょく》辨じ難し。窀穸《ちゅんせき》の礼畢るも、攀号愈よ切なり。
遂に独り塋墅《えいしょ》に留まり、力を栽倍に尽くす。人の志に過ぐるは、詎《なん》ぞ唯《ただ》一等のみならんや。服の闋《や》むに訖《いた》るも、
猶ほ邙山に在り。時の宰の聞く有りて、累書して公を招き、
27 至るや右金吾衛大将軍・知街事に拝せらる。仗衛は崇厳にして、紫金に翊居し、街坊は浩穣《こうじょう》にして、姧慝《かんとく》を皇都
に詰《きつ》す。詭偽積年なるも、一朝にして丕《おお》いに変わる。漢主の細柳を観るに因りて、亜夫の急難を委ぬべきを知り、
魏相　暫《しばら》く昆池に適《ゆ》きて、
28 蘇綽の軌範に充たすに堪うるを誉む。三事已下、毎《つね》に公と語りて、未だ殷勤を欽味せずんば有らず。時に沙陀、
微功を帯びるを恃み、常に姑息《こそく》し難く、其の驕暴を逞しくし、北方に肆毒す。朱耶克用、防禦使一門を屠り、塩

泊川の万戸を率う。其の父

29 但だ家計を謀るのみにして、国章を顧みる靡く、犬羊を嘯聚し、辺鄙を虔劉《けんりゅう》す。太原屢ば警急を陳《の》べ、雁門も堤防するに足らず。公遂に本官を守して、検校左散騎常侍を加え、河東節度副使に充て、仍お便ち指揮制置とせらる。途に従いて半ばに逮《およ》び、節□

30 馳せ帰るも、軍府空虚にして、凡百序《じょ》無し。是に於いて其の宜しきを権《と》りて其の備えを設け、其の武を聲《の》べて其の文を曄《かがや》かす。羽檄は魯連の書に媲《ひと》しく、犒師は鄭賈《ていこ》の計に侔《ひと》し。人謀れば鬼佐《たす》け、陰は閉《と》じ陽は開《ひら》く。狂狄驚疑し、稍や相引退し、緬《はるか》に惟《た》だ并部のみ、

31 王業攸基す。命帥良に匪《あら》ず、久しく人望に孤《そむ》き、息肩《そくけん》の寄、咸《み》な緊《た》だ公のみと謂う。那《あ》の期《とき》の晋政の多門、曹翔伯《はく》を作《な》す。公を大同宣諭に移し、尋いで後勅有りて、二兇を討除せしめんとす。時に俘剽《ふひょう》は剿僇《そうりく》の余にして、公私懸罄《けんけい》たり。遂に

32 邇縫を整緝し、死するを瘞《うず》め傷つくを毉《いや》す。赫連鐸の弟兄を激勧し、其の礼秩を優とし、厚く吐谷渾部落を撫し、彼を腹心に寘《おさ》む。孤軍浸《ようや》く安《やす》ぎ、隣鎮は皆な協《あ》わす。克用、桀逆素有り、猬頑にして当たり叵《がた》し、日逐の師を統べ、天柱の挙を為さんと欲し、

33 軽騎詭道し、平陽に次《やど》る。北都の巨防《きょぼう》、敢えては支え礙《さまた》ぐる莫《な》し。公、間に乗じて広糧繕甲《こうりょうぜんこう》を得、貔貅《ひきゅう》を訓勵《くんれい》し、南は常山と結び、東は燕・薊に通じ、機の便なるに因り、一に神奇を展《の》べんことを冀《ねが》う。而れども朝廷は邪謀に熒或《けいわく》せられ、竟に接助する無く、直ちに年支の常

34 賜に至る。亦た所在の駐程、天に頼り其の衷《まごころ》を誘い、罪人を斯《ことごと》く得《う》。五年十二月、克用、南を図《はか》るの気に乗じ、回《かえ》りて雲中に薄《せま》らんとし、虎搏ち鷹揚がり、摩壘して挑戦す。公、之に示すに怯《きょう》を以てし、悄として人無きが若《ごと》

くす。賊乃ち地を略し、言旋するに後慮を為さず。公、即ち
35 鉄馬に命じて尾襲せしめ、其の私荘に抵《いた》る。叢弧《そうこ》もて之を射《う》ち、臆《むね》を洞《つらぬ》きて斃《たお》る。克用、虓勇にして騎射に工み
なり。国昌、之を万人の敵《てき》と号し、此を恃みて陸梁《りくりょう》す。茲《ここ》に曁《およ》びて輿尸するや、闔族《こうぞく》気を喪《うしな》い、四方の虚に乗じ
て深く入るを恐る。乃ち一睹虜の年貌相類する者を取りて、
36 人に詐りて云えらく、「克用焉《ここ》に存す」と。時に上流を寵賂し、詭譎膠固《きけつこうこ》たり。内外叶附《ないがいきょうふ》し、此の死虜を持って、
以て国家を脅かす。公、前後奏陳するも、終に聴信せられず。六年夏、任遵蓍入奏し、固く、「克用の身在り」

と称し、朝に大言す。遂に蔚・朔・
37 雲三州節度使に除せらる。輦轂《れんこく》は喧駭《けんがい》し、華夷は震驚《しんきょう》す。但だ穹蒼高きに転じ、閽閈《こんかん》逾《いよい》よ密なるも、雲州の
噍類《しょうるい》、悉く兇残に隷《したが》う。冤号天を動すも、何の路ありてか聞達せん。仍お公を左散騎常侍・司農卿に転ず。蕃錫《ばんせき》
の寵徴《あらわ》れ、魏郡の
38 人を以て、狄に甘心《かんしん》せしめんと欲す。是に於いて、三軍九姓の士、閤《こう》に排《なら》びて雲集し、面を仆《ふ》して拊膺《ふよう》して云《い》へ
らく、「国昌父子、当軍の勤王にして、渠《かれ》をして其の志《こころざし》を得ざら俾《し》むを怨む。今、朝廷、已に赤子を将て犲虎に
委ぬ。常侍寧《いずくん》ぞ我輩《われら》の性命を弃《す》て、一官の寵
39 栄に侚《もと》むるを忍びんや」と。公、惻みて之を諭し、信宿して方に解けんとするも、居ること数日にして、籌策《ちゅうさく》
を反覆《はんぷく》し、其の適《ゆ》き帰らんことを求む。嘗て独り言いて曰く、「去らば則ち衆に違い、水火の怒りを犯し、止れ
ば則ち謗《そし》りを招き、骨肉の憂いを貽《のこ》す。既に李矩《りく》の同盟に背くを作す能わず、又た馬超の
40 百口を捐つる如くする能わず。秖《まさ》に茲に入地し、即ち是れ昇仙するのみならんか」と。十一月下旬、疾を告し、
十二月一日、位に薨ず。享年五十一。衙庭の営幕自り、街衢の市肆まで、慟哭して相い弔い、哀声四合す。遼東

の義勇、祠を太僕の墳に陳《なら》べ、河
41 右の羌胡、校尉の柩に勢面し、今を以て古に方《くら》べ、彼の誣《そし》らざるを諒《し》る。幽州の李司空、抗疏上論し、旌異《せいい》を加
えんことを請い、詔有りて工部尚書を贈らる。嗚呼、蘭膏《らんこう》自《おのずか》ら消されて、楚老歎《そろうなげき》を興《おこ》し、山木自ら寇して、荘
生言を格す。身を煞《ころ》して仁を為《な》し、
42 危きを見て命を授け、死して且つ朽ちざるは、斯れ之《こ》の謂《いい》ならんか。況んや孝友惇睦たること、諸の性恪に根ざ
し、勤敏弁得の天、考叔不匱の心、姜肱共被の事、五常の懿行《いこう》、得《う》る所の者多きにおいてをや。前夫人朱氏は、
呉郡の学家なり。三世開
43 元礼もて入仕す。公に先んずること若干年にして卒す。後夫人韋氏、京兆県君、皐の孫なり。長子藻、右千牛備
身、稍く勝衣にして圭角を見《あらわ》す。次子杜九・長女楊十・次小十、倶に童蒙《どうもう》提抱の間に在り。粤《ここ》に
44 庚子の歳七月十五日を以て、河南県の杜翟村に葬い、先司空の墦櫝の後に祔す。若夫《もしそれ》珉を琢き陌を広むれば、遺《い》
闕《けつ》を春秋に備え、琰《たん》を鐫《ほ》りて扃《とびら》を玄《しず》めれば、遷換を陵谷に防ぐ。彭門の元戎は、当今の悌弟《ていてい》なり。
45 深く気を同《おなじ》くするを感じ、貫《なら》いて形を分かつを痛み、菁藻を獲んことを希《ねが》い、丕烈《ひれつ》を揚げんことを庶《ねが》う。凝《ぎょう》に謂
えらく、「門館の旧を周旋し、鴻鴈の間に習熟せり。無愧の詞を式昭し、終天の恨を少抒せよ」と。銘して曰く、
46 偉《さかん》なるかな盛族、中古より肇《はじま》り興《おこ》る。忠有り孝有り　或《あるい》は文、或《あるい》は武たり。処すれば必ず瓌琦《かいき》たり　仕うれ
ば皆な簪組《さんそ》たり。根は深く原《もと》は濬《ふか》く、弓は良く冶《や》は詡《やわら》ぐ。八騎騰驤し　二龍臨御す。出ては征《せい》し入りては幹《かん》
たり、外に攘《はら》い内に序《じょ》す。
47 昌平開国し、□空闢署たり。玉帳の勲崇《たか》く、金鉉《きんげん》の道著《あらわ》る。沂海は渟濙《ていえい》にして、鄆岱は磐礴《ばんはく》たり。絪縕《こううん》は
秀潤《しゅうじゅん》にして、肸蠁《きつきょう》は興作す。王は既に南従し、葛は亦た西落す。独《ひと》り此の一宗のみ　斯《か》く天爵に富《と》む。

48 那《あ》の鴻臚に猗《よ》り、遠く其の余を紹《つ》ぐ。白《きよ》ければ能く采《さい》を受け、清ければ魚を察すべし。亟《つつし》みて戎幕《じゆうばく》を歴《へ》、連《しき》りに隼旟《しゆんよ》を飛ばす。惟だ仁のみ是れ宅し、善に非ざれば何ぞ儲えん。徳は必ず孤ならず、祚《さいわい》は焉《いずく》にか往《い》かん。厚禄の眉寿、高名は重奨たり。

49 報《むくい》は荀 淑《じゆんしゆく》に同じく、胄《よつぎ》は任昉を殊とす。珠玉は堂に満ち 烟霄は斉《ひとし》く上る。莢莢《きようきよう》たるかな大同、允《まこと》に其の中を執《と》る。茲の鞶悦を繡《ぬいと》り 彼《か》の雕蟲を倣《なら》う。政は色養に在り、勤は唯だ餝躬《ちよくきゆう》たり。誰か言わん科挙の 雅にして儒風有るを。

50 内を広め工《つかさ》を同じくし、辺に備え貨を積む。摗葺《そうしゆう》は旨を承《う》け、支収《ししゆう》は課に応《おう》ず。務《つとめ》は敏稽を雑《あつ》め、吏は功過を蔵《おさめ》る。一たび提整を経《へ》、遂に参佐を光《かがやか》す。紫塞に倅《そえ》を作《な》し、黄 流溉田《こうりゆうがいでん》す。濮陽に竹を分ち、凋瘵行痊す。

51 …謡詠を播《ひろ》め、声は管絃に添う。逃珠、浦に復し、陰鸖、天より聞こゆ。武もて彤墀《たんち》に候《さぶら》い、羽儀もて緹綺《ていき》す。環衛の圭表《けいひよう》にして、雄班の瑋器たり。動なれば素食を鄙《お》しみ、静なれば白賁を持す。官業具《つぶさ》に挙げ、兵符 荐《しきり》に至る。

52 帝、念う雲代に、驟《にわか》に罹《かか》りし狂胡を。我が遺人を撫《なだ》めるは、尒《なんじ》の全摸《ぜんも》に仗《よ》る。疋馬、来り莅《のぞ》むや、危邦、載《ここ》に蘇《よみが》える。進みては戦い退きては耕《たがや》し、歳月は其れ徂《すす》む。運《めぐりあわせ》には険夷《けんい》有り、謀《はかりごと》には臧否《ぞうひ》有り。如何《いかん》ぞ昊天《こうてん》、反賊は是れ受けんか。

53 鎧仗《がいじよう》、身に在り、詔勅、手に在り。一朝にして翻然《ほんぜん》とするは、信義何《いずく》にか有らん。両族の二軍は、久しく怨仇《えんきゆう》を結ぶ。彼をして志を得せしむれば、此れ必ず劉《ころ》し尽《つく》さん。哀哀《あいあい》たる赤子、命を君侯に寄す。死生捨てざるに 去らんと欲するは何の由《ゆえ》か。

54　中旨回《めぐ》らず、孔聖を奸謀す。假《いつわり》を化して真《まこと》と為し、邪《よこしま》をして正を称さしむ。温原は晋に錫い、清人は鄭に刺す。爰《ここ》に急徴《きゅうちょう》を加え、且《か》つ新命《しんめい》有り。烈挍、冤訴《えんそ》し、五営、悲啼《ひてい》す。豈に能く我を弃て、彼の鯨鯢を快《ほしいまま》にせん。

55　己を視て、目惨《さん》たり　之を聴きて、心悽《せい》たり。存歿《そんぼつ》を同《とも》にするを許し、僅かに睽携《けいけい》を免る。亦た既に深く籌《はか》り　遂に極致を臻《いた》す。自我釁《きん》を貽《のこ》し、身に何ぞ累無からん。与に夫れ変大きく難きこと明らかにして　曷若《いかん》ぞ小を捨て義に従わんか。幾わくば天に吁《なげ》きて生を謝せんとし、

56　終に気を飲んで死に就《つ》く。嗚呼哀しい哉。呉は伍子を沉《しず》め、秦は三良を殞《こぼ》つ。賢愚《けんぐ》息を吐き、今古傷《きんこいた》みを増す。丹旐《たんちょう》、洛に帰り、青烏、邙に卜《うらな》う。千齢万嗣、無疆を問うを休《や》めん。

第三節　試訳

唐故大同軍防禦・営田・供軍等使、朝請大夫・検校右散騎常侍・使持節・都督雲州諸軍事・雲州刺史・御史中丞・柱国・賜紫金魚袋・贈工部尚書、琅邪支公の墓誌銘ならびに序文。

朝議郎・守尚書膳部郎中・柱国・賜緋魚袋の房凝が撰文した。

　聞くところでは、まごころを日月五星に感じて、積善の家に才子を育て、幸いを山河に及ぼして、忠臣を興王の国にそだてることになるのは、どちらも孝友に始まって忠貞に終わらないものはない。文武を兼ね備えて中庸にいれば、右に左にいくことはない。寒暖にあたって一貫していれば栄えることもなければ衰えることもない。官僚として事にあたっては必ず行い、節にあえばよくこれを立てる。近くにいれば父祖の業をつつしみ承け、外においては固く士風

を守れば、それによって史官の書く書物をかがやかせ、人々を動かすに足るものである。ましてや、高い波が頂まで沈めてしまうようなことがあっても、独り立って沈み滅びるものを救い、荒い風が林をなびかせるようになっても、山岳のように強く立ちはだかり、秦の趙高が鹿を指して馬と言い、蒲の束ねたものを脯（乾肉）であるといって献上したような行いをあばき、強大な権力に抗って、孤立無援の状態でよくもちこたえて全うし、朝廷が詐りに惑うのを免れさせたのであればなおさらである。君子がおらずして国としてあることができようか。そのような人は史書に記された人でも少なく、今はただ一人しかいない。それこそが我が大同軍使の支公その人である。その世系や賜姓の由来や、地域の郡望となった源などについては、様々な史書に記されており、それらによって述べることができる。東晋の沃洲（支遁）は墨染めの衣を着た麒麟か鳳凰であり、後趙の光禄（支雄）は、将家として孫武や呉起のような人物である。風がふきすさび、雲がみちるような戦乱の時代にあって龍蚍は地上から飛び立ち、天が清く海が安んじる平和な時代に及んで、冠をいただく諸侯を大勢輩出し、門にみちあふれるほどであった。東宮所属の官として立派に務め、金印紫綬を公府に輝かせた。これよりのち、子孫は土地を選んで琅邪の名族となったのである。遂に郡の人となり、代々かわることがなかった。（公の）高祖は元亨といい、普安郡司馬であった。曽祖は平といい、江州潯陽丞であった。ともに卿や将帥が務まる人材であったが、州県の位に甘んじており、位は能力に見合うものではなかった。しかし徳のある人物は孤立することはないものである。祖は成といい、太子少詹事となり、殿中監を追贈された。太子を輔佐し教える任務を助け、東宮の属僚たちはまことにやわらいだ。落ちついてみがかれた政治をたすけ、皇太子の徳は明らかになった。官にあって道があったために徳宗皇帝らに重んぜられ、追寵されてその名声は殿中省の六局にかがやいた。父は竦といい、郡守・王官を歴任し、分司東都の官にあった時に、老齢のために鴻臚卿でもって致仕し、司空を累贈された。若年にして早くに名声を馳せ、印綬を結ぶ官僚になってからは、有能であるという名声を獲得し、刀をあやつれば困難な問題も自ずから解け、簡牘を見れば僅かな時間でことごとく見おわり、常に己を克服して礼法に従い、主君に対して十分に用心して仕える心があった。一丈四方に料理が目の前に満ちていても、樹木の若芽を食べるような質素な生活をし、立派な大道をあゆんで高い地位に力を発揮しても、ただ魚符を得ることを願うだけであった。それというのも、恵み深い政治を施せば、その多少にしたがって恵みが物におよび、清節を立てれば蒲と葦がなびくように人を感化させるからであろう。かさねて五州の刺史を歴任した。風俗が移ろいかわったのは、この心に従ったからである。天はこれを地上に施したまい、そのためによく功績を斉民につみ、その余慶を後嗣にのこしたのである。令子は八人あり、ともに文武にすぐれ、内にあっては孝行し、外に出ては忠節を尽くし、その美しいさまを研き、その行いをあきらかにしている。山東の士子が、努めて家門を広めるのを慕い、江介の儒生が空しく文章を作るのに勤しむことを卑しんだ。そのため郷里ではこの家門を冠帯の族であるとしたのである。名声のさかんな身分の高い人は公や侯となり、典章をそなえ、法則を整えたのである。

（墓主の支公は、）諱は謨、字は子玄といい、司空の第三子である。下げ髪の幼児で歩き方を学ぶころには、親愛の心がめばえており、乳歯の抜け替わる年頃にはよく話し、美しい心が自ずから生まれでた。はじめ、公は生まれたばかりで慈母の汝南太君譚夫人を失った。衣服を着て歩き回れるころになって、先生について『孝経』の応感章を読んだところ、涙を流し鼻をたらしてすすり泣き、学校を司る先生はこれを奇とした。公は家に帰ると、「私を生んだのは誰か」といって保母を問い詰めたのである。乳母は継嫡の夫人である崔夫人を指し示し、「このお方があなたを生んでくださったのですよ」と答えた。これを聞くと、つつしんでよころびの心を表され、子として母を慕う心はいや増し、ややもすれば人としての情意をあらわして始終かわることがなかった。それとともに、次弟の詳と仲がよく、土笛や笙を合奏すると音色がよく合っていた。二人が魯国太夫人崔氏のもとにいたると、夫人は二人の子を同じように扱い、家は豊かで身内はむつみあい、麗しい士風をあらわしていた。晋の王休徴は継母に仕えてかぎりなく孝行だったが、感が深まってはじめて孝行者に変わったのであり、晋の周伯仁は広く恩を施して長い時を積み重ねたことで、理がきわまって人に信服されたのである。ましてや我が家では皆自然にして、上にいる親は慈しみ、下にいる子が従順なのだから、そうでないことがあるだろうか。

一八歳の時に明経に挙げられ、一度の試験で捷報を受け、前後三回考覈《こうふく》しても一義として通じていないものはなく、一文字として様にならないものはなかった。春の礼部試の知貢挙であった裴休は感心して褒め、朝廷の群儒に勧めた。翌年に六節の判をもって推薦したところ、特に試験官であった高元経に賞賛され、朝廷で推薦するものがひきもきらなかった。惜しくもたまたま強敵が多い年にあたり、初挙であるという理由で官途につくことができなかった。ついで、外祖父の弟である将作監崔公の奏によって内作使判官の官にわりあてられた。その後、家令寺主簿を制授され、実職はなお三宮（大内・大明・興慶宮）の営繕にあてられた。百工大匠を総領し、ことに最も全因小□…にすぐれ、節約して節減し、まことにその宜しきを得たために、官長も胥吏たちも悉く感嘆した。任期を終えて家令寺の丞に転任した。当時の太府卿であった竇滻はさかんに才能ある者を用いて、国家の財産を監督し、財賦の出納をつかさどっていた。太府寺の職は数人であったが、備辺庫の職は定員が異なっており、別に自ら宰執が判度支として通管して備辺庫をまかせられていた。その時、（度支の職は）難しいとされていたため、上奏して公に司農寺丞・兼専知延資庫官事を授けた。収入を量って支出を決め、劇務をみて閑散とした時を知り、雁が渡ってくる時期が正確であるように規定の時期に正確で、君主の徳によって等しく養うべきという法に則っていた。決められた等級については、貴賤によって差をつくることはなく、給付は時期をはかっており、遠近は計算に合っていた。宰相の夏侯孜はかつて朝賢にたいして支謨のことを激賞し、言葉も意味もともに深かった。その大農の本司（司農寺）は銭や穀が蝕まれ、奸にしたがえば利益があり、一人廉潔であれば身が危うかった。公はその両端を斟酌して、拾うところも捨てるところも絶妙で、もっとも極端なところを去り、自ら過ちを改めることを許した。故に、まだ期限に及んでいないのに、十のうちの六七を正すことができたのである。月ごとにその善美な功績を記したところ、考課がことに優れているという理由で、輝くあまたの星（のような聖賢）がこの名声をくみ、恩恵を増した。北辺の要塞は事件が多く、雑虜がさかんに入寇を繰り返すのになやんでいた。そこで、詔して左金吾衛大将軍の蘇弘靖を天徳軍使とし、副使の選任はいずれもよい選択にあたっていた。そこで公を侍御史・内供奉に除し、緋魚袋を賜い、天徳軍の倅《そえ》に充てたのである。辺上の諸軍はいつも糧食の運漕に苦しんでいた。この諸軍を戦いに駆り立てればもとより敵をもとめていくのであるが、もしこの諸軍を閑なままにしておけば、食だけを切に求めるのであった。漢の趙充国が羌を破った策は、半ば屯田を作ることにあり、魏の牽招が士を養ったもとは水利によっていた。そこで諸軍の将士を勧誘してかさねて古い水渠を浚渫し、豊かな田畑を切り開き、幾百万畝もの田に灌漑をおこなった。そのため昔の米の価格は絹一匹をもって一科（斗？）に易えたほど高価だったのに、今日の絹の価格は一匹ごとに五石にひとしくなった。計相（判度支）の曹確はとても悦び、「私はこの功績を優れたものと思うから、これに褒美を与えよう」といった。そこで検校庫部郎中を加え、御史中丞を兼ね、紫金魚袋を賜った。それから久しくして、太府少卿・知度支左蔵庫出納に拝された。官職は新任であったが、人物はまことに賢明で、職務について吏の慣習までつまびらかに知っているかのようであった。刃をうけて削れない竹はなく、鏡にあたって滅びない妖はなかったので、外朝の三公や九卿たちの地位につぎ、ものやわらかに望を問われる身となった。小蔵・上供をつかさどる次官にあたり、寵栄に近いところであった。

　咸通末年、朝廷はまさに淮（現在の河南・安徽・江蘇）の群盗になやんでおり、さらに山林に出没する盗賊にも憂えていた。東海・泰山・黄河・碣石のあたりには昼も狼がうろついているようなありさまであった。朝廷は憂い、そこで慎重に清廉な刺史を選び、公を濮州刺史としたのであった。御礼を言上した日、公が君命に答えるさまは明らかであった。懿宗皇帝は俯し喜び、清問は多く下され、ただ朝廷の教化を宣揚するというだけではなく、兄弟がそろって天子の使臣となっていることにまで及んだ。言は懇切であり、意は懇《ねんご》ろで深く、汗で冠の纓を霑すほどに語り合うに至った。帝王の御心はよろこび、悉く宣下をゆるされた。ことのほか厚い御心を示すために、秘書少監を加え、御史中丞も加えられたのである。同時に任命の割り符を下されることは、他に例がないほどであった。刺史として赴いた車から下りると、わずかな日数で問題は解決されていき、事を視ることわずか一年で、貪欲な者どもも漸く革まっていった。翌年に母が亡くなったため、夜通し馳せて洛陽に戻り…。孝子が親をやしなうことが永遠であることを思いねがっていたのに、親を喪って長く奉養できないことを嘆くことになってしまった。悲しみがみちあふれてわずかに生きている有様で、母を喪った悲しみでやせ衰えてしまった。埋葬の礼が終わっても、嘆き悲しむ声はいよいよ切実で、墓地に独り留まって服喪につくしたのであった。その志が人よりも篤いことは、ただ一段階だけのことだけではなく、三年の服喪の期間が終わっても、なお邙山にとどまっていた。時の宰相でこれを耳にするものがあり、しきりに書をしたためて公を招き、長安に至ると右金吾衛大将軍・知街事に拝せられた。儀仗は厳かに宮城にたたずみ、街坊は広大だったが、怪しい者を皇都で取締ったところ、詐りが何年も積み重なっていたものが、一朝にしておおいに変化したのである。漢の文帝が細柳営を観て周亜夫が急難を委ねるべき人材であるのを知り、西魏の宰相の宇文泰が昆明池に行って蘇綽が規範にあたるのに足るのを知って褒め称えたのと同様である。三事以下、つねに公と語り合い、丁寧に吟味しないことはなかった。

　ちょうどそのとき、沙陀がわずかな功績をたのんで制御しがたくなっており、兇暴で暴虐な振る舞いをして北方に害毒を垂れ流していた。朱耶克用は、大同防禦使の一門を虐殺し、塩泊川の万戸を率いて暴れ回り、その父はただ自分たちの家計をはかるだけで、国の規律をかえりみることなく、犬や羊のような者どもを集めて辺境の人々を殺し尽くそうとした。太原はしばしば急報を発し、雁門関も沙陀を防ぐには足りなかった。そこでついに公に本官を守して検校左散騎常侍を加え、河東節度副使にあて、さらに指揮制置としたのであった。途にしたがって半ばにおよび、節…は馳せ帰ったが、軍府は空虚であり、凡百のものばかりで秩序もなくなっていた。そこでその適切なところを知って備えを設け、その武を伸ばし、文を輝かせた。公が出す有事に際して徴兵するための檄文は魯連が書いた書と同じようであり、飲食を贈って軍隊を慰労することは、春秋時代の鄭の商人の弦高にもひとしかった。人が深慮遠謀をめぐらせれば神が助けてくれるもので、陰は閉じ陽が開いた。狂った北狄どもは驚き疑ってやや引き下がったが、ただ并の地のみが王業のよりどころであった。当時任命されていた節度使はよくなく、久しく人望に背いていたため、（河東にとって）荷を下ろして疲れをやすめるよりどころは、皆ただ公だけだと言ったものである。当時の晋（河東道）の政治の多くの部門では、曹翔が伯楽の役割を果たしたのであった。公を大同宣諭に移し、ついで勅が下って李国昌と李克用という二兇を討伐させることになった。その当時の流浪している者はみな殺戮された人々の生き残りであり、赫公私ともに窮乏していた。そこで公は破壊された所を修理し、死んだものは埋葬し、傷ついたものは手当をした。赫連鐸の兄弟を誘ってむかえ、その礼秩を優れたものとして、手厚く吐谷渾部落を安撫し、かれらを深く信頼した。そこで孤立した軍隊はようやくやすまり、隣鎮も力を合わせるようになった。李克用はもともと兇暴で残虐であり、暴虐で対抗しがたく、匈奴の日逐王のような軍隊を率いて天柱大将軍の爾朱栄のような行いをしようとして、軽装の騎兵だけで近道を行き、平陽（晋州）に布陣した。北都（太原）の守りは、敢えて支えて沙陀を妨げようとするものはなかった。公は間隙に乗じて多くの糧食と良質の甲冑を手に入れ、勇猛な軍隊を激励し、南は常山（成徳軍）と結び、東は燕・薊（盧龍軍）と結び、機会を窺って一気に神のような策略を展開しようと願っていた。しかし朝廷はよこしまなはかりごとに惑わされていたため、ついに助けを得ることなく、そのまま年ごとに下賜される通常の冬賜の時期に至った。現地の駐屯軍では、天に頼って真心のあるものを募り、罪人はことごとく兵士として得ることができた。乾符五年（八七八）十二月、李克用は、南からかえって雲中に逼ろうとし、奮戦して唐側の塁に迫って挑戦した。公はこれに対して怯懦を装い、ひっそりと無人を装った。賊の李克用はその地を略奪し、引き返す際に後方への備えをしなかった。支謨は、ここにおいて鉄の甲を纏った馬軍に李克用の追い討ちを命じ、李克用の私荘（＝神武川の新城）に至った。そして李克用に向けて弓を一斉射撃し、李克用の胸を貫いて斃した。李克用は怒った虎のように勇ましく、騎射に長じており、父の李国昌は李克用を万人の敵と号し、これを恃んで暴れ回っていた。ところが、ここに及んで死体を運んで敵方に見せられ、そのため一族は顔色を喪い、四方の敵が虚につけ込んで侵入してくるのを恐れた。そこで一人の片眼で年格好が似ている沙陀人を使い、人々を欺いて「李克用はここに生きている」と言ったのである。当時、沙陀は長安の上流の人々を籠絡していたので、詐りが膠のように固まり、長安の内外が詐りに呼応し、これによって既に死んだはずの虜（＝沙陀の李克用）を使って国家を脅かしたのである。支謨は李克用は死んだと何度も上奏したが、ついに信用されなかった。乾符六年（八七九）夏に、（沙陀側の人物である）任遵暮が入朝して上奏し、強く「李克用は生きている」と主張し、朝廷において大口をたたいた。遂に支謨は蔚・朔・雲三州節度使に除せられることになった。天子のお膝元は騒ぎ驚き、華夷はふるえおどろいた。天が高くなる季節になり、関所がいよいよ密に設けられるようになっても、雲州の生民はことごとく凶暴なやからに付き従わされていた。うらみの声が天を動かすほどになっても、聞達するのにどんな方法があるというのだろうか。そこで公は左散騎常侍・司農卿に転遷することになった。多くの賜り物によって、魏郡の人をつかって、北狄を殺戮させようとしたのである。そこで公の配下にあった節度使の三軍九姓の士は、官衙の前に雲集して並び、顔を伏せて嘆き悲しんでいうことには、「李国昌父子は私どもが勤王につとめ、かれらにその志を得させないでいることを恨んでおります。今、朝廷はすでに天子の赤子をもって狼や虎のような輩にゆだねようとしておられます。常侍はどうして我らの生命を捨て、ご自身一人の栄達をもとめることができるのですか」と。公は哀れにおもってかれらを諭し、二晩宿泊してわだかまりがとけようとしたところで、三軍九姓の士は数日にしてはかりごとを翻し、故郷にもどることを求めてきた。公が嘗てひとりいうことには、「去ればすなわち衆人の望みに違うことになって水火の怒りをうけることになり、止まればすなわち人のそしりを招き、骨肉に憂いを遺すことになる。すでに晋の李矩が同盟に背いたようなことをすることはできず、また馬超が百口をすてたようなことをすることもできない。ここで地に入り、昇仙するしかないのか」と。十一月下旬、病であることを朝廷に報告し、十二月一日、位にあるまま薨去した。享年は五十一歳であった。官署の庭堂にある天幕から街中の市場まで、みな慟哭して公を弔い、嘆き悲しむ声が四方からあわさった。遼東の義勇が後漢の祭肜を祠ったように祠を太僕の墳にならべ、河右の羌胡は校尉の棺の前で剺面してかなしみを表し、今と昔をくらべて、その誇らなかったことを知ったのである。幽州の李司空（李可挙）が上疏して旌表を加えていただけるように願ったため、詔が下って工部尚書を追贈された。ああ、蘭膏が明るいために自ら消されて楚老が嘆き、山木が自ら生い茂ってあだをなして荘子が含蓄ある言葉を述べたように、身を殺して仁をほどこし、危うきをみれば命を授け、死してもなお朽ちないというのは、このことであろうか。ましてや孝友でまごころがあることはその性格に根ざしており、勤敏の弁得の天（?-）、春秋時代の潁考叔の母を愛する心、後漢の姜肱が兄弟で被を同じくして休み母の心を慰めた故事のように、人倫の五常のうるわしいおこないによって、得るところが多いのであればなおさらである。前の夫人の朱氏は、呉郡の学家であった。三世にわたって開元礼挙で入仕した。公に先んじること数年で亡くなった。後の夫人の韋氏は、京兆県君であり、宰相韋皐の孫にあたる。長子の藻は、右千牛備身であり、ようやく衣を着る年頃なのにもう才覚を現していた。次子の杜九、長女の楊十、次の小十はどれも幼くおくるみにくるまっている。ここに庚子の歳（八八〇）の七月十五日をもって、河南県の杜翟村に埋葬し、先司空の塚の後に祔した。もし玉をみがき陌を広げれば、失い欠けたものを春秋にそなえ、琰を彫ってとびらをしずめれば、墳墓の場所を変えられてしまうことを防げるだろう。彭門（徐州）の節度使は、いまは公の弟である。深く気を同じくすることを感じ、形を分かつことを痛み、すぐれたものを獲得しようとねがい、立派な行いをひろめようと願っている。（房）凝に、「門館の旧を周旋したことや、鴻鴈のように財政に習熟されていたことを述べよ。無愧の詞を記し、終天の恨みは少なく述べよ」とおっしゃられた。銘していうことには、つぎのようである。

　なんと偉《さかん》であることよ、この盛族は。漢の世から肇《はじま》り興《おこ》ってきた。忠節なものがあり孝行なものがあり、或《あるもの》は文に秀で或《あるもの》は武に秀でている。仕官しなくとも必ず優れて際立っており、仕官すれば皆な簪を差し冠帯する高官となる。根は深く本源は深く、弓にすぐれ鍛錬すれば敏にして勇があった。八騎の優れた人物が飛び立って地位を高め、二頭の龍のような立派な人物が降り立たれた。出ては征戦を行い入りては国の幹となり、外では外敵を討ち払い内では朝廷に居並んだ。国運がさかえ社会が安定して諸侯の位をいただき、……空に役所を開く身分になった。将軍として成し遂げた勲功は崇《たか》く、重臣の道が著《あらわ》れている。沂州の海はまるで止まっているように見え、瑯玡山や岱山は両足をはりだしてようにどっしりしている。雲烟は満ちて秀麗に潤い、透徹した霊感がわき起こる。琅邪の名族である王氏は既に南に徙り、諸葛氏もまた西に落ちていった。ただこの支氏という一族だけが、このように天子から与えられた爵位に富んでいる。（支謨の父である）かの鴻臚卿（支竦）の活躍によって遠い祖先からの伝統を受け継いだのである。潔白であれば官位を受け、清廉であれば魚をよく見ることができる。つつしんで節度使の戎幕の職を歴任し、しきりに隼を描いた指揮官の旗を飛ばした。ただ仁であるもののみ任用し、善でなければどうして幕下に加えることがあっただろうか。有徳の人物は必ず孤ではないように、祚はどこにむかうのであろうか(?)。厚い俸禄をいただき長寿をまっとうし、高名になりたびたび称えられた。その報いは荀淑《じゅんしゅく》と同じように八人の令名高い子がおり、胄《よつぎ》は任昉のように父の風があるのを良しとした。珠玉は堂に満ちており、かすんだ靄がひとしく上っている。莢莢《きょうきょう》たる柔らいだ様であり、まことにその中庸の道を執りまもっている。この美しい文章をつむぎあの詩文詞賦を倣《なら》っている。政にたずさわっては和らいで仕え、勤めをしては己をいましめ務めた。だれがいうであろうか、科挙は雅で儒風があるということを。内を広め工《つかさ》を同じくし、辺境で備え物資を蓄積した。初め修繕する時には旨を承けて行い、収支は課に応じて行った。務《つとめ》を果たすには明敏で法式に則ったものを集め、吏は功過を収めた。ひとたび抜擢されると、遂に素晴らしい補佐の力を輝かせた。辺境の塞で副使となり、黄河によって田畑を灌漑した。濮陽(濮州)で刺史として政務を執ったところ、問題はたちどころに解決した。…は謡い声を広め、名声は楽器を奏でるように高まっていった。離れていった真珠が水辺に戻り、雲の中を飛ぶ鶴の声が天から聞こえてきた。武官として朝廷に仕え、旌旗を掲げ高官の美しい服を着た。禁衛の模範であり、高位にある傑出した人材であった。動けば質素な食事でも惜しみ、静かな時でも質素な装飾を身につけた。官としての業績は積み重なり、しばしば兵権を掌握した。帝は雲州や代州に、突然狂胡が発生したことを気にかけられていた。我が生き残りの人々を労るのは、汝の準備と安撫に依っている。たった一騎でやって来ると、危うくなっていた国はよみがえった。進めば戦い退けば田を耕し、歳月はそうして進んでいった。運命の巡り合わせには治と乱があり、はかりごとには善し悪しがある。それなのにどうして天は反賊を受け入れるのだろうか。鎧を着て武器を身につけ、詔勅を手に持っていた。それなのに一朝のうちに心変わりするとは、信義はいったいどこにあるのか。(沙陀と吐谷渾という)両族の二軍は、久しく怨みを結んでいる。彼らにその志をまっとうさせれば、きっと必ず殺し尽くすであろう。悲しみ深い民は、命を国君や国相に託している。死生を捨てないというのに、去ってしまうというのはどうしてなのか。詔はゆきわたらず、孔子に対してすら邪な陰謀を巡らせている。いつわりを転化して真としてしまい、邪なものに正しいと称させている。温原は晋に賜い、清人は鄭の地を治めた。そこで急に召し出され、かつ新しい命令が下された。猛々しい軍営の者たちは無実の罪を訴え、諸軍営の人々は痛み悲しんだ。どうして私たちを捨てて、あのならず者のほしいままにしてしまうのか。おのれを視ても目は愁い深く、これを聞いて心は悽《せい》然とする。生死を共にすることを許し、僅かに分離してしまうのを免れたのである。また悉く深く計画をたて、遂に極致にまで至った。自分で禍根を貽して、身にどうして累が及ばないことがあろうか。ともに変が大きく難しいことが明らかなのに、どうやって小を捨てて義に従うというのだろうか。ねがわくば天に訴えて生を辞そうとし、ついに忍び難きを忍んで死んでしまった。ああ、なんと悲しいことよ。呉は伍子を沈めてしまい、秦は三良を損なってしまった。賢い人も愚かな人もため息をつき、今も古も悲哀が増していく。棺は洛陽に帰り、青烏は邙山でトっている。千年も続く寿命や万代も続く後嗣のような、無限のことを問うのをやめよう。

第四節　語釈

3–2–1　房凝：『新唐書』巻七一下、宰相世系表房氏の条に、房玄齢の六世孫として、房凝の名が見える。あるいはこの人物か。

3–3–1　象緯：日月五星の意。

3–3–2　積善之門：『易経』坤に見える「善を積むの家には、必ず余慶あり」〔一七五頁〕が出典。善事を積み行うと、その慶沢が子孫にも及ぶことをいう。

3-3-3　藎臣：忠厚の臣。忠臣。『詩経』大雅、文王之什に「王の藎臣《じんしん》、爾《なんじ》の祖を念《おも》う無かれ」〔五七頁〕とあるのが出典。
3-3-4　興王：興国の王。
3-3-5　寒暄：寒暖。暑さと寒さ。
3-4-2　欽承：つつしみ承ける。
3-4-3　堂構：父祖の業を継承する。
3-4-4　史氏：歴史を編纂する史官。
3-4-5　縑緗：浅黄の薄絹。書物の表裏に用いることから、転じて書物を指す。
3-4-6　観聴：見ることと聞くこと。見物する人を指す。
3-4-7　指鹿献蒲：秦の趙高が鹿を馬といい、蒲の束ねたものを脯（乾肉）であるといって献上したこと。
3-5-1　回天転日：天を回転させ日を転じる力。強大な権勢。
3-6-1　東晋沃洲、緇中麟鳳、後趙光禄、将家孫呉：「東晋の沃洲」は、東晋の僧の支遁を指し、「後趙の光禄」は後趙の司空、支雄を指す。「支成墓誌銘」および「支子珪墓誌銘」に、支氏の祖先について詳細に述べている。(2)
3-6-2　珪組：冠とひも。諸侯の位をいう。
3-6-3　盈門：人が大勢訪れ、門にみちること。
3-6-4　玉裕：玉のような立派なかたち。
3-6-5　春坊：東宮または東宮所属の官のこと。
3-6-6　金章：金印紫綬のこと。

3−7−1　弈葉：代々。累世。

3−7−2　普安郡司馬：普安郡は剣南道に位置する。武徳元年に始州と改められ、先天二年（七一三）年に剣州、天宝五年（七四六）に再度普安郡に戻された。現在の四川省剣閣にあたる。綿陽・梓潼を経て剣門関を通過し、漢中盆地を経て秦嶺山脈を越えるルートの要衝に位置する。

3−7−3　江州潯陽丞：江州は江南西道に位置する。潯陽県は江州城内に置かれた附郭の県で、長江南岸に位置し、現在の江西省九江市にあたる。

3−7−4　卿校之材：卿は卿大夫の卿、校は校尉の校で軍士・将帥のこと。卿や将帥が務まる人材の意。

3−7−5　祖成、太子少詹事、贈殿中監：「支成墓誌」に、建中年間の朱泚の乱の際、徳宗に従って奉天に赴き、その功によって高位を得たことが記されている。第三章第一節参照。

3−8−1　六局：六局は、この場合、殿中省のなかの六局（尚食・尚薬・尚衣・尚舎・尚乗・尚輦）を指す。

3−8−2　分司：分司東都の官。分司官に任じられた官僚は、長安と同様の中央官署が置かれていた東都洛陽に赴任する。一般に閑職と考えられる。分司東都については、体系的な史料が残されていないため、不明な点が多い。しかし、現在の研究によると、分司官も官資として通用し、遷転過程に組み込まれていることが指摘されている。(3)

3−9−1　盤錯：事の困難で複雑なこと。

3−9−2　克己以復礼：出典は、『論語』顔淵第一二に見える「顔淵仁を問ふ。子曰く、己に克ちて礼を復むを仁と為す。一日己に克ちて礼を復めば、天下仁に帰す。」〔二五八頁〕に基づく。自分の身勝手にならないように、自分を引き締め、己を克服して先王の定めた礼法をふむこと。

3−9−3　事君之小心：『礼記』表記第三二に「民に君たるの大徳ありて、君に事えるの小心あり」〔八二〇頁〕

とみえることによる。聖賢には人民を治めるための大徳があり、その主君に対し十分に用心してつかえたことをいう。

3-9-4　方丈盈前弥味：『列女伝』巻二、賢明伝一五、楚於陵妻に「食《し》前に方丈たるも、甘《うま》しとする所は一肉に過ぎず」〔三二〇頁〕と見える。一丈四方の大きさにたくさんのご馳走を並べること。

3-9-5　氷蘗：氷檗（きはだ）を食べるような貧しい生活をいう。

3-9-6　高衢：立派な大道。

3-9-7　騁：のばす、極める。もとは異体字。

3-9-8　崇班：尊く重い位。高い地位。

3-10-1　蒲盧：ガマとアシ。政治の行われやすい喩え。

3-10-2　允文允武：『詩経』魯頌、泮水に「穆穆たる魯侯、敬んで其の徳を明らかにし、威儀を敬慎す、維れ民の則、允れ文允れ武、昭假せる烈祖、孝ならざる有る靡く、自ら伊の祜を求む」〔三八五頁〕とあるのが出典。まことに文、まことに武。文武の特の盛大なこと。

3-10-3　追琢：ともに「みがく」の意。

3-11-1　黻藻：黻と水藻の花紋を織りだすこと。美しい文章や文字のこと。

3-11-2　籍甚：名声・評判が盛んなこと。

3-11-3　縉紳：礼装の時、笏を大帯に夾むこと。官位・身分の高い人。

3-11-4　且公且侯、有典有則：「且公且侯」は祖先に公・侯のいることを指す。「有典有則」は、『書経』夏書、五子之歌に「其の四に曰く、明明たる我が祖は、万邦の君なり。典《てん》有り則《のり》有り、厥《そ》の子孫に貽《のこ》す」〔三八四頁〕と見える。典章を具え、法則を整えていること。

3-11-5　垂髫：下げ髪の幼児。

3-11-6　学歩：歩き方を学ぶ。

3-12-1　因心：親愛の心。

3-12-2　毀歯：乳歯の抜け替わる年頃。

3-12-3　勝衣：衣服を着るにたえる。子供がやや成長して着物を着て歩く年頃をいう。

3-12-4　孝経感応章：現行の『孝経』には「感応章」は存在しない。「応感章」第一七のことと思われる。

3-12-5　涕泗歔欷：「涕泗」は涙と鼻汁。「歔欷」はすすり泣くこと。涙を流し鼻を垂らしてすすり泣いた。

3-12-6　庠序：地方の学校。

3-13-1　粛然：つつしむ。

3-13-2　孺慕：『礼記』檀弓下に「有子、子游と立ちて、孺子の慕う者を見る。」（一五一頁）とある。小児が親を慕うように深く慕うこと。

3-13-3　常情：人として当たり前の情意。

3-13-4　始卒：始終。

3-13-5　友悌与次弟詳：支謨の弟、支詳を指す。支氏の兄弟の中では最も名の知れた人物で、乾符六年（八七九）から中和二年（八八二）に武寧軍節度使となる。語釈3-44-2参照。

3-13-6　塤篪笙磬：「塤篪」は土笛のこと。「塤篪相合」で仲のよい兄弟の喩え。

3-13-7　合契同規：「合契」はぴったり合うこと。「同規」は同じ法度にまなぶこと。

3-13-9　魯国太夫人：『唐六典』巻二、尚書吏部、司封郎中の項に見える外命婦制に、「一品及び国公の母・妻は国夫人と為す」〔三九頁〕とみえる。ここでは、三公の一つである司空〔正一品〕を追贈された支竦の夫人で墓主の母である崔氏を指す。魯国太夫人崔氏は、清河崔氏の出身である。本人の墓誌は発見されていないが、妹の墓誌が出土している。「大唐故崔夫人墓誌銘」『唐代墓誌彙編』下、咸通〇一九、「夫人清河崔氏、…曽祖諱微、皇検校駕部員外郎、祖諱勉、皇侍御史、父敬章、見任随州録事参軍、先妣太原王氏、継親太原王氏。有四弟二妹、…夫人之長姑魯国太夫人、帰于先舅鴻臚卿贈工部尚書。」〔二三九二頁〕。

3-14-1　王休徴：晋の王祥を指す。『晋書』巻三三に伝がある。継母に事えて至孝なるをもって聞こえたことが見える〔九八七―九九〇頁〕。

3-14-2　周伯仁：晋の周顗を指す。『晋書』巻六九、周顗伝に寛容かつ友愛をもって聞こえたことが見える〔一八五〇―一八五三頁〕。

3-14-3　年十八挙明経：没年から逆算すると、明経[4]に挙げられたのは、会昌六年〔八四六〕に当たる。郷貢明経か、もしくは学館明経であろう。

3-15-1　春闈裴公：「春闈」は春期の礼部の試験のこと。唐代後半期の科挙では、受験者は前年一〇月に長安に到着し、礼部に文状を提出したのち、一一月一日に含元殿の朝見に参加し、さらに審査を経たのち、翌年春〔一月〕に行われる試験に参加する。この試験を「春闈」と称する。明経に挙げられた後、通常三年後に礼部試に応じる。春闈の裴公とは、この礼部試における知貢挙のことを指す。会昌六年の後、裴姓の人物が知貢挙を務めた例としては、大中四年（八五〇）の知貢挙に裴休の名が見える。[5]

3-16-1　尋外叔祖将作監崔公奏署内作使判官：内作使は、土木を掌る使職。『冊府元亀』巻八四四に、「韋倫を内作使判官と為す。時に宮内土木の功、虚日無し。」〔一〇二二頁〕と見える。また、『唐会要』巻六六、将作監にも内作使の記事が見え、将作監の統属下にあった。

3-16-2　有制授家令寺主簿、充職三宮営繕：太子家令寺。主簿一人、正九品下。三宮は、大内・大明・興慶三宮のこと。

3-17-1　家令丞：家令丞、二人、従七品上。

3-17-2　太府卿竇滸：穆宗の女、延安公主の駙馬で、乾符元年（八七四）から乾符五年（八七八）に河東節度使となる。乾符五年、将軍の才ではないとして罷免される。それ以外の経歴は不明で、先に太府卿の任にあったことも本墓誌ではじめて判明する。『長安志』巻一〇、崇賢坊（C8）の条〔一五二B〕に、「光禄少卿竇瑗の宅。昭成太后の従父弟なり。咸通中、河中節度使竇璟と弟・河東節度使滸、崇賢の第に同居し、家、資に富む。「世系表」を考うるも載せず。疑うらくは亦た瑗の族ならんか。」とある。(6) 高祖李淵の太穆皇后竇氏や玄宗の母・昭成皇后竇氏の一族に連なる。

3-17-3　典護国帑、出納財賦、其属数員、唯備辺一司異額、別躬宰執、専判度支通管、受其委寄：「備辺一司」は、延資庫を指す（備辺庫から延資庫に改称）。語釈3-17-4参照。

3-17-4　奏授司農寺丞・兼専知延資庫官事：咸通三年（八六二）一〇月頃のこと。支謨の姉の「支竦女煉師墓誌銘」に、「希弟朝議郎・権知司農寺丞・度支延資庫給官謨纂」と見える。本墓誌に見える支謨の職と一致しており、この職にあった時期が判明する。延資庫使については、『唐会要』巻五九、延資庫使条〔一〇二二頁〕に、「会昌五年九月、敕して備辺庫を置き、度支・戸部・塩鉄三司の銭物を収納す。大中三年十月に至り、敕して延資庫に改む。初め、度支郎中を以て判せしめ、四年八月に至り、敕して宰相を以て判せしむ。右僕射・平章事白敏中・崔鉉、相い継いで判す。其の銭は三司、率いて送る。初年、戸部、年ごとに二十万貫足たり。度支・塩鉄は年ごとに三十万貫足たり。次年、以て軍用足り、三分に其の一を減ず。諸道の進奉せし助軍の銭物は、則ち焉を収納す。」とみえる。附論を参照。

3―18―1　候鴈：雁。時候に応じて去来することから、転じて規程の時期に正確であることを言う。

3―18―2　尸鳩：尸鳩の仁。君主の仁徳が等しく及ぶことをいう。

3―18―3　遐邇：遠いところと近いところ。

3―18―4　宰相夏侯公：夏侯孜のこと。大中一二年（八五八）から咸通八年（八六七）にかけて、同中書門下平章事であり（『旧唐書』巻一七七、夏侯孜伝（四六〇三―四六〇四頁）、『新唐書』巻一八二、夏侯孜伝（五三七四頁））、咸通五年（八六四）から延資庫使を兼ねた。

3―19―1　自新：みずから新しくなる。過ちを改める。

3―20―1　蘇弘靖：この人物は現存の編纂資料には見いだせない。

3―20―2　充倅：「倅」は、たすけ・そえ。支謨が天徳軍副使となったことを示す。

3―21―1　充国破羌之策、半在屯田：「充国」は趙充国のこと。『漢書』巻六九に伝がある（二九七一頁）。武帝に仕え、匈奴を討って功があった。

3―21―2　牽招養士之基、全資水利：「牽招」は三国魏の人物。『三国志』巻二六に伝がある。長く辺郡にあって、辺治の称があった（七三〇―七三三頁）。

3―22―1　計相曹公：懿宗の咸通年間（八六〇―八七四）の宰相で、判度支を兼ねる人物としては、曹確がいる。[7] 曹確は、咸通四年（八六三）から咸通一一年（八七〇）の宰相で、また『旧唐書』巻一九上、懿宗本紀の咸通八年九月の条〔六六一頁〕に、「九月丁酉、延資庫使曹確奏せらく、〔下略〕」という記事が見え、延資庫使も兼ねている。

3―22―2　拝太府少卿・知度支左蔵庫出納：支謨が太府少卿・知度支左蔵庫出納に進んだ詳細な時期は不明。しかし、「支訢妻鄭氏墓誌銘」に「仲兄前太府少卿・賜紫金魚袋謨纂」と見えることから、鄭氏が卒した咸通一二年（八七一）一二月以前にこの官にあったことが判明する。

3―23―1　亜三珪九棘之班：「三珪」は三公の意。三公の車服には旌の区別があるから言う。「旌」は一に「珪」に作る。「九棘」は『周礼』、秋官司寇、朝士に「朝士。邦の外朝の灋《ほう》を建つることを掌る。左の九棘《きゅうきょく》には、孤卿大夫、位す。群士は其の後に在り。右の九棘には、公侯伯子男、位す。群吏は其の後に在り。」〔一二七八頁〕と見え、外朝を指す。

3―23―2　咸通末、方病淮夷：咸通末年は、一五年（八七四）。この年一一月に乾符と改元された。『新唐書』巻二二五下、黄巣伝に、「咸通末、仍お歳饑にして、盗、河南より興る」〔六四五一頁〕とみえる。龐勛の乱（八六八―八六九）が終結したあと、王仙芝・黄巣の乱が起こるまでの間、連年の飢饉で河南地方が荒廃し、群盗が起こっていたことを指す。

3―23―3　海岱河碣：「海」は東海、「岱」は泰山、「河」は黄河、「碣」は碣石を指す。碣石の所在地には諸説ある。

3―24―1　巌廊：朝廷のこと。

3―24―2　軫懐：うれえる。心配する。傷みおもう。

3―24―3　慎択廉牧、以公為濮州刺史。～明年丁内憂：濮州は現在の山東省菏沢市鄄城県の北にある。現在の県城の北一〇kmほどの地点に旧城鎮が存在する。王仙芝は叛乱を起こした直後、乾符二年（八七五）に濮州と曹州（現在の山東省菏沢市定陶県の西）を陥れている。「明年丁内憂」の明年は、濮州刺史に拝せられた翌年、やはり乾符二年のことである。本墓誌には詳しい経緯は記されていないが、墓主が咸通末に濮州刺史となったのであれば、王仙芝が濮州を陥れた時の濮州刺史であった蓋然性が高い。

3―24―4　中謝：任官の命をうけたとき、宮中に入って御礼を言上すること。

3―24―5　対揚：『書経』説明下に「敢えて天子の休命に対揚せん。」〔四四八頁〕と見える。君命にこたえてその意を明らかにすること。

3―24―6　皇華：天子の使臣。勅使。

3―25―2　宸衷：帝王の御心

3―25―3　允諧：まことにやわらぐ。衆心が和解する。

3―25―4　殊渥：すぐれてあつい。

3―25―5　剖符：任命の証拠としての割り符を、二つに割き、一方を朝廷または役所に置き、一方をそのひとに与えること。

3―25―6　周星：歳星が運行するのに必要な時間。一年のこと。又は、歳星（木星）が天を一周すること。一二年を指す。

3―25―6　有洛：洛水のこと。

3―26―1　念陔蘭之永遠、痛風樹之長往：「陔蘭」は孝子が親を養う意。「風樹」は父母を喪って永く奉養ができない歎きの意。

3―26―2　勺溢纔属：悲しみがあふれてわずかに生き続けていること。「纔属」は声気微弱で力も乏しいこと。

3―26―3　欒棘難辨：「欒棘」は、『詩経』檜風、素冠に、「庶はくは素冠を見ん、棘人欒欒《きょくじんらんらん》たり、労心慱慱《てんてん》たり」

〔九六頁〕と見えるのによる。父母を喪って悲しみのあまり痩せ衰えることをいう。

3-26-4　窀穸：埋葬する。つかあな。

3-27-1　仗衛崇厳、翊居於紫金。街坊浩穰、詰奸慝於皇都：対句構造。「翊居」の前に一文字脱落がある。「奸慝」は邪悪の意。

3-27-2　漢主因観細柳、知亜夫之可委急難：「細柳」は細柳営、亜夫は前漢の周亜夫のこと。文帝後六年（前一五八）、周亜夫が匈奴の侵入に備えるために細柳営に陣したとき、軍営の規律が他の将軍の覇上・棘門の陣に比べて厳粛であったために、巡視した文帝がこれぞ本当の将軍だと感動した故事。『漢書』巻四〇、周亜夫伝〔二〇五七―二〇五八頁〕に見える。

3-27-3　魏相暫適昆池、誉蘇綽之堪充規範：「魏相」は北周の太祖宇文泰のこと。『周書』巻二三、蘇綽伝〔三八一―三八二頁〕に、宇文泰が公卿と昆明池に行き、さらに城西の漢の故倉地に行こうとして左右に問うたところ、蘇綽のみが知っていたため、大変に喜び、ついには夜通し政治について語らった、という故事が見える。

3-28-1　于時沙陀恃帯微功、常難姑息、逞其驕暴、肆毒北方：本編第三章第三節を参照。

3-28-2　朱耶克用：李克用を指す。沙陀の一氏族である李氏は、本姓を朱邪という。朱邪赤心が龐勛の乱（八六八―八六九）鎮圧の功績を上げ、その報奨として唐室から李姓を賜わり、李国昌と名乗り、鄭王房の属籍に附された。李克用は国昌の子である。本墓誌で使用される「朱耶克用」という用法は、編纂史料の中には存在せず、本墓誌ではじめて見えるものである。大順元年（八九〇）に一度李克用の属籍を削っているが、[8]この当時は宗室の一員である。支謨を含めた唐朝側が、沙陀集団に対してどのような見解を持っていたかを示している。

3-28-3　屠防禦使一門、率塩泊川万戸、其父但謀家計、靡顧国章、嘯聚犬羊、虔劉辺鄙：本編第三章第三節参照。

3―29―1　公遂守本官加検校左散騎常侍・充河東節度副使、仍便指揮制置：墓主が河東副節度使となったことは、『旧唐書』巻一九下、乾符五年（八七八）春正月丁酉朔の条（七〇一頁）に見える。なお、「制置」は、黄巣の乱よりやや以前に出現しており、渡辺孝氏によると、「統制処置」の意であり、特に一定範囲の事項につき、処置の権限を賦与する意が強いとされる(9)。

3―30―1　羽檄媲魯連之書：「羽檄」は国家有事の時に急速に兵を徴する場合などに用いる檄文。木簡に書き、これに鳥の羽をはさんで急速を要する意を示す。「魯連」は斉の高士の魯仲連のこと。『史記』巻八三、魯仲連伝（二四六五―二四六六頁）に、燕将が聊城を攻め下した後、讒言により誅殺されるのを懼れて聊城に籠城した時に、書を認めて飛矢に括り付けて燕将に遣わし、身の処し方を諭した故事が見える。「媲」は「つれあい」の意味。ここでは「ひとしい」と読んでおく。

3―30―2　犒師侔鄭賈之計：「犒師」は飲食を贈って軍隊を慰労すること。「鄭賈」は春秋時代の鄭の商人、弦高のこと。「侔」は「ひとしい」の意。

3―31―1　息肩：荷を下ろしてやすめる。つかれをやすめる。責任を下ろす。

3―31―2　曹翔：乾符五年（八七八）の河東節度使。『通鑑』によれば、乾符五年六月に竇澣に代わって河東節度使となり、九月に薨じた。一一月、河東宣慰使崔季康が河東節度使となった。

3―31―3　移公大同宣諭、尋有後勅、討除二兇時也：『旧唐書』一九下、乾符五年七月条に、「七月、滑州・忠武・昭義諸道師を太原に会せしめ、大同軍副使支謨を前鋒と為し、先に行営に趨かしむ」（七〇二頁）とみえ、当時の河東節度使曹翔の先陣として行営に赴いたことが見える。

3―31―3　懸罄：窮乏して家の中で梁ばかりが磬を架けたように見えること。

3―32―1　激勧赫連鐸弟兄、……厚撫吐谷渾部落：沙陀を討伐する官軍の中には吐谷渾も含まれていた。本書第三章二項参照。

3―32―2　桀逆：桀王のように兇暴で残虐。

3―32―3　統乎日逐之師、欲為天柱之挙：「日逐」は匈奴の日逐王。天柱は北魏末期の爾朱栄の官、天柱大将軍を指す。

3―33―1　平陽：晋州。『元和郡県図志』巻一二、河東道一に、「晋州。平陽なり。」〔三三六頁〕と見える。現在の臨汾市で、唐尭の都が置かれた所とされる。郭下の県である臨汾県の条には「臨汾県、望。郭下。本と漢の平陽県にして、河東郡に属す。平水の陽にあり、故に平陽と曰う」〔三三七頁〕と、その由来が記される。

3―33―2　北都巨防：「北都」は太原。「巨防」は大きな堤、または巨大な屏障のこと。

3―33―3　貔貅：猛獣の名。昔、馴らして戦争に用いたことから、転じて勇猛な軍隊・将卒の意。

3―33―4　南結常山、東通燕薊：「常山」は、現在の河北省石家荘付近を指す。成徳軍節度使。燕・薊は、共に現在の河北省北部、北京付近を指す。幽州盧龍軍節度使。

3―33―5　熒或：惑わす。人心を幻惑する。

3―33―6　直至年支常賜：唐代後半期においては、官健に対する給衣が年二回に分けて行われており、冬賜・春賜または冬衣・春衣とも呼ばれていた。定期・臨時の別を問わず、将兵への布絹・見銭の支給は、一貫して下賜物という考え方に立っている。しかし、定期の衣賜は唐後半においては二種に分化している。①節度使・州長および大将の衣服である春冬衣および諸藩から派遣される国境守備の防秋兵に対する給与・衣服を指す春秋の衣賜で、中使が将来して下賜し、節度使はこれに対して謝表を上す。②一般の藩兵給与の衣賜で、藩内両税でまかなう。(10)

3-34-1　克用乗図南之気、回薄雲中：平陽にいたり、その後反って雲州に至った。ここに記される沙陀の行動範囲は、文献史料に記されるよりも広い。本編第三章第三節参照。
3-34-2　虎搏鷹揚：猛獣たちが躍動している様。暴れまわる様。奮戦する。
3-34-3　摩塁：敵塁に逼って挑戦すること。
3-35-2　虓勇：怒っている虎のように勇ましいこと。
3-35-2　闔族：一族のこらず。
3-36-1　脅：おどす。
3-36-2　任遵舂：この人名は、現存の編纂史料の中には見いだせない。進奏院の官人か。
3-36-3　遂除蔚・朔・雲三州節度使：蔚・朔・雲三州は大同防禦使の管轄する州であり、「防禦使」である。一時的に節度使とされたのか。
3-37-1　噍類：「噍」は食う、噛む。食べて生活する者。生民の意。
3-37-2　蕃錫：おおいなるたまもの。
3-39-1　籌策：計画、はかりごと。
3-39-2　李矩之背同盟：李矩は晋、平陽の人。『晋書』巻六三に伝がある〔一七〇六―一七一〇頁〕。初め梁王肜の牙門となり、後に石勒を討って大功があった。仁義に篤い人物。
3-39-3　馬超之捐百口：馬超は三国、蜀の茂陵の人。『三国志』巻三六に馬超伝がある〔九四四頁〕。
3-40-1　遼東義勇、陳祠於大僕之墳：後漢の祭肜の故事。『後漢書』巻二〇、祭遵附徒弟肜伝〔七四四―七四六頁〕に、遼東太守であった祭肜が夷狄を撫すに恩信を以てし、祭肜の死後に烏桓・鮮卑が肜を追慕してやまず、京師に朝賀するたびに家に拝謁して天を仰いで号泣して去るため、遼東の吏人がこれのために祠を立てて四時奉祭した故事が見える。

3-40-2　剺面：死者の葬送に際して顔面を切って哀しみを表す中央アジア伝来の習俗[11]。

3-41-1　幽州李司空：盧龍軍節度使の李可挙（乾符三（八七六）—光啓一（八八五））を指す。『唐方鎮年表』第四巻、盧龍（五七〇—五七二頁）を参照。

3-41-2　蘭膏自消、楚老興歎：『楚辞』招魂の第五段に「蘭膏の明燭には、華容備はる」（三一五頁）、第九段に「蘭膏の明燭、華鐙錯く」（三二三頁）とみえる。蘭の香りのする膏で作った明るい灯火のこと。楚老は八賢の一人。『漢書』巻七二、両龔伝に龔勝が王莽に仕えずに絶食して亡くなった後、「薫は香なるを以て自《おのずか》ら焼かれ、膏は明なるを以て自ら銷《け》さる」（三〇八五頁）と嘆いた故事が見える。

3-41-3　小木自寇、荘生格言：『荘子』山木篇に、大木が使い道がないために伐られずにすみ、荘子が材と不材についての格言を述べる段がみえる。

3-42-2　勤敏弁得之天：不明。後文との対応を考えると、勤敏は人名。

3-42-3　考叔不匱之心：「考叔」は潁考叔、「不匱」は孝心があついこと。『左伝』隠公元年に、「君子曰く、潁考叔は、純孝なり。其の母を愛し、施《ひ》いて荘公に及ぼす。詩に曰く、孝子匱《とぼ》しからず。永く爾の類を錫う、と。其れ是を之れ謂ふか、と。」（五三頁）とあるのに基づく。

3-42-4　姜肱共被之事：「姜肱」は後漢の人。『後漢書』巻五三、姜肱伝（一七四九—一七五〇頁）。孝行をもってあらわれ、継母に事えて篤く、凱風の詩に感じて兄弟掛け布団を同じくして休み、母の心を慰めた故事が見える。

3-42-5　開元礼入仕：科挙の常科に設けられた諸科のうちの一つ、開元礼によって入仕したことを指す。『唐会要』巻七六、開元礼挙の条（一六五三—一六五四頁）。

3－43－1　後夫人韋氏、京兆県君、皐之孫：「韋皐」は、『旧唐書』巻一四〇、『新唐書』巻一五八に伝が見える。京兆万年の人、字は城武。謚は忠武。朱泚の乱（七八三―七八四）に際して、朱泚の命を拒み、奉義軍節度使を授けられた。貞元元年（七八五）、剣南西川節度使となり、二一年間蜀にあって諸蛮をまとめて吐蕃を防ぎ、功によって検校司徒を加えられ、中書令を兼ね、南康郡王に封ぜられた。順宗が立つと、検校太尉を加えられ、没後、太師を贈官された。

3－44－2　彭門元戎：「彭門」は、徐州を指す。徐州は感化軍節度使（もとの武寧軍節度使）の治所。支謨の弟、支詳が感化軍節度使（武寧軍節度使）の職にあったのは、乾符六年（八七九）から中和二年（八八二）まで。中和二年、時溥に逐われ、長安に戻る途次、七里駅で殺害された。

3－47－1　玉帳：将軍の幕営の意。

3－47－2　金鉉：三公などの重臣の意。

3－47－3　渟瀯：水が止まっているように見えること。又は小さいたまり水。

3－47－4　磐礴：両足を箕のように張り出して坐ること。

3－47－5　絪緼：雲烟がたなびくさま。

3－47－6　肹蠁：霊感が透徹したさま。

3－48－1　隼旟：隼を画いた旗。指揮旗。

3－48－2　厚禄眉寿：「厚禄」は俸禄が多いこと。またその士卒。「眉寿」は長寿であることを指す。

3－49－1　報同荀淑：荀淑は後漢、潁陰の人。八人の子があり、皆令名高く、「八龍」と称えられた。『後漢書』巻六二〔二〇四九頁〕参照。

3－49－2　冑殊任昉：任昉は梁、楽安博昌の人。初め斉に仕えて王倹・沈約らの称誉するところとなる。のち、梁に仕えて義興・新安の太守となる。昉の四子の東里は、頗る父の風があった。『梁書』巻一四〔二五一―二五八頁〕。
3―49―3　允執其中：『詩経』大禹謨に同文が見える。まことにその中庸の道を執り守る意。
3―49―4　色養：親の顔色を見、その心を察して仕えること。常にやわらいだ顔色で父母に奉養すること。
3―49―5　餝躬：おのれの身をいましめつつしむ。
3―50―1　刱葺：「刱」ははじめること。「葺」はつくろうこと。
3―52―1　遺人：略奪の後、幸いにして生き残った人のこと。
3―52―2　全摸：完全な模木。手本。「摸」と「模」は通用する。
3―52―3　険夷：土地のけわしいところと平坦なところ。転じて、世の治と乱をいう。
3―52―4　臧否：善し悪し。善悪。
3―55―1　深籌：「籌」ははかりごと。深くはかりごとをめぐらす。
3―55―2　貽釁：「釁《きん》」は争いのいとぐち。争いの種をのこすこと。
3―56―1　呉沉伍子：「伍子」は伍子胥のこと。
3―56―2　秦殞三良：「三良」は、秦の穆公に殉死させられた三人の良臣、奄息・仲行・鍼虎を指す。『詩経』秦風、黄鳥〔五〇―五四頁〕や『左伝』文公六年〔四八二頁〕等に見える。

第五節　度支と中央財庫――「司農寺丞・兼専知延資庫官事」と「太府少卿・知度支左蔵庫出納官」について――

本墓誌に記録されている沙陀突厥の李克用に関する記事については、既に本書第三章で扱っているため、ここでは残る論点として、墓誌中に出てくる財務関係の官職・使職を取り上げ、附論として整理しておきたい。

本墓誌中には、多数の経済官僚が登場しており、官歴を見る限り墓主自身も財務のエキスパートであると言って差し支えない。まず、人物と官職について順を追って挙げていくと、太府卿竇瀚、宰相夏侯孜（度支使・延資庫使を兼領）、計相曹確（度支使・延資庫使を兼領）があらわれており、これらの人物と支謨は、その職務において密接な関わりを有していたことも窺える。また、支謨自身の官職として、表題にあげたとおり「司農寺丞・兼専知延資庫官事」と「太府少卿・知度支左蔵庫出納官」という官があらわれている。これは、唐代後半期の中央財政と北辺財政とに関わる職名である。ここにあらわれる太府寺・左蔵庫、また司農寺・延資庫と度支司とは、具体的にどのような関係にあったのであろうか。

唐代後半期の財政問題については、これまで多くの研究が積み重ねられてきた。盛唐の繁栄を覆した安史の乱によって、律令制的税・財政が完全に瓦解し、乱中・乱後の混沌的状況の中から塩の専売制や両税法という新しい原理に立脚し、宋代以降にも続いていく税・財政制度が立ち上がっていったことは、先学の研究に詳しい[12]。また、これらと密接に関わる漕運業務については、紆余曲折の末、西北地域の塩政・漕運を管轄する判度支（度支使）と、東南地域の塩政・漕運を管轄する塩鉄転運使の東西分掌制に落着したこともよく知られている。度支はまた、西北地区の塩政・漕運業務の他に、両税収支に関わる中央財政の統括という責務を担った。さらに均田・租庸調制にかかわる戸口・土田・賦役という律令制の税・財政の心臓部を担った四司戸部は、一時は閑司と化したが、その後、繁劇な度支財政を析出する形で、官俸・和糴・榷茶・常平義倉などの業務を担当するようになった[13]。さらに、漕運を担当する度支と対になるはずの中央財庫は、唐末においては、律令制下から存在していた太府寺の管轄下に置かれた左蔵庫と、延内に設けられた内庫、さらに会昌年間に設立された備辺庫（のち延資庫と改称）が三庫鼎立の状況にあったことが指

図　度支延資庫・内庫と度支の関係

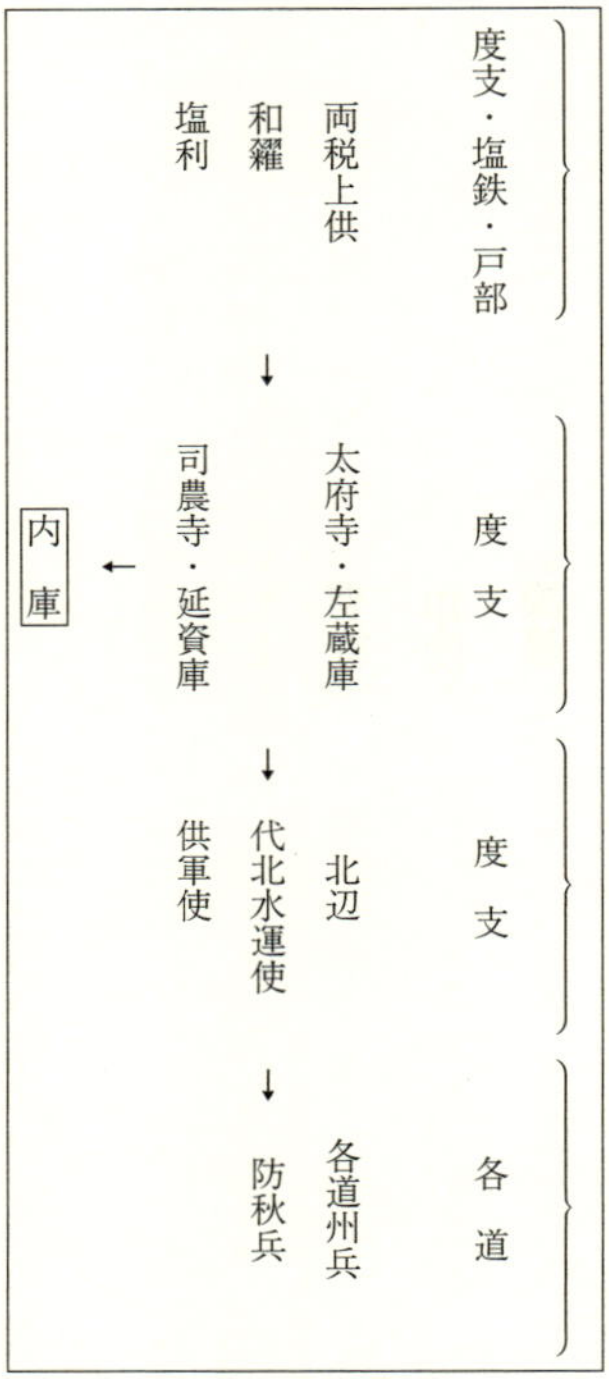

摘されている。[14]

このうち、左蔵庫は律令官制下では国政費を管轄していたが、玄宗の開元年間に内庫として大盈庫と瓊林庫が設けられ、粛宗の乾元初め（七五八）にいたって国政費を内庫に移管して内庫一本だてとしたために、左蔵庫の重要性が低下し、内庫が国庫たる役割も果たして重大な財政機関となった。しかし徳宗は即位直後の大暦一四年（七七九）に、国庫の事務を旧制に復して左蔵庫に移すことに同意し、左蔵庫は国庫としての位置を回復した。[15]一方で徳宗自身は内庫の財政を強化した皇帝として著名で、内庫には、国家財政の運用を補助するための支用および予備金庫という公的性格と、天子の内廷生活を維持していく私的性格の両面が形成される。

下って会昌五年（八四五）には、宰相李徳裕の奏請により非常用の備蓄を掌る機関として備辺庫を設置し[16]、戸部・度支・塩鉄三司の銭物を充てた。ここにおいて内庫は純然たる皇帝の私的機関に戻ることになる。備辺庫は、宣宗の代になってから延資庫と改称され、長たる延資庫使は宰相の兼職となった。この頃の宰相は戸部・塩鉄・度支三司の長の兼任に加えて内庫をも掌握したことになり、その権限は著しく伸張し、かくして延資庫は内庫・左蔵庫を越える重要性を得るに至った、とされている。この間の経緯については、『唐会要』巻五九、延資庫使の条〔一二〇〇頁〕に、次のように見えている。

会昌五年九月、敕して備辺庫を置き、度支・戸部・塩鉄三司の銭物を収納す。大中三年十月に至り、敕して延資庫に改む。初め、度支郎中を以て判せしめ、四年八月に至り、敕して宰相を以て判せしむ。右僕射・平章事の白敏中・崔鉉、相い継いで判す。其の銭は、三司、率いて送る。初年、戸部は年ごとに二十万貫疋たり。度支・塩鉄は年ごとに三十万貫疋たり。次年、軍用足るを以て、三分して其の一を減ず。諸道の進奉せし助軍の銭物は、則ち焉を収納す。

ここで問題となるのが、墓誌に見える支謨の官の財務官僚としてのキャリアのうち、「司農寺丞・兼専知延資庫官事」（一七行、咸通三年（八六二）頃）と「太府少卿・知度支左蔵庫出納官」（二二行、咸通一二年（八七一）以前）とみえるものである。

前者の「司農寺丞・兼専知延資庫官事」については、咸通三年に支謨自身によって書かれた姉の「支竦女煉師墓誌銘」に、「希弟朝議郎・権知司農寺丞・度支延資庫給官謨纂」と見える。本墓誌に見える支謨の職と一致しており、この職にあった時期が、咸通三年ごろであったことが判明する。また単に延資庫の事を専知していただけでなく、官名を省略せずに書けば「度支延資庫給官」であったことも判明する。これは「度支の延資庫」と読むべきで、すなわち三司の度支の延資庫ということである。ここに見える度支は、この語順では、戸部管轄下の四司度支ではない。つまりこの時期は、宰相が直接に辺防費を扱う延資庫を掌握していたというだけではなく、延資庫は度支司の下属機関に組み込まれ、機能していたということである。これについては、墓誌本文の当該箇所の直前に、「唯備辺一司異額、別躬宰執専判度支通管受其委寄。」（一七行）とあることによってより明らかとなろう。

また後者の「太府少卿・知度支左蔵庫出納官」については、咸通一二年に死去した「支訢妻鄭氏墓誌銘」に、「仲兄前太府少卿・賜紫金魚袋謨纂」と書いてあり、太府少卿であったのは咸通一二年より前のことである。同時期に帯びていた「知度支左蔵庫出納官」については、この官もまた「度支の左蔵庫」なのであって、中央財政の要である国庫・左蔵庫もまた、度支司の下に置かれていたことが判明する。

すなわち、少なくとも唐末の咸通年間（八六〇—八七四）以降、国庫である左蔵庫と辺防費を扱う延資庫の双方が度支の管轄下に組み入れられ、ほとんど全ての財務機関が度支の下に機能する状況だったと考えられる。

おわりに

本章では、「支謨墓誌銘」の訓読と試訳を提示するとともに、墓主が歴任した度支系の使職について整理し、度支司と中央財庫の関係、及び北辺防衛の要であった備辺庫（延資庫）との関係について論じた。本章で明らかにした度支の構造によって、墓主は度支系統の官を歴任する経済官僚であったために、度支系の管轄下にあった代北水運使の段文楚が殺害されたことを契機として、沙陀突厥の李克用の叛乱鎮圧に関わることになっていったことが、より明らかになったといえる。また、度支と北辺が密接に関わっていたことは、これこそが北辺防衛の財政的な裏付けであったことを明示しているだけでなく、度支の権限が極めて広範囲に及んでいたことをも示唆している。しかし同時に、沙陀突厥のように強い軍事力を持つ遊牧集団に対して、経済官僚が対策に当たらざるを得ないところに、唐王朝が沙陀の勢力を制御しがたかった根本的な原因が見え隠れしているだろう。

本書では、沙陀突厥と北辺財政の問題に屢々言及した。度支の権限の及ぶ範囲を考えると、北辺財政は一方で華北地域の漢人社会とも密接な関係を持っていたはずである。今後は、財政面に注目しつつ、遊牧社会と漢人社会との関連にも目を配っていくことが課題となる。

注

（1）趙振華・董延寿「唐代支謨及其家族墓誌研究」『洛陽大学学報』二〇〇六年第一期、一—一一頁（のちに趙振華『洛陽古代銘刻文献』二〇〇九年、五〇四—五一六頁に再録）。

（2）馬小鶴・柏暁斌「隋唐時代洛陽華化月支胡初探」『中国文化研究叢刊』三、一四八—一四九頁（馬小鶴『摩尼教与古代西域史研究』中国人民大学出版社、三二六—三二七頁、二〇一一年に再録）。

（3）（清）王鳴盛『十七史商榷』巻八五、「分司官」、商務印書館、一九五九年。熊野岳「唐代の分司官について——分司郎官の分析を中心に——」『史朋』三五号、二九—五一頁、二〇〇三年。勾利軍「唐代東都分司官居所試析」『史学月刊』二〇〇三年第九期、三七—四〇頁（勾利軍『唐代東都分司官研究』上海古籍出版社、二〇〇七年に再録）。

（4）唐代の科挙制度については、これまでに膨大な研究が積み重ねられてきた。基本的なものを挙げれば、鈴木虎夫「唐の試験制度と詩賦」『支那学』二—一〇、一九二〇年、二〇—三〇頁。竹田竜児「唐代選挙の一側面」『史学』二〇—二、一九三一年、二〇一—二三八頁。劉伯驥『唐代政教史』台湾中華書局、一九五四年。福島繁次郎「南北朝・隋・唐時代の人物登用」『中国南北朝史研究』第一篇、一九六二年、三—二〇六頁。愛宕元「唐代郷貢進士と郷貢明経——『唐代後半における社会変質の一考察』補遺——」『東方学報（京都）』四五冊、一九七三年、一六九—一九四頁。呉宗国『唐代科挙制度研究』遼寧大学出版社、一九九七年。高明士『隋唐貢挙制度』文津出版社、一九九九年。王炳照・徐勇主編『中国科挙制度研究』河北人民出版社、二〇〇二年等、多数の研究が積み重ねられている。

（5）徐松撰、孟二冬補正『登科記考補正』中、北京燕山出版社、二〇〇三年、九〇九頁。

（6）『新唐書』巻七一下、宰相世系表一下、竇氏条、二三三六頁に、竇瑗の名が見える。

（7）『旧唐書』巻一七七、四六〇七—四六〇八頁、『新唐書』巻一八一、五三五一頁に伝がある。また、『通鑑』巻二五〇、咸通四年閏月条に「以兵部侍郎・判度支河南曹確同平章事。」（八一〇五頁）とみえる。

（8）『通鑑』巻二五八、大順元年五月条に、「詔削奪克用官爵・属籍。」（八三九七頁）と見える。

（9）渡辺孝「石刻史料より見た唐末～五代初藩鎮軍制の基礎的考察と整理」（二〇〇六年唐代史研究会合宿報告）四頁を参照。

(10) 清木場東『帝賜の構造——唐代財政史研究　支出編』中国書店、一九九七年、四九六—五〇三頁参照。

(11) 江上波夫「ユウラシア北方民族の葬礼における剺面・截耳・剪髪について」『ユウラシア北方文化の研究』山川出版社、一九五一年、一四四—一五七頁。谷憲「内陸アジアの傷身行為に関する一試論」『史学雑誌』第九三編第六号、一九八四年、四一—五七頁。雷聞「割耳剺面与刺心剖腹——粟特対唐代社会風俗的影響」『撒馬爾干到長安』北京図書館出版社、二〇〇四年、四一—四八頁。

(12) 度支・塩鉄転運使については、礪波護「三使司の成立について」『唐代社会経済史研究』同朋舎、一九八六年、三—四四頁。青山定雄「唐宋時代の転運使及び発運使」『唐宋時代の交通と地誌地図の研究』吉川弘文館、一九六三年、二九五—三二六頁。日野開三郎「大暦末以前の租庸使」「大暦末以前の度支使」「粛・代二朝の大漕運と転運使」『日野開三郎東洋史学論集』第三巻、三一書房、一九八一年、一八—一七七頁。李錦綉「唐後期財政機構的確立及演変」『唐代財政史考』(下巻)、北京大学出版社、二〇〇一年、三—二三八頁。高瀬奈津子「安史の乱後の財政体制と中央集権について」『史学雑誌』第一一〇編第一一号、二〇〇一年、一—三三頁。渡辺孝「唐後半期の財務三司下における「判案郎官」について」『史境』第五一号、二〇〇五年、四三—六四頁。同「唐後半期における財務領使下幕職官とその位相」『人文研究』第一五七号、神奈川大学人文学会、二〇〇五年、一二三—一六九頁。地方の巡院については、高橋継男「劉晏の巡院設置について」『集刊東洋学』第二八号、一九七二年、一—二〇頁。同「唐後半期に於ける度支使・塩鉄転運使系巡院の設置について」『集刊東洋学』第三〇号、一九七三年、二三—四一頁。同「唐代の地方塩政機構」『歴史』四九号、一九七六年、二八—四三頁。同「唐代後半期に於ける巡院の地方行政監察業務について」『星博士退官記念中国史論集』同記念事業会、一九七八年、四一—六一頁。同「唐後半期における巡院と漕運」『東洋大学文学部紀要』三六号、一九八一年、五三—七二頁。同「唐後半期、度支使・塩鉄転運使系巡院名増補攷」『東洋大学文学部紀要』三九号、一九八六年、三一—五八頁。「唐後半期の官界における知院官(度支・塩鉄転運巡院の長官)の位置について」『堀敏一先生古稀記念　中国古代の国家と民衆』汲古書院、一九九五年、五九九—六二一頁。また、度支による漕運と密接な関わりのある北辺財政については、丸橋充拓『唐代北辺財政の研究』岩波書店、二〇〇六年を参照。「監」「場」などの末端塩政機関については、妹尾達彦「唐代後半期における江淮塩税機

関の立地と機能」『史学雑誌』第九一編第二号、一九八二年、一四七―一八三頁。「唐代河東塩池の生産と流通」『史林』第六五巻第六号、一九八二年、八二九―八六六頁。

（13）戸部財政については、渡辺信一郎「唐代後半期の中央財政――戸部財政を中心に――」『京都府立大学学術報告　人文』四〇号、一九九八年、一―三〇頁（『中国古代の財政と国家』汲古書院、二〇一〇年、四六七―五一五頁に再録）。何汝泉『唐財政三司使研究』中華書局、二〇一三年、二七一―二九二頁などを参照。

（14）内庫については、室永芳三「唐末内庫の存在形態について」『史淵』一〇一号、一九六九年、九三―一〇九頁。中村裕一「唐代内蔵庫の変容――進奉を中心に――」『待兼山論叢』第四号、一九七一年、一三七―一六八頁などを参照。

（15）徳宗期における宰相楊炎の財政改革については、前掲高瀬注（12）論文参照。特に左蔵庫については、五―六頁。

（16）『通鑑』巻二四八、会昌五年九月条に、「李徳裕請置備辺庫、令戸部歳入銭帛十二万緡匹、度支塩鉄歳入銭帛十二万緡匹、明年減其三之一凡諸道所進助軍財貨皆入焉、以度支郎中判之。」〔八〇二〇頁〕とある。

結語

本書では東部ユーラシア世界におけるテュルク系遊牧民である沙陀突厥と、唐王朝（李氏：六一八―九〇七）との関係を対象として、唐代における沙陀突厥の興起を、沙陀突厥と唐初以来の羈縻州との関係や沙陀集団を構成した遊牧系部落、唐末から五代にかけての沙陀系王朝の成立、ソグド人との関係、編纂史料として残された史料の偏りなどに着目しつつ、東部ユーラシア史の中に位置付けようと試みてきた。

沙陀突厥は、唐王朝の末期におきた龐勛の乱（八六八―八六九）と黄巣の乱（八七五―八八四）という唐王朝にとって致命的となった大動乱において、乱の鎮圧という大功をあげたことによって、唐末の一大政治勢力となり、ついには五代時期の後唐（李氏：九二三―九三六）・後晋（石氏：九三六―九四六）・後漢（劉氏：九四七―九五〇）・後周（郭氏・柴氏：九五一―九六〇）を成立させたものとして著名である。本書は、この沙陀突厥の歴史を、唐王朝の初めから終わりまで、約三〇〇年間にわたって跡づけ、特に安史の乱後の唐後半期に重点を置きつつ論じてきた。

唐の太宗期（六二六―六四九）・高宗期（六四九―六八三）から武則天期（六九〇―七〇五）にかけて、唐王朝の北辺地域から河西回廊地域において、テュルク系・タングート系など多数の遊牧系種族が内附し、涼・甘の間に安置されていた。彼らは遊牧世界と農耕世界の間、農業と遊牧が平行して行われる農業遊牧境域地帯に安置され、唐王朝の北辺防衛を担う存在になっていく。唐末には、このような遊牧系種族の中から、沙陀突厥というテュルク系を主体とする集団が台頭し、唐王朝の滅亡を導き、五代にテュルク系の政権を樹立する。この沙陀突厥が、どのように構成され、どのように勢力を拡大させ、どのように記録されてきたのか、という問題が、本書の一貫したテーマであった。

本書で論じてきた内容を簡略にまとめると以下のようになる。

まず第一部では、唐後半期の政治展開と沙陀突厥の関係を取り扱った。

第一章では、唐初からの沙陀突厥の足跡を追い、彼らが貞観年間（六二七―六四九）に内属し、久視初年（七〇〇）頃には河西地域に移り、その地で契苾・吐谷渾といった部落とともに安置されていたことを述べ、さらに吐蕃の圧迫を嫌って東遷するまでの経緯を追った。沙陀は八〇九年頃には霊塩節度使の范希朝が河東節度使に移鎮するのにともなって河東に移動し、河東節度使管下で「沙陀軍」と号され、その余衆は定襄川に置かれた。さらに河東に移った沙陀には、鳳翔・興元・太原から帰属した者、振武節度使の下に帰属した者も合流し、唐王朝末期の沙陀突厥の中核部分となっていく。その後、沙陀は唐王朝の北辺防衛や内乱の鎮圧などでさまざまな功績を挙げていくが、その当初は同じテュルク系の阿跌部（Adiz）の指揮下に置かれることがあった。さらに長慶初年（八二一）には、沙陀の朱邪執宜は金吾大将軍（従三品）に進み、代北地域で着々と勢力を蓄えていった。八四〇年のウイグル帝国の崩壊にともない、会昌元年―二年（八四一―八四二）年頃に南走派ウイグルが唐の北辺に姿をあらわした時には、沙陀は、契苾・吐谷渾部落などと共に唐王朝の北辺防衛のために動員された。とはいえ、沙陀が唐王朝の中で決定的に重要な役割を果たしたのは、唐の極末期に、若き日の李克用が、黄巣の乱（八七五―八八四）を鎮圧した功績によっている。これに危機感をもった唐王朝は、李克用と朱全忠を争わせる。李克用は朱全忠と河中節度使や昭義節度使の管轄州をめぐって争うが、河中節度使を救援できなかったことによって衰退し、河東道に閉じ込められる形となる。その一方で、李克用が治める河東道は唐末の動乱の中では相対的に安定していたため、混乱を避けて読書人があつまり、唐王朝の文化を継承する形を整えていく。さらに、後梁を滅ぼすと、晋陽に宗廟を建て、七廟のうちの五廟に唐の皇帝を据え、唐王朝を継承する姿勢を明示していく。沙陀突厥は、テュルク系やタングート系、ソグド人を含む複合的な遊牧民集団でありながら、唐王朝の後継者としての地位に自らを置いていったのである。

ついで、第二章では沙陀と密接な関係を持った契苾部落を事例として取り上げ、沙陀集団の内部構造について具体的に論じた。これまでに、すでに沙陀突厥とソグド人が緊密な関係を結び、「沙陀三部落」（沙陀・索葛・安慶）と称される部落のうち、索葛・安慶はソグド系部落であることが明らかにされていた。しかし、沙陀は内側に雑多な遊牧民を取り込んだ、いわば遊牧民の集合体であることはしばしば指摘されるものの、その実態は明らかではなかった。そこで、事例として、唐末のテュルク系遊牧部落の酋帥であった契苾通の墓誌銘を取り上げ、沙陀集団の内部構造を、テュルク系の沙陀および契苾・吐谷渾との関係から論じた。彼らは唐初に内附し、河西回廊に安置されていた遊牧系部族が、八世紀から九世紀にかけて東遷したもので、唐王朝から「五部」として把握され、史料上ではしばしばセットになって現れる。唐の極末期、黄巣の乱後に沙陀が実力を伸ばすと、沙陀三部落と契苾・吐谷渾の間に対立が生じ、契苾・吐谷渾は徐々に沙陀に吸収されていったことが明らかになる。また、本墓誌の検討からは、沙陀だけではなく、契苾・吐谷渾部落も、それぞれにソグド人を内部に取り込み、強固な繋がりを持っていたことが明らかになった。

さらに、契苾通の帯びた使職を分析することから、彼が「度支営田使」を帯びていることを明らかにした。節度使による度支営田使の兼領は、元和一八年（八一八）以降、兼領停止・中央直派とされてきたが、八五〇年代には一時期兼領が復活していたことが明らかになった。しかもこの場合、「代北五部」という北方遊牧民系の節度使が、代北水運使になり、北辺財政を統括する立場に立ったのである。その後はまた再び中央直派の人物が掌握するところとなっていたようである。唐末の乾符年間（八七四―八七九）に沙陀の李国昌と李克用が叛乱を起こした際に、振武と大同という代北水運使の二大拠点の占拠を目指し、当時の「代北水陸発運使」であった段文楚を殺害したことは注目すべきである。乾符年間に起こった沙陀の叛乱は、唐王朝と沙陀突厥による、北辺財務体制をめぐる熾烈な戦いであったと考えることができる。

第三章では、唐の側から見た唐末沙陀の叛乱について詳述した「支謨墓誌銘」を取り上げ、唐王朝側の立場に立つ墓主と沙陀突厥の関係を検討し、従来知られていた漢籍史料の再整理を行い、沙陀の勃興過程に関する史料が、五代の沙陀系王朝、特に後唐の明宗の時期に、集中して書き換えられたこと、そして、後世の史料がそれを認識しないまま沙陀の手による史料を受け継いできたことを指摘した。この沙陀の手によって書き換えられた史料群の中には、通常ならば大きな重要性を認められてしかるべき『旧唐書』も含まれており、これが後唐期に書き換えられた官撰史料と同一系統に属していることが明らかになった意義は大きい。今後は、この論証結果に基づき、つとめて沙陀の手による書き換えを経ていない史料を探しだし、各史料の位置付けや文脈を捉え直すこと、編纂史料の性格を検討し直すことが重要な課題となる。ついで、墓誌の記述から、編纂史料からは窺えない沙陀突厥史の復原をこころみ、現存する編纂史料にさらに複雑な操作が加えられていることを指摘した。

ついで第四章では、安史の乱が収束してから約二〇年後に起こった朱泚の乱を手がかりに、安史の乱前後の農業遊牧境域地帯に存在したソグド系・北方遊牧系などの非漢族が、華北諸藩鎮にどのように配置されていたかを考察し、この時期に吐蕃の圧力に押されて東遷してきた沙陀突厥の受容にどのような役割を果たしたのかを論じた上で、朱泚の乱当時にオルドスから代北・河東の農業遊牧境域地帯に存在した非漢族が、唐末にかけて沙陀突厥に取り込まれていったことを明らかにした。沙陀集団が雑多な遊牧民の集まりであったことはすでに指摘されていたが、その内部に取り込まれたのがどのような人々であったのか、より広い範囲にわたって明らかにされたといえる。

第二部では、沙陀集団を論じるに当たって重要な史料の収集および釈読を取り扱った。

第五章では、沙陀集団の墓葬地である山西省忻州市代県に現存する晋王墓群を取り上げ、現地でのみ入手可能な発掘に関する公開情報を収集し、さらに発掘を主導した李有成氏の発掘報告書なども用いつつ、日本国内では知られていない李克用墓、すなわち後唐の建極陵を中心とする沙陀墓葬群の現状を紹介した。晋王墓群は前世紀の半ばまで灯明の絶えることなく良好な状態で保存されてきたと考えられるが、近数十年のうちに急速に破壊が進んでいる。しかし、今もなお廟で祀られてきた李克用の肖像や、未発掘の沙陀集団の墓葬が残っている可能性があるなど、今後の発見が期待できる。

第六章では、第二章の重要史料となった「契苾通墓誌銘」および「契苾公妻何氏墓誌銘」の釈読とともに、契苾通と南走派ウイグルとの関連を論じた。契苾通墓誌銘は、今後もたびたび引用されていくと予想され、本墓誌の重要性を最初に指摘した筆者の解釈を提示しておくことは有用と思われる。

第七章では、第三章の基礎史料となった「支謨墓誌銘」の釈読とともに支謨が歴任した経済使職の解釈に関連して度支延資庫の変遷について論じた。

本書では、おもに河西・オルドス・代北・河東・幽州へと広がる農業遊牧境域地帯のなかで、唐初に内附して河西回廊一帯に安置された羈縻州が、安史の乱後に吐蕃の圧力を避けて東遷し、移転した先のオルドス・代北・河東において、どのように力を持ち、唐末の大勢力にのし上がっていったのかを論じた。序文で述べたように、唐王朝は北方草原地帯と南方の農耕地帯の間、牧畜と農業が平行して行われる「中間地帯」に様々な遊牧民を安置していた。さらに安史の乱後には河西から移動してきた沙陀突厥や契苾・吐谷渾などの河西の強勢な遊牧部落も加わり、このような遊牧系集団の中から、唐の終末期に大勢力となり、かつ唐王朝を受け継ぐ形を取った沙陀突厥が生まれてきたのであった。まさに、この地域の動向こそが、次の時代の形を決定づけていったのである。

参考史料・文献一覧

一　史料

『易経』(新釈漢文大系二三)：今井宇三郎著、明治書院、一九八七年
『開元天宝遺事　安禄山事迹』：(五代)王仁裕・(唐)姚汝能撰、中華書局、二〇〇六年
『旧五代史』：(宋)薛居正等撰、中華書局、一九七六年
『旧五代史　新輯会証』：陳尚君輯纂、復旦大学出版社、二〇〇五年
『旧五代史』：(宋)薛居正等撰、点校本二十四史修訂本、中華書局、二〇一六年
『金石三跋』(清)武億撰、『続修四庫全書』八九二、上海古籍出版社、一九九五年
『金石文字記』：(清)顧炎武撰、中華書局、一九九一年
『金石録補』：(清)葉奕苞撰、『石刻史料新編』第二輯、一九七九年
『旧唐書』：(後晋)劉昫等撰、中華書局、一九七五年
『元和郡県図志』：(唐)李吉甫撰、中華書局、一九八三年
『元和姓纂附四校記』：(唐)林宝撰、岑仲勉校記、中華書局、一九九四年
『元豊九域志』：(宋)王存撰、中華書局、一九八四年
『故宮博物院蔵歴代墓志匯編』：郭玉海・方斌主編、故宮博物院編、紫禁城出版社、二〇一〇年
『古今姓氏書弁証』：(南宋)鄧名世撰、江西人民出版社、二〇〇六年
『五代会要』：(宋)王溥撰、上海古籍出版社、二〇〇六年
『冊府元亀』：(宋)王欽若等編、中華書局、一九六〇年

『山西通志』（雍正版）：（清）覚羅石麟等監修、儲大文等編纂、『四庫全書』五四二―五五〇、上海古籍出版社、一九八七年
『山右石刻叢編』：（清）胡聘之編、山西人民出版社、一九八八年
『詩経』（新釈漢文大系一一〇、一一二）：石川忠久著、明治書院、一九九八―二〇〇〇年
『十七史商榷』：（清）王鳴盛撰、商務印書館、一九五九年
『周礼通釈』：原田種成校閲、本田二郎著、秀英出版、一九七七―一九七九年
『春秋左伝』：鎌田正著、新釈漢文大系三一、明治書院、一九七四年
『常山貞石志』（清）沈濤撰、芸文印書館、一九六六年
『昭陵碑石』：昭陵博物館・張沛編、三秦出版社、一九九三年
『書経』：加藤常賢著、新釈漢文大系二五・二六、明治書院、一九八三年
『新獲吐魯番出土文献』：栄新江・李肖・孟憲実主編、中華書局、二〇〇八年
『新五代史』：（宋）欧陽脩撰、中華書局、一九七四年
『新五代史』：（宋）欧陽脩撰、点校本二十四史修訂本、中華書局、二〇一六年
『新中国出土墓誌　陝西巻　壹』：中国文物研究所・陝西省古籍整理弁公室編、文物出版社、二〇〇〇年
『新唐書』：（宋）欧陽脩撰、中華書局、一九七五年
『新唐書宰相世系表集校』：趙超編著、中華書局、一九九八年
『資治通鑑』：（宋）司馬光撰、中華書局、一九五六年
『資治通鑑考異（宋刊本）』：（宋）司馬光撰、『四部叢刊初編史部』、上海商務印書館、一九二九年縮印
『隋唐嘉話　朝野僉載』：（唐）劉餗・張鷟撰、中華書局、一九七九年
『隋唐五代墓誌滙編』：天津古籍出版社、一九九一―一九九二年
『崇文総目』：（宋）王尭臣等編・（清）銭東垣等輯釈、『叢書集成新編』一冊、一九八五年
『西安碑林博物館新蔵墓誌彙編』：趙力光主編、線装書局、二〇〇七年

『全唐詩』：（清）彭定求等編、中華書局、一九六〇年
『全唐文』：（清）董誥等編、山西教育出版社、二〇〇六年
『全唐文補遺』：呉鋼主編、第一輯—第九輯・千唐誌斎新蔵専輯、三秦出版社、一九九四—二〇〇七年
『宋高僧伝』：（宋）賛寧撰、中華書局、一九八七年
『宋史』：（元）脱脱等撰、中華書局、一九七七年
『荘子』：遠藤哲夫・市川安司著、新釈漢文大系八、明治書院、一九六七年
『宋白続通典輯本　附解題』：（宋）宋白等撰、船越泰次輯、汲古書院、一九八五年
『宋本冊府元亀』：（宋）王欽若等編、中華書局、一九八九年
『楚辞』：星川清孝著、新釈漢文大系三四、明治書院、一九七〇年
『長安志』：（宋）宋敏求撰、成化四年刊本
『張説之文集』：（唐）張説撰、『四部叢刊』、商務印書館、一九二九年
『直隷代州志』（清）呉重光撰、乾隆四九年刊本
『通志二十略』：（南宋）鄭樵撰、中華書局、一九九五年
『通典』：（唐）杜佑撰、中華書局、一九八八年
『貞元新定釈経録』：（唐）円照撰、『大正新修大蔵経』巻五五、目録部、大正一切経刊行会、大蔵出版、一九三八年
『唐会要』：（宋）王溥撰、上海古籍出版社、二〇〇六年
『登科記考補正』：（清）徐松撰、孟二冬補正、北京燕山出版社、二〇〇三年
『明皇雑録　東観奏記』：（唐）鄭処誨・裴庭裕撰、中華書局、一九九七年
『唐国史補　因話録』：（唐）李肇・趙璘撰、上海古籍出版社、一九七九年
『陶斎蔵石記』：（清）端方撰、芸文印書館、一九六六年
『唐刺史考全編』：郁賢皓著、安徽大学出版社、二〇〇〇年

『唐代墓誌彙編』：周紹良・趙超編、上海古籍出版社、一九九二年
『唐代墓誌彙編続集』：周紹良・趙超編、上海古籍出版社、二〇〇一年
『東都事略』：（宋）王称撰、宋史資料萃編第一輯、文海出版社、一九六七年
『唐方鎮年表』：呉廷燮著、中華書局、一九八〇年
『唐六典』：（唐）李林甫等撰、中華書局、一九九二年
『唐両京城坊考』：（清）徐松撰、中華書局、一九八五年
『白居易集』：（唐）白居易撰、中華書局、一九七九年
『樊川文集』：（唐）杜牧撰、『四部叢刊初編』四一、商務印書館、一九六五年
『文苑英華』：（宋）李昉等編、中華書局、一九九五年
『北京図書館蔵中国歴代石刻拓本彙（滙）編』：北京図書館金石組編、中州古籍出版社、一九八九―一九九〇年
『奉天録（他三種）』：（唐）趙元一撰、中華書局、二〇一四年
『文選　詩編』：内田泉之助・網祐次著、新釈漢文体系一五、明治書院、一九六四年
『楡林碑石』：康蘭英・張仲権・宋英編、三秦出版社、二〇〇三年
『礼記』：竹内照夫著、新釈漢文大系二七・二九、明治書院、一九七一―一九七九年
『陸贄集』：（唐）陸贄撰、中華書局、二〇〇六年
『李氏刊誤』：（唐）李陪撰、『叢書集成新編』二八冊、新文豊出版公司、一九八五年
『李徳裕文集校箋』（『会昌一品集』）：（唐）李徳裕撰、傅璇琮・周建国校箋、河北教育出版社、二〇〇〇年
『劉禹錫集』：（唐）劉禹錫撰、中華書局、一九九〇年
『列女伝』：（漢）劉向撰、山崎純一著、新編漢文選、明治書院、一九九六年
『老子・荘子』：阿部吉雄・山本敏夫等著、新釈漢文大系七、明治書院、一九六六年

二　論文・著書

〔一〕日文（五十音順）

青山定雄「唐代の屯田と営田」『史学雑誌』第六三編第一号、一九五四年、一六—五七頁

青山定雄「唐宋時代の転運使及び発運使」『唐宋時代の交通と地誌地図の研究』吉川弘文館、一九六三年、二九五—三二六頁

伊藤宏明「唐五代の都将に関する覚書（上）」『名古屋大学文学部研究論集（史学）』三八号、一九九二年、一—二三頁

石見清裕「単于都護府と土城子遺跡」唐代史研究会編『中国の都市と農村』汲古書院、一九九二年、三九一—四二四頁

石見清裕『唐の北方問題と国際秩序』汲古書院、一九九八年

石見清裕「ラティモアの辺境論と漢～唐間の中国北辺」唐代史研究会編『東アジア史における国家と地域』刀水書房、一九九九年

石見清裕「唐代「沙陀公夫人阿史那氏墓誌銘」訳註・考察」『村山吉広教授古稀記念中国古典学論集』汲古書院、二〇〇〇年、三六一—三八二頁

石見清裕「沙陀研究史：日本・中国の学界における成果と課題——」『早稲田大学モンゴル研究所紀要』第二号、二〇〇五年、一二一—一三八頁

石見清裕「唐代墓誌史料の概観：前半期の官撰墓誌・規格・行状との関係」『唐代史研究』第一〇号、二〇〇七年、三—二六頁

栄新江（張銘心、広中智之訳）「敦煌帰義軍節度使曹氏出自考——ソグド後裔説をめぐって——」『内陸アジア史研究』第一六号、内陸アジア史研究会、二〇〇一年、一—二三頁

栄新江（西村陽子訳）「新出吐魯番文書に見える唐龍朔年間の哥邏禄部落破散問題」『内陸アジア言語の研究』第二三号、二〇〇八年、一五一—一八六頁

栄新江（森部豊解説・訳）「新出石刻史料から見たソグド人研究の動向」『関西大学東西学術研究所紀要』第四四輯、二〇一一年、一二一—一五一頁

江上波夫「ユウラシア北方民族の葬礼における剺面・截耳・剪髪について」『ユウラシア北方文化の研究』山川出版社、一九五一

年、一四四―一五七頁
大庭脩「敦煌発見の張君義文書について」『ビブリア』二〇号、一九六一年、二―一三頁、図版Ⅰ
岡崎精郎「チュルク族の始祖伝説について――沙陀朱耶氏の場合――」『史林』第三四巻第三号、一九五一年、四〇―五三頁
岡崎精郎「後唐の明宗と旧習（上）」『東洋史研究』第九（新一）巻第四号、一九四五年、五〇―六二頁
岡崎精郎「後唐の明宗と旧習（下）」『東洋史研究』第一〇巻第二号、一九四八年、二九―四〇頁
岡崎精郎『タングート古代史研究』東洋史研究会、一九七二年
愛宕元「唐代郷貢進士と郷貢明経――『唐代後半における社会変質の一考察』補遺――」『東方学報（京都）』四五冊、一九七三年、一六九―一九四頁
小野川秀美「鉄勒の一考察」『東洋史研究』第五巻第二号、一九四〇年、一―三九頁
小野川秀美「河曲六州胡の沿革」『東亜人文学報』第一巻第四号、一九四二年、一九三―二二六頁
神田信夫・山根幸夫編『中国史籍解題辞典』燎原書店、一九八九年
熊野岳「唐代の分司官について――分司郎官の分析を中心に――」『史朋』三五号、二〇〇三年、二九―五一頁
栗原益男「安史の乱と藩鎮体制の展開」『岩波講座世界歴史六・古代六』岩波書店、一九七一年、一六一―一六八頁
桑原隲蔵「隋唐時代に支那に来往した西域人に就いて」『桑原隲蔵全集』第二巻、岩波書店、一九六八年、二七〇―三六〇頁
斉藤茂雄「唐代単于都護府考――その所在地と成立背景について――」『東方学』第一一八輯、二〇〇九年、二二―三九頁
斉藤茂雄「唐後半期における陰山と天徳軍――敦煌発現「駅程記断簡」（羽〇三二）文書の検討を通じて」『関西大学東西学術研究所紀要』四七号、二〇一四年、七一―九九頁
斉藤達也「北朝・隋唐史料に見えるソグド姓の成立について」『史学雑誌』第三編第一二号、二〇〇九年、三八―六三頁
杉山正明『疾駆する草原の征服者』講談社、二〇〇五年
鈴木虎夫「唐の試験制度と詩賦」『支那学』一―一〇、一九二〇年、二〇―三〇頁
妹尾達彦「唐代後半期における江淮塩税機関の立地と機能」『史学雑誌』第九一編第二号、一九八二年、一四七―一八三頁

妹尾達彦「唐代江東塩池の生産と流通」『史林』六五巻六号、一九八二年、八二九―八六六頁
妹尾達彦『長安の都市計画』講談社メチエ、講談社、二〇〇一年
妹尾達彦「都の立地――中国大陸の事例――」『人文研紀要（中央大学）』五八、二〇〇六年、一四三―一七一頁
高瀬奈津子「安史の乱後の財政体制と中央集権について」『史学雑誌』第一一〇編第一一号、二〇〇一年、一―三二頁
高橋継男「劉晏の巡院設置について」『集刊東洋学』第二八号、一九七二年、一―二〇頁
高橋継男「唐後半期における度支使・塩鉄転運使系巡院の設置について」『集刊東洋学』第三〇号、一九七三年、二三―四一頁
高橋継男「唐代の地方塩政機構――とくに塩監・（塩院）・巡院等について」『歴史』四九号、一九七六年、二八―四三頁
高橋継男「唐代後半期に於ける巡院の地方行政監察業務について」星博士退官記念中国史論集編集委員会編『星博士退官記念中国史論集』、星斌夫先生退官記念事業会、一九七八年、四一―六一頁
高橋継男「唐後半期における巡院と漕運」『東洋大学文学部紀要』三六号、一九八一年、五三―七二頁
高橋継男「唐後半期、度支使・塩鉄転運使系巡院名増補攷」『東洋大学文学部紀要』三九号、一九八六年、三一―五八頁
高橋継男「唐後半期の官界における知院官（度支・塩鉄転運巡院の長官）の一について」「中国古代の国家と民衆」編集委員会編『堀敏一先生古稀記念　中国古代の国家と民衆』汲古書院、一九九五年、五九九―六二一頁
竹田竜児「唐代選挙の一側面」『史学』二〇―二、一九三一年、二〇一―二三八頁
谷憲「内陸アジアの傷身行為に関する一試論」『史学雑誌』第九三編第六号、一九八四年、四一―五七頁
礪波護「三使司の成立について」『唐代社会経済史研究』同朋舎、一九八六年、三―四四頁
内藤湖南「概括的唐宋時代観」『内藤湖南全集』八巻、筑摩書房、一九六九年、一一一―一一九頁
中島琢美「南走派ウイグルについて」『史游』創刊号、一九八〇年、一―一三頁
中島琢美「南走派ウイグルについて」『史游』第二号、一九八〇年、一―二八頁
中島琢美「補訂新旧唐書ウイグル伝：南走派ウイグルの条に関して」『史游』第三号、一九八一年、九―一八頁
中島琢美「五代に於ける甘州ウイグルの朝貢路について」『史游』第四号、一九八一年、二九―三六頁

中島琢美「南走派ウイグル衰滅に関する一試論」『史游』第五号、一九八一年、一―一二頁
中島琢美「『会昌一品集』内ウイグル関係史料跋」『史游』第六号、一九八一年、一五―二四頁
中島琢美「〈K31・32・33〉史料の検討」『史游』第七号、一九八二年、一八―二〇頁
中島琢美「九―十世紀に於ける突厥についての覚書」『史游』第八号、一九八二年、一―六頁
中島琢美「岑仲勉著「李徳裕会昌伐叛集編證上」について」『史游』第九号、一九八二年、五―一〇頁
中島琢美「会昌年間におけるキルギス使節団の到来について」『史游』第一〇号、一九八三年、五―一六頁
中島琢美「唐会昌外族処遇考」『史游』第一一号、一九八三年、一―二八頁
中島琢美「南走派ウイグルの研究」『史游』第一二号、一九八三年、一―三三頁
中島琢美「『会昌一品集』引用文一覧表」『史游』第一三号、一九八四年、八＋一―九頁
中島琢美「南走派ウイグル期におけるキルギスの動向について」『史游』第一五号、一九八四年、三七―五一頁
中島琢美「南走派ウイグル史に於けるキルギス：特にその冊立について」『史游』第一六号、一九八五年、一―八頁
中田美絵「八世紀後半における中央ユーラシアの動向と長安仏教界――徳宗期『大乗理趣六波羅蜜多経』翻訳参加者の分析より
――」『関西大学東西学術研究所紀要』第四四輯、二〇一一年、一五三―一八九頁
中村裕一「唐代内蔵庫の変容――進奉を中心に――」『待兼山論叢』第四号、一九七一年、一三七―一六八頁
新見まどか「唐代後半期における「華北東部藩鎮連合体」」『東方学』第一二三号、二〇一二年、二〇―三五頁
新見まどか「唐代河北藩鎮に対する公主降嫁とウイグル」『待兼山論叢史学篇』第四七号、二〇一三年、二五―五一頁
新見まどか「唐武宗期における劉稹の乱と藩鎮体制の変容」『史学雑誌』第一二四編第六号、二〇一五年、一―三七頁
羽田亨「唐代回紇史の研究」『羽田博士史学論文集』上、東洋史研究会、一九五七年（一九七五年再版）、同朋舎出版部、二三八―
二三九頁
日野開三郎『日野開三郎東洋史学論集　第一巻　唐代藩鎮の支配体制』三一書房、一九八〇年
日野開三郎『日野開三郎東洋史学論集　第三巻　唐代両税法の研究　前編』三一書房、一九八一年

福島繁次郎「南北朝・隋・唐時代の人物登用」『中国南北朝史研究』第一篇、一九六二年、三―二〇六頁
福島恵「唐代ソグド姓墓誌の基礎的考察」『学習院史学』四三号、二〇〇五年、一三五―一六二頁
福島恵「唐代的粟特人与〝東亜海〟交流」『中国史研究』第四六輯、二〇〇七年、六九―七二頁
福島恵「「安元寿墓誌」（唐・光宅元年）訳注」森安孝夫編『ソグドからウイグルへ』汲古書院、二〇一一年、一四一―一七四頁
福島恵『東部ユーラシアのソグド人』汲古書院、二〇一七年
藤善真澄『安禄山』中央公論社、二〇〇〇年
堀敏一『律令制と東アジア――私の中国史学（二）』汲古書院、一九九四年
堀敏一「唐末諸叛乱の性格――中国における貴族政治の没落について」『唐末五代変革期の政治と経済』汲古書院、二〇〇二年、二六六―三一〇頁
プーリーブランクE．G．「安禄山の叛乱の政治的背景（上）」『東洋学報』第三五巻第二号、一九五二年、九二―一一一頁
プーリーブランクE．G．「安禄山の叛乱の政治的背景（下）」『東洋学報』第三五巻第三号、一九五三年、一二二―一四七頁
丸橋充拓「唐代後半の北辺財政――度支系諸司を中心に――」『東洋史研究』第五五巻一号、一九九六年、三五―七四頁
丸橋充拓「唐代後半の北辺における軍糧政策」『史林』第八二巻三号、一九九九年、一一〇―一三〇頁
丸橋充拓『唐代北辺財政の研究』岩波書店、二〇〇六年
村井恭子「押蕃使の設置について：唐玄宗期における対異民族政策の転換」『東洋学報』第八四巻第四号、二〇〇三年、四二一―四五二頁
村井恭子「九世紀ウイグル可汗国崩壊時期における唐の北辺政策」『東洋学報』第九〇巻第一号、二〇〇八年、三三―六七頁
村井恭子「河西と代北：九世紀前半の唐北辺藩鎮と遊牧兵」『東洋史研究』第七四巻第二号、二〇一五年、四七―八二頁
室永芳三「唐末内庫の存在形態について」『史淵』一〇一号、一九六九年、九三―一〇九頁
室永芳三「唐代の代北の李氏について――沙陀部族考その三――」『有明工業高等専門学校紀要』七号、一九七一年、七三―七六頁（四一―一頁）

室永芳三「唐代における沙陀部族の成立――沙陀部族考その一――」『有明工業高等専門学校紀要』八号、一九七一年、一一七―一二〇頁

室永芳三「吐魯番発見朱耶部落文書について――沙陀部族考その一（補遺）――」『有明工業高等専門学校紀要』一〇号、一九七四年、九六―一〇二頁

室永芳三「唐代における沙陀部族の抬頭――沙陀部族考その二――」『有明工業高等専門学校紀要』一一号、一九七五年、一三四―一三八頁（三一―二七頁）

森部豊「唐「魏博節度使何弘敬墓誌銘」試釈」吉田寅先生古稀記念論文集編集委員会『吉田寅先生古稀記念アジア史論叢』、一九九七年、一二五―一四七頁

森部豊「略論唐代霊州和河北藩鎮」史念海主編『漢唐長安与黄土高原』中日歴史地理合作研究論文集第一輯、陝西師範大学中国歴史地理研究所、一九九八年、二五八―二六五頁

森部豊「後晋安万金・何氏夫妻墓誌銘および何君政墓誌銘」『内陸アジア言語の研究』一六号、二〇〇一年、一―七〇頁

森部豊「唐代河北地域におけるソグド系住民――開元寺三門楼石柱題名及び房山石経題記を中心に――」『史境』第四五号、二〇〇二年、二〇―三七頁

森部豊「唐末五代の代北におけるソグド系突厥と沙陀」『東洋史研究』第六二巻第四号、二〇〇四年、六〇―九三頁

森部豊『ソグド人の東方活動と東ユーラシア世界の歴史的展開』関西大学出版部、二〇一〇年

森部豊・石見清裕「唐末沙陀李克用墓誌銘訳註・考察」『内陸アジア言語の研究』一八号、二〇〇三年、一七―五二頁

森部豊・斉藤茂雄「舎利石鉄墓誌の研究」『関西大学東西学術研究所紀要』第四六号、二〇一三年、一―二〇頁

森安孝夫「ウイグルから見た安史の乱」『内陸アジア言語の研究』一七号、二〇〇二年、一一七―一七〇頁

森安孝夫『シルクロードと唐帝国』講談社、二〇〇七年

森安孝夫編『ソグドからウイグルへ』汲古書院、二〇一一年

森安孝夫『東西ウイグルと中央ユーラシア』名古屋大学出版会、二〇一五年

山崎覚士『中国五代国家論』仏教大学・思文閣出版、二〇一〇年
山下将司「唐の監牧制と中国在住ソグド人の牧馬」『東洋史研究』第六六巻第四号、二〇〇八年、一—三一頁
山下将司「唐のテュルク人蕃兵」『歴史学研究』八八一号、二〇一一年、一—一一頁
山下将司「唐の「元和中興」におけるテュルク軍団」『東洋史研究』第七二巻第四号、二〇一四年、一—三五頁
山田信夫「九世紀ウイグル亡命移住者集団の崩壊」『史窓』四二号、一九八九年、一—二二頁
山田信夫『北アジア遊牧民族史研究』、東京大学出版社、一九八九年
山根直生「五代洛陽の張全義について：「沙陀系王朝」論への応答として」『集刊東洋学』第一一四号、二〇一六年、四八—六六頁
吉本道雅「遼史世表疏證」『京都大学文学部研究紀要』第五〇号、二〇一一年、三一—九二頁
渡辺信一郎「唐代後半期の中央財政」『京都府立大学学術報告　人文』四〇号、一九九八年、一—三〇頁
渡辺信一郎『中国古代の財政と国家』汲古書院、二〇一〇年
渡辺孝「唐・五代の藩鎮における押衙について（上）」『社会文化史学』二八号、三三—五五頁、一九九一年
渡辺孝「唐・五代の藩鎮における押衙について（下）」『社会文化史学』三〇号、一〇三—一一八頁、一九九三年
渡辺孝「唐中期における「門閥」貴族官僚の動向——中央枢要官職の人的構成を中心に——」『柳田節子先生古稀記念中国の伝統社会と家族』、汲古書院、一九九三年、二一一—五〇頁
渡辺孝「牛李の党争研究の現状と展望——牛李党争研究序説」『史境』第二九号、一九九四年、六九—一〇七頁
渡辺孝「唐藩鎮十将攷」『東方学』第八七輯、一九九四年、七三—八八頁
渡辺孝「魏博と成徳——河朔三鎮の権力構造についての再検討」『東洋史研究』第五四巻第二号、一九九五年、二三六—二七九頁
渡辺孝「『高瀚墓誌』『令狐梅墓誌』と牛李党争」『古代文化』第五〇巻第八号、一九九八年、一—一九頁
渡辺孝「唐代藩鎮における下級幕職官について」『中国史学』第一一巻、二〇〇一年、八三—一〇一頁
渡辺孝「唐後半期の財務三司下における「判案郎官」について」『史境』第五一号、二〇〇五年、四三—六四頁
渡辺孝「唐後半期における財務領使下幕職官とその位相」『人文研究』一五七号、神奈川大学人文学会、二〇〇五年、一二三—一

六九頁
渡辺孝「石刻史料より見た唐末～五代初藩鎮軍制の基礎的考察と整理」（二〇〇六年唐代史研究会合宿報告）

〔二〕中文（ピンイン順）

畢　波「信仰空間的万華鏡——粟特人的東漸与宗教信仰的転換——」栄新江主編『従撒馬爾干到長安』、北京図書館出版社、二〇〇四年、四九—五六頁
畢　波『中古中国的粟特胡人』中国人民大学出版社、二〇一一年
蔡家芸「沙陀族歴史雑探」『民族研究』二〇〇一年一期、民族出版社、七一—八〇頁
岑仲勉「李徳裕『会昌伐叛集』編証上」『岑仲勉史学論文集』中華書局、一九九〇年、三四二—四六一頁（初出は一九三七年）
岑仲勉『突厥集史』上下、中華書局、一九五八年
岑仲勉『唐史余瀋』巻四（『岑仲勉著作集』六）、中華書局、二〇〇四年
陳根遠「唐「契苾通墓誌」及相関問題」『碑林集刊』六集、陝西人民美術出版社、二〇〇〇年、一〇〇—一〇六頁
陳海濤『来自文明十字路口的民族——唐代入華粟特人研究』商務印書館、二〇〇六年
陳寅恪「唐代政治史述論考」『陳寅恪先生論集』商務印書館、一九七一年、一〇七—二一〇頁（初出は一九四三年）
村井恭子「東亜三国鼎立時期唐西北辺境的情況——従『李良謹墓誌銘』来看——」『文史』二〇〇九年四期（総第八九輯）、一三三—一四九頁
山西省代県政協文史資料研究会編『代県名勝古跡』、出版者不詳、一九九三年序
鄧小南「論五代宋初〝胡／漢〟語境的消解」『文史哲』二〇〇五—五、五七—六四頁
樊文礼『唐末五代的代北集団』中国文聯出版社、二〇〇〇年
樊文礼「試論唐末五代代北集団的形成」『民族研究』二〇〇二年二期、民族出版社、五四—六二頁
樊文礼「唐末五代代北集団的形成和沙陀王朝的建立」『中国中古史論集』天津古籍出版社、二〇〇三年、四七四—五〇三頁

樊文礼「唐代羈縻府州的類別画分及其藩国的区別」『唐史論叢』第八輯、三秦出版社、二〇〇六年、七八―九五頁
方積六『黄巣起義考』中国社会科学出版社、一九八三年
高明士『隋唐貢挙制度』文津出版社、一九九九年
高明士『天下秩序与文化圏的探索：以東西古代的政治与教育為中心』上海古籍出版社、二〇〇八年
勾利軍「唐代東都分司官居所試析」『史学月刊』二〇〇三年九期、三七―四〇頁
勾利軍『唐代東都分司官研究』上海古籍出版社、二〇〇七年
郭玲娣・樊瑞平「正定出土五代巨亀碑座及残碑」『文物』二〇〇三年八期、六七―七六頁
郭育茂・趙振華「唐「史孝章墓誌」研究」『中国辺疆史地研究』二〇〇七年四期、中国辺疆史地研究出版部、一一五―一二二頁
固原博物館「寧夏固原唐史道徳墓清理簡報」『文物』一九八五年一一期、文物出版社、二一―三〇頁、転二〇頁
国家文物局主編『中国文物地図集　山西分冊』、中国地図出版社、二〇〇六年
何汝泉「唐代戸部使的産生」『歴史研究』一九九五年三期、一七六―一八〇頁
何汝泉『唐財政三司使研究』中華書局、二〇一三年
黄正建「唐代後期的屯田」『中国社会経済史研究』一九八六年四期、四二―五一頁
雷聞「割耳剺面与刺心剖腹――粟特対唐代社会風俗的影響」栄新江主編『撒馬爾干到長安』北京図書館出版社、二〇〇四年、四一―四八頁
李鴻賓「史道徳族属及中国境内的昭武九姓」『中央民族学院学報』一九九二年三期、五四―五八頁
李鴻賓「史道徳族属問題再考察」慶祝王鐘翰先生八十寿辰論文集編輯委員会編『慶祝王鐘翰先生八十寿辰論文集』遼寧大学出版社、一九九三年、三五八―三六五頁
李鴻賓『唐朝朔方軍研究――兼論唐廷与西北諸族的関係及其演変』吉林人民出版社、二〇〇〇年
李鴻賓『隋唐五代諸問題研究』中央民族大学出版社、二〇〇六年
李錦綉『唐代財政史稿』北京大学出版社、二〇〇一年

李有成『李有成考古論文集』中国文史出版社、二〇〇九年
劉伯驥『唐代政教史』台湾中華書局、一九五四年
劉統『唐代羈縻府州研究』西北大学出版社、一九九八年
羅豊「也談史道徳族属及其相関問題」『文物』一九八八年八期、九二―九四頁
羅豊『固原南郊隋唐墓地』文物出版社、一九九六年
馬馳『唐代蕃将』三秦出版社、一九九〇年
馬馳「史道徳族属籍貫及後裔」『文物』一九九一年五期、三八―四一頁
馬小鶴『摩尼教与古代西域史研究』、中国人民大学出版社、二〇〇九年
馬小鶴・柏暁斌「隋唐時代洛陽華化月支胡初探」『中国文化研究集刊』第三輯、一九八六年、一四四―一六〇頁
彭建英『中国古代羈縻政策的演変』中国社会科学出版社、二〇〇四年
任育才『唐徳宗奉天定難及其史料之研究』、台湾商務印書館、一九七〇年
栄新江「小月氏考」『中亜学刊』第三輯、一九九〇年、四七―六二頁
栄新江「唐代河西地区鉄勒部落的入居及其消亡」費孝通編『中華民族研究新探索』中国社会科学出版社、一九九一年、二八一―三〇四頁
栄新江「北朝隋唐粟特人之遷徙及其聚落」『国学研究』第六巻、北京大学出版社、一九九九年、二七―八五頁
栄新江『中古中国与外来文明』生活・新知・読書三聯書店、二〇〇一年
栄新江「安史之乱後粟特胡人的動向」『曁南史学』第二輯、二〇〇三年、一〇二―一二三頁
栄新江・張志清主編『従撒馬爾干到長安―粟特人在中国的文化遺産』北京図書館出版社、二〇〇四年
栄新江「新出吐魯番文書所見唐龍朔年間哥邏禄部落破散問題」『西域歴史語言研究所集刊』第一輯、科学出版社、二〇〇七年、一三―四四頁
蘇航「唐後期河東北部的鉄勒勢力」栄新江主編、『唐研究』第一六巻、北京大学出版社、二〇一〇年、二六一―二七七頁

孫継民『唐代行軍制度研究』文津出版社、一九九五年
譚其驤「唐代羈縻州述論」『紀念顧頡剛学術論文集』下冊、尹達等主編、巴蜀書社、一九九〇年、五五五—五六九頁
王炳照・徐勇主編『中国科挙制度研究』河北人民出版社、二〇〇二年
王曉謀・李朝暘「唐契苾尚賓墓誌考釈」『文博』二〇〇二年一期、七五—七六頁
呉宗国『唐代科挙制度研究』遼寧大学出版社、一九九七年
厳耕望『唐代交通図考』、中央研究院歴史語言研究所、一九八五—二〇〇六年
姚薇元『北朝胡姓考』科学出版社、一九五八年
尤李「唐「石默啜墓誌」考釈」李鴻賓主編『中古墓誌胡漢問題研究』寧夏人民出版社、二〇一三年、二九八—三〇八頁
余軍・衛忠「唐皐蘭州都督契苾夫人墓誌考釈」『寧夏考古文集』寧夏人民出版社、一九九六年、一五七—一六二頁
章群『唐代蕃将研究』聯経出版事業公司、一九八六年
章群『唐代蕃将研究続編』聯経出版事業公司、一九九〇年
張広達「唐代六胡州等地的昭武九姓」『西域史地叢稿初編』上海古籍出版社、一九九五年、二四九—二七九頁
張広達『張広達文集　文本　図像与文化流伝』広西師範大学出版社、二〇〇八年
張国剛『唐代官制』三秦出版社、一九八七年
張乃翥「裴懐古・李秄子・和守陽墓誌所見盛唐辺政之経略」『西域研究』二〇〇五年第二期、二七頁
張栄芳『唐代京兆尹研究』学生書局、一九八七年
張星烺『中西交通史料匯篇』輔仁大学、一九三〇年
張沢咸「唐和五代時期的屯田」『中国屯墾史（中）』農業出版社、一九九〇年、八九—一三一頁
張沢咸・郭末義『中国屯墾史』文津出版社、一九九七年
張沢咸「唐朝与辺境諸族的互市貿易」『中国史研究』一九九二年第四期、二二—三五頁
趙超「対史道徳墓誌及其族属的一点看法」『文物』一九八六年第一二期、八七—八九頁

趙潤林・張治祥等編『代県―中国歴史文化名城―』山西画報社、出版年次不詳
趙振華・董延寿「唐代支謨及其家族墓誌研究」『洛陽大学学報』二〇〇六年一期、一―一一頁
趙振華『洛陽古代銘刻文献研究』三秦出版社、二〇〇九年
周偉洲『吐谷渾史』寧夏人民出版社、一九八四年
周偉洲『早期党項史研究』中国社会科学出版社、二〇〇四年、五四―八九頁

〔三〕 欧文（アルファベット順）

De la Vaissière, É. *Histoire des Marchands Sogdiens*, Paris: Collège de France, 2002

De la Vaissière, É. *Sogdian Traders: A History*, Translated by James Ward, Leiden/Boston: Brill, 2005

Drompp, Michael Robert, *Tang China and the collapse of the Uighur Empire: A Documentary History*, Brill's Inner Asian Library, vol. 13, Leiden/Boston: Brill, 2005.

Twitchett, D. C. Lands under state cultivation under the Tang, *Journal of Economic and Sotial History of the Orient* II, 2・3, 1959.

Yoshida Yutaka, Sogdian Fragments Discovered from the Graveyard of Badamu,『西域歴史語言研究所集刊』第一輯、科学出版社、二〇〇七年、四五―五三頁

Lattimore, Owen, *Manchuria: Cradle of Conflict*, New York: Macmillan, 1932.

Lattimore, Owen, *Inner Asian Frontiers of China*, New York: American Geographical Society, 1940.

初出一覧

第一部　唐後半期の政治展開と沙陀突厥

第一章　沙陀突厥をどうとらえるか――九―一〇世紀の沙陀突厥の活動と唐王朝――

初出：『歴史評論』七〇一号、二〇一〇年、六一―七五頁（原題：「九―一〇世紀の沙陀突厥の活動と唐王朝」）。

第二章　唐末五代の代北における沙陀集団の内部構造と代北水運使――「契苾通墓誌銘」の分析を中心として――

初出：『文史』二〇〇五年第四期、中華書局、二一一―二二八頁→改訂：『内陸アジア史研究』第二三号、二〇〇八年、一―二四頁。

第三章　唐末「支謨墓誌銘」と沙陀の動向――九世紀の代北地域――

初出：『史学雑誌』第一一八篇第四号、二〇〇九年、一―三八頁。

第四章　唐後半華北諸藩鎮の鉄勒と党項――沙陀系王朝成立の背景――

初出：『東洋史研究』第七四巻第四号、二〇一六年三月、三三一―六九頁（第三節を含む中国語簡略版初出：栄新江・羅豊主編、寧夏文物考古研究所・北京大学中国古代史研究中心編『粟特人在中国：考古発見与出土文献的新印証』科学出版社、二〇一六年、三五一―三五七頁）。

第二部　史料編

第五章　晋王墓群――山西省代県所在の沙陀墓葬群――

初出：『アフロ・ユーラシア大陸の都市と国家』（中央大学人文科学研究所研究叢書五九）二〇一四年、二一九―二五八頁。

第六章　「契苾通墓誌銘」及び「契苾公夫人何氏墓誌銘」訳注と考察（書き下ろし）

第七章　「支謨墓誌銘」訳注と考察（書き下ろし）

あとがき

本書は、二〇一二年度に中央大学に提出した博士学位論文をもとに、その後出版した原稿を追加し、加筆・改訂を加えたものである。このあとがきを執筆している今、今からもう二〇年以上前に中央大学に入学して以来、お世話になった先生方や、多くの先輩方や後輩達との思い出が脳裏をよぎっている。

「唐代の鉄勒」を研究テーマとしたのは、修士課程に入った直後のことであった。はじめ、内陸アジア史を志していた私は、西域に関する書物を手にすることが多く、特に吐魯番出土文書や墓表などに強い関心を寄せていた。そのような私に対して、当時の指導教授であった菊池英夫先生は、西域の出土遺物は零細な断片が多いことから、西域史を学ぶ前に、中国史を学んで歴史の流れの中に小さな断片を位置づける訓練をするように、という内容のことをおっしゃられたのである。修士課程に入学したばかりであった私は、その言葉によってひとまず西域史を脇に置き、図書館の書庫に籠もって当時続々と出版されるようになっていた唐代墓誌を眺めるようになっていき、ほんの僅かの期間のつもりで中国史の研究を始めたのである。

二〇〇〇年に菊池英夫先生がご退職され、後任として妹尾達彦先生が着任された。中国史を学ぶのであれば中国に行きたいと思っていた私は、妹尾先生の後押しによって二〇〇三年から北京大学に留学し、中国古代史研究中心において栄新江先生にご指導をいただく機会を得ることができた。そこで北京大学歴史学系の素晴らしい学問水準にふれるとともに、多くの友人を得られたことは、私の人生における大きな宝であると思っている。さらに、お二人の先生が協力関係にあったこともあって、二〇〇五年から二〇〇七年にかけては、妹尾達彦先生が率いる科学研究費の調査に参加させていただき、橋本義則先生・新宮学先生、李孝聰先生・韓茂莉先生といった日中の素晴らしい先生方、そして日中の同年代の同学たちと共に中国各地を調査して回るという幸運にも恵まれた。また、二〇〇五年度には、森安孝夫先生が率いる科学研究費の調査に参加させていただいたことも、深く記憶に刻まれている。今でもなお、脳裏に浮かぶ中国華北の風景は、これらの調査の時に見てまわった風景ばかりである。

二年間の留学から帰国した後、二〇〇七年からは国立情報学研究所のディジタル・シルクロード・プロジェクト所属の特任研究員（ポストドクトラルフェロー）として奉職することとなった。国立情報学研究所の先生方や、長年にわたって共同研究を進めてこられた東洋文庫の斯波義信先生から伺ったこのプロジェクトの目的は、将来の必要性を見据えてデジタル化とそれを用いた研究に対応できるよう準備を整えておくことにあり、真剣に取り組むべき課題であった。主な職務は財団法人東洋文庫と協力してデジタルアーカイブを作成していくことであったが、それとともにデジタル技術を用いて歴史学を研究する方法を開拓する、という課題もあった。従来の文献史学からの大きな転換と挑戦であった。この職は六年にも及び、今に至るまで私の研究の重要な一角を占めるようになっている。ここで北本朝展氏とともに始めた共同研究によって、新しい問題に取り組み、幅を広げることができたばかりでなく、かつて脇に置いてしまった西域史、シルクロードと再び出会い、改めて次の研究を始めることができたのは、大きな喜びであった。また、長期間にわたって協力関係にあった東洋文庫の先生方からも、折に触れて温かな励ましをいただけたことにも、心から感謝している。

二〇一三年には東洋文庫の客員研究員にしていただき、二〇一四年度には日本学術振興会特別研究員に採用され、斯波義信先生のご指導を賜った。ついで二〇一五年には京都の花園大学に奉職し、二〇一六年には東京に戻って東洋大学文学部史学科に奉職することとなった。約一〇年ぶりに史学の世界に戻ってこられたことに安堵している。

本書は、第二章が留学時代に執筆したものを核とし、第七章が中央大学の中国中世史ゼミの成果に基づいているほか、大部分は国立情報学研究所在職中に執筆したものである。激務の中、ともすれば中国史の研究を放置しがちになる私に対して、母校である中央大学東洋史学専攻の五名の先生方は、決して歴史学を手放さないように励まし続けてくださった。留学時代の恩師である栄新江先生は、中国史の研究もシルクロードの研究も、同じように目を通してくださった。この場を借りて心から感謝申しあげたい。

本書の出版に当たっては、汲古書院の三井久人社長、編集部の柴田聡子氏のひとかたならぬお世話になった。厚く御礼申しあげたい。また二〇一三年初めの博士学位取得後に出版を勧めていただき、汲古書院の石坂叡志前社長にご紹介くださった川越泰博先生にも、心から感謝申しあげたい。ご紹介いただいてから出版までに長い時間を要したのは、ひとえに筆者の遅筆のためである。出版にあたって、刊行時の原稿に手を入れるべく勉めたが、特に初期の原稿に関しては結果としてほとんど手を入れることができないままとなってしまった。平にご寛恕いただきたい。

校正にあたっては、中央大学の先輩である前島佳孝氏にご助力を賜った。また、東洋大学の大学院博士課程東洋史学専攻の学生である小林栄輝君と程楽君も熱心に手伝ってくれた。ここに特に記して感謝申しあげたい。

汲古叢書

1	秦漢財政収入の研究	山田　勝芳著	本体 16505円
2	宋代税政史研究	島居　一康著	12621円
3	中国近代製糸業史の研究	曾田　三郎著	12621円
4	明清華北定期市の研究	山根　幸夫著	7282円
5	明清史論集	中山　八郎著	12621円
6	明朝専制支配の史的構造	檀上　　寛著	品　切
7	唐代両税法研究	船越　泰次著	12621円
8	中国小説史研究－水滸伝を中心として－	中鉢　雅量著	品　切
9	唐宋変革期農業社会史研究	大澤　正昭著	8500円
10	中国古代の家と集落	堀　　敏一著	品　切
11	元代江南政治社会史研究	植松　　正著	13000円
12	明代建文朝史の研究	川越　泰博著	13000円
13	司馬遷の研究	佐藤　武敏著	12000円
14	唐の北方問題と国際秩序	石見　清裕著	品　切
15	宋代兵制史の研究	小岩井弘光著	10000円
16	魏晋南北朝時代の民族問題	川本　芳昭著	品　切
17	秦漢税役体系の研究	重近　啓樹著	8000円
18	清代農業商業化の研究	田尻　　利著	9000円
19	明代異国情報の研究	川越　泰博著	5000円
20	明清江南市鎮社会史研究	川勝　　守著	15000円
21	漢魏晋史の研究	多田　狷介著	品　切
22	春秋戦国秦漢時代出土文字資料の研究	江村　治樹著	品　切
23	明王朝中央統治機構の研究	阪倉　篤秀著	7000円
24	漢帝国の成立と劉邦集団	李　　開元著	9000円
25	宋元仏教文化史研究	竺沙　雅章著	品　切
26	アヘン貿易論争－イギリスと中国－	新村　容子著	品　切
27	明末の流賊反乱と地域社会	吉尾　　寛著	10000円
28	宋代の皇帝権力と士大夫政治	王　　瑞来著	12000円
29	明代北辺防衛体制の研究	松本　隆晴著	6500円
30	中国工業合作運動史の研究	菊池　一隆著	15000円
31	漢代都市機構の研究	佐原　康夫著	13000円
32	中国近代江南の地主制研究	夏井　春喜著	20000円
33	中国古代の聚落と地方行政	池田　雄一著	15000円

34	周代国制の研究	松井　嘉徳著	9000円
35	清代財政史研究	山本　進著	7000円
36	明代郷村の紛争と秩序	中島　楽章著	10000円
37	明清時代華南地域史研究	松田　吉郎著	15000円
38	明清官僚制の研究	和田　正広著	22000円
39	唐末五代変革期の政治と経済	堀　敏一著	12000円
40	唐史論攷－氏族制と均田制－	池田　温著	18000円
41	清末日中関係史の研究	菅野　正著	8000円
42	宋代中国の法制と社会	高橋　芳郎著	8000円
43	中華民国期農村土地行政史の研究	笹川　裕史著	8000円
44	五四運動在日本	小野　信爾著	8000円
45	清代徽州地域社会史研究	熊　遠報著	8500円
46	明治前期日中学術交流の研究	陳　捷著	品　切
47	明代軍政史研究	奥山　憲夫著	8000円
48	隋唐王言の研究	中村　裕一著	10000円
49	建国大学の研究	山根　幸夫著	品　切
50	魏晋南北朝官僚制研究	窪添　慶文著	14000円
51	「対支文化事業」の研究	阿部　洋著	22000円
52	華中農村経済と近代化	弁納　才一著	9000円
53	元代知識人と地域社会	森田　憲司著	9000円
54	王権の確立と授受	大原　良通著	品　切
55	北京遷都の研究	新宮　学著	品　切
56	唐令逸文の研究	中村　裕一著	17000円
57	近代中国の地方自治と明治日本	黄　東蘭著	11000円
58	徽州商人の研究	臼井佐知子著	10000円
59	清代中日学術交流の研究	王　宝平著	11000円
60	漢代儒教の史的研究	福井　重雅著	品　切
61	大業雑記の研究	中村　裕一著	14000円
62	中国古代国家と郡県社会	藤田　勝久著	12000円
63	近代中国の農村経済と地主制	小島　淑男著	7000円
64	東アジア世界の形成－中国と周辺国家	堀　敏一著	7000円
65	蒙地奉上－「満州国」の土地政策－	広川　佐保著	8000円
66	西域出土文物の基礎的研究	張　娜麗著	10000円

67	宋代官僚社会史研究	衣川　強著	品　切
68	六朝江南地域史研究	中村　圭爾著	15000円
69	中国古代国家形成史論	太田　幸男著	11000円
70	宋代開封の研究	久保田和男著	10000円
71	四川省と近代中国	今井　駿著	17000円
72	近代中国の革命と秘密結社	孫　江著	15000円
73	近代中国と西洋国際社会	鈴木　智夫著	7000円
74	中国古代国家の形成と青銅兵器	下田　誠著	7500円
75	漢代の地方官吏と地域社会	髙村　武幸著	13000円
76	齊地の思想文化の展開と古代中國の形成	谷中　信一著	13500円
77	近代中国の中央と地方	金子　肇著	11000円
78	中国古代の律令と社会	池田　雄一著	15000円
79	中華世界の国家と民衆　上巻	小林　一美著	12000円
80	中華世界の国家と民衆　下巻	小林　一美著	12000円
81	近代満洲の開発と移民	荒武　達朗著	10000円
82	清代中国南部の社会変容と太平天国	菊池　秀明著	9000円
83	宋代中國科擧社會の研究	近藤　一成著	12000円
84	漢代国家統治の構造と展開	小嶋　茂稔著	品　切
85	中国古代国家と社会システム	藤田　勝久著	13000円
86	清朝支配と貨幣政策	上田　裕之著	11000円
87	清初対モンゴル政策史の研究	楠木　賢道著	8000円
88	秦漢律令研究	廣瀬　薫雄著	11000円
89	宋元郷村社会史論	伊藤　正彦著	10000円
90	清末のキリスト教と国際関係	佐藤　公彦著	12000円
91	中國古代の財政と國家	渡辺信一郎著	14000円
92	中国古代貨幣経済史研究	柿沼　陽平著	品　切
93	戦争と華僑	菊池　一隆著	12000円
94	宋代の水利政策と地域社会	小野　泰著	9000円
95	清代経済政策史の研究	黨　武彦著	11000円
96	春秋戦国時代青銅貨幣の生成と展開	江村　治樹著	15000円
97	孫文・辛亥革命と日本人	久保田文次著	20000円
98	明清食糧騒擾研究	堀地　明著	11000円
99	明清中国の経済構造	足立　啓二著	13000円

100	隋唐長安城の都市社会誌	妹尾　達彦著	未　刊
101	宋代政治構造研究	平田　茂樹著	13000円
102	青春群像－辛亥革命から五四運動へ－	小野　信爾著	13000円
103	近代中国の宗教・結社と権力	孫　　江著	12000円
104	唐令の基礎的研究	中村　裕一著	15000円
105	清朝前期のチベット仏教政策	池尻　陽子著	8000円
106	金田から南京へ－太平天国初期史研究－	菊池　秀明著	10000円
107	六朝政治社會史研究	中村　圭爾著	12000円
108	秦帝國の形成と地域	鶴間　和幸著	13000円
109	唐宋変革期の国家と社会	栗原　益男著	12000円
110	西魏・北周政権史の研究	前島　佳孝著	12000円
111	中華民国期江南地主制研究	夏井　春喜著	16000円
112	「満洲国」博物館事業の研究	大出　尚子著	8000円
113	明代遼東と朝鮮	荷見　守義著	12000円
114	宋代中国の統治と文書	小林　隆道著	14000円
115	第一次世界大戦期の中国民族運動	笠原十九司著	18000円
116	明清史散論	安野　省三著	11000円
117	大唐六典の唐令研究	中村　裕一著	11000円
118	秦漢律と文帝の刑法改革の研究	若江　賢三著	12000円
119	南朝貴族制研究	川合　　安著	10000円
120	秦漢官文書の基礎的研究	鷹取　祐司著	16000円
121	春秋時代の軍事と外交	小林　伸二著	13000円
122	唐代勲官制度の研究	速水　　大著	12000円
123	周代史の研究	豊田　　久著	12000円
124	東アジア古代における諸民族と国家	川本　芳昭著	12000円
125	史記秦漢史の研究	藤田　勝久著	14000円
126	東晉南朝における傳統の創造	戸川　貴行著	6000円
127	中国古代の水利と地域開発	大川　裕子著	9000円
128	秦漢簡牘史料研究	髙村　武幸著	10000円
129	南宋地方官の主張	大澤　正昭著	7500円
130	近代中国における知識人・メディア・ナショナリズム	楊　　韜著	9000円
131	清代文書資料の研究	加藤　直人著	12000円
132	中国古代環境史の研究	村松　弘一著	12000円

133	中国古代国家と情報伝達	藤田　勝久著	15000円
134	中国の教育救国	小林　善文著	10000円
135	漢魏晋南北朝時代の都城と陵墓の研究	村元　健一著	14000円
136	永楽政権成立史の研究	川越　泰博著	7500円
137	北伐と西征―太平天国前期史研究―	菊池　秀明著	12000円
138	宋代南海貿易史の研究	土肥　祐子著	18000円
139	渤海と藩鎮―遼代地方統治の研究―	高井康典行著	13000円
140	東部ユーラシアのソグド人	福島　　恵著	10000円
141	清代台湾移住民社会の研究	林　　淑美著	9000円
142	明清都市商業史の研究	新宮　　学著	11000円
143	睡虎地秦簡と墓葬からみた楚・秦・漢	松崎つね子著	8000円
144	清末政治史の再構成	宮古　文尋著	7000円
145	墓誌を用いた北魏史研究	窪添　慶文著	15000円
146	魏晋南北朝官人身分制研究	岡部　毅史著	10000円
147	漢代史研究	永田　英正著	13000円
148	中国古代貨幣経済の持続と転換	柿沼　陽平著	13000円
149	明代武臣の犯罪と処罰	奥山　憲夫著	15000円
150	唐代沙陀突厥史の研究	西村　陽子著	11000円
151	朝鮮王朝の対中貿易政策と明清交替	辻　　大和著	8000円
152	戦争と華僑　続編	菊池　一隆著	13000円

（表示価格は2018年８月現在の本体価格）

著者略歴

西村　陽子（にしむら　ようこ）

東京都大田区生まれ。中央大学文学部史学科卒業、中央大学大学院文学研究科博士後期課程東洋史学専攻単位取得退学。
博士（史学）
現在は、東洋大学文学部史学科准教授。
専門は、唐・五代史、内陸アジア史、歴史地理学、人文情報学。

汲古叢書150

唐代沙陀突厥史の研究

平成三〇年八月三一日　発行

著者　西村陽子
発行者　三井久人
整版印刷　株式会社理想社

発行所　汲古書院
〒102-0072 東京都千代田区飯田橋二―五―四
電話〇三（三二六五）九七六四
FAX〇三（三二二二）一八四五

ISBN978-4-7629-6049-9　C3322

The History of Shatuo Turks in Tang Dynasty

By Yoko NISHIMURA

CONTENTS

唐代沙陀突厥史之研究

索　　引

1. 本文の中から主な人名・地名・事項を採った。
2. 配列は漢字ごとの五十音順とした。

か行

さ行

わ行